Erich Fried
Anfragen und Nachreden

W0065729

Foto: Heidi Hede

Im Künstlerhaus in Wien, 1988

Erich Fried

Anfragen und Nachreden
Politische Texte

Herausgegeben von
Volker Kaukoreit

Verlag Klaus Wagenbach   Berlin

Anfragen und Nachreden
erschien im April 1994
im Rahmen des Jubiläumsprogramms
30 Jahre Verlag Klaus Wagenbach

Wagenbachs Taschenbuch 231
Originalausgabe

© für diese Ausgabe 1994
Verlag Klaus Wagenbach, Ahornstraße 4, 10787 Berlin,
siehe auch das Quellenverzeichnis
Umschlaggestaltung Ina Munzinger unter Verwendung
einer Manuskriptseite Erich Frieds
Gesetzt aus der Borgis Sabon durch
Mega-Satz-Service, Berlin
Druck und Bindung durch Wagner, Nördlingen
Gedruckt auf chlorfreiem Papier
ISBN 3 8031 2231 7

Inhalt

*Sternchen im Text
verweisen auf Erläuterungen in den
Quellen und Anmerkungen ab Seite 263.*

Pakete nach Deutschland

Beim Betreten der billigen kleinen Büroräume, in denen die Kleider verpackt wurden und die abgearbeiteten Schreibmaschinen klapperten, konnte man bemerken, daß mehr als die Hälfte der dort Arbeitenden sich lebhafter bewegten und angeregter sprachen, als Engländer das zu tun pflegen. Es waren typische »Kontinentler«, die vor Kriegsausbruch oder bei der Niederlage Frankreichs nach London gekommen waren. An den Schreibmaschinen saßen meist Engländer, im Verschnüren der fertigen Pakete waren zwei oder drei deutsche Kriegsgefangene die unbestrittenen Meister.

Die engen Büroräume in der Nähe des Gemüsemarktes von London dienen längst wieder anderen Zwecken. Wer heute Kleider nach Deutschland schicken will, der schickt sie wieder normal durch die Post. Zwei Jahre sind vergangen, oder mehr; die Welt hat sich zwar vom Krieg noch keineswegs erholt, aber manches ist doch wieder ins richtige Geleise gekommen. Wo sind die Leute mit dem aufgeregten »kontinentalen« Gehaben geblieben?

Zu den Stellen, an denen man sie heute treffen kann, gehören die Postämter in jenen Bezirken Londons, in denen sich seit 1933 viele deutsche Flüchtlinge angesiedelt haben. Dort stehen sie vor den Paketschaltern Schlange, legen ihre mehr oder minder kunstgerecht verschnürten Bündel auf die Waage, geben die unvermeidlichen Formulare ab, bezahlen die Gebühren, erkundigen sich in nicht ganz einwandfreiem Englisch nach den häufig wechselnden Postbestimmungen – ob man nicht endlich auch markenfreie Lebensmittel versenden dürfe, wie es denn mit Nähgarn, Arzneien und Schuhsohlen stehe – und erwecken so zuweilen den Unwillen der vielgeplagten Beamten.

Wie aber kommt es, daß ein großer Teil der Liebesgaben aus England von ehemaligen Flüchtlingen geschickt wird? Nun, das ist nicht gar so erstaunlich. Denn es sind gerade die aus Deutschland Geflüchteten, die hier für Nachrichten über die Lage in Deutschland, über Not und Zerstörungen besonderes Interesse und Verständnis haben. Jedes Bild in der englischen Presse, jeder Bericht über die Lebensbedingungen in dem oder jenem Gebiet, jede

Erzählung eines aus Deutschland zurückgekommenen englischen Soldaten rüttelt da oder dort einen auf, dem die Namen und Bilder von kleinauf bekannt sind, läßt ihm seine Heimatstadt vor Augen kommen, die Leute dort, oder, noch lebhafter, nicht die Leute, sondern Einzelne, die er selbst gekannt hat, die ihm vielleicht einmal geholfen haben.

Die Leidensjahre der Hitlerzeit und des Krieges vermochten solche menschlicheren Erinnerungen zurückzudrängen, nun aber tauchen sie wieder auf. Auch die Verbittertsten geben es nach und nach zu. Bei einem war es ein Schulfreund, beim anderen ein Kamerad aus dem vorigen Krieg, beim dritten und vierten ein fremder Mensch, den sie nie zuvor gesehen hatten.

Dazu kam, daß überall in England die deutschen Kriegsgefangenen auftauchten. Zwischen ihnen und den Flüchtlingen bahnten sich nach einer Zeit gegenseitiger Scheu zahlreiche Freundschaften an, die sich nun, nach der Heimkehr der Kriegsgefangenen, in Form von Paketsendungen bewähren. Auch haben seit Kriegsende viele Flüchtlinge ihrer Heimat kurze Besuche abgestattet, um Nachforschungen nach verschollenen Angehörigen anzustellen oder ihr Eigentum zurückzufordern. Andere sahen Deutschland als Soldaten in den alliierten Armeen wieder, oder als Übersetzer, besonders bei den Amerikanern. Von diesen Augenzeugen sind die meisten zu Paketsendern geworden, wenn sie es nicht schon zuvor waren. Es ist eines, zu hören, daß irgendwo Leute hungern, und ein anderes, sie wirklich hungern zu sehen.

Das Sehen des Hungers in Deutschland hat der englischen Öffentlichkeit auch Victor Gollancz ermöglicht, der Mann, der hier in England die Propaganda für die Deutschlandhilfe geleitet hat. Seine wirksamsten Aufrufe bestanden aus wenig mehr als einer Sammlung von Photographien Hungernder. Gollancz ist der bedeutendste sozialistische Verleger Englands. Seine Erfahrung und Geschicklichkeit haben dem Deutschlandhilfswerk über alle Klippen weggeholfen. Er ist übrigens bekanntlich Jude.

Das Beispiel von Gollancz zeigt, daß natürlich die Flüchtlinge nicht die einzigen oder die wesentlichsten Teilnehmer an dem Hilfswerk sind. Engländer, Einzelpersonen und Organisationen, namentlich die Quäker, leisten, entsprechend ihrer größeren Zahl und ihrem höheren Wohlstand, weit mehr. Aber gerade unter den Flüchtlingen befinden sich immer wieder die interessantesten

Fälle, vielleicht, weil ihre Beziehungen zu Deutschland oft seltsam und tragisch sind.

In London lebt ein Geschwisterpaar, Sohn und Tochter eines Duisburger Arztes, der mit seiner Frau und seiner zweiten Tochter nicht mehr rechtzeitig emigrieren konnte. Er floh zwar mit dem Rest seiner Familie im ersten Kriegswinter nach Belgien, dann vor dem deutschen Vormarsch nach Frankreich, wurde dort aber von den Truppen überholt und bei dem Versuch, in die Schweiz zu fliehen, festgenommen. Er ist mit Frau und Tochter in Auschwitz zugrundegegangen.

Seine zwei großen Schrankkoffer haben den Krieg überdauert. Sie waren 1940 nach Belgien gebracht worden, wurden dort kurz nach der Befreiung von einem im englischen Heer dienenden Verwandten aufgestöbert und sind vor kurzem in London angekommen.

Ich war beim Öffnen dabei. Die Geschwister fühlten sich den staubigen, rostigen Ungetümen gegenüber nicht sehr behaglich; sie hatten mich gebeten, ihnen Gesellschaft zu leisten. Naphtalingeruch schlug uns entgegen; die Motten hatten nichts beschädigt. Dann fielen aus einem großen Umschlag die Familienphotos und gingen lange Zeit von Hand zu Hand. Der Malkasten der toten Schwester wurde scheu geöffnet und sofort wieder zugeklappt. An manche Kleider konnten sie sich noch erinnern. Sie konnten sich aber nicht recht entschließen, sie als die ihren zu betrachten. Endlich zogen sie das eine oder andere Stück versuchsweise an. Nichts paßte ordentlich. »Wollt ihr es euch umändern lassen?« fragte ich. »Ja, das müßte man eigentlich«, meinten sie ohne wirkliche Überzeugung.

Einige Wochen lang lagen die Sachen bei ihnen herum und nahmen ihnen Raum weg. Dann begann sich der Haufen zu lichten. Stück um Stück wanderte in die Pakete. Auch die alte, zwar hart gewordene, aber nicht verdorbene Seife wurde nach Deutschland zurückgeschickt. »Die werden sich wundern«, sagte das Mädchen, »daß sie deutsche Seife bekommen.«

Auch durch den Krieg sind Kleider freigeworden, manchmal auf recht traurige Weise. Ich weiß von Deutschlandpaketen, in denen Kleider von Gefallenen und Kleider von Bombenopfern verschickt worden sind; auch Kindersachen waren darunter...

Aber seit dem Ende des Krieges sind auch bestimmte Kleidungsstücke wieder leichter erhältlich. In London und in den meisten größeren Städten und Ortschaften Englands gibt es Geschäfte, in denen man allerlei ausgediente oder nie gebrauchte Armeekleidung markenfrei und für billiges Geld kaufen kann. Diese sehr haltbaren Sachen, oft noch gefärbt und ein wenig umgeändert, bilden einen nicht unwesentlichen Bestandteil der Spendenpakete. Ein Paket ist oft das Ergebnis der Arbeit mehrerer Leute. Ich kenne eine englische Familie, die eine deutsche Kriegswitwe mit drei Kindern »adoptiert« hat, die in der französischen Zone lebt. Dieser offenbar überlasteten Frau wollten sie nicht zumuten, die Kleider noch zu ändern und ihren Kindern richtig anzumessen. Sie ließen sich also die Maße schicken und erkundigten sich dann nach einer Schneiderin. Der Erfolg ihrer Umfrage war, daß eine ältere, aus Deutschland emigrierte Dame darum bat, die Kleider selbst ändern zu dürfen. Bezahlung nahm sie nicht an. Zeit habe sie genug, und so käme sie doch auch einmal dazu, etwas Gutes zu tun, zumal da sie selbst nicht über die Mittel verfügt, um auf eigene Faust etwas senden zu können. Außerdem falle ihr das Gehen beschwerlich, und auch mit den Formularen fände sie sich niemals zurecht. Nun aber sitzt sie öfters bei meinen Bekannten, umgeben von zertrennten Kleidungsstücken, und näht voller Eifer.

Nicht alle Sendungen kommen richtig an, aber es geht heute viel weniger verloren als in der ersten Zeit. Dennoch wartet man immer gespannt auf die Empfangsbestätigung; verlorene Pakete sind schwer zu ersetzen, denn man darf bis jetzt nur rationierte Lebensmittel senden, und auch die Kleiderzuteilung ist noch immer spärlich bemessen. Manche haben deshalb Freunde in den englischen Dominions oder in Südamerika gebeten, an bestimmte Adressen regelmäßig Pakete zu senden.

Natürlich werden nicht nur Nahrungsmittel, Kleider und Arzneien geschickt, sondern auch Bücher, Kunstdrucke und Spielzeug. Ich kann mir nicht versagen, hier ganz kurz von einer eigenartigen und nicht ganz gesetzlichen Sendung zu berichten. Es war in der ersten Zeit nach dem Kriege, und sie kam eigentlich aus einem Gefangenenlager. Der Sender, ein Hamburger, wollte seiner Frau zum Zeichen seiner Liebe und Treue durchaus ein Schiffsmodell schicken, das er im Lager geschnitzt hatte. Es war gegen alle Vorschriften, aber der Kommandant ließ sich erwei chen. Einer der Leute, die in den Lagern Vorträge hielten, übrigens ein inzwischen heimgekehrter Deutscher, nahm es nach London mit, verpackte es sorgfältig und schickte es an einen in Hamburg stationierten englischen Offizier, der es auch wirklich wohlbehalten überbrachte.

Unter den Empfängern von Paketen sind Verwandte und Bekannte der Sender, ehemalige Hausangestellte, frühere Schulkollegen und Lehrer, alte Freunde, heimgekehrte Kriegsgefangene und zurückgewanderte Flüchtlinge, Leute, die die Sender kennen, und Leute, die sie nie gesehen haben. Einige dieser Beziehungen sind merkwürdig. Ein Flüchtling aus Berlin stand als Infanterist im englischen Heer und schleppte kurz nach der Landung in der Normandie einen verwundeten Deutschen zu einer Verbandstelle; er ist mit seinem »Kriegsgefangenen« seither in Verbindung geblieben. Der Mann ist längst repatriiert und erhält regelmäßig einmal im Monat ein Paket.

Ich will nicht sagen, daß alle Flüchtlinge in England ihre Verbitterung und ihren Haß vergessen konnten. Erst recht will ich hier nicht zur Dankbarkeit auffordern. Nein, es geht um etwas ganz anderes, um etwas, was vielleicht am besten mit den Worten eines Mannes erklärt werden kann, der in Wembley deutsche Kriegsgefangene bei Straßenarbeiten sah und ihnen Zigaretten anbot.

»Weißt du«, meinte er, »ich hatte plötzlich ein schlechtes Gewissen. Natürlich ist es gut, daß Hitler den Krieg verloren hat. Und wo es Krieg gibt, dort gibt es auch Kriegsgefangene. Aber verstehst du, es ist so unnatürlich, daß ein Mensch frei sein soll und der andere gefangen. Und ich glaube, man muß tun, was man kann, daß nicht nur dieser Zustand aufhört, sondern auch die Denkweise, die dazugehört.«

Das ist es, darum geht es. Die hier beschriebenen Fälle sollen nur als Beispiele dafür verstanden werden, daß sich die Kette aus Tat und Rache, Not und Feindschaft und Vergeltung durchbrechen läßt. Sie ist noch nicht überall durchbrochen, weder in der großen Politik noch im Denken der kleinen Leute in aller Herren Länder. Ein moderner Krieg ist zu zerstörend, zu allumfassend, um leicht und schnell überwunden zu werden. Wo aber im Gesetz von Schuld und Sühne eine Bresche sich zeigt, – nicht planmäßig von Staatsmännern geschlagen, sondern von der Initiative Einzelner, einzig weil sie die Unnatur des endlosen Hasses, der endlosen

Verbitterung nicht mehr ertragen, weil sie auch ihre alten Gegner und Verfolger nicht als feindselige Masse sehen, sondern als Menschen, – wo eine solche Bresche sich auftut, dort müssen wir versuchen, durch sie einen Weg zur Hoffnung auf eine bessere Welt zu bahnen.

Deutschland wird sich wieder aus seinen Trümmern erheben. Die Paketsendungen werden in einigen Jahren aufhören können, weil sie nicht mehr nötig sein werden. Aber vielleicht wird man ihrer später noch in Deutschland gedenken, nicht etwa als einer Dankesschuld, sondern als einer bescheidenen, unvoreingenommenen lebendigen Widerlegung der Doktrin von Haß, Rache und unerbittlichem Kampf.

1948

Reformismus und Arbeiteraristokratie

In den letzten Tagen ist mir mehr als einmal ein nun schon viele Jahre alter Ausspruch des englischen Labour Party-Führers Attlee* in den Sinn gekommen. Nicht nur, weil im Zusammenhang mit den bevorstehenden Wahlen eine Menge über politische Theorie gesprochen wird, sondern vor allem auch, weil die »Pravda« vorige Woche behauptet hat, die Wahlen in England seien für den Arbeiter gar keine wirkliche echte Wahl, sondern die Labour Party und die Konservativen, das sei im Grunde gehupft wie gesprungen, und die Labour Party vertrete nicht wirklich die Interessen der englischen Arbeiter.

Ich will jetzt gar nicht darauf eingehen, wie komisch es ist, wenn ein Ein-Parteien-Staat wie Rußland die sehr echten englischen Wahlen verdächtigt, sondern ich will lieber auf die theoretischen Hintergründe dieser Anschuldigung eingehen. Die sind nämlich, daß die Labour Party nicht marxistisch und nicht revolutionär ist. Und da komme ich eben auf den Ausspruch von Attlee zurück, der schon vor dem letzten Krieg erklärt hat, der englische Arbeiter habe sehr viel zu verlieren, nicht nur die berühmten Ketten. Das bezieht sich natürlich auf die Schlußworte des Kommunistischen Manifests: »Die Proletarier haben nichts zu verlieren als ihre Ketten.«

Nun ja, für strenggläubige Kommunisten und Marxisten alten Schlages ist diese Behauptung Attlees glatte Lästerung. Die Todsünde des Reformismus in Reinkultur! Nur daß diese einfache Behauptung Erfahrungstatsachen feststellt, die durch keine Dogmatik weggeleugnet werden können. Ich könnte jetzt über den hohen Lebensstandard des englischen Arbeiters sprechen, über seine Fernsehapparate, modernen Küchenbehelfe, Wohnverhältnisse, Urlaubsreisen, Sozialversicherung und so weiter. Aber darüber ist schon viel gesprochen worden, und ich glaube, trotz aller kommunistischen Propaganda weiß zum Beispiel die Bevölkerung der deutschen Sowjetzone, und weiß wahrscheinlich sogar die Bevölkerung Rußlands, daß es dem englischen oder gar dem amerikanischen Arbeiter im allgemeinen wesentlich besser geht als ihnen. Aber was mich heute interessiert ist, wenigstens ganz kurz anzudeuten, warum das so gekommen ist. Schließlich waren Marx und Engels keine Dummköpfe; wieso haben sie dennoch so unrecht behalten?

Ich glaube gerade in diesem einen Punkt ist die Antwort ganz einfach. Als vor 107 Jahren das Kommunistische Manifest geschrieben wurde, da wurde von der aufstrebenden Maschinenindustrie überall das alte Handwerk zerschlagen, und die Menschen wurden gezwungen, in den Fabriken unter elenden Lebensbedingungen die primitivsten Handgriffe zu verrichten. Es ist Marx und Engels nicht zu verdenken, daß die geglaubt haben, die Entwicklung der Maschinen würde dazu führen, daß die Menschen in Zukunft nurmehr die primitivsten Handgriffe verrichten müssen, – und dementsprechend auch nur als minderwertige, völlig ungeschulte Handlanger entlohnt werden würden.

Nur hat in den vielen Jahrzehnten seither die Entwicklung fast genau das Gegenteil gebracht! Mehr und mehr wurden gerade die einfachsten Handgriffe vollautomatisch, durch Lochband- und andere Methoden durchgeführt, und die neue Industrie brauchte mehr und mehr geschulte, ja äußerst hochqualifizierte Arbeiter, eine Tendenz, die sich umso stärker ausprägte, je größer der industrielle Fortschritt in einem Lande war. Und im Zusammenhang damit entstand das, was die Marxisten mit einem Verlegenheitsausdruck »Arbeiter-Aristokratie« nannten. Eben die Arbeiter, die in verhältnismäßigem Wohlstand leben und keine Desperados mehr sind, die nichts zu verlieren haben.

Ich könnte mich nun wieder damit beschäftigen, welche soziale und politische Rolle diese »Arbeiter-Aristokratie« gespielt hat und weiter spielt. Der von kommunistischer Seite erhobene Vorwurf, daß diese bessergestellten Arbeiter ihre Solidarität gegenüber den anderen Arbeitern vernachlässigt hatten, ist nämlich eine Verleumdung. Im Gegenteil, gerade die geschulten Arbeiter haben politische und wirtschaftliche Forderungen nicht nur für sich, sondern für die Arbeiter überhaupt durchgesetzt. Man muß nur sehen, um wieviel politisch aktiver und reger gerade einige Gewerkschaften hochqualifizierter Arbeiter wie der Metallarbeiterverband oder die Bergarbeiter sind, als zum Beispiel die große, aber vorwiegend aus mindergeschulten Arbeitern bestehende Allgemeine und Transportarbeiter-Gewerkschaft. Wenn man das sieht, so kann man am Märchen von der mangelnden Solidarität der geschulten Arbeiter wirklich nicht länger mehr festhalten. Aber freilich, revolutionär im Sinne von Marx und Engels waren die Arbeiter der hochentwickelten Staaten des Westens nicht mehr. Warum sollten sie auch einer politischen Ideologie huldigen, deren praktische Grundlage sich in ihrer tagtäglichen Erfahrung als überholt erwiesen hatte?

Und so kam es, wie es kommen mußte: Kommunistische Revolutionen siegten nicht, wie Marx und Engels geglaubt hatten, in den fortgeschrittensten Ländern, sondern im Gegenteil, in den rückständigsten. Und daraus ergab sich dann für die kommunistischen Staatsmänner die peinliche Lage, ihren Arbeitern einreden zu müssen, es gehe ihnen besser als den Arbeitern in den höher entwickelten bürgerlichen Ländern. So etwas läßt sich natürlich auf die Dauer nur dann behaupten, wenn man den Menschen die Möglichkeit abschneidet, sich selbst von der Wahrheit zu überzeugen; daher Zensur, Freiheitsbeschränkungen und so weiter. Daher auch Erklärungen wie die, daß die Arbeiterklasse der westlichen Länder versagt habe. Gemeint damit war, daß die kommunistische Revolution in Rußland nicht von ebensolchen Revolutionen in Deutschland und Frankreich, vor allem aber in England und Amerika, gefolgt wurde. Aber versagt hat die westliche Arbeiterschaft nur, wenn man das »Versagen« nennen will, daß sie sich nicht zugunsten einer veralteten Theorie über die Tatsachen ihres wirklichen Lebens hinwegsetzen wollte. Dieses Wort vom »Versagen der Arbeiterklasse« ist doch überhaupt nur eine Phrase und eine Bankrotterklärung. Es stünde den Marxisten besser an, einmal wirklich zu sehen, was vorgeht und nicht krampfhaft die Ereignisse nach einem alten Schema zu verbiegen und falsch auszulegen. Dann würde auch die »Pravda« nicht solchen Unsinn sagen, wie daß es zwischen der Labour Party und den Konservativen in England keinen wirklichen Unterschied gibt und daß beide den Arbeiter nur ausbeuten wollen. Gewiß, die Labour Party ist reformistisch, und sie ist stolz darauf. Und meinetwegen, wenn man die Ablehnung der revolutionären Dogmatik als »kleinbürgerlich« bezeichnen will, dann ist die Labour Party auch kleinbürgerlich. Warum nicht? Aber so spießig, wie der Chauvinismus der heutigen kommunistischen Partei oder wie ihr Bau- und Kunststil, ist die Labour Party nicht. Dafür ist sie zu modern, zu aufgeschlos-

sen, für alle Strömungen und Problematiken unserer Zeit. Und
das kommt daher, daß sie undogmatisch und frei ist.

Beitrag für die BBC, 1955

In den vierziger Jahren

Foto: Hanneli Plemmons

Langweilige Demokratie?

In einer Hinsicht sind die kommunistischen Länder den Demokratien ganz entschieden voraus! Es ist immer viel mehr los. Das mag ja aus größerem Abstand gesehen recht spannend und interessant wirken, aber, ich weiß nicht, aus der Nähe gesehen oder, wie es in der kommunistischen Terminologie heißt, »konkret betrachtet« ist mir die verhältnismäßige Ereignislosigkeit der demokratischen Staatsformen eigentlich doch lieber.

Denken wir zum Beispiel ein Jahr zurück. Da war es in Polen eben erst zu den Unruhen von Posznan* gekommen. Gomulka* war noch in Ungnade, Arbeiterräte gab es nur in Jugoslawien*; und in Ungarn regierten Rakosi* und Hegeduss*. In der Zone war Harich* noch ein wohlbestallter Akademiker. Georg Lukasz* aus Ungarn war ein berühmter Marxist, Ernst Bloch* in Leipzig ein angesehener Kulturphilosoph. Von der Geheimrede Chruschtschows* hatte man zwar schon gehört, aber China galt offiziell noch als treu stalinistisch, und keine hundert Blumen* blühten am fernöstlichen Horizont.

Dagegen England, Amerika, Frankreich? Im wesentlichen ist alles beim alten geblieben. Wenn jemand ein Jahr lang geschlafen hatte und dann heute dasselbe sagen würde, was er vor einem Jahr gesagt hat, ohne daß es ihm geschadet hat, so würde er dafür heute noch immer nicht ins Gefängnis kommen. Man kommt überhaupt im Westen so leicht nicht ins Gefängnis.

In Amerika ist das Ins-Gefängnis-Kommen in letzter Zeit sogar noch etwas schwerer geworden. Ich meine die Entscheidungen des Amerikanischen Obersten Gerichtshofes, die allem Anschein nach mit einigen unangenehmen Überbleibseln aus der Zeit Senator McCarthys endgültig aufräumen werden.

Nein, ich will gar nicht sagen, daß sich in den Demokratien nicht das geringste ändert. Die Demokratien sind ja nicht leblose oder erstarrte Gebilde, sie sind nur wesentlich stabiler als der Kommunismus, wie wir ihn bis heute kennen. In England weiß man, daß Ghana* seine Unabhängigkeit erhalten hat, in Amerika werden die Gesetze über die gemeinsame Erziehung von Negern und Weißen entgegen dem Widerstand mancher Weißer in den Südstaaten mit wachsender Energie durchgesetzt. Aber das sind keine Ereignisse, die mit grundlegenden Linienschwenkungen verbunden sind, wie wir sie bei Ihnen in der Zone, in der Sowjetunion, in China, in Polen und den anderen kommunistischen Ländern erlebt haben.

Diesem stabileren Charakter der westlichen Demokratien entspricht auch ein ruhigeres Herangehen an gesellschaftliche und politische Probleme und ein weniger hysterischer Ton in der Propaganda. Im Westen gibt es keine Wahlen mit $99^1/_2\%$ Ja-Stimmen, und im Westen gibt es zwar manche Leute, die patriotisch und vielleicht sogar manche, die etwas hurra-patriotisch sind, und wieder andere, die Pazifisten und sogar Kriegsdienstverweigerer sind. Aber es kommt im Westen nicht vor, daß Friedenskämpfer sich über Nacht in Werber für Volksarmeen verwandeln, sondern die Leute bleiben im allgemeinen bei ihren Tendenzen und Vorlieben. Die Menschen im Westen sind in dieser Hinsicht sogar so träge, daß sie bei häufigen Schwenkungen um 180 Grad das Vorurteil haben, die betreffenden Manövrierakrobaten meinen es am Ende vielleicht gar nicht ernst und haben möglicherweise weder die alte noch die neue Linie ehrlich gemeint.

Ich sollte eigentlich nicht spotten, denn es ist eine ernste Sache, und ich weiß ganz genau, daß auch die Menschen bei Ihnen in der Zone, und auch die Menschen in der Sowjetunion, an Linienschwenkungen und an hundertprozentigen und zweihundertprozentigen Begeisterungen auf Befehl in Wirklichkeit keinen Gefallen finden. Freilich, aus der offiziellen Presse und aus dem Rundfunk der meisten kommunistischen Länder könnte man das nicht entnehmen. Polen, und in einigem Abstand China und Jugoslawien sind da rühmliche Ausnahmen.

Wie in einem kommunistischen Land Propaganda betrieben wird, darüber muß ich Ihnen ja nichts erzählen. Das wissen Sie selbst! Ich finde, daß die Gehässigkeit, die persönliche Verdächtigung jedes Gegners, die skrupellose Verwendung von Unglücksfällen, wie zum Beispiel die in der Iller ertrunkenen Soldaten der Bundeswehr, oder vor längerer Zeit die Hochwasserkatastrophe in Holland, die glatte Lügen- und Verleumdungspropaganda, wie sie zum Beispiel bei Ihnen in der Zonenpresse gang und gebe ist, es einem hier manchmal schwer macht, ruhig Blut zu bewahren. Ich habe mich schon mehr als einmal hinreißen lassen, zum Beispiel

Walter Ulbricht* mit Schimpfworten zu bedenken. Mir macht das eigentlich gar keine Freude.

Freilich, Sie müßten nur einmal sehen, was Hörer aus der Zone uns in Briefen schreiben, wenn sie auf Ulbricht zu sprechen kommen. Die kräftigsten Ausdrücke gebrauchen Arbeiter und enttäuschte SED-Mitglieder, die ihrem Herzen Luft machen wollen: Spitzbart, Zickenbart, Blutsauger, ehemaliger Bordellbesitzer, und was dergleichen Freundlichkeiten mehr sind. Nun, ich kann aus meinem Herzen keine Mördergrube machen. Ich finde, Ulbricht ist einer der persönlich unsympathischsten Gestalten unter allen kommunistischen Machthabern der verschiedenen Länder. Aber sein Bart ist sicher die geringste seiner Sünden, und das mit dem ehemaligen Bordellbesitzer glaube ich auch nicht. Ja, ich weiß sogar, daß Ulbricht über gewaltige Arbeitskraft verfügt und sich dabei keineswegs schont. Ich weiß auch, daß er nicht gerade ein Völlerleben oder Lasterleben führt und daß er zum Beispiel für Architektur, für den Bau der Stalinallee ehrlich begeistert war und für die Architekten immer Zeit hatte. Leider ist selbst das Ulbrichts Untertanen zum Unglück geworden, denn guter Geschmack in der Architektur gehört nicht zu seinen Tugenden, und so ließ er Bauten im protzenden Schnörkelstil der stalinistischen Ära Rußlands mit kostspieligen Ornamenten und falschen Fassaden verputzen. Doch genug von den Bauten. Ich glaube daran, daß man politische Gegner um dessentwillen bekämpfen soll, was sie wirklich schlecht und böse machen, und daß es weder menschlich anständig ist noch politisch vorteilhaft, sie außerdem noch zu verleumden. Nur darf man nicht vergessen, die Kommunisten haben mit dieser Art der Propaganda angefangen und sind nach wie vor führend darin. Und wenn ich auch überzeugt bin, daß Ulbricht Thälmann deshalb in den Händen der Nationalsozialisten gelassen hat, weil er wirklich ehrlich überzeugt war, selbst der fähigere Leiter der Parteiorganisation zu sein, was wahrscheinlich auch stimmt, so macht ihn mir diese mörderisch kalte Berechnung deswegen noch lange nicht menschlich sympathischer. Aber vielleicht brauchen die kommunistischen Parteiapparate solche kaltherzigen Naturen wie Ulbricht, einfach deshalb, weil sie damit versuchen wollen, ein Gegengewicht gegen ihre eigene innere Unstabilität zu setzen, gegen die Linienschwenkungen um 180 Grad, die jedem wirklich fühlenden Menschen früher oder später das Herz abschnüren müssen.

Beitrag für die BBC, 1957

Ende der vierziger Jahre

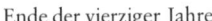

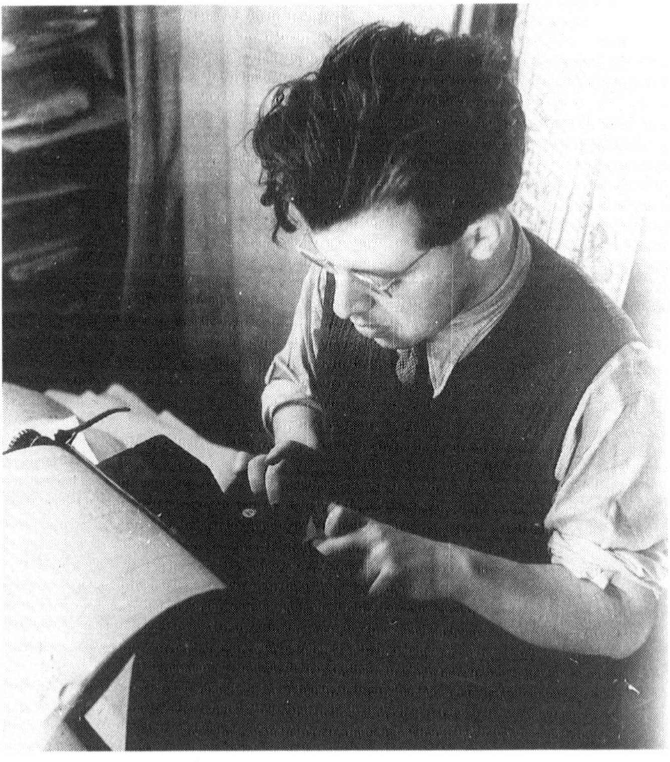

Foto: Hanneli Plemmons

Das Gras über den Toten

Vor einigen Jahren habe ich einmal hier in einer meiner Betrachtungen von einer Tuchatschewski*-Pflanze gesprochen. Heute, da die Sowjetzeitschrift »Ogonyok« bekanntgibt, daß zugleich mit dem Marschall der Roten Armee, Tuchatschewski, auf Stalins besonderen Wunsch auch Tuchatschewskis alte Mutter, seine Schwester und zwei Brüder erschossen wurden, möchte ich genauer darauf zurückkommen, was für eine besondere Art Pflanze diese Tuchatschewski-Pflanze war. Es war eine Zimmerpflanze, eine Topfpflanze; und so wie Menschen, die eine unangenehme Sache auf dem Kerbholz haben, darauf hoffen, daß mit der Zeit Gras darüber wächst, so sollte in diesem Fall die Zimmerpflanze die Erinnerung an Tuchatschewski tilgen. Nur ließen sich die offiziellen Gärtner keine Zeit, die Pflanze nach und nach wachsen zu lassen. Das wäre unter den Umständen auch kaum möglich gewesen. Tuchatschewski und seine Familie wurden im Jahre 1937 liquidiert. Liquidiert ist eigentlich ein zu grimmiges Wort. Wir wollen uns an die Wahrheit halten, nämlich nur Tuchatschewski selbst und seine alte Mutter und eine Schwester und zwei Brüder wurden damals tatsächlich liquidiert. Drei weitere Schwestern wurden nur in Zwangsarbeiterlager gesteckt, und die Tochter Marschall Tuchatschewskis kam noch nicht einmal ins Zwangsarbeiterlager, denn sie war ein Kind. Erst als sie das Alter von sechzehn Jahren erreichte, mußte auch sie ins Zwangsarbeiterlager.

Nun ja, so stellte sich Stalin den Aufbau des Sozialismus vor. Da kann man nichts machen, oder mindestens konnte man allem Anschein nach damals nichts gegen Stalins Wahnvorstellungen machen, denn ist es wirklich glaubhaft, was Chruschtschow uns sagt: die führenden Kader der Partei hatten zwar von den Verhaftungen gewußt, die Stalin durchführen ließ, aber sie hatten sich doch nicht einmal den bloßen Gedanken gestattet, daß es sich dabei möglicherweise um Unschuldige handeln konnte; ... dazu hätten sie Stalin zu sehr getraut und ihn zu hoch geachtet!?

Sehen wir das uns einmal unverblümt in diesem besonderen Fall an. Chruschtschow behauptet also, die führenden Kader der

Partei seien nicht nur von Tuchatschewskis todeswürdigen Verbrechen überzeugt gewesen, sondern auch von der Notwendigkeit und Gerechtigkeit, auch gleich seine alte Mutter mit zu erschießen und seine Brüder und eine Schwester, und, um die Sache abzurunden, auch das kleine Mädchen, seine Tochter, nach Erreichung des vorschriftsmäßigen Alters von sechzehn Jahren ins Zwangsarbeiterlager verschwinden zu lassen. Es liegt auf der Hand, sogar für begeisterte Antikommunisten, die von Kommunisten eine besonders schlechte Meinung haben, daß die führenden Kader der Partei, einschließlich Chruschtschows selbst, weder so dumm noch so blutdurstig gewesen sein können. Wodurch wir uns wieder einmal zur Annahme gezwungen sehen, daß die dummen Ausreden und die moralische Stumpfheit dieser führenden Kader mindestens zum Teil darauf beruhen, daß sie in einer Zwangslage waren, um ihr eigenes Leben zitterten und gegen Stalin nicht aufkommen konnten. Das ist zwar nicht sehr ruhmreich, aber das ist doch wenigstens menschlich verständlich. Viel verständlicher und im Grunde auch weniger beschämend, als die offiziellen Erklärungen der Sowjetmachthaber. Nur zeigt das den undemokratischen, unrepräsentativen Charakter von Staat und Partei, das Fehlen jeder echten Kontrolle von unten.

Doch zurück zur Tuchatschewski-Pflanze: In jenem Jahr 1937 fand in Paris eine Weltausstellung statt, und im sowjetischen Pavillon hing ein riesiges Ölbild, das die führenden Persönlichkeiten der Partei und Regierung, um einen großen Tisch herum versammelt, darstellte. Schon seit 1932 hatte Stalin den sozialistischen Realismus nicht minder eifrig gefordert und gefördert, als dies heute Chruschtschow tut. Auf diesem riesigen Ölbild war daher kein dekadenter westlicher Abstraktionismus zu sehen. Nein, jedes Gesicht war klar und wirklichkeitsgetreu wie ein gutes Photo in einem Familienalbum. Eines dieser Gesichter gehörte Marschall Tuchatschewski. Nun aber war Stalin – nicht zum letzten Mal in seinem Leben – auf eine List der Nazis hereingefallen, hatte Tuchatschewski für einen Spion gehalten, verhaften lassen und seine Liquidierung angeordnet. Was geschah mit dem Bild? Das Bild blieb im sowjetischen Pavillon hängen. Man kann schließlich die Kunstwerke des sozialistischen Realismus nicht einfach zerstören! Nur: der Realismus schildert die Wirklichkeit. Die Wirklichkeit hatte sich eben von einem Tag auf den anderen geändert. Marschall Tuchatschewski war tatsächlich keine führende Persönlichkeit der Sowjetunion mehr, ja, es gab ihn gar nicht mehr.

Und da zeigte es sich, wie die Kunst des sozialistischen Realismus mit der Wirklichkeit Schritt zu halten oder ihr doch auf dem Fuß zu folgen vermochte.

Gleich am nächsten Tag war Tuchatschewski auf dem Bild nirgends zu sehen. An seiner Stelle grünte auf dem Bild eine üppige Zimmerpflanze und trug dazu bei, die Versammlung der wichtigen Männer um ihren Tisch durch ihre sorgfältig gemalten Blätter zu verschönen und zu bereichern.

Hätte es sich bei dem Bild, das sicher noch heute in irgendeiner sowjetischen Gemäldesammlung im Keller liegt, um eine Darstellung der leninschen alten Garde gehandelt, der ersten Parteiführung nach der Revolution, oder der ersten Sowjetregierung, dann wäre es natürlich nicht bei dieser einen Tuchatschewski-Pflanze geblieben, sondern Stalin, allenfalls noch unterstützt von zwei oder drei Nebenfiguren, hätte wie ein Blumenverkäufer gewirkt, oder wie der sprichwörtliche gute Gärtner, umgeben auf allen Seiten von üppig wuchernder, mannigfacher, grünender und blühender Vegetation.

Und wenn dieses Bild nicht nur die Sowjetgrößen gezeigt hätte, sondern im internationalen Maßstab die kommunistische Weltbewegung, dann wäre unter den guten Gärtnern auch Walter Ulbricht* leicht zu erkennen gewesen, obwohl Ulbricht bekanntlich heute behauptet, immer schon Anti-Stalinist gewesen zu sein. Dabei hätte doch Ulbricht selbst um sich herum seine eigenen Tuchatschewski-Pflanzen auf dem Bild gehabt: etwa das Gras, das über die Genossen Kippenberger, Eberlein, Remmele* und viele andere wächst. Ob Neumanns* Tod zum Teil auf Ulbrichts Betreiben bei Stalin zurückzuführen war oder nicht, das kann man heute noch nicht feststellen. Möglicherweise kann Ulbricht nichts dafür. Aber für Kippenberger und Eberlein und Remmele und die meisten deutschen Kommunisten, die in der sowjetischen Emigration liquidiert wurden, und die bezeichnenderweise in der DDR auch heute noch nicht rehabilitiert sind, sondern totgeschwiegen werden, trägt Ulbricht als Vertrauter Stalins und einflußreicher Berater in Kader-Fragen der deutschen Partei sein gerüttelt Maß an Verantwortung und Schuld. Die überschwenglichen Grußtelegramme an Stalin kann man Ulbricht vielleicht verzeihen, denn das gehörte zum widerwärtigen Zeremoniell für alle Kommuni-stenführer, die nicht in Ungnade fallen wollten. Obwohl es auch da noch Gradunterschiede gibt. Zum Beispiel auf der zweiten Par-teikonferenz der SED, 1952, hätte Ulbricht nicht ausrufen müssen: »Wir werden siegen, weil uns der große Stalin führt!« Dennoch, das alles ist vielleicht noch verzeihlich, aber wer kann Ulbricht im Namen seiner eigenen toten Genossen verzeihen, Kippenberger und Eberlein, und von Dutzenden anderen? Es darf kein Gras über diese Toten wachsen, und keine Tuchatschewski-Pflanze.

Beitrag für die BBC, 1963

In einem Studio der BBC, 1967

Foto: Hanneli Plemmons

Ein Versuch, Farbe zu bekennen

D ie Frage »Warum leben Sie nicht in der Bundesrepublik?« oder, intimer: »Ja, warum lebe ich eigentlich nicht in der Bundesrepublik?« ist für den Schriftsteller als ideologisch anfälligem Kind seiner Zeit verführerisch und gefährlich. Es ist zu leicht, nur mit flammenden Bekenntnissen und scharfer Kritik zu antworten und dabei die kleinen und kleinlichen Umstände des eigenen Lebens zu übersehen und totzuschweigen, die die Wahl des Wohnorts mitbestimmen.

Lebe ich nicht einfach aus Trägheit hier in England, weil es mich vor fünfundzwanzig Jahren als Flüchtling nach London verschlagen hat und ich hier steckengeblieben bin und nun drei Kinder habe, die hier geboren sind? Gewiß, das ist *ein* Grund. Und lebt es sich in England nicht bequem und unbehelligt? Und warum soll ich eigentlich in der Bundesrepublik leben? Ich habe noch nie in Deutschland gelebt; ich bin in Wien geboren und habe meine Jugend bis zur Flucht nach England in meiner Heimat verbracht, in Österreich.

Und doch gilt die Frage auch für mich, denn England ist kein Land, das Menschen leicht assimiliert, und ich habe mich nie zu assimilieren versucht. Ich habe immer nur deutsch geschrieben. Deutsch, nicht österreichisch. Ich glaube nicht, daß es eine wesentlich österreichische Literatur im Gegensatz zur deutschen Literatur geben kann, und es ist kein Zufall, daß viele meiner österreichischen Landsleute, wie Ingeborg Bachmann oder Ilse Aichinger, nach Deutschland gegangen sind. Auch ich wäre nach Deutschland gegangen. Was ich hier an Unfreundlichem sagen muß, das sage ich als deutscher Schriftsteller und Lyriker, der sich manchmal danach sehnt, bei seinen Freunden in Deutschland zu leben.

Meine Trägheit, die Bequemlichkeit, zu der besonders England leicht verführt, das Steckengebliebensein in einem langsam entstandenen Wirkungskreis kann ich nicht leugnen. Aber schon die Sehnsucht, mitten in seinem eigenen Sprachbereich zu leben und nicht abseits hocken zu bleiben, wäre wahrscheinlich stark genug, das zähe Beharrungsvermögen zu überwinden. Auch materielle Erwägungen sprächen dafür. Der Aufenthalt in unmittelbarer

Nähe seiner Verleger, Redakteure und Rundfunkdramaturgen macht dem Schriftsteller den Erfolg leichter, rückt ihm sein Publikum näher, erschließt dem Dichter einen Kreis von Menschen, die alle Einzelheiten seiner Sprache verstehen und kritisieren können, und läßt ihn das kräftige Leben dieser Sprache in ihrem rasch wechselnden Alltag belauschen, der auch noch in seinen Unarten interessant und aufschlußreich bleibt. Nein, ich lebe vor allem deshalb nicht in der Bundesrepublik, weil es dort vieles gibt, was mich immer wieder fernhält und entmutigt.

Sind es Emigrantenressentiments? Ist es Mangel an Sympathie für die Deutschen? Diese Frage habe ich hoffentlich durch mein Buch »Ein Soldat und ein Mädchen« (Claassen, Hamburg 1960) verneint, an dem ich fünfzehn Jahre gearbeitet habe und das mir viele Vorwürfe eingetragen hat, ich sei zu leicht bereit, den Nationalsozialismus zu verzeihen. Das war allerdings ein Mißverständnis. Ich bemühe mich, einzelnen Menschen zu verzeihen, die in die Nazibewegung geraten waren. Aber weder den Nationalsozialismus als solchen kann oder soll man »verzeihen«, noch dürfen wir uns Geisteshaltungen oder Quellen des toten und lebendigen Ungeists verzeihen, aus denen vor vielen Jahren die Gründer und Anhänger des Nationalsozialismus Kraft schöpften und die oft immer noch bestehen. Dennoch glaube ich mein Buch als Zeugen aufrufen zu dürfen, daß ich nicht an starren Ressentiments oder Mangel an Mitgefühl leide.

Aber verzeihen kann ich nicht einmal allen *einzelnen* Menschen. Wenn er nicht in letzter Zeit gestorben oder umgezogen ist, lebt in Düsseldorf ein Zollrat. Als meine Eltern nach dem Anschluß Österreichs im Frühjahr 1938 verhaftet waren, hat dieser Mann die Verhöre geleitet. Wenn meine Mutter die Geschichte ihrer Handverletzung nicht frei erfunden und wenn mein Vater mich an seinem letzten Lebenstag nicht angelogen hat, so hat dieser Mann meiner Mutter die Hand verrenkt und meinem Vater die Magenwand eingetreten. Mein Vater ist an diesen Tritten gestorben, wenige Stunden nach seiner Entlassung aus der Haft, am 24. Mai 1938. Die Berichte meiner Eltern sind wahrscheinlich nicht genug Beweismaterial für ein Gerichtsverfahren, und der alternde Zollrat mag sehen, wie er mit seinem eigenen Gewissen zurechtkommt. Aber als ich in Düsseldorf war, schlug ich im Telefonbuch nach, aus dem ich auch seinen gegenwärtigen Titel erfuhr, und hatte es dann eilig, weiterzufahren. Das trägt vielleicht ein wenig dazu bei, daß ich nicht in der Bundesrepublik lebe.

Es gibt wichtigere Gründe. Wen politische Ereignisse geschädigt haben, der wird politisch hellhörig, vielleicht sogar überempfindlich. Gewiß, ideal ist auch England nicht, aber das politische Klima der Bundesrepublik ist für mich manchmal wesentlich schwerer zu ertragen.

Vor einigen Jahren hatte ich mich fast entschlossen, nach Norddeutschland zu übersiedeln. Da kam die Meldung, Dr. Adenauer habe in Rom gesagt*, wir Deutschen haben vom lieben Gott die besondere Aufgabe erhalten, Wächter der westlichen Welt gegen die Einflüsse aus dem Osten zu sein. Zwar fehlten dann nicht die gewohnten Erklärungen, es sei doch nicht so gemeint gewesen, aber ich mißtraue der Göttlichkeit des Abkommandierens einzelner Völker zur besonderen Verwendung, und ich sehe die Gefahr einer Grenzmark- und Wächterideologie zum Teil in der Ermutigung der unbelehrbarsten Nazis, vor allem aber darin, daß andere, die schon halb und halb zur Reue und zum Umlernen bereit waren, durch solchen verbrecherischen Unsinn wieder zur psychologisch sehr verständlichen Suche nach halben Rechtfertigungen, nach philosophischen Alibis und geschichtlicher Schicksalskontinuität angespornt werden.

Ähnlich erging es mir mit dem alten Nazilehrer Zind*. Sein alkoholischer Stolz, daß er Dutzenden jüdischer Gefangener mit dem Spaten den Schädel eingeschlagen habe, wundert mich weiter nicht. Die Ausrottung aller alten Nazis wäre ein furchtbares Blutbad gewesen. Derlei lehne ich ab, auch wenn nun dann und wann ein alter Unhold im Alkoholrausch aus der Mördergrube seines Herzens keine Mördergrube macht. Nein, was mich damals weit mehr störte, war der Versöhnungsversuch eines nüchternen Mannes der für Zind zuständigen Unterrichtsbehörde, der zu Zinds Kläger oder zu dessen Anwalt sagte, Herr Zind bedauere seine Äußerungen im Wirtshaus, und es seien in Wirklichkeit gar nicht Juden, sondern nur Russen gewesen. Der Gedanke, mit solchen Versöhnern und Vermittlern in Berührung zu kommen, die die stolze Erinnerung an das Einschlagen von Schädeln russischer Kriegsgefangener allenfalls noch zulässig finden, ist zuviel für mich.

Ich muß noch einiges anführen, was mich – menschlich und geographisch – immer wieder abstößt: Die Verbohrtheit, die Oder-Neiße-Grenze* nicht längst durch gemeinsamen Beschluß der großen Parteien aus dem Parteienzank herausgeholt und anerkannt zu haben; die Beibehaltung von Männern wie Seebohm und Globke* in hohen Ämtern, der störrische Widerstand Bonns gegen alle Versuche Amerikas und Englands, in Europa die Entspannung zwischen Ost und West zu fördern; die Wahl eines Himmleradjutanten in den Bundestag, die Diffamierung eines Wahlgegners durch Hinweise auf seine uneheliche Geburt* oder auf seine Betätigung gegen das Hitlerregime im Zweiten Weltkrieg. Über die Kanzlernachfolge, über Strauß und den »Spiegel«* will ich nichts sagen, hingegen lohnt es sich, zu erwähnen, daß sogenannte Tarnorganisationen der KPD und ihre Veröffentlichung wesentlich schärfer verfolgt werden als Tarnorganisationen und -zeitschriften der Nationalsozialisten. Übrigens finde ich trotz der oft verblüffenden Parallelen zwischen den Mord- und Unterdrückungsapparaten der hitlerschen und stalinschen Tyrannis die beliebte Gleichsetzung von Kommunismus und Nationalsozialismus flachköpfig und besonders für Deutsche höchst ungehörig. Daß gerade deutsche Kommunisten (von der SED im Osten ganz zu schweigen!) meist sturer, verbohrter und freiheitsfeindlicher sind als etwa ihre italienischen, ungarischen oder jugoslawischen Genossen, ist gewiß kein Zufall. Dennoch finde ich das Verbot der KPD* ungut. Solche Verbote machen Länder weniger wohnlich. Es würde mir nicht behagen, verdächtigt oder bespitzelt zu werden, wenn ich mir den Verkehr mit einzelnen Kommunisten nicht verbieten lasse (falls diese überhaupt mit mir verkehren wollten!). Die politische Schockierbarkeit der älteren Menschen scheint mir ebenso jämmerlich wie die vorsichtige oder blasierte politische Apathie der Jugend.

Das alles hat seinen Einfluß auf den bundesdeutschen Literaturbetrieb. Umstrittene Themen und Autoren werden auf der Bühne, in Funk und Fernsehen und im Druck zwar nicht vermieden, aber für den Redakteur, Programmleiter oder Intendanten ist ein solches Thema oft ein Wagnis, das er sich nur ab und zu gestatten darf, ja das er vielleicht möglichst bald durch besondere Harmlosigkeit wieder wettzumachen sucht. Das von mir übersetzte Drama »Die Teufel« des englischen Protestanten John Whiting*, das in England keinen Anstoß erregte und sogar im Edinburgh Festival sei-

nen Platz fand, wurde in Westberlin als religionsfeindlich angegriffen: ein Monsignore Klausener forderte die Streichung der
städtischen Zuschüsse für das Schillertheater. Welche bundesdeutsche Bühne hat sich seither an das Stück herangewagt?

Die Schriftsteller werden bei solcher Witterung aggressiver,
schließen sich fester zu Gruppen und Klüngeln zusammen, polemisieren gehässiger und oft sturer. Man merkt das Fehlen einer
unorthodoxen deutschen Linken und eines freiheitlichen Radika-
lismus. Sowohl rechts wie links fällt da etwa ein Vergleich mit englischen Kollegen nicht sehr günstig aus. Eine rühmliche Ausnahme, die »Gruppe 47«, die Konformismus und Vereinsmeierei
schon durch bunte Zusammensetzung und Verzicht auf Organisation verneint und der die meisten nahestehen, die seit 1945 der
deutschen Dichtung wieder zu Ansehen verholfen haben, wird
immer mehr angefeindet und verleumdet.

Aus all diesen Gründen will ich bis auf weiteres außerhalb der
Bundesrepublik wohnen, wenn auch vielleicht mit mehr Gewis-
sensbissen als Nasenrümpfen. Denn müßte ich das alles nicht tagtäglich auf deutschem Boden sagen und verfechten, wenn ich die
nötige Zivilcourage habe? Ich weiß nicht. Vielleicht ist es sogar für
bloße Zivilcourage schon wieder etwas zu spät. Ich will nicht vor-
schnell urteilen, will lieber wenigstens versuchen, demnächst
einige Monate in Berlin oder Hamburg zu hausen; aber ich bin
skeptisch. Eine wirklich befriedigende Wahl des Wohnorts gibt es
vielleicht nicht mehr. Im allgemeinen aber ist mir das Schreiben
wichtiger als das Polemisieren, und das geht aus einigem Abstand
besser.

Übrigens sind mir vielleicht auch die Trauben zu sauer. Wer *will*
denn ernstlich, daß ich in der Bundesrepublik leben soll? Wer legt
Wert darauf? Vielleicht einige Freunde, manchmal – erstaunlich –
ein Andersdenkender. Aber ein, zwei Kollegen im bundesdeutschen Literaturbetrieb denken trotz betont fortschrittlichster
Ansichten nicht im Schlaf daran, auch nur den Finger für einen zu
rühren, und je überzeugender manche das Wirtschaftswunder
verhöhnen, desto gelehriger halten sie sich an seine Spielregeln.

Außerdem, der Umzug eines Menschen, schwerfällig gemacht
durch Bücher und Familie, durch Arbeitsgewohnheiten und einen
gewissen Bedarf an Zeit zum Einleben, ist ein schwieriges finan-
zielles Problem. Ein Schriftsteller ist kein Großindustrieller und

kann sich in solchen Dingen nicht immer selbst helfen. Man müßte sich als neuartige Waffe tarnen, dann gäbe es fast unerschöpfliche staatliche Mittel für den Transport, für die Aufstellung an einem strategisch günstigen Ort und für die weitere Instandhaltung.

1963

Im Garten, sechziger Jahre

Foto: Catherine Fried

Englische Randglossen

W as geht das mich an, wer in Deutschland siegt? Das ist doch Sache der Deutschen.« – »Wo sind denn diese Wahlen, in Ost- oder Westdeutschland?« Auch solche Antworten bekommt man. In der Innenpolitik sind die Engländer gut bewandert. Vom Ausland weiß man weniger. Viele interessiert es gar nicht, sie nehmen die Außenpolitik der jeweiligen britischen Regierung auf Treu und Glauben hin; bei ihren eigenen Wahlkämpfen spielt die Außenpolitik eine untergeordnete Rolle. Ich kann also eigentlich nicht sagen, was *die* Engländer oder *die meisten* Engländer von den bevorstehenden Bundestagswahlen halten, ich kann nur von einer Minderheit berichten.

Innerhalb der Minderheit aber, auf die es bei der Meinungsbildung ankommt, bei den Gebildeten, den politisch Interessierten, den Journalisten, Funk- und Fernsehredakteuren, Parlamentsabgeordneten, großen Geschäftsleuten, Gewerkschaftsführern, Wirtschaftsexperten, höheren Staatsbeamten, einflußreichen Mitgliedern der großen Gesellschaft oder auch unter den Studenten wächst das Interesse an der Bundesrepublik und ihrer politischen Entwicklung in letzter Zeit merklich. Es wurde besonders durch einige Artikel Neal Aschersons im »Observer« gefördert, der in England ungefähr dasselbe ist wie in der Bundesrepublik »Die Zeit«. Ein Artikel, in dem Ascherson behauptete, ein SPD-Sieg in der Bundesrepublik wäre für Deutschland und für England die denkbar größte Chance, wird immer noch diskutiert.

Dabei weiß ich noch nicht einmal, wie Ascherson selbst zur Labour Party steht. Hier in England nämlich sind Angehörige der verschiedensten Parteien SPD-freundlich gesinnt. Das ist mehr als überraschend, und wenn ich mich nicht immer wieder davon überzeugt hätte, würde ich es einfach nicht glauben oder die von mir Befragten für untypisch halten. Aber es hilft alles nichts, es sind typische Engländer, typische Vertreter ihrer unterschiedlichen Gesellschaftsschichten, ihrer verschiedenen Interessengruppen; untypisch sind sie nicht. Ein Soziologe, der darüber sprach, wie sonderbar wenig Zusammenhang zwischen den politischen Bindungen dieser Menschen im eigenen Land und ihrer

Stellung zur SPD in Deutschland bestehe, meinte: »Viele unterscheiden sehr scharf zwischen England und Ausland. In England selbst hängt ihre politische Entscheidung viel stärker von Vorurteilen ab, von politischen Loyalitäten und ererbten Bindungen. Im Ausland aber sind sie einfach Empiriker; ihre Sympathien gehören dann meist der Partei, die sie für die vernünftigste, für die sachlichste halten, für am wenigsten durch Demagogie oder durch alten Ballast behindert. Bei der Einstellung zu Deutschland spielen außerdem Erinnerungen an Krieg, Kriegsende und erste Nachkriegszeit immer noch eine wichtige Rolle. Die englische Regierung im Krieg war eine große Koalition, daher bestand damals kein Vorurteil oder wenigstens kein großes Vorurteil gegen irgendeine demokratische Partei. Diese Denkgrundlage brachten Engländer nach Deutschland mit, und wenn sie dann in Deutschland alte Sozialdemokraten trafen, sagten sie sich: ›Nun, dieser Mann ist wenigstens nicht mein Feind gewesen. Der nimmt den Alliierten den Sieg wahrscheinlich nicht übel.‹ Die Nachwirkungen eines so entstandenen Vertrauens (und bei irgendwem mußten ja die Leute von der Militärregierung anfangen, den Deutschen wieder zu vertrauen) sind nicht zu unterschätzen.«

Auch wenn es stimmt, daß die Mehrheit der politisch denkenden Engländer auf einen Sieg oder wenigstens auf eine große Stärkung der SPD hofft, sind ihre Motive dafür doch sehr verschieden, zu mannigfaltig, um hier auch nur aufgezählt werden zu können. Es gibt allerdings auch Ausnahmen. Die krasseste dieser Ausnahmen schien mir allerdings wirklich die Regel zu bestätigen. Ein Mann, der zu den Stützen einer starken Ortsorganisation der Labour Party gehörte, die in ihrem Wahlkreis auch immer erfolgreich ist und einen »sicheren Sitz« im Parlament hat, erklärte rundheraus, er hoffe auf einen Sieg der CDU: »Gewiß, ich bin ein aktiver Labour-Mann, seit jeher, aber deshalb muß ich noch lange nicht für einen Sieg der SPD sein! Nein, ich hoffe, daß die CDU siegt. Dann wissen wir wenigstens, mit wem wir es zu tun haben: mit unseren Feinden.«

Er erklärte mir, schon Dr. Adenauer habe für Englandfeindlichkeit in der CDU gesorgt. Vielleicht sei sie im Grund schon immer gegen England gewesen, habe aber erst unter dem Einfluß Adenauers in seiner letzten Regierungszeit und nachher den Mut zur Taktlosigkeit aufgebracht, ihr wahres Gesicht zu zeigen. Die

Orientierung auf de Gaulle, der Kampf gegen Englands Eintritt in die EWG*, die Kleinlichkeiten und gebrochenen halben Versprechen hinsichtlich der unmittelbaren oder mittelbaren Finanzhilfe für die britische Rheinarmee, die ständigen Einmischungsversuche in die englische Außenpolitik, die Verdächtigungen, daß England einen »weichen Kurs« gegenüber den Sowjets befürworte, ein »neues München« – ein Wort, das gerade Deutsche nicht so unbedenklich gebrauchen dürften –, das alles bilde ein unteilbar Ganzes. Zwar seien Erhard und besonders Schröder nicht ganz so, aber Erhard sei ziemlich schwach, und Schröder werde früher oder später noch den Kopfjägern in der eigenen Partei zum Opfer fallen, in dieser Hinsicht könne man sich auf den Straußflügel verlassen.

»Und aus diesen Gründen sind Sie für die CDU?« fragte ich ihn ziemlich verdutzt. »Das müßte doch ein Grund sein, auf einen Sieg der SPD zu hoffen?« Er lachte: »Ich bin nicht *für* die CDU, ich bin überhaupt nicht für die Deutschen. Deshalb hoffe ich ja, daß die CDU und ihre bayrische Schwesterpartei gewinnen. Die CDU hat in den letzten Jahren durch ihr Benehmen gezeigt, daß sie die Engländer und die Amerikaner nicht mag und nur für ihre eigenen Zwecke einspannen will. Gut, klare Rechnung: die mögen uns nicht, und ich mag die Deutschen nicht, und so soll es bleiben! Außerdem ist die CDU außenpolitisch entweder so ahnungslos oder so sehr die Gefangene ihrer Heimatvertriebenen und der alten Nazis und Nazimitläufer, um deren Stimmen sie sich bemüht, daß sie weder mit den Amerikanern wirklich gut auskommt, noch aus ihrer famosen Hallstein-Doktrin* herausfindet, mit der sie sich selbst die Hände gebunden hat und Deutschland immer schöner isoliert. Und die Vorstellung der CDU von der Sowjetunion stammt noch aus den Lebzeiten des seligen Stalin! Nur so weiter: ich bin für einen Wahlsieg der CDU, weil mir die Deutschen unheimlich sind und weil ich glaube, ein Sieg der CDU ist das beste Mittel, Deutschland zu schwächen und zu isolieren, auf die Dauer auch wirtschaftlich.«

Nun wehrte ich mich als deutscher Schriftsteller gegen diesen verallgemeinernden Deutschenhaß. Ich sagte, ich hoffe nur, daß mein Gesprächspartner mit diesem böswilligen Zynismus in der Labour Party ziemlich allein stehe. Das gab er sogar zu, wenn auch nur mit Bedauern, aber unser weiteres Gespräch wurde ziemlich unerfreulich, für englische Verhältnisse einigermaßen erregt. Immerhin finde ich es interessant, daß dieser etwas merkwürdige Gönner der CDU, der übrigens trotz seiner leicht verzerrten und politisch nicht gerade verantwortungsvollen Ausdrucksweise viel von Deutschland wußte, auf seine Art genau die gleichen Fragen angeschnitten hat, die die meisten meiner anderen Gesprächspartner zu Freunden der deutschen Sozialdemokraten machten.

Einer von diesen, der mich ungeachtet meiner 43 Jahre im besten alten Clubstil »my dear boy« nannte, war der letzte, bei dem ich Sympathien für die SPD vermutet hätte. Aber ich kam aus dem Staunen gar nicht heraus, auch nicht aus dem Staunen, wie gut dieser alte Konservative, den ich für eine Art vorsintflutliches Tier gehalten hatte, über die Bundesrepublik informiert war. Es erwies sich aber, daß er vor dem Krieg in Deutschland studiert und dann gegen Ende des Krieges im Rheinland und nach dem Krieg in Nordrhein-Westfalen viel zu tun gehabt hatte. Erleichtert stellte ich fest, daß er wenigstens kein Deutschenhasser war, auch nicht von der zurückhaltenden, versteckten Art, die man noch so oft findet: »Mein lieber Junge, große verschwommene Gefühle sind wie Schlagworte; man kommt weiter ohne sie. Je älter ich werde, ein desto überzeugterer Empiriker bin ich. Als solcher habe ich die Deutschen zuerst achten gelernt, sogar bewundern, und mit der Zeit mochte ich sie dann auch. Eigentlich sollte ich nicht einmal sagen, *die* Deutschen. Es kommt darauf an, was für Deutsche. Die den Deutschen in der Welt einen guten Namen gemacht haben, das sind ja nicht dieselben Leute wie die, die ihnen einen schlechten Namen gemacht haben, nur ein paar Jahre früher oder später; nein, das sind zum größten Teil ganz andere Typen, gar nicht dieselben Leute. Ich kann mir nicht helfen, mir sind Leute ohne Hitlervergangenheit lieber. Damit meine ich natürlich nicht, daß ich mit einem Mann, der einmal als junge Rotznase in der Hitlerjugend war, nichts mehr zu tun haben will. Das darf man nicht so ernst nehmen. Irren ist menschlich, auch wenn die, auf die man irrtümlich hereingefallen ist, unmenschlich sind, und ehemalige Hitlerjungen gibt es natürlich in der SPD genauso wie in der CDU und CSU und FDP – und auch in der SED im Osten. Das sind Kindereien. Ihnen das zeitlebens nachzutragen, das wäre fast so dumm, als wenn man den jüngeren Leuten die Vornamen verübeln würde, die ihre Eltern ihnen um den Hals gehängt haben, Waltraut, Freia, Otmar und so fort. Verstehen Sie mich recht: was ich meine, ist eine Partei, von der sich keine Brücke zu Hitler zurück schlagen läßt. Und da stehen die Sozialdemokraten doch ganz anders da als die CDU.«

Abermals kam ich mir sonderbar vor, denn nun mußte ich als sogenannter »linker Schriftsteller« CDU-Angehörige gegen einen alten englischen Tory verteidigen. Ich kenne nämlich selbst mehrere CDU-Wähler, von denen sich auch beim bösesten Willen keine Brücke zur Nazizeit schlagen läßt. Aber er schnitt mir das Wort ab:

»Gewiß, gewiß, ich bin ja selbst konservativ, da kann ich ja nichts gegen einen Deutschen haben, nur weil er meiner angeblichen Bruderpartei angehört. Obwohl ich eigentlich glaube, wir Tories sind in manchen Fragen noch ein ganz klein wenig links von eurer SPD. Aber ich meine nicht den einzelnen Wähler, sondern die Partei, die dabei herauskommt, und das Klima, das sie schafft. Ich will Ihnen ein Beispiel geben: Es ist schon einige Jahre her, da war Dr. Adenauer in Rom beim Papst – das war noch Pacelli –, und gleich darauf hat er in einem Interview gesagt, ich kann mich noch genau daran erinnern: ›Wir Deutschen haben vom lieben Gott die besondere Aufgabe erhalten, Wächter und Hüter der westlichen Welt vor den starken Einflüssen aus dem Osten zu sein.‹ Sehen Sie, mein lieber Junge, genau das ist es, was ich nenne, Brücken zu Hitler schlagen.«

Was er dann von dem Beispiel weiter ableitete, war recht einleuchtend. In Deutschland habe es zur Zeit dieses Kanzlerwortes von der besonderen deutschen Mission zahllose an sich unwichtige ehemalige Nationalsozialisten gegeben oder Söhne oder Frauen, Witwen oder Waisen von alten Pgs*, oder auch nur kleine Mitläufer, Wehrmachtangehörige mit schlechtem Gewissen, lauter Menschen, die keineswegs teuflisch waren und gegen die man auch gar nichts unternehmen mußte. Ihnen aber ein derart gutes Alibi zu geben, wie diese Adenauerworte es getan hatten, das hieße doch, sie alle in geradezu unmenschliche Versuchung führen. »Man kann es einem armen Teufel nicht verübeln, wenn er sich an so einen Kernspruch seines Bundeskanzlers anklammert und dann zu Hause beim Frühstück sagt: ›Seht ihr, Kinder, da hat euer alter Vater im Krieg doch nicht so ganz unrecht gehabt, wie ihr mir das

immer vorwerft, sondern was immer Hitler für Fehler gemacht hat, diese eine Aufgabe haben wir doch auch damals schon erfüllt, Wächter und Hüter des Abendlandes vor dem Osten zu sein.‹«
Was das betraf, verstand mein Gesprächspartner keinen Spaß: »Sehen Sie, diesen gefährlichen Unsinn kriege ich heute wieder zu hören, so oft ich in Deutschland bin. Dem alternden Familienvater, der bei seinen herangewachsenen Kindern nicht noch den letzten Rest von Autorität verlieren will, dem kann man es gar nicht so sehr vorwerfen, wenn er sich an Adenauers pathetischen Spruch klammert wie an einen Rettungsring. Aber daß Adenauer ihm diesen Quatsch gebührenfrei ins Haus geliefert hat, das nenne ich ein politisches Verbrechen, und deshalb sind mir meine sogenannten Parteifreunde von der CDU nicht ganz geheuer und werden es auch nicht sein, solange sie sich von diesem ganzen Unfug, zu dem auch die spezifisch deutsche Form des Russenhasses gehört, nicht freigemacht haben.«
Wir sprachen dann vom Russenhaß und Kommunistenhaß. Ich sagte, daß dieser schließlich auch in der SPD zu finden sei, aber er meinte, es komme dabei auf den Gradunterschied und vielleicht noch mehr auf die genaue Zusammensetzung dieser Haßgefühle an. Er selbst habe ja auch nicht allzuviel für die Kommunisten übrig, obwohl er den Kommunismus mit dem Firmenzeichen Stalin von der heutigen Marke unterscheide. Wie unmöglich sich die Sowjettruppen, aber auch ihre Offiziere damals unter Stalin nach dem Krieg benahmen, das habe er als Angehöriger der alliierten Militärregierung bis zum Überdruß feststellen können. Aber jener spezifisch deutsche Kommunistenhaß und Russenhaß, mit dem er gar nichts anfangen könne, sei eigentlich nicht Abneigung aus *guten* Gründen, sondern ein Gefühl, dem mehrere gute oder plausible Gründe nur zur Rechtfertigung der schon zuvor vorhandenen *erzschlechten* Gründe dienen, und das finde er gefährlich, nicht nur psychologisch gefährlich, sondern auch gefährlich für Demokratie und Frieden, für die Mitwelt, auch für die Nato-Partner der Bundesrepublik und nicht zuletzt für Deutschland selbst.
Im weiteren Verlauf des Gesprächs erhielt mein Gegenüber Verstärkung durch einen Freund, der beruflich immer zwischen Deutschland und England hin- und herfliegt. Dieser, ein jüngerer Mann, fand besonders, es komme nicht nur auf das Programm einer Partei an, sondern auch auf den Geist, der dahinterstehe. Die

Programme der SPD und CDU seien nicht so verschieden, daß er als Schotte sich dafür besonders interessieren könne. Er wollte sich ja auch nicht in innerdeutsche Angelegenheiten einmischen. Aber was ihn, als Zeitgenossen, als Demokraten, als Europäer, als Nato-Partner Deutschlands an der CDU störe, und mehr noch an der CSU, das sei die Unausrottbarkeit völlig unfairer Verhaltungsweisen und Methoden. Als Beispiel für undemokratisches Verhalten zitierte er einen Fall, dessen ich mich nicht mehr entsinnen kann, in dem die CDU-Fraktion, um einer Niederlage im Bundestag zu entgehen, den Sitzungssaal verlassen habe, so daß keine beschlußfähige Zahl von Abgeordneten mehr dagewesen sei. In England, sagte er, wäre eine Partei, die so etwas täte, erledigt. Außerdem fand er die Frondeure um Franz Josef Strauß »ganz unmöglich« und war besonders über Gerstenmaiers* Überlaufen zu den sogenannten Gaullisten* enttäuscht. Außenminister Schröder bezeichnete er als einen weißen Raben, fand es aber charakteristisch für die CDU und namentlich für die CSU, daß sie gerade Schröder in den Rücken zu schießen trachte. Dafür sei doch Dr. Seebohm* trotz politisch völlig irrer Brandreden über das Sudetenland, die an Konrad Henlein* erinnerten, als Minister immer noch sicher. Als besonders unfair hatte er auch Einzelheiten des letzten Wahlkampfes der CDU gegen Willy Brandt in Erinnerung, dem man nicht nur uneheliche Herkunft vorwarf, sondern – übrigens sachlich unrichtig – daß er im Zweiten Weltkrieg auf Deutsche geschossen habe. Statt sich zu freuen, daß man einen führenden Staatsmann habe, der damals Mitglied der Widerstandsbewegung eines von Hitler angegriffenen Landes war, betrachteten also manche CDU-Sprecher einen Feind Hitlers immer noch als ihren Feind.

Schließlich erwähnte er auch noch Veröffentlichungen des Ministeriums für gesamtdeutsche Fragen, die er gesehen habe. Da seien Grenzargumente gegenüber Polen in einer Form vertreten worden, die an die »Deutsche National-Zeitung und Soldaten Zeitung« erinnere, die er weiterhin überall in der Bundesrepublik zum Verkauf ausliegen sehe. Die Diskussion endete damit, daß meine Gesprächspartner mir erklärten, sie würden viel lieber mit Deutschen zu tun haben, denen sie wirklich trauen könnten und bei denen sie nicht das Gefühl hätten, daß sie in ihren Augen im Grunde immer noch die Gegner von vorgestern seien, denen man das nur dann vergeben könne, wenn ihre heutige Politik in allen Stücken den Interessen Deutschlands diene.» Wenigstens ist es uns unheimlich, daß gerade diese Leute es sein sollen, die sich anmaßen, die Interessen Deutschlands zu interpretieren.«

Ich meinte, die Bundesrepublik werde ihre Regierung allerdings kaum nach den Wünschen des Auslandes wählen. So sei das auch gar nicht gemeint, wurde mir energisch versichert. Kein vernünftiger Mensch in England oder Amerika wolle in Westdeutschland eine schwache oder »gefügige« Regierung haben, oder gar eine Puppenregierung. Solchen Unsinn verbreite nur die »National-Zeitung«. Nein, was die Welt von einer deutschen Regierung erhoffe, das sei »enlightened self-interest but not benighted self-seeking« – aufgeklärter Eigennutz, aber nicht umnachtete Selbstsucht. Und von dieser Umnachtung sei die ganze Denkart der SPD unendlich freier. Ein erfolgreicher Realpolitiker der kleinen Schritte wie Willy Brandt, ein Mann vom Format eines Wehner, ein Intellektueller wie Carlo Schmid* – wer immer es sei, das flöße doch einfach mehr Vertrauen ein als irgendein führender Mann ihrer Gegner, ausgenommen vielleicht Schröder. Ein Fritz Erler* sei gewiß ein harter Mann, der die außenpolitischen Interessen der Bundesrepublik zuweilen auf ganz penetrant deutsche Art sehe und sich keineswege durch jeden Luftzug aus London oder Washington beeinflussen lasse. Aber da fühle man sich doch jeden Augenblick in Gegenwart eines bedeutenden Intellekts und eines integren Denkvorganges.

So endete diese Diskussion. Ich müßte eigentlich noch viele Beispiele geben, weshalb in England nicht nur in Labourkreisen, sondern auch unter Konservativen und Liberalen die SPD so oft größere Sympathien genießt als die CDU oder CSU. Nicht alle Gründe, die ich gehört habe, sind notwendigerweise stichhaltig. Manche halten die SPD wohl für mehr links oder für mehr rechts, als sie tatsächlich ist. Manche schließen von englischen Verhältnissen zu schnell auf westdeutsche Zustände. Aber wenigstens glaube ich mit gutem Gewissen sagen zu können, daß es sich bei der Sympathie für die SPD nur selten um englische Sonderinteressen handeln dürfte. Am häufigsten waren meine Gesprächspartner Leute, die die große Rolle, die Deutschland im heutigen Europa spielt, sehr wohl kennen und gerade deshalb in beiderseitigem Interesse an entscheidender Stelle gern deutsche Sprecher sehen möchten, mit

denen man nicht nur aus Nützlichkeitserwägungen zusammen-
arbeitet, sondern denen man wirklich vertraut. Zusammenarbeit
aus Nützlichkeitserwägungen, hinter denen das alte Mißtrauen
doch nicht ganz verschwinden könne, erzeuge nämlich eine ver-
steckte Feindseligkeit, eine unterdrückte Gereiztheit, die in einem
kritischen Augenblick viel Schaden anrichten könne.

Für die Wichtigkeit solcher fast unwägbarer Faktoren gab mir ein
englischer Liberaler ein Beispiel aus einem anderen Teil der Welt:
»Man sollte doch meinen«, sagte er, »daß unsere englischen Konservativen mit den Amerikanern besser ausgekommen wären als
die Labour-Regierung. In Wirklichkeit ist es aber gerade umgekehrt. Zwar, der politischen Theorie nach müßten die Tories und
die Amerikaner einander näherstehen, aber die Tories stecken
noch voll von Ressentiments aus der Zeit des Britischen Weltrei-
ches und betrachten oft den Machtzuwachs der Amerikaner als
ein ihnen persönlich angetanes Unrecht. Die Amerikaner spüren
ganz genau, daß die Labour-Regierung keinem alten Glanz nach-
trauert, sondern statt unsachlicher Ressentiments auf sachliche,
rationale Politik aus ist. So ähnlich hätte es die Welt leichter mit
Deutschland, und Deutschland leichter mit der Welt, wenn sich
die alten Herren einmal zur Ruhe setzen könnten. Das ist wichtiger als die meisten einzelnen Programmpunkte, denn schließlich
steht in politischen Programmen und diplomatischen Kommuni-
qués immer weniger, als die Menschen, an denen die erfolgreiche
Verwirklichung liegt, denken und fühlen.«

1965

Kesseltreiben gegen
Robert Havemann und Wolf Biermann

In den letzten Wochen habe ich hier immer wieder Namen wie Robert Havemann und Wolf Biermann genannt. Ich habe die Anklagen, die bei Ihnen drüben gegen Havemann und Biermann verbreitet wurden, zitiert, und ich habe mich bemüht, an Hand der Äußerungen eines Robert Havemann oder eines Wolf Biermann selbst, zu zeigen, daß diese Äußerungen, die bei Ihnen drüben nur angegriffen aber nicht nachgedruckt werden dürfen, ganz anderes sind, als in dem Kesseltreiben gegen Havemann und Biermann immer wieder behauptet wird. Ich habe auch Stimmen zitiert, die gegen die Verleumdung dieser Menschen als Schädlinge und Feinde des Sozialismus und der DDR protestiert haben. Ich habe Peter Weiss und Heinrich Böll genannt, ich habe den führenden italienischen Kommunisten Professor Lombardo-Radice genannt, der Havemann verteidigt hat, in einem langen enthusiastischen Artikel in »l'unita«*, ich habe die österreichische kommunistische Kulturzeitschrift »Tagebuch« genannt, in der Ernst Fischer eine von Grund auf positive und unvergleichlich überzeugendere Einschätzung des Dichters Biermann gibt als die Schimpfreden und Verleumdungen gegen Biermann bei Ihnen drüben, die man doch gar nicht als Einschätzung bezeichnen kann!
Ich könnte diese Aufzählung fortsetzen. Die offizielle polnische Fachzeitschrift für philosophische Studien, »Studia Filosoficzne«, enthält eine 33 Seiten lange Besprechung der Vorlesungen und Seminare Professor Havemanns an der Humboldt-Universität, eine keineswegs unkritische, aber äußerst positive Besprechung, in der es heißt: »Mit Recht betont Havemann die Wechselwirkungen zwischen dem Dogmatismus in der Philosophie und im gesamten Geistesleben, und zwischen dem Stalinismus im Bereich der Politik und der Administration.« Sie sehen also, was die polnischen Genossen loben, das wird bei Ihnen zum eigentlichen Grund für das Kesseltreiben gegen Professor Havemann. Man kann die polnischen Genossen nur beglückwünschen, daß die Volksrepublik Polen nicht vom Politbüro der SED beherrscht wird, sonst würde es im polnischen Kulturleben vielleicht nicht

gar so viel besser zugehen wie seinerzeit unter deutscher Besatzung im Zweiten Weltkrieg.

Verzeihen Sie, ich habe mich vielleicht von der Bitterkeit zu weit treiben lassen. Das war ein Gleichnis. So arg, wie unter hitlerdeutscher Besatzung wäre es natürlich nicht! Aber meine Bitterkeit kommt daher, daß das, was heute in der DDR verzapft wird, Schande genug ist! Und daß man dieser Flut von Entstellungen, von Lügen und Verleumdungen – ich kann leider kein höflicheres Wort finden – fast hilflos gegenübersteht. Denn was nützt es, wenn italienische und polnische Genossen, englische, französische und österreichische Genossen gegen die Verunglimpfung eines Havemann, eines Biermann, und so vieler anderer empört protestieren oder ratlos und entsetzt den Kopf schütteln; solange diese Proteste in der DDR einfach totgeschwiegen werden, solange in der DDR solche schändlichen Gemeinheiten veröffentlicht werden können, wie der schmutzige Artikel in der Wochenendbeilage der »Jungen Welt« vom 11./12. Dezember über Wolf Biermann. Ich lese die »Junge Welt« nicht regelmäßig und hatte diesen Artikel nicht gesehen. Englische Kommunisten haben ihn mir unter die Nase gehalten und haben mich gefragt, ob diese Schmierfinken, die das schreiben, und drucken, überhaupt noch als Sozialisten bezeichnet werden können. Und ich muß sagen, der Artikel erinnert an nichts so sehr wie an die Nazizeitung »Der Stürmer«* unseligen Angedenkens.

Die Frage, die einen wirklich beschäftigt, ist, was eigentlich dahinter steht? Stalin hätte diese Politik natürlich für völlig richtig gehalten. Aber Stalins Lehre, daß sich nach der Eroberung der Macht durch die Kommunisten der Klassenkampf noch intensiviert, ist doch längst als verhängnisvolle Irrlehre entlarvt worden, die nur den Vorwand für die blutigen Säuberungsaktionen geliefert hat, die das Ansehen und die Verteidigungsbereitschaft der sozialistischen Länder und den guten Namen des Kommunismus in aller Welt aufs schwerste geschädigt hat.

Und doch ist es offenbar diese Lehre Stalins von der Intensivierung des Klassenkampfes, die heute in der DDR wieder auflebt, auch wenn sich die verantwortlichen Funktionäre noch nicht trauen, sich zu diesem mörderischen Irrsinn wieder offen zu bekennen, weil sonst ihre Freundschaftsbeteuerungen gegenüber der Sowjetunion sehr zweifelhaft erscheinen müssen und sie sich

41

als Brückenbauer zwischen Stalin von vorgestern und China von heute enthüllen.

Es ist natürlich von allem Anfang an klar, daß es den Verfolgern Professor Havemanns und Wolf Biermanns nicht nur um diese zwei Menschen ging und geht, und auch nicht um zehn oder zwanzig Menschen, sondern um viel mehr, um die zwangsweise Wiedereinführung von Herrschaftsmethoden, die sich sowohl in der Praxis der Länder des sozialistischen Lagers als auch in der Wiedergeburt des marxistischen Geisteslebens seit Stalins Tod als unpraktisch und falsch erwiesen haben, als unvereinbar mit dem Geist von Marx und Engels, von Lenin und Rosa Luxemburg; jener Rosa Luxemburg, die uns daran erinnert hat, daß Freiheit nur dann Freiheit ist, wenn auch Andersdenkende Freiheit haben, und die im Jahre 1918 dem Genossen Lenin die Gefahr des Stalinismus vorausgesagt hat. Nun, die von Ihnen, die marxistisch gebildet sind, wissen, daß dieses Werk Rosa Luxemburgs, »Die Russische Revolution«, in der DDR bis auf den heutigen Tag unterdrückt ist. Und die das wissen, die wissen auch, daß es ein furchtbarer Hohn auf das Andenken Rosa Luxemburgs ist, daß gerade Paul Verner* ihr die Gedenkrede gehalten hat, Paul Verner, der sich auf der letzten ZK-Tagung so verhalten hat, als hätte er sich ausdrücklich vorgenommen, jede einzelne Mahnung Rosa Luxemburgs mit Füßen zu treten. Paul Verner hat vom Vietnam-Krieg, von amerikanischer Aggression gesprochen und von der Bundesrepublik, die er als permanenten Störenfried jeder Entspannung bezeichnet hat. Nun, die von Ihnen, die mich entweder öfter hören oder die Zugang zu westdeutschen Zeitungen haben, werden wissen, daß auch ich die amerikanische Außenpolitik, den Vietnam-Krieg und die Haltung der Bundesrepublik wiederholt scharf kritisiert habe und weiterhin kritisiere und bekämpfe. Aber, bedenken Sie: Alle Entwicklungen in der Bundesrepublik, vor denen man in der DDR warnt, aller selbstherrlicher Dünkel deutscher Menschen als gottgewollte Wächter und Kämpfer gegen den Kommunismus – das alles wird ungemein gefördert und gestärkt und erhält geradezu erst eine Massenbasis durch die Rückfälle in den Stalinismus in der heutigen DDR, durch die Lügen und Verleumdungen gegen anständige Menschen aus den eigenen Reihen, in einer Sprache, die nicht nur bürokratischer Jargon ist, sondern in des Scherzwortes blutigster ernster Bedeutung mehr und mehr ein »Parteichinesisch«. Wenn ich ein polnischer, tschechischer oder russischer Kommunist wäre, würde mich der neue Ton in der DDR mit Schrecken erfüllen. Wenn ich ein Mitglied der chinesischen Parteiführung wäre, würde ich hoffnungsvoll aufhorchen. Mittlerweile kämpft das Regime gegen die ehrlichsten und begabtesten kommunistischen Dichter, Künstler, Philosophen und Wissenschaftler und isoliert sich immer mehr von der eigenen Bevölkerung. Wohin soll dieser Irrweg führen? Er ist verderblich, und er ist – immer noch – leicht zu vermeiden. Er hilft auf die Dauer nur den Feinden der DDR.

Beitrag für die BBC, 1966

Auf der Tagung der Gruppe 47
in Princeton, 1966

Foto: Renate von Mangoldt

Schriftsteller, Erfolg
und Wohlstandsgesellschaft

D er Erfolg oder sein materieller Lohn ist nicht nur die wirt-
schaftliche Grundlage eines Schriftstellers, eine Notwendig-
keit, wenn er nicht von Haus aus vermögend ist oder über einen
Nebenerwerb verfügt – wie in meinem Fall meine Shakespeare-
Übersetzungen. Nein, der Erfolg ist dem Schriftsteller auch die
Bestätigung, daß er nicht isoliert ist – nicht der schlecht angepaßte
Sonderling, für den er selbst sich zuweilen hält –, sondern daß
er sein Publikum gefunden hat.

Deshalb sind die meisten Autoren, auch wohlhabende Schriftsteller, erfolgssüchtig und sind, ebenso wie andere Süchtige, durch
das, wonach sie streben, korrumpierbar. In einer Gesellschaft, die
dazu neigt, den Wert eines Menschen nach seinen Erfolgen zu
messen, können wir diese Wertungsmethode hassen, finden es
aber nahezu unmöglich, ihr gleichgültig gegenüberzustehen.
Sogar Menschen, die den Erfolg verachten, müssen sich unter
Umständen überreden, daß sie Erfolg haben könnten, wenn sie
wirklich wollten.

So sind wir tatsächlich korrumpierbar, besonders wenn wir keinen anderen Wertmaßstab haben – und ich meine einen wirklichen, nicht nur einen erheuchelten. Und auch unsere Versucher
und Zensoren – Redakteure und maßgebliche Rundfunk- und
Fernsehleute – werden dadurch, daß auch ihnen oft ein anderer
Maßstab fehlt, manchmal in ihren Forderungen bestärkt, daß wir
uns dem anpassen sollen, was sie um des Erfolgs willen für nötig
halten.

Das gilt auch nicht nur für Amerika, wo solche materialistischen
Wertmaßstäbe vielleicht nur weniger verstohlen angelegt werden
als in einigen anderen Ländern. Die Bundesrepublik hat nach dem
wohlverdienten Zusammenbruch einiger der hochtrabenden
»traditionellen deutschen Werte« mehr von dieser Haltung übernommen, als sie sich vielleicht selbst eingestehen würde. Sogar
etliche, wenn auch keineswegs alle, sozialistische Länder finden,
daß einige ihrer offiziell verkündeten Werte sich nur sehr langsam
von ihrer Diffamierung durch die Stalinära erholen. So macht sich

dort ein geheimer Materialismus breit, der mit dialektischem und historischem Materialismus nicht das geringste zu tun hat, obgleich es natürlich Unsinn ist, zu behaupten, diese Tatsache widerlege den Marxismus. Eine der Regeln für den *Erfolgsschriftsteller* ist, Gedanken und Gefühle so zu gestalten, daß die Leser fühlen, der Autor habe gesagt, was sie selbst gerne gesagt hätten, nur habe er es viel besser gesagt. Der Autor aber, der Gedanken und Gefühle gestaltet, die der Leser *nicht* schon sozusagen auf der Zunge hatte, hat viel weniger Hoffnung, einen Bestseller zu schreiben. Die meisten Leser wehren sich gegen zu hohe intellektuelle Anforderungen, aber noch ungleich mehr gegen jeden Versuch, sie ernstlich aus ihrem Gefühlsmuster zu entwurzeln. Kreuzworträtsel, selbst schwere, wie das englische »Times Crossword Puzzle«, finden ein williges Publikum. Sie stellen Anforderungen an die Intelligenz, aber nicht an das Gefühlsleben. Ja, indem sie sich an die Intelligenz wenden, ermöglichen sie es dem Konsumenten, sich von seinen Gefühlsproblemen und von der wirklichen Umwelt abzuwenden und sich so zu entspannen, obwohl er sich konzentriert. Die Wirksamkeit guter Literatur aber ist ganz anders. Rilke beendet ein Gedicht über einen archaischen Torso Apollos und seine heutigen Betrachter mit den Worten:

> »...Denn da ist keine Stelle
> Die dich nicht sieht. Du mußt dein Leben ändern.«

Er meint eine ziemlich gründliche Änderung. Aber die Wohlstandsgesellschaft erzieht ihre Bürger nicht dazu, eine gründliche Änderung ihres Lebens zu wollen. Hoffnungen auf berufliches Vorankommen erstreben keine gründliche Änderung, sondern eher größere und bessere Portionen derselben Mahlzeit.

Dem aber scheint eine bekannte Tatsache zu widersprechen. Selbst die größten Konformisten verschlingen Bücher, wohl auch Dramen, die sie schockieren und unbehaglich machen wollen. Brechts »Dreigroschenoper« war ein Beispiel, neuere deutsche Beispiele sind die Romane von Günter Grass. Dieser scheinbare Widerspruch ist sehr lehrreich. Der konformistische Bürger unserer Gesellschaft ist kein Dummkopf, er ist weder völlig unsensibel noch ohne allen Wirklichkeitssinn. Man kann sich darauf verlassen: Er weiß, daß nicht alles zum besten steht. Da wirkt jedes Buch, das ihn kritisiert und enthüllt, ohne ihn aber unwiderruflich aus seinen Gefühlsmustern herauszusprengen, als Sicherheitsventil, auch wenn es das gar nicht beabsichtigt. Es verringert die Spannung zwischen seiner Lebensweise und seiner Kritik an ihr; es ermöglicht ihm, seine Aufgeschlossenheit, sein Wirklichkeitsbewußtsein zu beweisen; seinen Willen, politischen Argumenten Gehör zu schenken. Darin erinnert es einigermaßen an eine gutgemeinte, aber unwirksame Predigt, die, sagen wir, in Wien oder in Paris vor etlichen Jahrhunderten vor wohlhabenden Kirchgängern gehalten wurde. Ergebnis: ein gewisses Gruseln, aber nicht der tiefe Aufruhr, den ein Savonarola* oder einer der anderen großen Bußprediger bewirkt hätte. Wir sprechen oft vom Masochismus unseres Publikums, aber eine der glänzenden Theorien des Masochismus behauptet, Masochismus sei in Wirklichkeit keine *einfache* psychische Reaktion, ein Mann, der in den Kindheitsstadien seiner Libidolaufbahn bestraft und bedroht wurde, freue sich der Prügel, die er erhält, vielleicht deshalb, weil er empfindet, eigentlich solle er kastriert werden und komme daher sehr gut weg, indem er *nur* gepeitscht werde. Wie immer man dazu stehen mag: Wenn man den sogenannten Masochismus des Kunst- und Literaturpublikums unserer Wohlstandsgesellschaften erklären will, stimmt das sicher.

Tatsächlich haben sogar die erschütterndsten Bücher, Filme, Dramen und Gedichte über die atomare Katastrophe eine Doppelwirkung. Sie warnen uns nicht nur, sondern gleichzeitig gewöhnen sie uns an den Gedanken an einen Atomkrieg und alles, was dazugehört; ganz ähnlich, wie modernes Kinderspielzeug die Kinder dazu anhält, Langstreckenraketen und dergleichen als selbstverständlich zu betrachten. Selbst ein Film wie die Atomtodvision »Dr. Seltsam«* verpackt das eigentliche Grauen in so viel Unterhaltung, daß die Gesamtmischung leichtverdaulich, ja angenehm wird. So wird uns die Bombe, die uns gut unterhalten hat, vertraut, fast eine Art freundliches Ungeheuer.

Literarische Massenkommunikationsmittel in alter Zeit waren Predigten und Mysterienspiele. Ihr Publikum hatte nichts dagegen, unterhalten zu werden, hätte es aber als Gotteslästerung empfunden, sie hauptsächlich nach ihrem Unterhaltungswert zu beurteilen. Die heutige zahlende Kundschaft aber ist zur Meinung erzogen worden, daß sie immer im Recht sei. Sie wird daher unter Umständen damit drohen, ihr Geld anderswo hinzutragen, wenn ihr nicht genau das vorgesetzt wird, was sie mag. Selbst in England und Westdeutschland, wo Funk und Fernsehen nicht vorwiegend kommerziellen Charakter haben, sondern von Anstalten des öffentlichen Rechtes getragen werden, die nicht auf Profit ausgehen, ist der ziffernmäßige Publikumserfolg von größter Bedeutung. Ein Sender, der einen Teil seines Publikums verliert, ist dann, falls er Angriffsziel von Zeitungen oder von Politikern wird, entsprechend hilfloser. Ein Programm, das kein zahlenmäßiger Publikumserfolg ist, muß befürchten, daß ihm die zur Verfügung stehenden Mittel gekürzt werden, wenn man es nicht überhaupt fallenläßt. Der Redakteur kämpft also auch um seine eigene Selbsterhaltung und seinen eigenen Status, wenn er versucht, seine Autoren in bestimmter Richtung zu beeinflussen oder zu veranlassen, nicht jene Kreise zu Feinden zu machen, die dem Programm schaden könnten. In solchen Zusammenhängen muß man die Absetzung des britischen Fernsehfilms »The War Game«* (Das Kriegsspiel) oder des westdeutschen Programms »Hallo Nachbarn!« sehen.

Schranken sind nicht minder wirksam, weil sie entweder unbewußt sind oder nicht von bösartigen Tyrannen, sondern von vernünftigen, freundlichen Leuten bemannt sind, die sich entschuldigen. Eine nichttyrannische Zensur, die mehr oder minder durch Überredung im Interesse des schließlichen Erfolgs funktioniert, ist in mancher Hinsicht noch gefährlicher als die rohe, engstirnige Unterdrückung. Mit roher Unterdrückung stoßen wir geradlinig einfach zusammen, Kopf gegen Kopf. Die andere Zensurform aber erweckt die Hoffnung, durch Lavieren zuletzt den rechten Kurs halten zu können. Deshalb ist des Schriftstellers Wunsch nach Kommunikation ebenso gefährlich wie löblich. Denn zu jeder Kommunikation gehört eine Bereitwilligkeit, zu einem Einverständnis zu kommen. In vielen Ländern kann das sogar bedeuten, daß man sich über die Verwendung und Nicht-Verwendung von *Worten* einigt. In der Bundesrepublik zum Beispiel lassen viele Funk- und Fernsehredakteure niemanden – vielleicht mit Ausnahme einiger Stars, die ihre eigenen Regeln bestimmen – Ostdeutschland nur als »Deutsche Demokratische Republik« oder DDR bezeichnen, denn dieses Land wird nicht anerkannt. Nun ist es interessant, daß eine solche Regelung sogar die Intentionen, auf Grund deren man sie aufrechterhält, schädigt. Politische Sendungen oder kulturkritische Kommentare an die Bürger der DDR verlieren viel von ihrer Wirkung, wenn die Sprecher den Ausdruck, mit dem die Menschen, die drüben wohnen (selbst die größten Kritiker und Feinde ihres Regimes!), ihr eigenes Land beschreiben, nicht benutzen dürfen. Als Zugeständnis darf man den Ausdruck benutzen: »die sogenannte DDR«. Darüber witzeln Hörer aus der östlichen Hälfte Deutschlands, auch entschiedene Kritiker ihres Regimes, indem sie vom »sogenannten Leipzig« sprechen, vom »sogenannten Brandenburger Tor« und vom »sogenannten Walter Ulbricht«. Ich frage mich, ob in amerikanischen Rundfunksendungen in Vietnam das Wort »Nationale Befreiungsarmee«* nicht ähnlichen Tabus unterliegt. Ich will hier gar nicht über die moralische Berechtigung solcher Zensur sprechen, die sich besonders in unseren Massenkommunikationsmitteln findet. Natürlich kann man darüber streiten, ob die »Deutsche Demokratische Republik« wirklich demokratisch ist, aber man kann auch darüber streiten, ob die »Vereinigten Staaten von Amerika« wirklich die vereinigten Staaten von *Amerika* sind oder nur die vereinigten Staaten eines verhältnismäßig kleinen Teiles von Amerika. Namen von Staaten und Organisationen sind aus historischen Gründen nicht immer logisch zu rechtfertigen, aber wenn man zu den Angehörigen eines Staates oder einer Organisation anders spricht, als indem man den gebräuchlichen Namen dieser Organisation oder des Staates gebraucht, dann errichtet man um des Erfolgs im eigenen Sender – um des Friedens in der eigenen Redaktion – willen Schranken zwischen sich und dem angesprochenen Hörer.

Aber, um zum Erfolg zurückzukehren, der den Schriftsteller in Versuchung führt, so ist die Versuchung desto größer, weil unsere Versucher uns nur selten in *böser Absicht* oder auch nur *bewußt* in Versuchung führen. Die meisten dieser Zensoren glauben vielleicht sogar ehrlich, daß es ihnen nicht im Traum einfallen würde, irgendeinen Gedanken oder irgendeine Idee zu zensurieren. Wirklich, sie glauben an Gedankenfreiheit, und sie sind sich nicht voll dessen bewußt, daß es oft nur Gedankenfreiheit innerhalb ihrer eigenen emotionellen und intellektuellen Tabus ist. Da aber der Schriftsteller selbst auch nicht frei von ähnlichen Tabus, sondern ebenso wie sein Publikum weitgehend von seiner Zivilisation bestimmt ist, sind die Faktoren, die ihn zum Kollaborateur machen – und das heißt korrumpieren –, fast übermächtig und fast automatisch.

Außerdem sind wir von Kindesbeinen an gewöhnt, zu unseren »Tyrannen« und »Zensoren« ambivalente Beziehungen zu unterhalten – angefangen von unseren eigenen Eltern – und zu versuchen, uns an ihre Stelle zu versetzen. Das bedeutet auch, daß wir sie in uns aufnehmen und ihnen gestatten, befestigte Stellungen in unserem Geist zu besetzen. Nur die brutalsten Tyrannen können da manchmal erfrischende Klärung schaffen, indem sie uns aus der Ambivalenz zu einem Zustand der eindeutigen Opposition von ganzem Herzen befreien. Ein solcher Fall war Hitler; deshalb sagte einst Thomas Mann – vom Standpunkt eines Hitlergegners sprechend –, der Zweite Weltkrieg sei als Kampf gegen Hitler eine »moralisch gute Zeit« gewesen. Aber wir können nicht immer einen Hitler haben, obgleich einige seiner Schüler, wie Marschall Ky*, der Premierminister von Südvietnam, der gesagt hat, er wolle Hitler nachahmen, uns durch ihr tapferes Bekenntnis zu ihren großen Vorbildern helfen, uns wenigstens von jeder Unklarheit unserer Einstellung zu *ihnen* zu befreien.

Nun ja, es gibt einige ungeheuerliche Fälle von Tyrannei, recht ebenmäßig verteilt über unseren Planeten. Um *dagegen* zu protestieren, muß man nur ein guter Liberaler sein – aber nicht ein besonders tiefschürfender Schriftsteller. Wenn wir nicht darüber hinausgehen, gelegentlich unserem Abscheu vor Morden an Mitgliedern der bürgerlichen Freiheitsbewegung in den amerikanischen Südstaaten Ausdruck zu verleihen oder über Dr. Verwoerds* Handlungsweise in Südafrika, dann werden wir selbst mit unseren Massenkommunikationsmitteln nicht zu viele Schwierigkeiten haben. (Ich spreche aus englischer Sicht.)

Das ist gut, aber vielleicht nicht gut genug. Solche Proteste – besonders in harmloser *Verdünnung* – können leicht Mittelchen zur Beschwichtigung unseres eigenen Gewissens werden, Phrasen, eine Art Heuchelei.

Es versteht sich von selbst, daß gerade der Schriftsteller sich vor Phrasen zu hüten hat, und nicht nur vor Phrasen, sondern vor den Denkgewohnheiten und den Formen des Nichtdenkens, die zu Phrasen führen. Phrasen, untiefes, defensives Denken, Heuchelei – die ja besonders dann blüht, wenn ihre Motive die denkbar edelsten sind – merkt man natürlich immer besonders gut bei

Menschen, die einer *anderen* literarischen oder politischen Schule angehören. Aber für den Schriftsteller – und nicht *nur* für den Schriftsteller! – ist es besonders wichtig, die *eigenen* Phrasen und Heucheleien zu bemerken, die eigenen Ungenauigkeiten im Aufbau seines Bewußtseins. Eine besonders subtile Form der Heuchelei ist die Beruhigung des eigenen Gewissens durch Unterbringung peripherer Bestandsaufnahmen der Wirklichkeit oder braver Stellungnahme im eigenen Werk, ob dieses nun aus Geschichten, Dramen, Hörspielen oder Essays besteht. Ich habe zum Beispiel hier in diesem Text ein paar Worte untergebracht, aus denen hervorgeht, daß ich das, was in Vietnam geschieht, verabscheue. Gut und schön, solange ich mir darüber klar bin, daß ich mit solchen Bemerkungen noch lange nicht wirksam genug dagegen ankämpfe! Diese Form der Gewissensbeschwichtigung entspricht ganz besonders der »Dreiviertelfreiheit« einer demokratischen Wohlstandsgesellschaft. Geleistet aber ist damit allein sehr wenig. Besonders in einem Kunstwerk muß ein Inhalt meist nicht nur erwähnt, sondern dramatisch oder episch gestaltet werden, um zur Geltung zu kommen.

Natürlich ist das alles relativ. In anderen Gesellschaftsformen, in denen die Grenzen der Freiheit und Unfreiheit anders und auf ihre Weise oft bedrohlicher für den Schriftsteller gelagert sind, ist schon das Bekenntnis, das Zupapierbringen totgeschwiegener Sachverhalte, oft eine gewaltige Leistung.

Mary McCarthy* fragte mich einmal: »Weshalb sind in östlichen Ländern ohne Freiheit die Schriftsteller um so vieles einflußreicher als bei uns im Westen?« Ich antwortete: »Solange dort wirklich keinerlei Freiheit vorhanden war, zu Stalins Zeiten, waren sie nicht einflußreich. Erst der Versuch, unter Bedingungen einer beschränkten Freiheit (aber keineswegs mehr unbeschränkten Unfreiheit!) möglichst gründlich über ihr eigenes Denken und Fühlen Rechenschaft zu geben, hat in Ländern unter kommunistischer Führung die besten Dichter – viele von ihnen selber Kommunisten – so einflußreich gemacht.« Vielleicht auch deshalb, weil das Denken und Fühlen *einzelner Individuen* im Kampf gegen die Entfremdung und gegen ihre charakteristischen Phrasen und Heucheleien schnellere Fortschritte machen kann als die gutgemeinten Bestrebungen größerer Institutionen. Das gilt übrigens für alle Teile unserer Welt. Wenn ein führender Staatsmann eine

Rede hält, die nicht ganz analphabetisch ist, sind wir schon hell begeistert, sogar wenn ihm diese Rede von jemand anderem geschrieben wurde. Von jedem Universitätsprofessor würden wir eine viel bessere Leistung erwarten. Das zeigt die große Entfremdung, die auch bei uns – in mancher Hinsicht sogar besonders bei uns! – zwischen Geist und Macht herrscht und die wir – auch wir Schriftsteller – oft zu leichtfertig akzeptieren, obwohl gerade hier die modernen Massenkommunikationsmittel uns diese Mißstände besonders deutlich vor Augen führen.

Meine Zeit ist fast um. Zum Schluß nur noch einige Hinweise oder Diskussionsvorschläge. Ich habe zuletzt mehrmals das Wort Entfremdung gebraucht. Ich habe nicht Zeit, die Zusammenhänge zwischen Entfremdung und Ablenkung durch die moderne Zerstreuungsindustrie und die Massenkommunikationsmittel, die ihr dienen, zu untersuchen. Das Bestehen dieser Zusammenhänge darf ich als bekannt voraussetzen, ebenso, daß es sich dabei im allgemeinen nicht um *bewußte* Volksverdummung handelt, sondern um tieferliegende, teils unbewußte Verflechtungen. Ich halte natürlich den Kampf gegen die Entfremdung für eine der Hauptaufgaben der heutigen Menschheit, und ich glaube auch, daß die einzige *wirkliche* Originalität in Kunst und Literatur die ist, die die Selbstentfremdung, das Versinken in Automatismen und Konventionen, von immer neuen Seiten her bloßstellt und bekämpft. Andere Arten von Originalität sind selbst oft Entfremdungserscheinungen, womit ich das betreffende literarische Werk oder Kunstwerk allerdings nicht verdammen will, denn die Aufgabe des Künstlers ist auch die Selbstdarstellung als Krankheitssymptom, nicht nur die Rolle des Heilgehilfen. Wovor ich aber nach Kräften warnen möchte, ist das leichtfertige Verfallen in völlig unpsychologisches Moralisieren, wenn wir von Entfremdung sprechen. Es besteht ein äußerst intensiver Zusammenhang zwischen Entfremdung und dem, was wir in der Psychologie Verdrängung nennen. Ohne die Fähigkeit, unliebsame Tatsachen bzw. Zusammenhänge zwischen Tatsachen zu *verdrängen*, könnte es zu den Entfremdungen, wie wir sie in allen Teilen unserer Welt kennen, gar nicht kommen, wenigstens nicht in den uns bekannten oder auch nur annähernd ähnlichen Formen. Die Tendenz zur Verdrängung, obwohl sie zu Katastrophen führen kann und eine wichtige Vorbedingung unserer Neurosen und Psychosen ist, ist aber keine *an sich* krankhafte Tendenz, sondern notwendig zur Selbsterhaltung und Entlastung eines Individuums von immerhin nur sehr begrenzten Kräften. Es besteht ein höchst wichtiger Zusammenhang zwischen Machtlosigkeit, Verdrängung und Entfremdung. Wir sind völlig machtlos gegenüber der Tatsache, daß wir zum Tode geboren sind. Wir wissen zwar gedanklich, daß wir sterben müssen. Aber wir verdrängen das, namentlich als gefühlbegleitetes Wissen, abgesehen von seltenen Augenblicken, so gut wie immer. Wenn wir eine Kontrollgruppe von Menschen hätten, die in denselben Elternhäusern und in denselben Schulen aufgezogen wären wie wir, die aber zum Unterschied von uns nicht sterben müßten, sondern unsterblich wären, dann könnten wir vermutlich bemerken, daß diese Mitmenschen oder Götter in Menschengestalt von *unseren* Entfremdungstendenzen weitgehend frei wären. Denn unsere Entfremdungstendenzen sind nur durch unseren Verdrängungsmechanismus *ermöglicht*, und dieser ist wieder weitgehend vom Muster unseres Verfahrens mit unserem Bewußtsein der Hilflosigkeit gegenüber dem eigenen Tod und den im Zusammenhang damit entstandenen Ängsten geprägt. Genau gesagt, unsere Kontrollgruppe von unsterblichen Mitbürgern müßte nicht nur unsterblich *sein*, sondern sie müßte das auch *wissen*. Sonst würden diese Unsterblichen reagieren wie jeder Sterbliche. Und umgekehrt: Ein sterblicher Mitbürger, der entweder auf Grund religiöser Überzeugungen an seine eigene Unsterblichkeit glaubt oder eine »Theorie des Fortlebens durch Wirkungen und Einflüsse« so intensiv ausgebaut hat, daß sie ihm nicht nur *gedanklich* gültig scheint, sondern ihm in Fleisch und Blut übergegangen ist und auch seine Gefühlsreaktionen mitbestimmt, kann im Kampf gegen Entfremdungen, gegen Verdrängungen und gegen das Ohnmachtsgefühl des kleinen Mannes eine ganze Menge erreichen. Vielleicht kann er sogar erreichen, daß er die Formen seiner Kämpfe und Proteste dagegen nicht selbst entfremden, erstarren und unkritisierbar werden läßt.

Am gefährlichsten ist es freilich – nicht zuletzt für den Schriftsteller –, in diesem Bereich mutiger *erscheinen* zu wollen, als man tatsächlich ist. Nirgends sonst kommen schneller heuchlerische Töne in unseren Stil; Phrasen, die dann wieder einen Teil der Jugend zu totaler Abwehr auch gegen alles Positive veranlassen, das in so angekränkelter Sprache angeboten wird. Und natürlich, totale Abwehr ist wieder Pendelausschlag nach der anderen Seite: wieder eine Entfremdungserscheinung. Symptomatisch dafür, wie schwer uns die Überwindung von Entfremdungen und Verdrängungen wird, ist die Tatsache, daß unser – nun, sagen wir – Vokabular, unser geläufiger Vorrat an Beispielen, die die Verdrängung durchbrechen, selbst an denen, die von einer *Protestgruppe* angeboten werden, sehr *gering* ist. Man redet von Hiroshima – aber Nagasaki wird nur selten erwähnt. Der Durchschnittsbürger hat es vergessen, obwohl selbst die Gründe, die allenfalls noch zur Entschuldigung der Zerstörung von Hiroshima angeführt werden, für Nagasaki meist schon gar nicht mehr gelten! Von Hitlers Konzentrationslagern und Vernichtungslagern hat man in der Welt außerhalb des Bereiches der Mittäterschaft und Mitleidenschaft fast nur von Belsen und später von Auschwitz Genaueres gehört. Diese Namen hatten zwar einerseits die Funktion, uns die dort vorgefallenen Greuel *bekanntzumachen*, andererseits aber auch, uns die unerträgliche Auseinandersetzung mit den überall anderwärts geschehenen Greueln zu *ersparen*. In Südafrika hat das Gemetzel von Sharpeville* eine ähnliche Funktion im Bewußtsein der Welt erfüllt, in Vietnam seinerzeit der Tod von 42 Schulkindern* im Dorf Man Quang. Derlei Beispiele lassen sich für östliche, westliche und neutrale Länder anführen. Der Schriftsteller kann nicht umhin, sich dieses Vokabulars zu bedienen; wenn er aber über dieses Vokabular nicht *hinaus*kommt, so bleibt er trotz bester Absichten ein Phrasendrescher. Es ist übrigens interessant, daß in mehreren westlichen Demokratien, in Funk und Fernsehen, um nur zwei Massenkommunikationsmittel zu nennen, die Widerstände gegen Texte und Filme, die sich an diese anerkannten und sozusagen privilegierten *Durchbrüche* knüpfen, relativ gering sind. Ein Programm über Hiroshima, über Sharpeville, über Auschwitz ist relativ leicht durchzusetzen. Ein Manuskript über bisher weniger bekannte Greuel, sagen wir in Sachsenhausen oder Ravensbrück, oder an einem wenig bekannten Ort im Kongo, in Südafrika oder in Vietnam, wird viel weniger leicht angenommen. Das ist besonders deshalb interessant, weil der *politische* Akzent ohnehin bei den bekannteren und unbekannteren Namen jeweils der gleiche wäre. Es handelt sich also wirklich um ein Verdrängungs-Entfremdungs-Syndrom. Nicht ganz Unähnliches erlebte man in der Sowjetunion. Das

Buch über einen Tag im Leben des Zwangsarbeiters Iwan Denissowitsch* war äußerst erfolgreich; aber die Behörden versuchten, dem Aufkommen *weiterer* Beispiele entgegenzuwirken. Daß es sich dabei nicht *nur* um *politische* Opportunität handelt, sieht man daran, daß es auch in einem auf KZ-Geschichten so sehr eingestellten Land wie England leichter ist, an *bekannte* deutsche KZ-Ereignisse anzuknüpfen, als an bisher *unbekannte*.

Ich habe vorhin gesagt, der unsterbliche Mitbürger, der noch nicht weiß, daß er unsterblich ist, würde sich ähnlich verhalten wie jeder Sterbliche. Ähnliches gilt auch bei Schriftstellern und Publikum vom Hineingezogenwerden in die Entfremdung vom Mitmachen der Verdrängung: Das grassiert besonders dort, wo man (vielleicht durch fehlendes Wissen oder Bewußtsein!) an der Möglichkeit zweifelt, *selbst* etwas ändern zu können. Deshalb ist der *unbequeme* Schriftsteller, der wirklich versucht, etwas zu ändern, besonders wichtig! Ich bin nicht einmal überzeugt, daß er das *nur* in seiner Eigenschaft als Schriftsteller tun soll. Tut er nämlich nichts, als zu schreiben, so wird es ihm vielleicht ähnlich ergehen wie einem schreibenden Menschen, der ausschließlich Gedichte schreibt und sich daher verpflichtet fühlt, alles, was er zu sagen hat, in einem Gedicht zu sagen, auch wenn das Gedicht vielleicht gar nicht die richtige Form dafür ist. So ähnlich kann vielleicht ein Schriftsteller, der sich auch außerhalb seines Schreibens politisch engagiert, sein Schreiben selbst freier von politischen Intentionen erhalten, die er künstlerisch noch nicht integriert hat. So könnte politisches Engagement vielleicht manchmal sogar auch der *un*engagierten Dichtung helfen. Aber hier kommen wir *scheinbar* schon weit vom Thema ab. Nicht in Wirklichkeit freilich, denn das Thema ist erzpolitisch und kann ohne politische Erörterungen gar nicht wirklich behandelt werden. Aber, zu meinem Glück oder zu meinem Unglück, meine Zeit ist um.

1966

Macht und Wissen

Eines der interessantesten Probleme in unserer Zivilisation ist das Problem des Zusammenwirkens von Macht und Wissen, beziehungsweise von Informationen und Maßnahmen. Regierungen, oder Machthaber, – was häufig nur ein Ausdruck für Regierungen ist, die der, der den Ausdruck gebraucht, nicht gern mag, sind auf richtige Informationen angewiesen. Aber die, die ihnen die Informationen überbringen sollen, sind zum großen Teil von ihnen abhängig und scheuen sich daher unter Umständen, unangenehme Informationen ungeschminkt weiterzuleiten.

Das Problem ist nicht ganz neu. Bei Shakespeare finden wir, daß König Richard der Dritte, ergrimmt über einige Unglücksbotschaften, einen weiteren Boten, der auftritt, gar nicht aussprechen läßt, sondern ihn schlägt. Ja schon bei Homer, in der Ilias, versichert sich der Wahrsager, bevor er dem Agamemnon eine unangenehme Wahrheit zu verkünden hat, seiner persönlichen Sicherheit und spricht erst, nachdem Achilles sich für diese verbürgt.

Vor wenigen Tagen las ich eine Arbeit zweier berühmter amerikanischer Journalisten, Peter Arnett und Horst Fass, die schon vor einigen Jahren die höchste amerikanische Auszeichnung ihres Berufs erhielten, den Pulitzer-Preis, und die nun seit längerer Zeit für die Associated Press in Südvietnam tätig sind. In dieser Arbeit erzählen sie die Geschichte von einem Nordamerikaner, der als Beamter der Vereinigten Staaten in Saigon die Aufgabe hatte, einen Bericht über den Stand des sogenannten »Befriedungs-Werkes« in Südvietnam auszuarbeiten und nach Washington zu schikken. Dieses Befriedungs-Werk, der Versuch, Dörfer, aus denen man die Partisanen vertrieben hat, dem moralischen Einfluß der Partisanen zu entziehen und für die Regierung Kys* und Van Thieus* zu gewinnen, gelingt bekanntlich nach Aussage der meisten namhaften Journalisten, wie zum Beispiel Mary McCarthys* berühmten Vietnam-Bericht, gar nicht gut. So hatte denn auch dieser amerikanische Beamte über den Stand der Befriedungs-Aktion einen sehr pessimistischen Bericht nach Washington geschickt. Peter Arnett und Horst Fass berichten, daß er daraufhin von seiner vorgesetzten Behörde in Washington folgenden

Bescheid erhielt: »Ihr Bericht ist zu links und zu defätistisch. Suchen Sie ermutigendere Aspekte.«

Nun ist das keineswegs ein besonders krasser Fall. Der Verfasser dieses Berichtes wurde nicht etwa zur Strafe auf einen Pfahl aufgespießt, wie das Dschingis Khan mit Überbringern von Unglücksbotschaften getan haben soll, er blieb nicht nur weiterhin auf seinem Posten, sondern er hatte offenbar noch nicht einmal viel Angst, sonst hätten Peter Arnett und Horst Fass diese Antwort aus Washington vermutlich gar nicht erfahren.

Der Fall ist auch deshalb nicht kraß, weil immerhin andere Berichterstatter an Ort und Stelle geduldet wurden, sich ihre eigene Meinung bilden konnten, wie zum Beispiel Mary McCarthy, und diese Meinung dann veröffentlichen konnten, ohne deshalb, nun sagen wir, etwa ihre amerikanische Staatsbürgerschaft zu verlieren. Es gibt zweifellos in allen Teilen der Welt auf beiden Seiten der verschiedensten Fronten viel krassere Fälle, die uns gerade deshalb nicht zu Ohren kommen, weil der Druck auf die Informanten zur Unterdrückung gesteigert ist, ihre Bedenken zur nackten Angst geworden sind.

Ich interessiere mich aber für die weniger krassen Fälle nicht minder als für die krassen. Solange ein Mensch auf seine Tätigkeit angewiesen ist und hofft, sich auf Grund dieser Tätigkeit Beförderung zu verschaffen, wird immer die Gefahr bestehen, daß diese Tätigkeit, auch wenn sie im Zusammenstellen, Auswählen, Redigieren und Formulieren von Informationen besteht, denen, von denen der betreffende Mensch abhängt, möglichst angenehm ist. Nun sollte freilich jedem verantwortlichen Politiker der Empfang ungeschminkter Informationen am angenehmsten sein, aber schon menschliche Schwäche verhindert, daß dies tatsächlich immer so ist. Ja, nicht nur menschliche Schwäche, sondern auch oft der Selbsterhaltungstrieb, denn auch diese Informationsempfänger haben ja meistens selbst noch die Aufgabe, diese Informationen weiterzuleiten, und hängen ihrerseits wieder vom Wohlwollen derer, an die sie sie weitergeben, bis zu einem gewissen Grad ab. So erklärt es sich, daß noch nach dem Angriff Hitlers auf die Sowjetunion die offizielle Meinung der Kommunistischen Internationale war, das deutsche Proletariat würde wahrscheinlich in hellen Haufen und in allernächster Zeit die Gewehre gegen die Hitler-Faschisten kehren oder mindestens massenweise zur

Roten Armee überlaufen. Es war übrigens Herbert Wehner, der heutige Minister für Gesamtdeutsche Fragen der Bundesrepublik, damals noch Kommunist und Sekretär Dimitroffs*, den es zu jener Zeit fast Kopf und Kragen gekostet hätte, als er erklärte, das sei eine Irrmeinung, und an ein solches Verhalten des deutschen Proletariats sei leider gar nicht zu denken. Aber selbst Herbert Wehner hat bekanntlich im weiteren Verlauf seines Lebens seine Prognosen stärker von seinen Wünschen färben lassen. Oder, wenn wir nochmals ein Beispiel aus Vietnam heranziehen, so sind die günstigen Einschätzungen über den Kriegsverlauf, mit denen amerikanische Staatsmänner, vor allem McNamara* in mehreren aufeinanderfolgenden Jahren jedesmal den baldigen Sieg in Aussicht stellte, wahrscheinlich weniger ein Beweis für das Wunschdenken eines solchen Staatsmannes als für seine eigene Schwierigkeit, sachliche Informationen zu erhalten.

Die Frage, was man dagegen tun kann, geht weit über alle Grenzen der verschiedenen politischen Richtungen hinaus. Aber so viel haben die denkenden Menschen und für Informationen und Entscheidungen Verantwortlichen im Osten und Westen sicherlich miteinander gemeinsam, daß sie wissen müssen, es liegt in ihrem eigenen Interesse, alle, von denen sie Informationen erhoffen, von jedem Druck und von jeder Angst zu befreien, außerdem aber so etwas wie eine unabhängige Kontrolle von unten zu fördern, oder mindestens nicht zu unterdrücken, die ihrerseits auch den ganzen Apparat der Information kühl und kritisch ins Auge faßt. Besonders Andersdenkende haben natürlich einen scharfen Blick für Fehler im Funktionieren eines solchen Apparats und sind daher auch nicht zu unterschätzen. Das klingt alles sehr einfach, aber man muß sich diese einfach klingenden Forderungen nur im einzelnen durchdenken, was Presse, Rundfunk, praktische Möglichkeiten, unabhängigen Meinungen Gehör zu verschaffen, betrifft. Dann wird man vielleicht – auch im eigenen Erfahrungsbereich – zu ganz erstaunlichen Ergebnissen kommen.

Beitrag für die BBC, 1967

Ein Jahr Große Koalition

Eine Warnung der Sowjetunion an England, Frankreich und die Vereinigten Staaten am Freitag voriger Woche, die die Aktivitäten der NPD zum Gegenstand hat, könnte vielleicht den Eindruck erwecken, daß da nur über die Köpfe der Bevölkerung der Bundesrepublik hinweg appelliert wird. Aber auch in der Bundesrepublik selbst stößt das Tun der NPD, fast allgemein als Neo-Nazi-Partei bezeichnet, auf beträchtlichen Widerstand, der sich zum Beispiel vor ein, zwei Wochen, als ich in Frankfurt war, in einer Losung Luft machte, die sich gegen Adolf von Thadden*, den Parteiführer, richtete und die lautete: »Ein Adolf genügt!« In München hieß es: »Ein Adolf war genug.«

Ein Wahlergebnis von 8 bis 10 Prozent NPD-Stimmen ist auch noch lange kein Siegeszug dieser sonderbaren Partei, immerhin aber finde ich, es gibt zu denken, wieso diese Partei ein öffentliches Zerwürfnis in ihrer Führung vor kurzer Zeit und wenig später den Selbstmord eines ihrer Führer anscheinend ohne Verlust von Wählerstimmen überwunden hat.

Ich frage mich, ob und wieweit der Aufstieg dieser Partei – von einem Siegeszug kann man wirklich nicht sprechen, aber von einem Aufstieg doch wohl ja – wieweit also dieser Aufstieg mit der Entstehung der Großen Koalition zwischen SPD und CDU/CSU zu tun haben mag, die vor wenigen Tagen ein Jahr alt wurde. Zum Ersten Jahrestag der Großen Koalition lag in deutschen Zeitungen eine Informationsschrift der Bundesregierung, auf deren Titelblatt ein Foto von Bundeskanzler Kiesinger und Außenminister Brandt zu sehen war, mit der Unterschrift »Zwei Männer – eine Aufgabe. Die Richtung stimmt«. Auf der Rückseite war eine junge Familie zu sehen, Mann, Frau und Kind, von der wir erfuhren, daß sie mit Zuversicht in die Zukunft blickt, daneben abermals die Worte »Die Richtung stimmt«. Im Inneren dieser Informationsschrift waren Erfolge und Absichten der Koalitionsregierung dargestellt. Da hieß es zum Beispiel von der Kohlenindustrie: »Die deutsche Kohle und der deutsche Bergmann hat eine Zukunft«. Und von den Notstandsgesetzen hieß es unter der Überschrift »Bund und Land, Hand in Hand« nur ganz knapp, das Grundgesetz müsse in einigen Punkten geändert werden, und dazu sei die Mehrheit der Großen Koalition nötig. In dieser Spalte war viel freier Raum; aber die Notstandsgesetze wurden nicht einmal beim Namen genannt.

Nun, wir alle wissen, daß solche Flugschriften mehr eine propagandistische als eine informative Aufgabe haben können, obwohl diese hieß »Die Bundesregierung informiert«. Es ist auch weiter nicht verwunderlich, daß eine Koalitionsregierung, ebenso wie eine politische Partei, ihre Leistungen und Ziele möglichst vorteilhaft darstellen will. Der Unterschied ist freilich der, daß eine Partei sofort bei ihrer Opposition auf entschiedenen Widerspruch stößt.

In England zum Beispiel, wo ebenso wie im Ruhrgebiet die Kohlenindustrie sich in einer Krise befindet, zum Teil durch das Aufkommen neuer Brennstoffe und Kraftquellen, hätte so eine allgemeine Versicherung wie, daß die Kohle und der Bergmann eine Zukunft haben, wahrscheinlich heftigen Protest ausgelöst, was man hier schon in der Presse und im Parlament bei den Debatten um die englische Kohlenindustrie bemerken konnte. Zumindest hätte man gefragt, wie viele Bergleute eine Zukunft haben und wie groß oder wie klein die Zukunft der Kohle denn in drei Jahren, fünf Jahren, in zehn Jahren und so weiter sein würde.

Demgegenüber verführt eine Große Koalition durch Ausschaltung jeder wirksamen parlamentarischen Opposition zu bequemen und vielleicht manchmal etwas verschwommenen Gemeinplätzen, wie man sie denn auch wirklich in jener Flugschrift bemerkt. Nicht als ob es da nicht vieles gäbe, worauf man wirklich mit Stolz hinweisen kann, technische Anlagen, Bauten, Straßen. Aber ein Bild einer modernen Autobahnbrücke unter der Überschrift »Freie Fahrt auf unseren Straßen« ist doch mindestens politisch nicht ganz überzeugend. In einem Staat wie England, der trotz aller Schwierigkeiten keine Große Koalition ins Leben zu rufen trachtet, wirkt so etwas fast ein wenig wie ein erbaulicher Lesebuchtext und wie eine Lenkung des Staatsbürgers, die zwar bestimmt in bester Absicht erfolgt, aber eigentlich wenig mit jener Auffassung von Demokratie zu tun hat, die nun einmal mit dem Funktionieren mehrerer miteinander konkurrierender Parteien ziemlich fest verbunden sein dürfte.

Deshalb glaube ich, daß die Große Koalition, gerade dadurch, daß sie nach überparteilichen Wegen der glatten Lenkung des Staatsbürgers sucht, mit eine Ursache sein dürfte, weshalb die Opposition zum Teil solche Formen wie die des Zulaufs zur NPD angenommen hat.

Natürlich, man könnte jetzt die Schwierigkeiten für Außenseiter in den Bundestag zu kommen, noch erhöhen, indem man zum Beispiel die fünf Prozent Wählerstimmen, ohne die man ein Mandat überhaupt nicht erhalten kann, noch erhöht. Ich für mein Teil bin schon gegen so etwas wie die Fünf-Prozent-Schranke skeptisch, weil das immer eine Maßnahme zugunsten des Bestehenden gegen neue Tendenz ist. Ich finde auch, die Ergründung von Ursachen ist auf die Dauer wichtiger als die Bekämpfung von Symptomen. Und ich glaube, eine der Ursachen für die relativen Erfolge der NPD ist die jahrelange heftige Propaganda gegen alles, was irgendwie links schien, so daß selbst der Entschluß der CDU, in einer schwierigen Lage mit der, weiß Gott höchst gemäßigten, SPD zusammenzugehen, manchen Wählern vom rechten Flügel als »Verrat an die Roten« erschien. Wie immer dem sein mag, ich bin überzeugt, daß der NPD gegenüber zwar keineswegs panische Angst oder Verzweiflungsmaßnahmen geboten erscheinen, wohl aber ein gründliches Durchdenken der politischen Lage, einschließlich all der Faktoren, die auch in einer guten bürgerlichen Demokratie, wenn sie groß ist, und einen durchindustrialisierten Staat verwaltet, eigentlich gegen Demokratie im alten Sinn, nämlich möglichst unmittelbare Herrschaft des Volkes, gerichtet sind.

Beitrag für die BBC, 1967

Abschied von der BBC

Von allen, die mir in den letzten 17 Jahren hier im Funk zugehört haben, möchte ich mich heute verabschieden. Das ist nicht ganz leicht.

Es ist mein eigener Entschluß, hier wegzugehen. Man hat mir keine Schwierigkeiten gemacht, man hat auch nicht versucht, mich einer kleinlichen Zensur zu unterwerfen. Aber in den Jahren, seit ich hier Mitarbeiter wurde, hat sich in der Welt einiges geändert; dem muß ich nun, glaube ich, Rechnung tragen.

Als ich hier im Funk mitzuarbeiten begann, herrschte in der Sowjetunion Stalin; und in Prag wurden Menschen, die ich in der antifaschistischen Emigration der Kriegsjahre in England gut gekannt hatte, unter falschen Anschuldigungen hingerichtet.

Heute sind überlebende Opfer jener Prager Prozesse* längst wieder frei und rehabilitiert; die Hingerichteten aber sind wenigstens im Tod rehabilitiert, und man versucht, etwas von dem, was an ihnen begangen wurde, an ihrem Andenken und an ihren Witwen und Waisen gutzumachen.

Das ist nicht nur in der ČSSR so: Die Länder unter Führung von Kommunisten, die an jenen Exzessen der Stalinzeit teilhatten, die mich damals so verbitterten, haben sich davon weit mehr entfernt und erholt, als ich es zu jener Zeit für möglich gehalten hätte. Meine Zuversicht in die immanenten Heilkräfte des Systems war zu gering gewesen. Natürlich, auch heute gibt es noch viele Schwächen und Unvollkommenheiten, das heißt praktisch im Einzelfall auch Mißstände und Ungerechtigkeiten; und natürlich ist man ungeduldig nach Besserung. Aber – so wichtig und konstruktiv solche Ungeduld sein kann – ich glaube doch, die Geschichte lehrt uns, daß abstrakter Perfektionismus eine unbillige und unfruchtbare Art ist, solche Vorgänge zu beurteilen. Bertolt Brecht erklärt in seinem Gedicht »Schlechte Zeiten«, daß wir *bessere* Zeiten nur aus dem Material unserer schlechten Zeiten bauen können – *wenn* wir sie wirklich bauen wollen. Deshalb endet sein Gedicht mit den Worten:

»Das Haus ist gebaut aus den Steinen, die vorhanden waren.
Der Umsturz wurde gemacht mit den Umstürzlern, die vorhanden waren.
Das Bild wurde gemalt mit den Farben, die vorhanden waren.«

Das ist keine Aufforderung, Fehler und Unvollkommenheiten abzuleugnen; aber das heißt – für mich wenigstens – offenbar auch, daß solche Unvollkommenheiten in Ländern, die sich um den Sozialismus bemühen, nicht Grund genug sind, sich als Gegner dieser Länder und ihrer Politiker zu fühlen.

In den letzten 17 Jahren hat sich aber auch im Westen vieles anders entwickelt, als ich gedacht und gehofft hatte. Die Rolle der Vereinigten Staaten in Vietnam und Guatemala, in Santo Domingo, Bolivien und vielen anderen Ländern; das Leben der Neger in Nordamerika, in Südafrika und Rhodesien; die Lage in der Bundesrepublik vom Verbot der KPD* bis zur Großen Koalition und zum Versuch einer Änderung des Grundgesetzes; oder auch außen- und innenpolitische Entscheidungen der englischen Labour Party und Labour-Regierung. Ich will das alles jetzt hier gar nicht erörtern, denn ich habe das in den letzten Jahren immer wieder kritisiert, auch hier im Funk, und man hat hier auch nicht versucht, mir das unmöglich zu machen.

Mehr als einmal war ich über diese Freiheit, die mir eingeräumt wurde, selbst überrascht. Ich kann es deshalb eigentlich gut verstehen, daß manche Hörer in der DDR sich das nicht erklären konnten und meinten, da stimme doch etwas nicht, ich müsse ein Agent sein oder etwas dergleichen. Wenn ich den Londoner Rundfunk nicht aus eigener Erfahrung gekannt hätte, hätte ich vielleicht ähnlich gedacht.

Nun, ein Agent war ich freilich nie. Dennoch, wenn ich heute an einiges zurückdenke, was ich in diesen Jahren gesagt – und ehrlich gemeint – habe, bin ich jetzt weder *damit* zufrieden noch mit der Rolle, die ich durch meine Äußerungen objektiv spielte. Zum Beispiel habe ich 1956 János Kádárs* Verhalten in Ungarn nicht verstanden und ihm unrecht getan; und im August 1961 hielt ich den Bau der Berliner Mauer für eine Niedertracht und sprach mehr als heftig dagegen. Als ich dann mit der Zeit meine Ansichten in diesen beiden Punkten änderte, habe ich das hier zwar ausdrücklich – und ungehindert – gesagt, aber das war erst viel später. Ich will Sie auch nicht mit den Einzelheiten meiner Überlegungen aufhalten, ob und wieweit es sinnvoll für einen Sozialisten war und ist, konstruktiv gemeinte Kritik von außen, von London aus, zu geben. Übrigens, ohne die persönliche Toleranz einiger Menschen hier im Funk, die ganz anders denken als ich, hätte ich mir das kaum so ruhig und so lange überlegen können; man hat es mir im allgemeinen wirklich leicht zu machen versucht, hier als freier Mitarbeiter zu Ihnen zu sprechen. – Und doch kann ich mir nicht verhehlen, daß die meisten, die hier zu Worte kommen, anders denken als ich, auch in Fragen, die für mich so entscheidend sind wie die des Krieges in Vietnam, und daß die Freiheit, die mir hier eingeräumt wurde – meine Narrenfreiheit, Freiheit eines Schriftstellers oder Freiheit eines Oppositionellen im Rahmen des Ganzen –, durch dieses doch sehr andersartige Ganze manchmal anders wirken könnte, einen anderen Stellenwert annehmen könnte als meine Worte an sich.

Natürlich habe ich auch andere, private Gründe, die Toleranz der BBC nicht länger auf die Probe zu stellen, zum Beispiel meine Arbeit als Schriftsteller, die immer mehr Zeit und Kraft braucht. Entscheidender aber ist dies: Wie die Dinge heute liegen, wäre ich kaum auf den Gedanken gekommen, zu versuchen, zu Ihnen in der DDR gerade hier, im Londoner Rundfunk, zu sprechen. Nein, das hatte sich eben vor vielen Jahren und seit vielen Jahren so herausgebildet und war – auch mir – schon zur Gewohnheit geworden. Aber seine Gewohnheiten soll man vielleicht von Zeit zu Zeit revidieren. So muß ich nun, finde ich, mit dieser Gewohnheit brechen, obwohl sie mir in mancher Hinsicht lieb geworden ist und obwohl ich hier auch einige politische Gegner persönlich achten und schätzen kann. Deshalb verabschiede ich mich jetzt von Ihnen. Daß Sie in Zukunft manches, was ich schreibe, doch noch lesen, hören oder auf der Bühne sehen werden, kann ich nur hoffen.

Beitrag für die BBC, 1968

Unsere Opposition in den großen Städten

Ich will von Möglichkeiten und einigen Problemen unserer Opposition in den Hauptstädten und großen Städten westlicher Länder im Zusammenhang mit dem Krieg des amerikanischen Imperialismus gegen Vietnam sprechen, kurz, oft nur aufzählend, Probleme nur streifend, selbstverständlich nicht vollständig und auch ohne Versuch, der vielfältigen Verflechtung und Verzahnung dieser Erscheinungen und Probleme durch systematischen Aufbau dessen, was ich sage, ein Gegengewicht zu setzen.

Fast alle größeren Oppositionskundgebungen und Aktionen, die wir im sogenannten »westlichen« Teil Europas und in Nordamerika bisher zu verzeichnen haben, finden entweder in Städten statt, sie entstehen in Städten, und die Kämpfe um sie werden hier, in Metropolen und großen Städten, ausgetragen, oder sie gehen von den Städten aus und kehren meistens in die Städte zurück.

Das ist nicht als Loblied der westlichen Städte gemeint. Daß es bisher nicht gelungen ist, über unsere Städte hinauszukommen, ist eine Schwäche, aber es ist bisher fast überall Tatsache.

In den großen Städten sind Intellektuelle, Künstler, Studenten in größerer Zahl versammelt – ebenso Arbeiter, auch wenn die Verbindung zu diesen – besonders in der Bundesrepublik und Westberlin – erst in einzelnen Ansätzen besteht, die in letzter Zeit desto erfreulicher sind. Also: In den Städten sind jene versammelt, denen ihr Antagonismus zu der Gesellschaftsordnung, unter der sie leben, noch am ehesten klar werden kann – Antagonismus zu einer Gesellschaftsordnung, deren herrschende Klasse auch den Krieg Amerikas in Vietnam offen und auf Schleichwegen unterstützt. Auch die meisten anderen Gruppen jüngerer Menschen, deren Integrierung in die herrschende Gesellschaftsordnung schwerfällt, sammeln sich in den Städten.

Darüber hinaus sind in den Städten die Informationsquellen konzentriert, die Massenmedien, die dank der inneren Widersprüche in den ihnen gesetzten Aufgaben häufig, wenn auch meist verzerrt oder möglichst ungünstig verpackt, doch schon aus Gründen der Sensation, eine ganze Menge von Nachrichten und gelegentlich von Wertungen verbreiten, an deren Verbreitung uns gelegen sein kann – ja, die wir oft selbst erst durch diese Massenmedien erfahren. Konsequent freilich sind auch diese Massenmedien nur im Bestreben, selbst diese ihre eigenen gelegentlichen Sensationsmeldungen wieder harmlos zu machen, auszubalancieren, zu integrieren. Aber immerhin, diese Massenmedien können uns, wenn wir nicht einfach die Nase rümpfen und das Studium der Informations- oder Fehlinformationswege der großen Mehrheit der Bevölkerung für unwichtig halten, wichtige Ansatzpunkte liefern, die ebenso *fruchtbar* sein können, wie sie *furchtbar* sind.

In den großen Städten finden wir also nicht nur die Menschen, nicht nur die *Informationsquellen*, nicht nur eine *Lebensform*, die trotz aller Entfremdungsfaktoren doch viele erst einmal aus dem festeingefahrenen Drucksystem herausgesprengt hat, in dessen Idiotie die Kritik gar nicht heranreifen kann. Nein, wir finden an ihnen auch ein potentielles *Forum*; das Wort selbst bezieht sich auf den Marktplatz der antiken Stadt.

Natürlich: Diese Aussage steht nicht jenseits der Dialektik. Das Forum *Stadt* ist nicht nur unseres, sondern ist ebenso Forum des Feindes. Ja, nicht nur *ebenso*, sondern *mehr* so, solange er herrscht. Wessen das Forum ist, das ist Machtfrage, das ist Kampffrage! – In den großen Städten befinden sich auch die Führungsgremien der herrschenden Klasse und Zusammenballungen ihrer Exekutive, von ihrer legislativen und judiziellen Gewalt verklärt und ergänzt!

Dagegen aber sind die großen Städte auch wieder jene Orte, jene Umschlagplätze und Knotenpunkte, an denen *aller* Augen – und ich meine auch Augen jenseits des Stadtbereiches selbst! – auf diese Unterdrückungsmaschinerie der herrschenden Klasse gerichtet sind. Hier in den großen Städten kann die Unterdrückung ihre Arbeit nicht unter Ausschluß der Öffentlichkeit leisten, und je größer die Stadt, desto weiter über den Machtbereich der an Ort und Stelle bestehenden konkreten Form der Klassenherrschaft reicht diese Öffentlichkeit hinaus.

Auch darin sind die großen Städte zugleich unsere große *Gefahr* und unsere große *Gelegenheit*! Eine Gelegenheit ohne Gefahr gibt es frühestens erst nach Aufhebung der Klassengesellschaft. Hier, in diesem gefährlichen und nicht durch uns, sondern durch die Machenschaften der herrschenden Klasse gefährdeten und sich selbst gefährdenden Westberlin, sollen wir uns übrigens daran erinnern, daß in *anderen* Großstädten, aus konkreten gesellschaftlichen Gründen, die wir sehr wohl kennen, die Umstände in vieler Hinsicht weit günstiger für unsere Opposition sind als gerade hier.

Dazu auch *hier* die Antithese zu finden, das, liebe Genossen, wird – wenigstens zum Teil – von *uns* abhängen. Die Kampfformen kann, außer wenn wir entscheidende Fehler machen, nie die herrschende Klasse allein bestimmen, und wir wissen, daß *unter Umständen* die Gewalt, wenn sie mit organisierter Gewaltlosigkeit konfrontiert wird, hilfloser sein kann, als die Gewaltlosigkeit es der brutalen Gewalt gegenüber ist! Das gilt natürlich nur, solange Gewaltlosigkeit nicht zu einem absoluten, mystischen Prinzip erhoben wird, zu einem Fetisch, sondern revolutionäre Taktik bleibt, abhängig von der jeweils konkreten Situation.

Vieles von unserem Kampf, nicht nur hier in Berlin, ist untrennbar verknüpft mit der Erkenntnis, daß der Geist Macht wird, wenn er die Massen ergreift. Dies zu vergessen, ist eine Unterschätzung des Überbaus, vor der nie genug gewarnt werden kann! Ich wiederhole – *wenn* er die *Massen ergreift*! Das ist zugleich Warnung vor nicht weithin verständlichen Einzelaktionen *und* vor der Selbstgenügsamkeit untätiger Geister, die zwar wissen, daß es nicht genügt, die Welt zu *erkennen*, die aber glauben, für sich und ihre Studenten ihr Teil zu tun, wenn sie sich von ihr verändern *lassen*.

Vieles von unserem Kampf, daß der Geist die Massen ergreife, ist die Verbreitung des *Ergreifenden*, ist der *moralische* Kampf um die Schaffung einer mit dem imperialistischen Völkermord unvereinbaren Moral und um die Demoralisierung der Demoralisierer! In dem Maß, in dem wir durch bittere Erfahrung diesen Kampf richtig führen lernen, fällt jeder blutige, brutale Schlag, den diese demoralisierenden Demoralisierer und ihre irregeleiteten Handlanger gegen uns führen, auf sie selbst zurück. Es ist wichtig, dies hier deutlich auszusprechen, denn es gehört natürlich zum Wesen einer Macht, die keine anderen Argumente mehr hat als die brutale Gewalt und den Bruch aller Freiheitsrechte, durch das Drohen und Protzen mit ihrer nackten Gewalt ihren Gegnern das falsche Bewußtsein der Ohnmacht aufzuzwängen. – Das war schon bei den Christenverfolgungen im alten Rom so. Es ist wichtig, daran zu denken, denn wenn ein unbewaffneter Mensch von durchtrainierten Killern niedergeknüppelt wird, dann fällt es dem sogenannten gesunden Menschenverstand schwer, zu begreifen, daß ein solches Opfer mehr Macht haben kann als die Gewalttäter. Aber nicht nur die Geschichte des Unabhängigkeitskampfes Indiens, sondern viel näherliegende Beispiele zeigen uns, daß der sogenannte gesunde Menschenverstand die großen Zusammenhänge, daher auch die großen Folgen einer solchen Untat außer acht läßt und ein denkbar schlechter Führer zur Erkenntnis ist, der »Sklave der schlechtesten Philosophie«, wie Friedrich Engels einmal gesagt hat.

Wenn wir durch Verbreitung von Fotos und durch Vermittlung von Informationen die Machthaber entlarven, den Krieg des Imperialismus – nicht nur des amerikanischen Imperialismus! – in Vietnam wirklich sichtbar machen, nicht nur im Zerrbild, das der Imperialismus selbst davon gibt, wenn wir mit Karikaturen und Gegenlosungen die Manipulationen des Denkens stören und die unsäglichen Sprachregelungen der Völkermörder durchbrechen, dann haben wir begonnen, etwas zu erreichen. Begonnen! – Da sind die Städte unsere Schlüsselstellungen, denn die Information, das Denken, die Skepsis, das Wagen des Widerspruchs, das sind Verhaltensformen, die in hochentwickelten westlichen Staaten vorwiegend von der Stadt her ins Land kommen. – In Paris und London, in New York und Chikago haben nicht nur Demonstrationen stattgefunden, die das Ohnmachtsgefühl dessen, der gegen Völkermord kämpft, überwinden helfen. Nein, in diesen Städten wurden – nicht zuletzt dank der von uns geweckten Stimmung – Aussagen gemacht, die nicht wieder rückgängig zu machen sind. – Gewiß, als die bürgerliche Presse in England den Irrsinn des amerikanischen Krieges in Vietnam zuzugeben begann und bald darauf allgemein zugab, fing sie alsbald auch an, von Präsident Johnsons* Friedenssehnsucht und Friedensvorschlägen zu sprechen und dafür zu plädieren, ihm Gehör zu schenken. Aber wenigstens den Völkermordcharakter des amerikanischen Krieges und den Quislingcharakter Kys* in Saigon hatte sie zugegeben, und die eigenen ständigen Karikaturisten dieser Presse enthüllten heute schon den wahren Charakter Johnsonscher Friedensangebote und die Beschwichtigungsversuche der englischen Regierung. – Ich denke da an englische Karikaturisten wie Abu und auch Papas, die das Erbe Vickys* antraten, den die Gemeinheit des Imperialismus, gegen die er so lange gekämpft hatte, schließlich in die Depression und zum Selbstmord trieb.

In England, im sehr gemäßigten Blatt »New Statesman«, wurde vor einiger Zeit ein »Witz« veröffentlicht, den sich amerikanische Soldaten in Saigon erzählen und der die konzentrierteste Bankrotterklärung und zugleich das vollkommenste Eingeständnis des Völkermordes ist. » ›Es gibt nur eine Lösung für uns in Vietnam‹, sagt ein GI zum anderen. ›Zuerst die zehn schönsten, intelligentesten, gesündesten vietnamesischen Mädchen und die zehn kräftigsten, intelligentesten, gesündesten vietnamesischen jungen Männer nehmen und auf ein Schiff tun und auf offene See hinausfahren, weit weg. – Dann ganz Vietnam mit Wasserstoffbomben einebnen – und dann das Schiff versenken.‹ «

Wer diesen »Witz« verstanden hat, dem muß man gar nicht mehr erklären, wie es sich mit den »befriedeten Musterdörfern« in Vietnam in Wirklichkeit verhält. Wenn der Völkermord selbst sich zu Wort meldet, ist der Ton unverkennbar, und wir müssen nur den Inhalt der Wortmeldungen verbreiten. – Oder wenn Robert Kennedy* vor wenigen Tagen in Chikago die offiziellen Zahlenangaben der Amerikaner über »Gefallene« der Befreiungsfront und über Gesamtstärke und Reserven der Befreiungsfront und der Demokratischen Republik Vietnam zitierte und dann feststellte: »Aus diesen Zahlenangaben geht hervor: Eigentlich kann in Vietnam niemand mehr gegen uns kämpfen«, so wäre er zu einer solchen Äußerung nie bereit gewesen, wenn der Kampf der amerikanischen antiimperialistischen Jugend nicht die Stimmung dafür geschaffen hätte.

Gewiß, das alles sind *Anfänge*, das alles ist nur ein Teil der möglichen und notwendigen Opposition in den Städten des Westens. Der Kampf der amerikanischen Neger in den Städten selbst, der bei uns unter der Losung »Black Power« bekannt wurde und nicht minder verleumdet wurde als in Westberlin und in der Bundesrepublik der Kampf der Studenten, ist eine Weiterentwicklung des antiimperialistischen Kampfes *im Herzen* der großen Städte, die man hier und in aller Welt noch vor zwei Jahren für unmöglich gehalten hätte und nun mit Worten wie »rassistisch« und »faschistisch« abtun will, um den Mördern der Neger freie Bahn zu schaffen! – Dieser Kampf der Neger, dem sich in einzelnen Fällen auch schon weiße Arbeiter aus Puerto Rico angeschlossen haben, ist übrigens ein Beispiel für jene Verbindung zwischen antiimperialistischen Aktionen von Studenten und von Arbeitern, ohne die die Opposition in den großen Städten eine höhere Form nur schwer erreichen kann. – In Frankreich oder selbst in Dänemark, wo ich vor kurzem war, scheint eine solche Verbindung nicht so fernliegend wie hier, obwohl sich auch in der Bundesrepublik, zum Beispiel in Bremen, erste Anzeichen einer solchen Verbindung zeigten und auch sogleich entscheidend ins Gewicht fielen. Aber vergessen wir nicht, hierzulande zehren die Kräfte der Unterdrückung immer noch von dem reichen Kapital, das die Hitlerzeit ihnen hinterlassen hat, von einem Begriff der Ruhe und Ordnung, dessen Vorbild das Hitlersche Klassenkampfverbot war – selbst eine Kampfhandlung des Klassenkampfes. Und nur die Abwürgung der Tradition der Arbeiterschaft in den Hitlerjahren machte es möglich, daß in der Bundesrepublik – sehr zum Unterschied etwa von England und Skandinavien – die außerparlamentarische Opposition im Geruch des Illegalen, des Hochverräterischen steht. Auch die KP hätte ohne diese Tradition aus der Hitlerzeit und ohne den Versuch, nach Hitler im Antikommunismus »kulturelle Kontinuität« und Anschluß an die führenden westlichen Imperialisten zu finden, *nicht* verboten werden *können*.

Unsere Opposition in den Städten hat deshalb viele Aufgaben miteinander zu verbinden: Aufklärungsarbeit und Überwindung des falschen Ohnmachtsgefühls, das der Terror der Imperialisten allen potentiellen Gegnern einflößen will; Verbindungen mit der antiimperialistischen Opposition in anderen Ländern aufnehmen und intensivieren; Entlarvung von Denkformen und Denktabus aus der Hitlerzeit; und – bei aller offenen Kritik – die Entfaltung einer umfassenden *Solidarität mit anderen Gruppierungen, die gegen den Mordkrieg in Vietnam kämpfen. Nur* durch Querverbindungen, nur durch Solidarität kann die Gefährdung überwunden werden, die jede Isolierung und ihre geistige Spiegelung auf die Dauer bedeutet.

1968

Intellektuelle und Sozialismus.
Anmerkungen zu Verhaltensmustern

Umgänglichkeit und Unumgängliches zwischen Arbeitern und Intellektuellen, zwischen Arbeiterklasse und Intelligenz, Arbeiterbewegung und geistig Schaffenden – schon die Vielfalt der Ausdrücke zeigt die Unsicherheit der Begriffe und die Wichtigkeit des Themas.

Ideologisches und Programmatisches ist längst in Fülle gesagt, und doch, wenn das Beweismaterial den Vorurteilen den Rang ablaufen soll, sind oft noch die einfachsten Voruntersuchungen zu leisten. Hier ist nur Raum für einige Anmerkungen, aktuelles Stückwerk: Manches kann der Leser sich dazu denken, anderes wirft nur Fragen auf.

Notwendig ist – und eigentlich nicht erst seit den Ereignissen in der ČSSR im August 1968* – auch die Arbeit an der Beantwortung von Fragen geworden, die man zu oft mit dem Hinweis abgetan hat, daß ihre Erörterung nur dem gemeinsamen Feind Vorteile bringen könnte. Mit diesen Fragen, oder wenigstens mit einleitenden Gedanken zu ihrer Erörterung, befaßt sich vor allem das letzte Drittel dieser Anmerkungen.

»Ja, diese Intellektuellen«, klagt der Arbeiter. »Ihren Gedankengängen kann ich nicht immer folgen. Das, wovon sie ausgehen, weiß ich oft nicht einmal.« Sie belehren ihn, sie predigen ihm, sie erteilen ihm Verhaltensmaßregeln. Das haben bisher getan: sein Arbeitgeber, der sich auch Brotherr nannte, der von diesem bestellte Werkmeister, der von der Obrigkeit bestellte Lehrer, die Polizei, vielleicht ein Geistlicher. Das hat vielleicht auch der Vater getan, damit der heranwachsende Arbeitersohn in der von Brotherren und Polizisten beherrschten Welt später nicht hinter Gitter und unter die Räder komme; aber durch diese Erziehungstätigkeit war auch der Vater ein Teil des Getriebes aus Rädern und Gittern. – Grund genug, nun, da der Arbeiter dem Vater und dem Lehrer (aber nicht dem Getriebe) entwachsen ist, solchen Predigten, Lehren und Verhaltensmaßregeln gelegentlich zu mißtrauen. Dabei ist er sicher, daß diese Intellektuellen von vielem mehr wissen, ebenso wie der Brotherr und seine Helfer manches besser wissen

als er selbst. Das war zuweilen Grund, sich nach denen dort oben zu richten, aber niemals Grund, sein Mißtrauen völlig loszuwerden. Und nun: was man gegen diese Herrschaften hat, könnte man eigentlich auch gegen diese Intellektuellen haben.

Allerlei kommt an den Tag, wenn mit Tabus erst einmal aufgeräumt wird. Wenn Selbstgefühl entsteht – noch gar nicht unbedingt Klassenbewußtsein –, beginnt man scharf zu beobachten und nimmt sich kein Blatt vor den Mund. Intellektuelle kennt man: als körperlich schwach, unabgehärtet, ungeschickt, meist ohne Ausdauer in der Arbeit. Es ist verlockend, aus diesen Beobachtungen allgemeine Schlüsse zu ziehen und diesen Intellektuellen einige weitere zweifelhafte Eigenschaften zuzuschreiben. Das ist fast so wohltuend wie eine Rebellion gegen die Brotherren und Direktoren, deren Erziehungsvorsprung die Intellektuellen teilen. Und es ist viel ungefährlicher, meint man.

Manche Rebellion setzt schief an. Die Gründe sind verständlich. Verständlich leider auch für die, die hier seit eh und je einhaken. An der Aufhetzung des Arbeiters gegen den gottlosen, destruktiven Intellektuellen, den entwurzelten Kritikaster, haben geistliche und weltliche Behörden zusammengearbeitet. Der *betriebsfremde* oder *volksfremde* Theoretiker und Spintisierer ist nicht nur dem Brotherrn ein Dorn im Auge, nein, manchmal auch dem Gewerkschaftsfunktionär, der das Gewerkschaftliche von Politik säuberlich trennen will, oder dem ortseingesessenen politischen Kollegen, der den politischen Kampf von Psychologie und neuartigen ketzerischen Hypothesen freihalten will.

Der an Ort und Stelle sitzt, ist oft der geschworene *Praktiker*. Die praktische Erfahrung ist seine Stärke, und wie jeder Mensch neigt er dazu, die Wichtigkeit seiner besonderen Stärke zu überschätzen. So ist er leicht gegen den Intellektuellen auszuspielen, »der von uns gar nichts weiß«. Arbeiter haben oft erlebt, daß Betriebsleitungen mit unvernünftigen oder undurchführbaren Forderungen gekommen sind. Sie müssen jetzt nur noch davon überzeugt werden, daß das Ansinnen eines Intellektuellen unvernünftig ist, dann lassen sie ihm ihre schlechten Erfahrungen mit der eigenen Betriebsleitung zuungute kommen.

Aber manchmal ein weißer Rabe: Der dankbare, gelehrige, bewundernd zum intellektuellen Genossen aufblickende Arbeiter als angenehme Abwechslung. Vorsicht: zu weiß! Mit weniger Klassenbewußtsein wäre er ein Musterknabe in der Fabrik geworden, der Liebling seiner Vorgesetzten; aber auch in einer Gewerkschaft oder in einer Partei – ganz gleich, ob Sozialdemokraten oder Kommunisten – wird er leicht zum Musterschüler. Ein Jasager, mindestens einer, der froh ist, seinen ihm zugewiesenen – oder vorbestimmten – Platz in Reih und Glied gefunden zu haben. Er wiederholt die Ausführungen des in seiner Sitzung oder Versammlung geschickten »zentralen« Sprechers beipflichtend; vielleicht sogar mit eigenen Worten, aber nie mit eigenen Gedanken.

Wenn eine sozialistische Richtung sich schon ihren Apparat geschaffen hat, *sehnen* sich solche Kollegen so sehr nach Einordnung in diesen Apparat oder nach Unterordnung, daß sie dadurch die Entfremdung dieses Apparats beschleunigen helfen.

Es genügt nicht, aber lerne es! Daß ein Arbeiter, der sich einiges Wissen angeeignet hat, den Intellektuellen ersetzen will, ist oft notwendig. Daß er dabei zuweilen auf Bildungsmuster hereinfällt, die veraltet und von seinen Gegnern geprägt sind, ist sehr verständlich, muß aber dennoch kritisiert werden. Bei dem, was sich heute noch als Bildungsgang ausgibt, eignet man sich Information schneller an als Verständnis möglicher Methoden. So ist schon oft Vulgärmarxismus entstanden. Wissen und gelernte Sätze werden als Schlagworte und Argumente benutzt, auch als Behelfe, um Eindruck zu machen. Die Gesamtauffassung aber, das Ergebnis der zu entwickelnden Gedankengänge, steht dabei von Anfang an unerschütterlich fest.

Dogmatisches Denken zu im voraus feststehenden Zielen hin und Praktikertum können so gut miteinander auskommen wie bürgerliche Wohlanständigkeit und Bordell.

Diskontinuität. Nur unter den ältesten Arbeitern, die sich noch an die Zeit vor Hitler erinnern können, findet sich manchmal anderes Verhalten als in der Generation ihrer Kinder oder Enkel. Die Alten haben weniger von der falschen Selbstsicherheit der Konjunkturjahrzehnte; sie sind zuweilen militanter und unsicherer zugleich.

Auch Arbeiter in den besten Jahren haben sich aus der Hitlerzeit, aus der Hungerzeit und aus den Jahren der Verbindung von Kaltem Krieg und Wirtschaftswunder die Moral der Rebarbarisierung gerettet, die Ideologie der *Anständigkeit im kleinsten Kreis:* »Ich sorge erst mal für meine Familie.« Das verbinden sie womöglich mit der Behauptung »Wenn das jeder täte, wäre unsere Welt gleich besser«. Daß dieses »Wenn das jeder täte« in Wirklichkeit eine als bescheidene Minimalforderung getarnte Unmöglichkeit ist, ebenso unerfüllbar wie der Vorschlag zur Lösung der Weltprobleme »Wenn nur jeder ein guter Christ wäre«, wissen sie nicht. Ihre betonte Selbstzufriedenheit mit ihrer Ideologie der Anständigkeit im kleinen Kreis dient ihnen zum Überschreien ihrer schon fast bewußt gewordenen Unzufriedenheit. Hier hakt die Forderung der großen Manipulateure ein: »Seid nett zueinander«. Auch die alten Sauberkeitsmahnungen, die sich zuerst auf Hitlerplakaten fanden, stoßen hier auf Verständnis. Bald werfen Reine die ersten Steine.

Abgeber und Abnehmer: Wie erfolgreich manipulierte oder in ihrem Selbstvertrauen erschütterte Arbeiter gerne möglichst viele Fragen sogenannten Sachverständigen überlassen, so überlassen viele die allzu quälenden Entscheidungen ihrer Führung (es kann die einer Partei oder einer Gewerkschaft sein) und sehen sich als einfache Soldaten, die nur ihre Pflicht tun. Fraglose Pflichterfüllung ist auf die Dauer auch für Organisationen ungut und hat sich außerdem gerade in deutschen Landen – aber nicht *nur* da – in den letzten Jahrzehnten gar nicht so gut bewährt.

Manchmal fehlt nur die Kaufkraft, nicht das Bedürfnis! Längst nicht jeder »unpolitische« Arbeiter ist vom *Unsinn* des Sozialismus überzeugt. Vielleicht weiß er nur keinen Weg, der hinführt. Aber ein Arbeiter, der sich ohnmächtig fühlt, läßt oft Zielsetzungen nicht nur fallen, sondern verdrängt sie. Deshalb würde er aber noch lange nicht auf *Gewonnenes* oder *Errungenschaften* verzichten. In der DDR sind auch Gegner der Regierung keineswegs dafür, Volkseigene Betriebe an Privatunternehmer zurückzugeben. Das heißt allerdings nicht, daß nicht auch eine subjektiv ehrliche Opposition zu restaurativen Zwecken mißbraucht werden *könnte*, besonders wenn eine bei allem guten Willen doch engstirnige Regierung zugleich mit sich selbst auch dem Sozialismus einen schlechten Namen gemacht hat.

Im Gefühl der Ohnmacht schimpfen viele Arbeiter auf »falsche Führer« (meist Intellektuelle) und meinen etwa, Studenten sollten erst einmal arbeiten, bevor sie ihre Ansichten zum besten geben. Damit versuchen diese vom Hitlerfaschismus und von der Bürgerrestauration der Wirtschaftswunderjahre Geschlagenen, nun da sie ihre eigene Emanzipation nicht durchführen können, sexuell unsicher gemacht, ja verkrüppelt wurden und das Selbstvertrauen zur Überwindung dieser Traumata nicht mehr aufbringen, die Gleichheit mit anderen zu erreichen, indem sie für die Entmündigung oder Entrechtung dieser anderen eintreten. Dies ist zum Teil *ihr* Lernergebnis aus der »gleichen Rechtlosigkeit für alle« zur Hitlerzeit. In Wirklichkeit war selbst *diese* Isonomie noch ein Betrug.

Der Konsumzwang des Arbeiters und Kleinbürgers ist (ganz abgesehen – warum eigentlich? – von der durch Sexwerbung und gleichzeitige Versagung angestachelten Gier nach Ersatzbefriedigung) unter anderem auch eine Art, sich mit der politischen Ohnmacht abzufinden. Wenn der polititsch gezähmte Arbeiter oder Kleinbürger auch auf die Gleichheit aller Menschen, auf die klassenlose Gesellschaft, kampflos verzichtet, will er es doch wenigstens seinem Kollegen gleichtun oder mit ihm in freien Wettbewerb treten, was Wohnungseinrichtung, Wagen, Urlaubsreise usw. betrifft. (Eines der wenigen Überbleibsel von freiem Wettbewerb in unserer Gesellschaft.) Arbeiter und Kleinbürger legen auf all dies weit mehr Wert als viele Intellektuelle oder Studenten. Der Begriff *Statussymbol* ist nur eine halbe Erklärung, schon weil der Statussucher von eigener (ebenfalls gesellschaftlich produzierter) Unsicherheit mindestens so sehr angetrieben wird wie von manifesten äußeren Vorteilen der Statussymbole.

Es handelt sich beim Konsumzwang um eine echte, durch die Wohlstandsgesellschaft induzierte Neurose. In seiner Neurosenlehre zeigte schon Freud, daß jede Neurose in ihren Symptomen zugleich auch ihr eigener symbolischer Heilungs*versuch* und Heilungs*ersatz* ist. So sucht auch die Konsumneurose durch *symbolische* Sicherung der Gleichheit innerhalb der eigenen »peer group« Ersatz für die *wirkliche* Gleichheit; wie in jeder Neurose lediglich *symbolischen* Ersatz durch ein Symptom. Der Konflikt, an dessen Nichtbewältigung der Neurotiker gescheitert ist, hat ihm nur derlei irrationale Anspielungen auf die Möglichkeit einer Heilung bei gleichzeitiger Vermeidung der *realen* Auseinandersetzung übriggelassen. Auch das *Bewußtsein* des wirklichen Konflikts wurde dabei verdrängt. Die *Heilung* einer Neurose aber erfordert Bewußtmachung des unbewältigten Konflikts, Wiederaufnahme der traumatischen Situation, Entlarvung der Rationalisierungen, die von dieser Situation ablenken oder sie anders darstellen sollen und Nachholung der nichtbestandenen Kämpfe. Die Parallele ist nützlich: Auch im Ausweichen vor politischen Konflikten fehlt keines der neurotischen Elemente, weder die ad-hoc-Ideologie der Rationalisierung, noch der analytische Widerstand gegen jeden Versuch der Zurückführung zu den eigentlichen Konfliktquellen.

Keine Verinnerlichung! Die Darstellung dieser Seite der Konsumneurose darf aber nicht davon ablenken, daß derlei seelische Vorgänge von ebenso infamen wie intensiven grob-materiellen Umwelteinflüssen induziert und ständig intensiviert werden. Wie der Arbeiter durch »positive und negative Anreize«, durch Zuckerbrot und Peitsche, zur vermehrten *Produktion* getrieben wird, so auch zur Konsumsteigerung. Nicht nur die Schönheit und Schnelligkeit des neuen Wagens, der Wohlgeruch und die kühlende Wirkung des Desodorisationsmittels sollen ihn zum Käufer machen; nein, auch die Angst vor dem Ausgelachtwerden, weil er auf einem Fahrrad kein Mädchen mitnehmen kann, der Alptraum vom Ausgestoßensein durch Schweißgeruch. Je mehr kleinbürgerliche Werte er bereits angenommen hat, desto wehrloser ist er solchem Terror ausgeliefert. Einer der stärksten Ansatzpunkte der negativen Werbeanreize bleibt dabei im Grunde das soziale Minderwertigkeitsgefühl des kleinbürgerlich orientierten Arbeiters (oder des bürgerlich orientierten Kleinbürgers), das nur durch Klassenbewußtsein, durch Schaffung eines Freundeskreises, in dem die herrschenden Werte nicht mehr gelten, und schließlich durch Kampf und Umsturz der entmenschenden und verkrüppelnden Klassengesellschaft endgültig zu überwinden wäre.

Passivität, die sich für tapfer hält, ist am schwersten zu bekämpfen. Sie findet sich im vermeintlichen Niemandsland (in Wirklichkeit sicherer Besitz der Besitzenden) mancher Ersatzrebellionen und schiefer Einzelaktionen. Der Kellner, der auf dem Weg zum Gast den schmutzigen Teller anspuckt und mit dem Finger blankreibt, das zu Boden gefallene Fleisch wieder auf seinen alten Platz klatscht und dann freundlich lächelnd serviert, glaubt, er habe einen Schlag gegen seine vornehme Kundschaft geführt. Zufrieden mit seiner heimlichen Rache, die der Empfang eines Trinkgelds gekrönt hat, findet er es unter seiner Würde, etwa in die Gewerkschaft einzutreten. Nicht nur der Starke, meint er, nein, auch der Findige ist am mächtigsten allein!

Auch der Arbeiter, der gegen die Intellektuellen loszieht, rebelliert meist schief. Zwar, manchen Intellektuellen geht es immer noch weit besser als ihm, und die meisten Intellektuellen waren Nutznießer des bürgerlichen Bildungsprivilegs. Intellektuelle halfen zuweilen auch die Arbeiter vertrösten und in der Furcht des Herrn (dieser und jener Welt) erhalten. Intellektuelle der Springerpresse tun das immer noch. Aber schon der Arbeiter, der etwa gegen den schlecht-gekleideten Intellektuellen oder gegen den »zerlumpten, vergammelten Studenten« wettert, zeigt, daß hier nicht Neid auf den Bessergestellten, sondern Abwehr gegen die Gefährdung seiner kleinbürgerlichen Orientierung durch diese ungebetenen Warner im Spiel ist. Klassenbewußtsein wäre viel leichter zu erlangen, wenn gewisse Stadien der Bewußtwerdung nicht so schmerzhaft wären. Das halbe Bewußtsein, trotz neuer Wohnungseinrichtung und schöner Freizeitkleidung – ja gerade auch *durch* diese »Erfordernisse« (verräterisches Wort!), von denen man sich abhängig machen ließ – immer noch ausgebeutet und genarrt zu sein, kann eine ganze Menge analytischen Widerstand und Feindseligkeit wachrufen. An Kräften, die diese Feindseligkeit ermutigen und für ihre Interessen einsetzen wollen, fehlt es nicht.

Die herrschende Ordnung hat Glück: Selbst ihre Schwächen bringen ihr noch Nutzen! So wie ein schlecht konstruiertes, kurzlebiges Kinderspielzeug Eltern (wenn sie nicht von Anfang an *mißtrauische* Konsumenten waren) zum Nachkauf eines zweiten oder dritten Exemplars zwingen kann, vermag auch die Unsicherheit, die das herrschende System im Arbeiter trotz aller Versprechungen nicht ganz beseitigen kann, dem System selbst noch zu nützen. Denn Unsicherheit macht oft lenkbar und gefügig, vor allem aber mißtrauisch gegen Neues und gegen Neuerer. Hier wirkt ein Verhaltensmuster unpolitischer Herkunft: »Seit ich denken kann, lebe ich. Irgendwann in Zukunft aber muß ich sterben! Deshalb neige ich dazu, im Zweifelsfall das Bestehende für besser zu halten und jeder Neuordnung zu mißtrauen.« Ein solches Verhaltensmuster hat keine unmittelbar politischen Ursachen, wohl aber unmittelbar verhängnisvolle politische Folgen.

Verhaltensmuster und ihre Übertragung: Krankheiten und Hungersnöte können wir bekämpfen, aber gegen den Tod sind wir machtlos. Das wissen wir, können uns aber mit diesem Wissen und mit dem Tod nicht wirklich abfinden. (Der Gläubige, der auf das Jenseits hofft, ist ein Sonderfall: er leugnet den Tod als wirklichen Tod.) Deshalb haben wir uns meist, wenn wir nicht gerade etwa Ärzte sind, angewöhnt, möglichst wenig an den Tod zu denken, was im allgemeinen gar nicht unzweckmäßig ist, auch wenn wir dann vielleicht bei plötzlichen Todesfällen oder unheilbaren Krankheiten desto hilfloser sind. Das Verhaltensmuster bleibt trotzdem einer unabwendbaren biologischen Katastrophe gegenüber relativ brauchbar.

Nun hören wir aber: »Ein Atomkrieg wäre der Tod«. Das Stichwort Tod mobilisiert unser keineswegs ganz bewußtes Verhaltensmuster und veranlaßt uns, an den Atomkrieg möglichst wenig zu denken, diese unerträglichen Gedanken zu verdrängen. Diese Reaktion, die für Gebildete und Ungebildete, für Bürger, Kleinbürger und Arbeiter etwa gleichermaßen gilt, ist ungemein verständlich, dabei aber äußerst unzweckmäßig, denn der Atomkrieg ist keine *unabwendbare biologische*, sondern eine *abwendbare gesellschaftliche* Katastrophe, deren Abwendbarkeit freilich durch das Unbewußtbleiben dieses Verhaltensmusters verringert werden kann. Hierüber könnten sich Arbeiter und Intellektuelle, ja auch Angehörige verschiedener Klassen verhältnismäßig leicht verständigen: Lebenbleibenwollen ist keine Klassenfrage.

Allerdings wäre es auch hier falsch, dies als völlig unpolitisches Verhaltensmuster sehen zu wollen. Es hat nicht nur politische *Folgen*, sondern auch *in sich* einen wichtigen politischen Aspekt: Der Gedanke der Unabwendbarkeit politischer Katastrophen, bzw.

der eigenen Machtlosigkeit, der zur Übernahme eines irreführenden Verhaltensmusters verführt, ist ein Erfolg der Verschleierung und Mystifikation, und von der Erhaltung solcher Mystifikationen hängt der Fortbestand der bürgerlichen Gesellschaft ab. Es ist nicht so lange her, daß auch Wirtschaftskrisen allgemein noch als Naturkatastrophen dargestellt wurden. Schon dieses Beispiel zeigt die politische Wichtigkeit der bewußten Auseinandersetzung mit Verhaltensmustern, selbst dann, wenn Arbeiter und Bürger, Unwissende und Intellektuelle scheinbar gleichermaßen von ihnen betroffen sind.

Der Terror der herrschenden Ordnung, auch wenn er sich der dümmsten Losungen und Ausreden bedient, ist gar nicht so dumm. Die Ausreden sind oft nur Vorwände. Die Losungen sind zwar u. a. Versuche, Anhänger zu werben, aber weniger genügt auch! Man muß nicht nur *Anhänger* gewinnen, es hilft oft schon, Gegner unsicher zu machen, sie zu neutralisieren oder den Nachwuchs neutral zu halten. Wenn der Terror der Herrschenden das Opponieren zu gefährlich macht, dann lassen sich viele abschrecken und lassen ihr Denken entsprechend verbiegen. Der bestehenden Ordnung kommt zugute, daß sie sich den Anschein des Feststehenden, Gleichbleibenden geben kann. Für den, der sich mit ihr identifiziert, wird sie dadurch schon an sich ein Gegengewicht gegen Angst vor dem Tod. Eine völlig falsche Fragestellung wird ermutigt: »Soll ich es wagen, die Welt verbessern zu wollen und dabei vielleicht vernichtet zu werden, oder soll ich meine Laufbahn ruhig weiter verfolgen, mich redlich nähren und die Welt lassen, wie sie ist?« Der Denkfehler liegt schon in der Annahme, daß beim Wegfallen eigener Aktivität die Welt bleibt, wie sie ist (sich nicht etwa verschlechtert), und die ruhige Fortsetzung der eigenen Tätigkeit und redlichen Ernährung gestattet. Millionen gefügiger Bürger des Dritten Reiches und seiner Nachbarländer haben das Gegenteil erfahren.

Auch wer sich wehrt und rebelliert, bleibt nicht unberührt von der *Propaganda,* insbesondere nicht von den viel glaubhafteren *Drohungen* der herrschenden Ordnung. Öfter als er selbst es wahrhaben will, entwickelt er in seinen Denk- und Verhaltensmustern Ambivalenzen. Etwa so: »Der mich zum Widerstand bewe-

gen will, ist mein Anführer. Aber wenn ich in Folge meines Widerstandes zusammengeschlagen werde, ist er vielleicht auch mein
Verführer, der mich um meine heilen Glieder bringt, ja in den Tod
führt; kurz, mein Mörder.« Ein solcher Gedankengang stellt
schon einen erheblichen Erfolg der Reaktion dar, z. B. als Vorbereitung des Abspringens bei einem Rückschlag.

Dieses Verhaltensmuster beruht darauf, daß man dazu neigt, vor
allem den zu tadeln, den man in Reichweite hat, also den eigenen
»schlechten Führer« oder »Rädelsführer«. Diese Titel, ebenso wie
die einzelnen Formulierungen des Tadels werden, oft ohne daß
man es merkt, vom Gegner fertig geliefert. Der Gegner selbst ist
als Vertreter der bestehenden Ordnung, ja als Verteidiger angeblich ewiger Werte oft so gut institutionalisiert, daß man ihn leicht
als gegebene Tatsache, gleichsam als Naturkraft akzeptiert.

Wie gut Reaktionäre das wissen, sieht man immer wieder aus der
Propaganda, die sie an Schüler, an die Frauen streikender Arbeiter
oder an die Eltern unbotmäßiger Studenten richten.

Wichtig ist, solche Ambivalenz des Denkens oder ihre ersten
Anfänge auch bei sich selbst und bei denen, die am engsten mit
einem zusammenarbeiten, zu erkennen und zu analysieren. Jede
Unbewußtheit gegenüber solchen Denkmustern ebenso wie die
Verdrängung und Ableugnung der eigenen Angst führt zu schöngeistiger und zuletzt heuchlerischer Verzerrung der Selbsterkennt-
nis und lähmt unsere Verbindung zur Wirklichkeit und unser Verständnis für die Motive der eigenen Seite, der Abseitsstehenden
und der Gegner; dieses Verständnis ist aber wichtig für den Erfolg.

Eines Menschen Verständnis seiner eigenen Rebellion und dessen, was ihr dient, ist von seinem Verhalten in all seinen *bisherigen* Rebellionen oder Rebellionsversuchen beeinflußt. Die entscheidenden Rebellionen, die den Charakter des Kindes und des
Halbwüchsigen bestimmen halfen, etwa Rebellionen gegen
Eltern, waren meist nicht Rebellionen auf Leben und Tod, sondern Rebellionen mit beschränkter Haftung. Sie hatten oft nur
symbolischen Charakter und mußten nicht zu völligem Sieg oder
völliger Niederlage führen. Diese Erfahrungen überträgt fast
jeder Mensch aber nun auf ganz andere Zustände, in denen sie ihn
verwirren können.

Der moderne Staat – autoritär oder unterwegs zu autoritärer

Formierung – versucht diese Verwirrung zu vertiefen und auszubeuten. Die herrschende Ordnung setzt sich gerne an Vaterstelle, indem sie sich als »streng, aber gerecht« darstellt, als »liebevoll, aber, wenn's not tut, hart«. In Wirklichkeit ist es mit dieser Liebe nicht gar so weit her. Freilich, auch ein blutiges Exempel wird angeblich nur blutenden Herzens statuiert, und immer nur um des Allgemeinwohles, um der anderen Untertanen willen. Aber das Gefühl des versuchsweise oder symbolisch Rebellierenden »Ganz so schlimm wird es schon nicht werden, sogar wenn's schiefgeht«, ist ein Irrtum, aus kindheitlichen Erfahrungen schematisch übernommen. Eine andere alte Faustregel entspricht der politischen Wirklichkeit viel besser: »Einen König darf man nicht verwunden, nur töten.« Eine Rebellion oder Revolution mit beschränkter Haftung ist ein Unding.

Da die Kindheitserfahrungen in Arbeiter-, Kleinbürger- und Großbürgerfamilien einigermaßen verschieden sind und z. B. die Schule als Autorität, als Schützerin des Kindes und als Vermittlerin von Repressionen bei verschiedenen Gesellschaftsklassen eine sehr unterschiedliche Rolle spielt, sind auch die von da übernommenen Denk- und Verhaltensmuster bei Arbeitern und Intellektuellen recht verschieden.

Gedächtnisschwund. Dem Bewußtwerden wirkt nicht nur der Knüppel entgegen, obwohl die Herrschenden auch das Bewußtlosschlagen und die Gehirnverletzung nicht unterschätzen. Wichtiger noch ist die Verdrängung, wenn die herrschende Ordnung entsprechend günstige Umstände für sie schafft, etwa die Unterbindung jeder wirklichen Rechenschaftspflicht.

Heinrich Lübke* konnte mit der subjektiven Ehrlichkeit eines Bewußtseins, das sich nicht überlasten will, erklären, er glaube zwar nicht, daß er Baupläne für ein KZ unterschrieben habe, aber nach mehr als zwanzig Jahren könne er sich natürlich nicht mehr mit Bestimmtheit erinnern. In einer Gesellschaft, in der ein Forum für wirksame und *unausweichliche* weitere Befragung nicht besteht, bleibt die Gedankenvoraussetzung dieser einleuchtend klingenden Antwort unerörtert. Diese Gedankenvoraussetzung lautet etwa: »Unter den vielen Papieren, die auf den Schreibtisch kamen, *könnte* ein Plan für ein KZ gewesen sein, dessen Billigung als ein Teil der Alltagsarbeit erlebt wurde, keine besonders tiefgehende moralische Entscheidung erforderte und deshalb auch keine nachhaltige Erinnerung hinterließ.«

Daß sich ein Mensch zutraut, eine solche Unterschrift möglicherweise auf solche Art vergessen zu haben, ist eigentlich eine ärgere Selbstanklage, als alles bisher gegen ihn Vorgebrachte. Die Möglichkeit einer solchen Äußerung sagt über das Maß der Entfremdung in der betreffenden Gesellschaft mehr aus als die wütendste politische Anklage durch ihre Kritiker. Kein Wunder, daß in einer Gesellschaft, in der – nicht ohne guten Grund – das Vergessen und Verdrängen so geübt wird, auch Traditionen der Arbeiter zum großen Teil vergessen und verdrängt wurden. Die Notwendigkeit, das eigene Tun oder die eigene Untätigkeit im Dritten Reich zu vergessen und zu verdrängen, hat sozusagen nebenher einen Gedächtnisschwund für demokratische Traditionen der Arbeiterbewegung erzeugen geholfen. Nur dieser Gedächtnisschwund machte es den Herrschenden möglich, sogar schon einmal zur Vorbereitung von Verbrechen gebrauchte Worte wie »Notstand« wieder erfolgreich zu benutzen. Der Gedächtnisschwund hat mit Hilfe derer, die ihn fördern, die Sätze Carl von Ossietzkys ausgelöscht, die er in der »Weltbühne« vom 31. Januar 1933 veröffentlichte:

»In Hugenbergs* Umgebung hat man, um einen Staatsstreich zu rechtfertigen, die Konstruktion eines ›staatlichen Notstandes‹ geschaffen. Nun, ein staatlicher Notstand ist auch von einem ganz andern Standpunkt aus kaum zu leugnen. Er wird nicht durch das Versagen der Konstitution charakterisiert oder durch eine ganz besonders rebellische Volksstimmung, sondern durch Personen wie Papen und Schleicher und, vor allem, durch den Reichspräsidenten selbst.

Sobald der Präsident der Republik Befugnisse verlangt, die über die Verfassung hinausgehen, ist der Notstand da.... Der staatliche Notstand ist vorhanden. Er heißt Hindenburg und nicht anders. ...Wenn aber Republikaner – Sozialisten und Demokraten – in dem gleichen Manne die starke Barriere gegen die Begehrlichkeit und die Diktaturgelüste seiner eigenen Kaste sehen, so ist das, milde gesagt, etwas absurd.«

So wenig der Nobelpreis, der ihm zuerkannt wurde, Ossietzky im Dritten Reich vor dem Tod retten konnte, vermag er nun im Bonner Staat seine Worte vor der Vergessenheit und Nichtbeachtung zu bewahren. Das ist kein Wunder, denn die bestehende Ordnung braucht diesen Gedächtnisschwund, sonst wüßte auch jeder, was Ossietzky von der Rolle der Sozialdemokratie, von der Verfolgung der außerparlamentarischen Opposition und von der Politik des kleineren Übels gehalten hat. Diese hieß damals »Hindenburg gegen Hitler« und wurde von der Sozialdemokratie unterstützt. Ossietzky aber schrieb: »Wer Hindenburg wählt, wählt Hitler.«

Auch Rechte sind vergessen worden. Die Wiederbelebung der »demokratischen Grundordnung« blieb wesentlich auf integrierte Institutionen wie Gewerkschaften und parlamentarisches System beschränkt. Daß auch die außerparlamentarische Betätigung zu den demokratischen Rechten gehört, einschließlich politischer Streiks, Demonstrationen und Petitionen, wurde so gut wie vergessen. Der Sinn für »Ruhe und Ordnung« wurde aus dem Dritten Reich mehr oder minder »heil« übernommen. Benda* sagt: »Streik gegen Notstandsgesetze wäre Parlamentsnötigung«, und Berliner Arbeiter sagen über demonstrierende Studenten: »Unter Adolf wäre das nicht möglich gewesen.« Stimmt! Nur das damit verbundene Werturteil stimmt nicht. Es bleibt zu verzeichnen, daß ein sozialdemokratischer Bürgermeister von Berlin, Klaus Schütz*, in ein und derselben Ansprache die außerparlamentarische Opposition seiner Stadt diffamieren und Martin Luther Kings* Andenken rühmen konnte, ohne auch nur selbst zu merken, daß Martin Luther King einer der Führer der außerparlamentarischen Opposition der Vereinigten Staaten war. Lyndon B. Johnson, kaum ein besserer Demokrat als Klaus Schütz, hätte dennoch niemals die außerparlamentarische Opposition seines Landes so hemmungslos angreifen können wie Schütz oder sein Parteifreund Neubauer*. In den Vereinigten Staaten wurden die Freiheitsrechte zwar gleichfalls durch Korruption und Erosion geschädigt, bzw. der Hinweis auf sie wurde zur Verschleierung der gesellschaftlichen Wirklichkeit mißbraucht. Wenigstens aber wurden sie doch nicht durch eine zwölfjährige Unterbrechung und den damit verbundenen *Gedächtnisschwund* ihrer Infrastruktur in Bewußtsein und Gewohnheiten der Bevölkerung so gründlich beraubt, wie etwa in Westberlin und in der Bundesrepublik. Bei diesem »Gedächtnisschwund« handelt es sich in Wirklichkeit teils um Verdrängungen, teils um die Nachwirkungen des

Traumas, das der Hitlerfaschismus dem Selbstgefühl und dem Selbstverständnis der deutschen Arbeiter zufügte.

Nicht nur reaktionäre Machenschaften, revolutionäre und demokratische Traditionen hat der Gedächtnisschwund aus dem Bewußtsein gelöscht, sondern auch wichtige Erfahrungen und Warnungen vor schädlicher Vereinfachung. So werden etwa die Gedanken Wilhelm Reichs, eines genialen marxistischen Psychoanalytikers, erst in letzter Zeit wieder »entdeckt«. (Reich hatte sich am Anfang der dreißiger Jahre zugleich die Feindschaft der bürgerlichen Psychoanalytiker, der Faschisten und verklemmten Spießer und die Ablehnung seiner kommunistischen Genossen zugezogen, die ihre stalinistischen Scheuklappen von ihm bedroht sahen. Er mußte emigrieren und starb zur McCarthy-Zeit in einem Gefängnis in den USA.) Die exzentrischen Lehren seiner *letzten* Lebensjahre sind zwar vor allem als Folgen einer von unserer Gesellschaft hervorgerufenen Erkrankung äußerst interessant, aber auch die schärfste Kritik an ihnen kann die Wichtigkeit seiner übrigen Arbeiten nicht verringern. Reich schrieb 1933 in seiner »Massenpsychologie des Faschismus« über die ideologische Verbürgerlichung des Proletariats: »Wenn die revolutionäre Propaganda die kardinale Aufgabe hat, das Proletariat zu ›entnebeln‹, so kann das nicht einfach dadurch geschehen, daß man an sein notabene unentwickeltes bzw. unreines Klassenbewußtsein appelliert, auch nicht allein dadurch, daß man ihm die objektive ökonomische und politische Lage ständig vor Augen führt, gewiß nicht allein dadurch, daß man den an ihm geübten Betrug ständig entlarvt. Die allererste Aufgabe der revolutionären Propaganda ist die verständnisvollste Rücksichtnahme auf die *Widersprüche im Arbeiter,* auf die Tatsache, daß nicht etwa ein klares Klassenbewußtsein überdeckt oder vernebelt ist, sondern daß die das Klassenbewußtsein bildenden Elemente der psychischen Struktur teils unentwickelt, teils durchsetzt mit gegenteiligen kleinbürgerlichen Strukturbestandteilen sind.«

Bei Erscheinen seines Buches machten Vulgärmarxisten Wilhelm Reich den unsinnigen Vorwurf, zu einer Zeit, in der es einzig und allein auf die Ermutigung der Arbeiterklasse ankomme, von den *Widersprüchen* im Arbeiter gesprochen zu haben und dadurch defätistisch zu wirken. Als Reich aus der Kommunistischen Partei ausgeschlossen wurde, warf man ihm vor, er habe die Machtergreifung Hitlers als eine Niederlage der Arbeiterbewegung bezeichnet. Nach der damaligen Parteilinie, die sich allerdings bald darauf änderte, war Hitlers Machtergreifung nämlich ein *Erfolg* der Arbeiterbewegung, indem sich die Bourgeoisie gezwungen sah, zu ihrem letzten verzweifelten Mittel, dem Faschismus, zu greifen, dem nun alsbald die Revolution folgen werde.

Reich untersuchte schon damals, lange vor unserer Wohlstandsgesellschaft, die meisten Argumente und Trugschlüsse, mit denen heute ihre Wortführer Klassenkampf, Klassenbewußtsein und Revolution als veraltet abtun und den Arbeiter (gegen entsprechende Teilzahlungen) in den neuesten Kleinbürgerhimmel aufnehmen wollen. In der »Massenpsychologie des Faschismus« – also 1933 – schreibt Reich:

»In Zeiten der ›ruhigen‹ bürgerlichen Demokratie stehen dem beschäftigten Industriearbeiter zwei grundsätzliche Möglichkeiten offen: Die Identifizierung mit dem ideologisch gesehen über ihm stehenden Kleinbürgertum oder die Identifizierung mit seiner Klasse, die schon im Kapitalismus eigene Lebensformen entwickelt, welche konträr sind zu den bürgerlichen. Das erste bedeutet den Kleinbürger beneiden, ihn nachahmen und, wenn die materielle Möglichkeit sich ergibt, seine Lebensgewohnheiten ganz aufnehmen. Das zweite bedeutet, diese Ideologien und Lebensgewohnheiten des Kleinbürgers ablehnen, sich von ihm abgrenzen, ihn verneinen und die eigene Lebensart betonen und zur Schau tragen. Infolge der gleichzeitig einwirkenden gesellschaftlichen und der klassenmäßigen Daseinsweise sind beide Möglichkeiten gleich stark, jedenfalls stehen beide offen. Die revolutionäre Bewegung hat auch die Bedeutung der dem Anscheine nach nebensächlichen kleinen Gewohnheiten des Alltags nicht richtig eingeschätzt, ja sehr oft sie in falscher Weise ausgenützt. Das kleinbürgerliche Schlafzimmer, das sich der Prolet anschafft, sobald er Möglichkeiten dazu hat, auch wenn er sonst klassenbewußt ist, die dazugehörige Unterdrückung der Frau, auch wenn er Kommunist ist, die ›anständige‹ Kleidung am Sonntag, der kleinbürgerliche Tanz und tausend andere ›Kleinigkeiten‹ haben bei chronischer Wirkung unvergleichlich mehr Einfluß, als tausende von Versammlungsreden und Flugzetteln gutmachen können. Das kleinbürgerliche Leben wirkt unausgesetzt, dringt in

jede Ritze des Alltags ein, die Fabrikarbeit und der Flugzettel wirken dagegen nur stundenweise. Es ist daher ein schwerer Fehler,
wenn man den kleinbürgerlichen Instinkten der Arbeiterschaft
Rechnung trägt, indem man, ›um an die Massen heranzukommen‹, kleinbürgerliche Feste veranstaltet, ohne gleichzeitig das
Kleinbürgerliche außer Funktion zu setzen und die keimenden
proletarischen Lebensformen mit allen Mitteln hervorzutreiben.
Mit allen Mitteln der Propaganda. In dem ›Abendkleid‹, das sich
eine Arbeiterfrau zu einem solchen ›Fest‹ anlegt, liegt mehr Wahrheit über die Psychologie des Arbeiters im Kapitalismus als in
hundert Artikeln. Das Abendkleid oder das familiäre Biertrinken
sind ja nur äußerer Ausdruck eines Vorganges in dem betreffenden Arbeiter, ein Zeichen dafür, daß die Anlage zum Empfang
sozialdemokratischer oder nationalsozialistischer Propaganda
bereits vorhanden ist. Wenn dann der Faschist noch dazu Abschaffung des Proletariats verspricht und damit Erfolg hat, so hat
in 90 von 100 Fällen nicht sein Wirtschaftsprogramm, sondern
das Abendkleid gewirkt. Wir müssen mehr, viel mehr, auf diese
Dinge des Alltagslebens achten. An ihnen formiert sich das Klassenbewußtsein oder das Gegenteil konkret, nicht an den Phrasen
und Worten, die nur augenblickliche Begeisterung wecken.«
Der Zusammenhang zwischen den verschiedenen Denk- und Verhaltensmustern, etwa zwischen bürgerlicher Entproletarisierungsverheißung und Rechtsruck, ist heute nicht weniger aktuell
als zu Wilhelm Reichs Zeit. Der heutige Kleinbürgerhimmel freilich hängt längst nicht nur voller Abendkleider und Bierflaschen.
Vielmehr ziert ihn, von kundiger Hand aufgehängt, eine unerschöpfliche Menge von Konsumgütern, zu deren Anschaffung
und ständiger Erneuerung ein Lohnarbeiterleben nur noch mit
knapper Not ausreicht, nur wenn kein Augenblick mehr mit Klassenkampf vergeudet wird. Die zitierten Sätze zeigen auch deutlich, daß unsere heutige Wohlstandsgesellschaft, die angeblich alle
alten Voraussagen Lügen straft, nur die weitere Vervollkommnung, Verfeinerung oder Vergröberung dessen darstellt, was
Reich vor dreieinhalb Jahrzehnten schilderte.
Allerdings sind seine Warnungen besonders für den politisch nicht
festgelegten heimatlosen Linken unserer Tage auch in anderer
Hinsicht nicht ungefährlich: Sie können leicht dazu verführen,
selbst jenseits der Grenzen des Kapitalismus aus kleinbürgerlich

anmutenden Lebensformen auf Gefahren für den Geist und das Leben der Revolution zu schließen, etwa wie in Majakowskis berühmtem Gedicht das Leninbild an der Wand, das zu brüllen begann und die Erwürgung des Kanarienvogels forderte: »Sonst geht der Kommunismus noch an den Kleinbürgern zugrunde!«

Sturheit oder Verschleierung ist eine falsche Alternative. In Wirklichkeit stehen uns viele Denk- und Verhaltensmuster zur Verfügung. Reich hat nie der Verschleierung des Klassenkampfes das Wort geredet, nie dem Schweigen zu Entfremdung und Selbstentfremdung, aber ebensowenig der schematischen Vereinfachung, der Sturheit und der *damals* so häufigen *Eingleisigkeit* der revolutionären Propaganda. Er sagt in seinen Thesen über die ideologische Verbürgerlichung des Proletariats:
»Die revolutionäre Massenarbeit in Deutschland beschränkte sich fast ausschließlich auf die Propaganda gegen den Hunger. Wie es sich zeigte, war das eine zu schmale Basis, wenn auch das *wichtigste* Argument. Das Leben der Massenindividuen spielt sich in tausendfältigen Dingen hinter der Kulisse ab. Der jugendliche Arbeiter etwa hat tausend Sorgen sexueller und kultureller Natur, die ihn beherrschen, sobald er seinen Hunger nur ein wenig gestillt hat. Der Kampf gegen Hunger steht in erster Front, aber er darf nicht allein dastehen, die Kulissenvorgänge des menschlichen Lebens müssen in das grellste Licht der Bühne des Affentheaters, in dem wir Zuschauer und Mitwirkende gleichzeitig sind, energisch, ohne Rückhalt und bedenkenlos gerückt werden.«

»Doch jetzo kehrt sich alles um«: 40 Jahre nach Wilhelm Reichs ersten Warnungen vor der ideologischen Verbürgerlichung des Proletariats – eigentlich müßte man sagen *Verkleinbürgerlichung*; das Wort ist nicht häßlicher als der Vorgang – scheint es manchmal fast, als hätten Studenten und Intellektuelle jetzt mehr proletarisches Klassenbewußtsein als die Arbeiter. Aber erstens schrumpfte deren Klassenbewußtsein nicht überall wie in den USA und bei ihren deutschen Schülern (bei diesen als »kulturelle Kontinuität« von Hitlers Volksgemeinschaft und Deutscher Arbeitsfront zur bundesdeutschen Sozialpartnerschaft). Schon in

Frankreich und Italien sieht das wesentlich anders aus. Zweitens darf man nicht übersehen, daß an dieser Klassenbewußtseinsverschiebung doch auch etwas Gutes ist.

Das Recht auf Klassenbewußtsein können den Intellektuellen und Studenten, die doch größtenteils wie Arbeiter vom Verkauf ihrer Arbeitskraft leben oder leben werden, nur Doktrinäre oder Vulgärmarxisten absprechen. Dem wachsenden Klassenbewußtsein der Studenten und Intellektuellen entspricht genau, daß vielfach die höchstqualifizierten Arbeiter und ihre Gewerkschaften die relativ militantesten wurden, weil die zur Ausübung ihres Berufes nötige Bildung und gedankliche Regsamkeit sie verhältnismäßig gut befähigt, Entfremdungen und Verschleierungen der gesellschaftlichen Wirklichkeit zu durchschauen. Diese Tendenz wirkt der Abspaltung der »Arbeiteraristokratie« durch Verkleinbürgerlichung entgegen.

Vorteile und Nachteile einer Umschichtung: Der moderne Intellektuelle, der vom Arbeitsmarkt abhängt, steht weit mehr als sein Vorläufer, der aus gut bürgerlichen oder aristokratischen Kreisen stammende aufklärerische oder romantische Intellektuelle des 18. oder 19. Jahrhunderts, in wirtschaftlicher Interessengemeinschaft mit den Arbeitern. Diese Veränderung der Klassenlage des Intellektuellen aber macht ihn andererseits weit abhängiger von einem Brotherrn – der natürlich auch der Staat sein kann – und dadurch oft weniger frei, seine Gedanken zu entfalten und zu veröffentlichen. Zu dieser Verringerung des freien Denkens kommt noch der Umstand, daß der revolutionäre und dadurch auch aufklärerische und freidenkerische Schwung des aufbegehrenden Frühbürgertums dem Spätbürgertum unserer Tage aus erklärlichen Gründen bis auf geringe Reste abhanden gekommen ist.

Ein merkwürdiges Gemisch von Gedanken und Gefühlen kennzeichnet die Haltung vieler Intellektueller gegenüber den Arbeitern. Kleinbürgerliches Besserseinwollen; Nächstenliebe, die teils christlichen, teils alten liberalen Traditionen entstammt; schlechtes Gewissen wegen des Bildungsprivilegs und der eigenen relativ interessanten, gesellschaftlich angesehenen, körperlich weniger anstrengenden, vielleicht sogar besser bezahlten Stellung; ein Gemisch von Scheu, Hoffnungen und Befürchtungen, die sich an die Arbeiter knüpfen; schließlich, besonders bei den Jüngeren, in zunehmendem Maß etwas wie Klassenbewußtsein, das auch zur Befreiung von seinem reaktionären Ersatz, dem falschen Standesdünkel, führt.

Sonderfälle des schlechten Gewissens finden sich zuweilen auch bei sozialistischen, sogar bei aktiv revolutionären Intellektuellen. Bei diesen z.b., weil sie wissen, daß auch Sozialisierung eines Industriebetriebes die von Jahrhunderten der Ausbeutung geprägte Arbeit nicht über Nacht beglückend macht.

Intellektuelle, die Arbeiter imitieren, sind oft Intellektuelle mit schlechtem Gewissen oder Intellektuelle, die erst vor kurzem zum Sozialismus gestoßen sind, ihre Überzeugungen symbolisch ausdrücken wollen oder in derlei symbolischen Ausdrucksweisen steckengeblieben sind. Ein solcher Intellektueller versucht zu sprechen und sich zu kleiden wie ein Proletarier, d.h. wesentlich schlechter als der verkleinbürgerlichte Proletarier. Zuweilen geht er als Arbeiter in eine Fabrik, und die Erfahrung dort erhöht vielleicht seinen Wirklichkeitssinn und macht ihn auf das Unsinnige einer solchen Vermummung aufmerksam (Ferienbetriebsarbeit unbemittelter Studenten ist ein völlig anderer Fall und keineswegs unsinnig, obwohl natürlich eine körperliche Überbeanspruchung, eine Unterbrechung der Studienarbeit und Beeinträchtigung des Rechtes auf Erholung durch wirtschaftliche Notlage). Der Versuch Intellektueller, sich zu proletarisieren, entspringt zwar unter anderem ihrem Solidaritätsgefühl und Streben nach Identifizierung, kann auch Verbindung mit Arbeitern anbahnen helfen, hindert aber zugleich den Intellektuellen daran, vernünftig nach den besten Bedingungen zu suchen, unter denen er seine Tätigkeit – auch seine Tätigkeit als Intellektueller für den Sozialismus – ausüben kann.

Intellektuelle als Büßer in der Arbeiterbewegung: Derlei »Intellektuelle mit schlechtem Gewissen« haben – besonders in Kommunistischen Parteien – ohne es zu wissen oder zu wollen, gelegentlich eine für den Sozialismus höchst schädliche Rolle gespielt. Ihr schlechtes Gewissen wegen ihrer nichtproletarischen Herkunft, ihres Bildungsvorsprunges oder ihrer relativ angenehmen

Arbeit veranlaßte revolutionäre Intellektuelle dieser Art, sowohl im Kapitalismus wie nach dessen Sturz ihre vermeintlichen Schwächen und Fehler durch ganz besonders bereitwillige Unterordnung unter proletarische Genossen wettzumachen und so gut wie nie ihre eigene Meinung zu verfechten. Nun können aber in vielen Fällen nur Intellektuelle wissen, wie ihre Arbeits- und Forschungsbedingungen, etwa die Organisation des Wissenschaftsbetriebes, am besten zu gestalten sind. Der Intellektuelle als Büßer wird es kaum wagen, einem proletarischen Genossen zu widersprechen, auch wenn dessen Vorschläge *nicht* im besten Interesse wissenschaftlicher oder künstlerischer Produktionsbedingungen liegen.

In Wirklichkeit wäre es natürlich *gerade* Aufgabe der Intellektuellen, ihre Genossen, die Arbeiter, in solchen Fragen zu informieren, zu beraten und Vorurteile zu bekämpfen. Wenn Intellektuelle diese Aufgabe nicht erfüllen, kommt es leicht zu Fehlentscheidungen. Ein Arbeiterfunktionär, jetzt an leitender Stelle in einem sozialistischen Land, wird beispielsweise vor die Wahl gestellt, mit wem er einen wichtigen akademischen Posten besetzen soll. Der eine Anwärter ist »zwar ein Professor, aber immer hundertprozentig diszipliniert, und macht nie Schwierigkeiten«. Der andere ist »zwar auch ein Genosse, aber er macht immer Gegenvorschläge, will alles besser wissen und beruft sich auf sein Fachgebiet, wo man ihn nicht kontrollieren kann«. Der Funktionär, der den Jasager vorzieht, ist vielleicht nicht so sehr zu tadeln wie dieser Jasager, oder wie die intellektuellen Jasager überhaupt, die auf Grund ihres falschen, von ihren Komplexen bestimmten Loyalitätsbegriffes durch ihre Unterwürfigkeit gerade die, denen sie sich unterwerfen, nämlich ihre nicht wissenschaftlich gebildeten Genossen, im Stich lassen, bzw. im Glauben lassen, man könne derartige Entscheidungen *nach Belieben* treffen. Denn die Wissenschaftler selbst sind die einzigen, die ihren Genossen die Vorbedingungen eines sozialistischen Wissenschaftsbetriebes klarmachen können. Die sich zu bereitwillig unterordnen, schaden der eigenen Sache. Auch hier sind die besten oft die, die als schwarze Schafe gelten.

Friedrich Engels schrieb am 2. Mai 1891 aus England an August Bebel*: »Im ›Vorwärts‹ wird immer geprahlt mit der unantastbaren Freiheit der Diskussion, aber zu bemerken ist davon nicht viel. Ihr wißt gar nicht, wie eigentümlich solche Neigung zu Gewaltmaßregeln hier im Ausland einen anmutet, wo man gewöhnt ist, die ältesten Parteichefs innerhalb der eigenen Partei gehörig zur Rechenschaft gezogen zu sehen... Und dann dürft ihr doch nicht vergessen, daß die Disziplin in einer großen Partei keineswegs so straff sein kann als in einer kleinen Sekte.« Im selben Brief (F. Engels, »Briefe an Bebel«, Dietz Verlag 1958, S. 177–178) heißt es: »Ihr – die Partei – *braucht* die sozialistische Wissenschaft, und diese kann nicht leben ohne Freiheit der Bewegung. Da muß man die Unannehmlichkeiten in den Kauf nehmen, und man tut's am besten mit Anstand, ohne zu zucken. Eine, auch nur lockere, Spannung, geschweige ein Riß zwischen der deutschen Partei und der deutschen sozialistischen Wissenschaft wäre doch ein Pech und eine Blamage sondergleichen. Daß der Vorstand resp. Du persönlich einen bedeutenden *moralischen* Einfluß auf die ›Neue Zeit‹ und auf alles auch sonst Erscheinende behältst und behalten mußt, ist selbstredend. Aber das muß Euch auch genügen und kann es.«

Als Denunzianten gegen die eigenen Kollegen und Verderber ihrer Arbeitsbedingungen als Wissenschaftler oder Künstler und Schriftsteller hat natürlich später besonders die Stalinära solche betont »brave« Intellektuelle nicht selten verwendet. Aber es ist oberflächlich, ungerecht, wenn nicht gar nur schäbiger Antikommunismus, die im Grunde kleinbürgerliche Unterwürfigkeit dieser Intellektuellen – auf schlecht deutsch: eine Art nach links verirrte Gefolgschaftstreue! – immer den Parteifunktionären oder der Arbeiterbewegung überhaupt anzukreiden. Die Funktionäre werden vielmehr oft erst durch diese Unterordnungsbereitschaft, die ihnen das Leben, wenn auch nur scheinbar, zunächst erleichtert, verwöhnt und verdorben.
Diese Unterwerfungsbereitschaft kann die verschiedensten tieferen Gründe haben. Ein häufiger Grund ist paradoxerweise die Angst vor Deklassierung. Die Unterordnung ist dann eine Art – meist völlig unbewußter – Flucht nach vorne. Ihr Gedankenmuster lautet etwa: »So, jetzt bin ich Prolet; jetzt habe ich mich freiwillig dort eingereiht, wohin ich immer zu fallen fürchtete. Jetzt kann mir nichts mehr passieren.«

Ein solcher psychischer Vorgang hat als Teil der Kleinbürgermisere natürlich ebenso wie die verschiedensten anderen menschlichen Verhaltensmuster Anrecht auf Verständnis und Mitleid. Er ist aber keine gute Vorbereitung zu verantwortlichem Handeln und zur Schaffung guter Beziehungen zwischen sozialistischen Arbeitern, Intellektuellen und Künstlern.

Noch ein weißer Rabe? Der ergebene, diensteifrige, bewundernd zum proletarischen Genossen aufblickende Intellektuelle ist das Gegenstück zum dankbaren, gelehrigen Arbeiter und wie jener eher zu weiß als zu rot. Das »sacrifizio dell' intelletto« müßte er den katholischen Bischöfen – bei allem Respekt für die Tüchtigkeit der kirchlichen Organisation – nicht nachmachen, namentlich da dieses Opfer der Bischöfe zwar 1870 dem Papst vielleicht noch frommen konnte, der Sache des Sozialismus aber nur schaden kann. Ein Opfer *zuungunsten* der eigenen Sache aber ist ein Unding.

Wer helfen soll, das Denken der Arbeiter auf dem laufenden zu halten, darf nie auf kritisches und originelles Denken verzichten. Durch solchen Verzicht wird er übrigens nicht einmal ein verläßlicher Genosse, weil bei dem Versuch einer Unterordnung des eigenen Denkens Spannungen entstehen, die im Verkehr mit Genossen zu Unehrlichkeit und Heuchelei – wenn auch in bester Absicht – führen, die seine Glaubwürdigkeit verringern und außerdem in einer Krise zum extremen Pendelausschlag nach der anderen Seite und zum Bruch mit der revolutionären Bewegung führen können.

Der herrschsüchtige Intellektuelle ist nicht besser als sein Gegenstück, der unterwürfige »Diener der Arbeiterklasse«. Seine elitären Ansprüche führen zu einer Auffassung von der Avantgarde des Proletariats, die diese Avantgarde jeder wirklichen Kontrolle durch die Arbeiter entziehen will. Da er sich diese Tendenz vielleicht nicht einmal selbst eingestehen und bei einiger politischen Erfahrung jedenfalls kaum etwas dergleichen äußern wird, kann man dieses Verhaltensmuster fast nie an den *Äußerungen* tonangebender Genossen erkennen, sondern wird nur darauf aufmerksam, wenn man überprüft, welche Kontrolle die Arbeiterschaft über ihre Avantgarde oder das, was sich so nennt, in einer bestimmten Bewegung oder Organisation, an einem bestimmten Ort und zu einer bestimmten Zeit *tatsächlich* hat. Konkrete Untersuchungen ergeben dabei Erstaunliches, z.B., daß es auch sozialdemokratische Parteien gibt, die trotz ihrer Reden von der »Freien Welt« einer kommunistischen Parteiführung aus der Zeit Stalins an autoritärer Struktur in nichts nachstehen, es sei denn in ihrer noch geringeren Bereitwilligkeit, dies zuzugeben.

Dank mangelnder Ehrlichkeit sich und anderen gegenüber kann oft ein und derselbe Intellektuelle Eigenschaften des elitären Herrschers und des »unterwürfigen Dieners der Arbeiterklasse« in sich vereinen. Ein solcher Intellektueller erwartet von den Arbeitern, daß sie, als mindere, aber zahlreiche Figuren auf dem Schachbrett der Revolution, jene Gesellschaft durchsetzen, die *seinen* Erkenntnissen oder Glaubensartikeln entspricht und in der *er* daher tonangebend sein will.

Wer diese Haltung hat, fühlt sich von den Arbeitern »verraten«, wenn sie »versagt« haben. *Versagt* heißt auch, daß sie ihn nicht aus seiner Abhängigkeit von den Herrschenden der gegenwärtigen Gesellschaftsordnung erlöst haben.

Ein solcher Intellektueller fällt nach einer Niederlage leicht ab, beleidigt und enttäuscht. Was ihn bisher *heimlich* gestört hat, das betont er nun so sehr, daß sein Abfall als reine, völlig einleuchtende Notwendigkeit erscheint und dadurch sein Odium verlieren soll.

Vor gefährlichen Werturteilen über das Verhalten einer revolutionären Organisation und ihrer Führung kann man sich drücken durch Feststellungen wie: »Wir haben eben keine revolutionäre Situation, sondern eine reaktionäre, eine konterrevolutionäre Situation.« – »Wir befinden uns eben leider nicht in einer Epoche des revolutionären Aufstiegs, sondern des zeitweiligen Abstiegs und Zerfalls.« Derartige Erklärungen sind manchmal völliger Unsinn, manchmal Verschleierungen der eigenen Unzulänglichkeit, aber auch im besten Fall nur Schlagworte, die einen Zustand – notabene vergröbernd – *schildern* wollen, ohne ihn zu *erklären* und kraft dieser Klärung aufzuheben. Ähnlich wie Adorno, den sie sonst meist hassen und verachten, obwohl er immer noch anregender und denkwürdiger zu formulieren weiß als die meisten von ihnen, haben Revolutionäre solcher Art den Marxismus ein wenig weiterentwickelt: Sie wissen, daß es nicht nur darauf ankommt, die Welt zu interpretieren, sondern auch darauf, sich von ihr verändern zu lassen!

Wie ein wenig geschulter Arbeiter eine komplizierte Maschine handhabt, so handhaben oft Arbeiter oder Intellektuelle den Marxismus. Wir wissen aus der Psychotherapie, daß Patienten Teilerkenntnisse über sich selbst und was sie sich an psychologischem Wissen angeeignet haben, meist nicht benutzen, um die eigenen wunden Punkte zu erforschen, sondern um solche Kenntnisse und Erkenntnisse *als Waffen* gegen ihre Umwelt anzuwenden. Der bürgerliche Bildungsbetrieb, der die Information anpreist, die Methode aber oft unterschätzt, unterstützt solche Tendenzen noch. Andererseits ist natürlich auch die vermeintliche Aneignung der richtigen Denkweise, auf Grund deren man sich selbst ohne Fachkenntnisse ein Urteil anmaßt, einer der häufigsten Fehler von Gebildeten, Halbgebildeten und autodidaktischen Arbeitern: ein Fehler, der der Sache des Sozialismus immer wieder schweren Schaden zufügt.

Bildungsdünkel und Arroganz beruhen nicht wirklich auf dem, worauf sie pochen, sondern sind Kompensationsreaktionen. Deshalb findet man beide auch noch weit links, wo dies sonst erstaunlich wäre. In Frankfurt und in Berlin hörte ich, wie Studenten in einer Aussprache mit eingeladenen Jungarbeitern diese von oben herab aufforderten, erst einmal Marx und überhaupt die revolutionäre Literatur zu lesen, ehe sie als ebenbürtige Diskussionspartner ernstgenommen werden könnten. Ob da der alte studentische Begriff der Satisfaktionsfähigkeit nicht noch ehrlicher war?

Lustige Fehlerkritik? Wenn linke Studenten über sture Arbeiter oder engstirnige Stalinisten lachen (und dabei mit der Bezeichnung Stalinist sehr großzügig umgehen) oder wenn westliche Autoren sich über Dummheiten und Fehler des Kulturbetriebes in Ländern unter kommunistischer Führung mokieren, wird eigentlich immer noch über die gespottet, die außerhalb des bürgerlichen Bildungsprivilegs standen. Die Arbeiterbewegung hat ihre führenden Genossen nicht nach deren Bildung ausgesucht, sondern die Auswahl vollzog sich nach ihrer Tüchtigkeit im Kampf und in seiner Organisation. Daß sich dabei noch viel schlechter Geschmack, kleinbürgerlicher Abklatsch, Unwissenheit (in Fragen, mit denen ältere Funktionäre vielleicht erst nach dem Sturz des Kapitalismus zum ersten Mal konfrontiert wurden) auch in tonangebenden Kreisen finden, ist bedauernswert und muß möglichst rasch und gründlich geändert werden, z. B. indem man das Augenmerk darauf lenkt, wie und von wem der Ton angegeben wird und auf Grund welcher Theorien. Aber gerade den Nutznießern der Klassengesellschaft, die die kulturelle Benachteiligung der Arbeiter verschuldet hat, sollte man nahelegen, in den Plumpheiten und Fehlern, die sie so lustig finden, die Folgen ihrer eigenen Gesellschaftsordnung zu erkennen!

Lob der mangelnden Kritik: Kritik an den Kritikern darf aber nicht den »Unkritisierbaren« nützen! Auch ein Perfektionismus in der Kritik der Kritik, der nur die vollständig richtige fehlerfreie Kritik gestatten möchte – und woher sollte sie so reif und fix und fertig kommen? –, wäre unmarxistisch. Kritik, auch wenn ihr Selbstverständnis mangelhaft ist und ihre Vorschläge zum Teil naiv sind, setzt oft an wirklich schwachen Punkten ein. Die Schwäche solcher Stellen beruht entweder auf einem Fehler der Struktur, zu der sie gehören, oder darauf, daß gerade diese Stelle der Belastung durch besonders starke *Gegenkräfte* ausgesetzt ist. Es lohnt sich deshalb so gut wie immer, eine Stelle, die zum Ansatzpunkt der Kritik wurde, ganau zu untersuchen. Es lohnt sich freilich auch, die *Gegenkräfte* zu untersuchen. Dies kann uns davor schützen, durch unsere Kritik unversehens zu Helfern reaktionärer Gewalten zu werden. Häufig aber – wenn auch nicht bewußt oder freiwillig – nützen der Reaktion weit mehr jene, die auf *Unkritisierbarkeit* Wert legen.

Che Guevara* hat in seiner Arbeit »Der Sozialismus und der Mensch in Kuba« erwähnt, die eigentliche Aufgabe der Kunst sei nicht die politische Propaganda, sondern der Kampf gegen Entfremdung. Allerdings war ihm klar, daß der Künstler oder Dichter, der die Menschen auf das fraglos Hingenommene wieder aufmerksam macht, weil er selbst aufmerksam geworden ist, der hört, sieht, fühlt und andere hören, sehen und fühlen lehrt und die

Schranken und Verschleierungen zwischen den einzelnen Sinneseindrücken und Erlebnissen aufhebt, gar nicht umhin kann, *dadurch* auch politisch zu wirken.

Ähnlich verhält es sich mit dem Intellektuellen. Wissen und Bildung gehören höchstens zu den Voraussetzungen. Das Entscheidende ist, wie der Intellektuelle sein Wissen und seine Bildung gebraucht und wie diese sich dadurch weiterhin entwickeln. Zur eigentlichen Aufgabe des Intellektuellen gehört immer der Kampf gegen Entfremdung, das Zusammendenken lebenswichtiger Informationen, das Herstellen von Querverbindungen zwischen verschiedenen Schaffens- und Erfahrungsbereichen, immer anteilnehmend, immer an der großen Veränderung arbeitend. Deshalb – auf die Gefahr hin, verlacht zu werden – möchte ich die Behauptung unterstützen, daß es zwar rechtsstehende oder abseitsstehende Fachleute mit beträchtlichem Sachwissen geben kann, daß aber ein wirklicher Intellektueller, der nicht durch Nichterfüllung seiner Funktionen den Anspruch auf diese Bezeichnung verlieren soll, nur ein *linker* Intellektueller sein kann; denn ohne Anteilnahme, ohne das Bemühen um eine klassenlose Gesellschaft, um die Aufhebung der Entfremdung und Entmenschung, kann man nicht Intellektueller sein oder bleiben.

Gewiß, wir gebrauchen den Begriff auch anders. Wir sprechen z. B. auch von enttäuschten, von resignierten Intellektuellen; aber sie gehören in gewissem Sinn zu den Opfern, zu den Kranken oder zu den Lebendig-Toten. Das ist eine Feststellung, keine verallgemeinernde Verurteilung, denn die Gründe ihrer Enttäuschung, Verbitterung und Resignation sind oft nur zum kleinen Teil den Enttäuschten selbst zur Last zu legen. Aber der Begriff ist mit der Funktion untrennbar verbunden. Man könnte vielleicht von *ausübenden* Intellektuellen sprechen. Die Ausübung aber besteht in der Arbeit an der Synthese von Gedanken und Gefühlen, an der Veränderung dieser Welt, im Kampf gegen Unrecht, Ausbeutung und Ungleichheit. Selbst wenn Marx und Engels, Lenin, Rosa Luxemburg und Ernesto Che Guevara völlig widerlegbar und widerlegt wären, müßte man den Kampf gegen Entfremdung und Ausbeutung, den Kampf um die Vermenschlichung der Produktion und um die klassenlose Gesellschaft von neuem aufnehmen, bzw. einfach weiterführen. Herbert Marcuse wird oft der Hoffnungslosigkeit beschuldigt, aber schon seine Argumente dafür, daß selbst von einer Position der Verzweiflung aus der Kampf um den Sozialismus fortgesetzt werden müßte, ist vielleicht ein massiverer Angriff auf intellektuelle Hoffnungslosigkeit, als ihn ein etwas doktrinärer ex-officio-Optimismus je liefern könnte.

Programmatischer Wortgebrauch: Täuschen wir uns nicht, und lassen wir uns nicht täuschen: Begriffe haben ihre programmatische Seite, *Intellektueller* ebenso wie *Arbeiterklasse* oder gar *Arbeiterbewegung.* Ein solcher Wortgebrauch wird nicht unredlich sein, solange man bereit ist, Rechenschaft darüber zu geben, wie man ein Wort gebraucht. Nur wenn hämische Anführungszeichen an die Stelle von Argumenten treten, oder wenn Begriffe von taktischen Erwägungen her willkürlich und unehrlich manipuliert werden, wie etwa (um von neueren Beispielen zu schweigen) zur Zeit der Kominform, als die jugoslawischen Kommunisten zu *Friedensfeinden* erklärt und aus dem Weltfriedensrat ausgestoßen wurden, wird der programmatische Wortgebrauch zum Werkzeug der Mystifikation und Entfremdung. Dann werden meist auch die Intellektuellen zur elitären Distanzierung von den Arbeitern angehalten und gleichzeitig die Arbeiter gegen die Intellektuellen aufgehetzt.

Ehrlicher Wortgebrauch aber kann es sich gestatten, ohne Umschweife auch auf Mißverständnisse und Konflikte zwischen Arbeitern und Intellektuellen hinzuweisen.

»Jemand wird es schon machen.« – So wichtig es ist, dem in der Arbeiterbewegung heimischen Antiintellektualismus entgegenzuarbeiten, ganz ohne Selbstkritik und Kritik der Intellektuellen geht das nicht. Häufige Schwächen der Intellektuellen hängen mit ihrer gesellschaftlichen Funktion zusammen. Wer sich damit befaßt, Verschiedenstes »zusammenzudenken«, Entfremdungen zu überwinden, ein »offenes« Denken zu entwickeln, findet es beispielsweise oft schwer, sich auf Kleines und scheinbar Kleinliches festzulegen. So kommt organisatorische Kleinarbeit oft zu kurz. »Jemand wird es schon machen«, heißt es, oder »Das können nur die Genossen von der KP gut«. In Wirklichkeit aber bleibt vieles ungetan, und auch die bekannte Tüchtigkeit von KP-Mitgliedern in der mühsamen Kleinarbeit ist nicht Charakterzug einer

anderen Menschengattung, sondern Ergebnis einer Arbeitspraxis, deren Untersuchung sich lohnt.

Gewiß, Organisationen haben Entfremdungstendenzen, aber Vernachlässigung der Organisationsarbeit ist nicht das Gegengift. Wenn die Aufgabe der Intellektuellen die Kulturrevolution (in ihrem allgemeinsten Sinn) ist, die der Spruch der Arbeiterbildungsvereine »Wissen ist Macht« vorausahnt, nämlich mit dieser Macht die Welt nicht nur zu interpretieren, sondern zu verändern und vom Überbau her nicht minder nachdrücklich zu wirken als von der Basis, so kann diese Macht nicht ohne Methodik der praktischen Arbeit, einschließlich der Kleinarbeit, ausgeübt werden.

Jargon: Schwäche oder Stärke? – Ob eine stark entwickelte Terminologie, etwa die des SDS, wirklich – oder *nur* – eine Schwäche ist, scheint fraglich. Fachausdrücke ersparen Zeit und verhüten Mißverständnisse in einer Gruppe, die sich über vieles informiert und die zusammenhängend darüber nachgedacht hat. Auch zu gemeinsamem Handeln hilft das Bewußtsein einer gemeinsamen Sprache. Außenseiter und Neuankömmlinge aber fühlen sich befremdet, was sich besonders nach starkem Anwachsen einer Gruppe zeigt, ja Gruppensprache kann auch zu Entfremdung führen, zur Kollektivreaktion einer Clique von »Eingeweihten« gegen andere, die ihrer Ausdrucksweise nicht mächtig sind. Daß man aber nur die gemeinsame Sprache aller Mitbürger sprechen darf (wobei unbeachtet bleibt, wie weit es eine solche wirklich gibt und von wem sie geprägt und manipuliert ist), erweist sich als Forderung gedankenloser Konsumenten, die den Grundsatz, daß die Kundschaft immer im Recht ist, solange sie Geld hat, mit Wahrung der demokratischen Rechte des Unwissenden und Uninteressierten verwechseln. Ohne Mitlernen – oder Nachlernen! – und Mitarbeit kann man kompliziertere Sachzusammenhänge auch dann nicht verstehen, wenn sie ohne Jargon vorgebracht werden.

Die Emanzipation in der Emanzipation. – Eine ernstere Schwäche ist es, wenn Genossen die Forderungen der Mädchen und Frauen ihrer eigenen Gruppe nach echter Emanzipation statt Scheinemanzipation als moderne Frauenrechtlerei ablehnen oder ohne sachliche, auf Besserung orientierte Diskussion bagatellisieren. Die gegenwärtig auch in sozialistischen Kreisen oft noch vorherrschende Scheinemanzipation in Gestalt eines (durch Schwangerschaften, Kinderpflege und ungleichmäßig aufgeteilte Hausarbeit behinderten) freien Wettbewerbs der Mädchen und Frauen mit ihren Männern nach von Männern ausgearbeiteten Spielregeln ist gegen die Genossinnen unfair und demoralisiert außerdem auch die Männer, ganz zu schweigen davon, wie Kinder geschädigt werden, die man oft in völlig autoritäre Kindergärten abschiebt.

Keine Kunst, keine Kunst zu wollen! – Künstler (Schriftsteller, Maler, Bildhauer, Musiker usw.) sind in ihrer Arbeit auf besonders intensive Wechselwirkungen zwischen Bewußtsein und Unbewußtem angewiesen. Eine gewisse Labilität der Künstler ist seit mehr als zwei Jahrtausenden bekannt. Hierzu gehören auch ihre Zweifel am eigenen Tun.

Heute zeigt sich nicht nur bei revolutionären Studenten und Intellektuellen im allgemeinen, sondern auch bei Künstlern selbst, bei Schriftstellern, Malern, usw. eine Tendenz, die Möglichkeit oder den Sinn weiterer künstlerischer Tätigkeit zu leugnen. Da heißt es, alle Kunstwerke seien Rauschmittel, ihrem Wesen nach affirmativ, dienten nur dem Konsum; oder man hört, Kunstwerke seien als Waffen gegen die Reaktion und als Instrumente des Kampfes um den Sozialismus wirkungslos, daher sollten Schriftsteller und Künstler ihre Arbeit hinwerfen und statt Gedichte und Dramen nur noch Aufrufe oder Artikel schreiben, und Maler sollten nur noch revolutionäre Plakate zeichnen.

Dahinter steckt zwar Ablehnung der spätbürgerlichen Kunstsurrogate und des bürgerlichen Kunstbetriebes, aber undurchdachte, unwissenschaftliche Ablehnung, die übers Ziel hinausschießt und verallgemeinert; außerdem eine zu enge Auffassung der Funktion von Kunstwerken und teils auch Selbsthaß bzw. durch die Widersprüche unserer Zeit ausgelöste Arbeitshemmung von Künstlern, die sich nun einer pseudorevolutionären Rationalisierung bedienten, um aus ihrer meist mehrschichtig motivierten Not eine Tugend zu machen. Trotz aller Versuche des Spätbürgertums, auch sein Werk zu integrieren, widerlegen schon Bertolt Brechts Theorien, vor allem aber seine Dichtungen, die Konsumententheorie vom Kunstwerk als Rauschmittel.

Revolutionäre arbeiten nicht um der Revolution willen für die

Revolution, sondern um der Zukunft der Menschen willen. So dient auch Kunst nicht nur der Revolution, sondern der Entfaltung des Menschen, dem Kampf gegen Entfremdung und Abstumpfung und auch der Instandhaltung, Ermutigung, ja Provokation der Menschen bis zur Revolution. Ihre Selbstaufgabe (während gleichzeitig bürgerliche Kunst und Kunstsurrogate fortbestehen) wäre höchst reaktionär, wäre im Grunde der Versuch der Künstler, als Künstler abzudanken. Man erinnert sich jener Intellektueller, die in den zwanziger und dreißiger Jahren glaubten, ihre Pflicht gegenüber der Revolution sei es, als Intellektuelle abzudanken (womit sie nur dem Stalinismus Geburtshelferdienste leisteten und die revolutionäre Bewegung der Vorteile beraubten, die ihre Bildung und Denkfähigkeit ihr hätten bringen können). Außerdem sind viele Künstler gar nicht fähig umzusatteln, es sei denn zu relativ ungeschulter Tätigkeit und mit viel geringerem Wirkungsgrad. So verständlich eine Antikunsthaltung (als Ideologie, d.h. mindestens mit teilweise falschem Bewußtsein) in verschiedenen Entwicklungsstadien eines Künstlers ist, namentlich wenn sie sich auf die Misere des spätbürgerlichen Kunstbetriebs berufen kann, so ist ein Aufgeben der eigenen Produktivität doch nur ein Triumph für die Reaktion und unterstützt eine reaktionäre Auslese dessen, was heute als Kunst angeboten wird.

Bei vielen nicht künstlerisch Tätigen und von der Antikunsthaltung mancher Künstler in ihrer Haltung bestärkten Genossen gehen die Ansätze zur Kunstfeindlichkeit auf unbewußte repressive Tendenzen zurück, die Kunst fälschlich für entbehrlichen Luxus halten und teils eine Ideologie der »asketischen Revolutionäre« fördern, teils alle Kunst höchst unmarxistisch auf die Rolle eines »Mittels zum Zweck« einengen und dadurch die Kunst ihrer Zukunft und die Zukunft ihrer Kunst berauben wollen.

Etwas mehr tut not! Zwar soll man auch *subjektive* Ehrlichkeit nie unterschätzen, aber sie allein genügt nicht. Subjektiv ehrlich kann auch sein, wer Phrasen nachbetet und sich die Bewußtmachung schmerzhafter Tatsachen und Fragen verbietet. Auch wenn wir den Widerstand gegen schmerzhafte Bewußtmachung verstehen, müssen wir ihn doch überwinden. Ohne diese Wachstumsschmerzen gibt es kein Wachstum.

Wir dürfen z.B., wenn wir von Arbeiterbewegung sprechen, ihre jeweiligen tatsächlichen Entfremdungen und Deformationen nicht einfach taktvoll übersehen. Wo es zur Bildung von Bürokratien auf dem Boden der Arbeiterbewegung und auf dem Rücken der Arbeiter gekommen ist, funktioniert und argumentiert auch mancher Arbeiterfunktionär nicht mehr als Arbeiter, sondern als Bürokrat. Eine solche Entwicklung kann bekämpft und unter Umständen rückgängig gemacht werden, auch *in* einem Individuum, aber nicht, indem man vor ihr und ihren Ursachen die Augen verschließt. Die Denkmuster des zum Bürokraten, Machthaber oder subalternen Machthaber gewordenen Arbeiters sind anders als die des Arbeiters an der Maschine, auch anders als die des militanten Arbeiters. Aber auch der Intellektuelle, der sich mit den Arbeitern verbünden will, denkt anders als der, der sein Bündnis mit Arbeitern nur durch Dienst an Bürokraten verwirklichen will, die im Namen der Arbeiter zu handeln glauben oder behaupten.

So wenig man sich am Sozialismus durch seine Entfremdungserscheinungen in sozialdemokratischen oder kommunistischen Parteien irremachen lassen darf, so wenig hilft man dem Sozialismus durch Übersehen dieser Erscheinungen, die seinen Feinden das beste Propagandamaterial liefern, oder indem man den Kampf gegen diese Entfremdungen bis zum Weltsieg des Sozialismus aufschiebt, zu dem es in diesem Fall wahrscheinlich nie kommen würde.

Schädliche Zeitspanne. Die Bestimmung des Bewußtseins (und weitgehend des Unbewußten) durch das gesellschaftliche Sein ist ein Vorgang *in der Zeit*; zwischen Ursachen und Wirkungen liegt eine potentiell schädliche Zeitspanne. Der kitschige Kunstgeschmack eines militanten jungen Arbeiters im wilhelminischen Deutschland, der an den Häusern der Reichen die Prunkarchitektur der Gründerzeit bewundert und dereinst nach dem erhofften Sieg seine Genossen ebenso schön untergebracht sehen will, wird später dadurch befestigt, daß er als kommunistischer Emigrant in der Sowjetunion der dreißiger Jahre die von Stalin geförderte Zuckerbäckerarchitektur als Vorbild sozialistischen Kunstschaffens vorgesetzt bekommt, noch dazu von Fachleuten! Begreiflich und subjektiv ehrlich, wenn er nach 1945 als mächtiger Funktionär der DDR für Verschnörkelungen und Verzierungen der Stalin-

Allee-Bauten entscheidet. Sein Geschmack ist im Grunde Erzeugnis der Bourgeoisie, die ja auch bei dem Kitschgeschmack in der Sowjetunion Patin war; er ist weder ihm persönlich noch dem Sozialismus anzukreiden.

Daß sich aber diese Entscheidung für Schnörkelwerk *durchsetzen* konnte, beweist mindestens, daß tonangebende Funktionäre nicht gut genug mit fachkundiger Information versorgt wurden. Oder diese wurde ihnen nicht mit jener Eindringlichkeit und Sicherheit angeboten, die notwendig gewesen wäre, um ihre verständlichen und verzeihlichen Vorurteile zu überwinden. Das ist ein Fehler der von solchen Funktionären erbauten Gesellschaft.

Aufgabe der Arbeiterbewegung und jedes Sozialisten muß es sein, das Andauern derlei schädlicher Zeitspannen als letzte Folgen des bürgerlichen Bildungsprivilegs sichtbar zu machen und zu bekämpfen, ebenso wie alle bürokratischen Strukturen, die die Überwindung solcher Zustände behindern.

Dabei ist dieses Beispiel vergleichsweise harmlos. Unwissenheit auf dem Gebiet der Soziologie und Psychologie und aus solcher Unwissenheit erwachsende Fehlentscheidungen – darunter auch Entscheidungen gegen Studium und Anwendung von Psychologie und Soziologie – können viel größeren Schaden anrichten.

Moralerbe. Ebenso wirken Verklemmungen der Bürger- und Kleinbürgermoral oder Doppelmoral noch jahrzehntelang nach. Sie verleihen manchen Äußerungen sozialistischer Führer einen salbungsvollen, sauberkeitsbeflissenen oder einfach heuchlerischen Ton, der die Glaubwürdigkeit eines so vertretenen Sozialismus in Frage stellt und selbst nach dem Sieg eines Systems mit sozialistischen Absichten dessen befreiende Kraft verringert. Keine sozialistische oder revolutionäre Bewegung kann es sich gestatten, derlei zu übersehen und etwa zu einem Genossen in einem Betrieb zu sprechen, als wäre dieser auf Grund mangelnder Bildung schlimmstenfalls ein unbeschriebenes Blatt (sozusagen Rousseaus edler Wilder) und in keinem Fall angesteckt von bürgerlicher und kleinbürgerlicher Manipulation, Propaganda, autoritärer Fehlerziehung, Sexualmoral und dazugehöriger kompensatorischer Machtgier. In diesem Punkt funktionieren viele subjektiv völlig ehrliche Sozialisten als Transmissionen eines Erbes jener bürgerlichen Gesellschaft, die sie doch in anderen Stücken bekämpfen! Entweder muß der Sozialismus dieses Erbe loswerden, oder dieses Erbe wird den Sozialismus los.

Alle Macht den Räten! Ein Teil der Linken hat gesehen, daß es auch noch *nach Ende* der Klassenherrschaft des Kapitalismus zu Entfremdungen kommt. Deshalb ist man wieder auf die Wichtigkeit von Arbeiterräten und Arbeiterselbstkontrolle als Gegengewicht zu elitär gewordenen Parteistrukturen aufmerksam geworden. Dabei kamen manche zu dem Schluß, eine Partei werde durch Bestehen von Räten überflüssig; die Arbeiter seien ohne Intellektuelle und Bürokraten besser dran. Das ist fast eine Art Purismus, eine Pendelschwingung aus einem Fehler in den entgegengesetzten. Das ist nicht nur Mißtrauen und Feindschaft gegen jede revolutionäre Organisation oder Partei mit Ausnahme der Arbeiterräte, sondern es ist im Grund auch verkappte Intellektuellenfeindlichkeit und will durch vereinfachende Darstellung der Probleme die erträumte Einfachheit schaffen. Daß die Arbeiter durch das bürgerliche Bildungsprivileg seit Generationen benachteiligt sind und deshalb einer organisatorisch verankerten Möglichkeit bedürfen, der Arbeiterbewegung Ergebnisse von Denkarbeit und Forschung unmittelbar zuzuführen, wird dabei vergessen! Eine solche Selbstbeschränkung auf die Räte könnte die Arbeiterbewegung wesentlicher intellektueller Reserven sowie der Nutznießung fertiger wissenschaftlicher Arbeiten, auf die sie nicht verzichten darf, berauben.

Es werden Entwicklungen denkbar, in denen *alle Macht* bei den Arbeiterräten liegen müßte, und nicht bei einer sich als Avantgarde verstehenden Partei. Damit wäre aber noch lange nicht die Überflüssigkeit jedweder revolutionären Organisation (oder Partei in weitestem Sinne) *neben diesen Räten* bewiesen, in Symbiose mit ihnen. Die Räte könnten ihr ein Maß an Einfluß zubilligen, das widerrufbar wäre und jeweils dem entspräche, was die Räte selbst von ihr halten. Jede Selbstentfremdung der Organisation, jede Entfremdung von den Räten würde ihren Einfluß sogleich verringern. Aber mit jedem Beitrag, den sie wirklich zu leisten hat (und den sie den Genossen in den Räten auch verständlich machen kann!), würde ihr Einfluß wieder steigen. Das ist zwar weniger einfach und schwarz-weiß als eine säuberliche Entscheidung »Partei oder Räte«, aber unter mancherlei Umständen weit zweckdienlicher als der Verzicht auf Räte oder auf jede Organisation außerhalb der Räte. Konflikte – nicht antagonistischer Art – entstehen durch eine solche Symbiose zwar unweigerlich, müssen aber in Kauf genommen und diskutiert werden. Namentlich ist die Weiterentwicklung der revolutionären Bewegung in kapitalistischen Ländern ohne Zusatzorganisation außerhalb der Betriebe schwer denkbar. Desto wichtiger ist freilich die Einsicht in die verschiedenen Tendenzen und Gefahren, deren Brutstätten unsere Organisationen bisher gewesen sind. Die Geschichte vieler kommunistischer und sozialdemokratischer Parteien enthält viel lehrreiches und warnendes Material.

Wo sie vertrauen. Organisationen vertrauen gerne *unkritischen* Mitgliedern. Das ist nicht nur gefährlich, weil diese oft weniger gut denken und arbeiten können, sondern auch, weil die Kritiklosigkeit als Kritikunfähigkeit oder langgeübte Unterdrückung des eigenen Kritik- und Denkvermögens (um der Sache willen, die einem heilig wurde!) in Augenblicken der Krise dann leicht zu einer Schwäche des eigenen Bewußtseins führt. Die Folge ist oft ein radikales Umschlagen oder Umkippen in eine Haltung, die ebenso unklar ist wie die bisherige, aber das entgegengesetzte Vorzeichen trägt. Der Sache selbst kann Suspendierung und Verdrängung von Zweifeln nur schaden, zuerst, indem die Verdrängung von Zweifel und kritischem Denken Fehler, bzw. das Festhalten an Fehlern, wesentlich erleichtert; später, wenn diese Fehler schließlich doch an den Tag gekommen sind, indem bei Genossen, die ihre Kritik lange unterdrückten, das schlechte Gewissen wegen dieses Verhaltens nun leicht in maßlosen Zorn auf all jene Genossen und Strukturen umschlägt, bzw. auf sie projiziert wird, deren Fehler man nicht mehr länger ableugnen kann.

Die Gedankenmuster des Verdrängens der eigenen Kritik sind bei Intellektuellen und Arbeitern oft sehr verschieden. Beide verschanzen sich hinter Begründungen, die ihrer Lage entsprechen: Arbeiter rechtfertigen Verzicht auf eigene Kritik durch Berufung auf erfahrenere, besser geschulte und gebildete Genossen der eigenen Führung. Intellektuelle wieder nehmen ihre Stellung als Angehörige der Intelligenz, d. h. als Nichtangehörige des Industrieproletariats (des »Kerntrupps der Arbeiterbewegung«) sowie ihr

Mißtrauen gegen die ihnen zugeschriebene Neigung zum Wankelmut (angeblich Folge einer kleinbürgerlichen oder bürgerlichen Herkunft und Erziehung) häufig zum Vorwand, mit ihrer eigenen Kritik zurückzuhalten oder sie sich gar nicht erst einzugestehen.

Zwei Beispiele: Moskau, Februar 1956... Der 20. Parteitag* mit seiner, trotz ihrer Unvollständigkeit und ihrem Mangel an theoretischem Unterbau doch entscheidenden Abrechnung mit Stalin war eine Ermutigung für konsequente Sozialisten und Kommunisten, die auch zuvor schon Kritik geübt oder wenigstens sich selbst ihre kritischen Vorbehalte gegenüber Doktrinen und Praktiken der Stalinära eingestanden hatten.

Aber gerade Genossen, die alle ihre eigenen Zweifel wirksam verdrängt und unterdrückt hatten, reagierten auf den 20. Parteitag oft nicht mit Erleichterung, sondern mit Verzweiflung. Manche erklärten, sie könnten in einer Partei, in der solche Dinge vorgekommen seien, nicht länger bleiben. Hierher gehören auch gewisse Verhaltensmuster sowjetischer Jugendlicher, die eine naive Hoffnung Chruschtschows enttäuschten. Chruschtschow hatte geglaubt, die Entlarvung der Irrtümer und Verbrechen Stalins sowie die Rehabilitierung eines Teiles der Opfer des Stalinterrors werde in der russischen Jugend eine Welle der Begeisterung auslösen, und die Besten würden enthusiastisch zur Partei stoßen und diese mit neuem Inhalt erfüllen.

In Wirklichkeit aber fanden nun von den begabteren Jugendlichen mit guten akademischen Erfolgen viele, daß sie nach den Enthüllungen des 20. Parteitags gar keine Lust zu einer Parteikarriere mehr hatten. Demoralisiert oder desorientiert durch die Stalinzeit, wollten sie auch nicht um das kämpfen, was Chruschtschows Reform ihnen vorenthalten hatte – um Freiheit der Information und Kritik –, sondern wollten politisch möglichst unumstrittene akademische Berufe ergreifen. An dieser Einstellung kann man neben kleinbürgerlichen Verhaltensmustern auch die in der Stalinzeit bitter erlernte Einschränkung des Verantwortungsgefühls auf die eigenen Interessen und die der nächsten Angehörigen erkennen, eine Haltung, die den Deutschen nach dem Zweiten Weltkrieg nicht fremd war. In der Sowjetunion trug dies dazu bei, daß der Parteinachwuchs im Gegensatz zu Chruschtschows Hoffnungen nicht Resultat einer positiven Auslese wurde, sondern oft aus denen bestand, die sich wegen geringer akademischer Erfolge zu einer Parteikarriere entschlossen, notabene manchmal mit Rachegefühlen wie etwa: »Wartet nur, euch neunmalklugen Intellektuellen werden wir schon zeigen, daß wir von der Partei auch noch jemand sind!« Solche Verhaltensmuster haben zu den Rückschlägen nach dem 20. Parteitag ihr Teil beigetragen.

...*und Prag, August 1968*. Ebenso führte Erbitterung und Enttäuschung über den Einmarsch in die ČSSR am 21. August 1968 und über die darauf folgenden Ereignisse bei vielen linken Sozialisten und Kommunisten in aller Welt zu einer zeitweiligen Trübung ihres Sinnes für Maßstäbe. Für jeden ČSSR-Bürger, der durch den Einmarsch ums Leben kam, kann man mehr als zweitausend Vietnamesen anführen, die durch die Schuld der USA den Tod fanden. Wenn von blutiger Aggression und Blutschuld die Rede ist, ist demnach die Schuld der USA und ihrer Helfershelfer unvergleichlich größer. Aber es wäre naiv, Fehler und Schuld nur auf so vordergründige Weise zu berechnen. Wer sich nicht in jene resignierte Gleichsetzung von Ost und West hineinmanipulieren lassen will, die die Menschen da und dort zu integrierten, aber apathischen Untertanen machen würde, muß hier kompliziertere und teils schmerzlichere Berechnungen vornehmen. Die Schuld der Sowjetunion, Bulgariens, der DDR, Polens und Ungarns, bzw. der entscheidenden Parteiinstanzen dieser Länder, besteht nämlich auch in der Stärkung reaktionärer Tendenzen in aller Welt durch diesen Einmarsch, ebenso wie etwa die Bundesrepublik durch ihre Politik der Nichtanerkennung der DDR bei gleichzeitigem Umwerben einzelner sozialistischer Länder zwecks Auflockerung des Warschauer Pakts und Isolierung der DDR an dem Schicksal der ČSSR in höchstem Maß mitschuldig ist.

Dabei zeigt sich gerade bei Krisen wie der durch den Einmarsch in die ČSSR ausgelösten, daß anti-intellektuelle Traditionen, die sich in der Arbeiterschaft erhalten haben, der Reaktion zugute kommen. Enttäuschte und verärgerte Arbeiter in der Bundesrepublik und auch in Skandinavien sagten im August und September 1968: »Wir sind nicht mehr neugierig auf eure schönen Worte und Theorien. Die im Westen bringen Menschen um, und ihr auch! Da können wir gerade so gut die Politik sein lassen und versuchen, unser Leben zu genießen, solange man uns läßt, und uns eine schöne

Wohnungseinrichtung zu kaufen, statt für eure revolutionären Ziele die Köpfe herzuhalten!« Auch bei diesem Anlaß merkte man, daß vulgärmarxistische Rechtfertigungen falscher Maßnahmen nicht nur den Vulgärmarxismus desavouierten, sondern vielen den Weg zum Marxismus überhaupt verschütteten.

Verteidigung des Sozialismus. Es wäre unsinnig und ungerecht, russischen Truppen (das Wort »sowjetischen« sollte man eigentlich sparsam anwenden, solange in der UdSSR die Sowjets nicht wieder eine größere Rolle spielen) oder führenden Parteifunktionären unterstellen zu wollen, daß sie in Wirklichkeit gar nicht daran glaubten, durch ihre Aktionen in der ČSSR den Sozialismus – wie sie ihn verstehen – zu verteidigen. Allerdings hat der Marxismus von einer bloß subjektiven Ehrlichkeit, die größere gesellschaftliche und politische Zusammenhänge ausklammert oder verkennt, keine sehr hohe Meinung.

Jede Betrachtung dieser Zusammenhänge zeigt uns, daß zumindest ein Teil jener Zustände in der ČSSR, in denen die Führungsgremien der UdSSR Gefahren für die Zukunft des Sozialismus sahen, unter anderem die Folge gerade der von jenen russischen Sozialismusverteidigern so lange praktizierten und verbreiteten Spielart des Sozialismus war. Auch ganz abgesehen von der Überschätzung der Stärke konterrevolutionärer Tendenzen in der ČSSR durch die KPdSU, und von der Tatsache, daß die wesentlichsten Neuentwicklungen in der ČSSR nicht Gefahren, sondern Hoffnungen für die Weiterentwicklung des Sozialismus waren, wie vor allem die wiedererweckte Anteilnahme der Bevölkerung, ist es ein Unding, wenn gerade die, die an Mißständen schuld sind, als Helfer ins Land kommen. Die Krankheit, die versucht, ihr eigener Arzt zu sein, mag sehr interessant sein; ihr Studium kann wichtige Mechanismen erkennbar machen, aber sie hört deshalb noch nicht auf, Krankheit zu sein.

Ein Kompensationsmechanismus. – Zu den Verhaltensmustern russischer (und nicht nur russischer!) kommunistischer Arbeiter und Intellektueller gehört seit Jahren ein gefährlicher Kompensationsmechanismus. Einfache Sowjetbürger ebenso wie kommunistische Intellektuelle, die sich häufig über die Undankbarkeit anderer Länder gegenüber der Sowjetunion beklagen, leiden seit langer Zeit unter dem geringen Erfolg ihrer Bemühungen, ihrer Ideologie auch außerhalb der engsten Machtsphäre der Sowjetunion Anhänger zu verschaffen. Solche Genossen versuchen, sich durch nachdrückliche Machtausübung innerhalb ihrer engeren Sphäre für das schadlos zu halten, was sie an Durchsetzung ihrer Anschauungen in der übrigen Welt nicht zuwege bringen konnten. Daß sie dadurch *in aller Welt* ihrer Weltanschauung (und leider nicht nur ihrer persönlichen *Spielart* dieser Weltanschauung!) Schaden zufügen, wird ihnen kaum bewußt. Das Gegenmittel ist freilich *nicht* die Neuerweckung buntscheckiger Nationalismen, ebenso wie andererseits der notwendige wirkliche Internationalismus mit Zwangsschulmeisterei in der eigenen Machtsphäre nichts gemeinsam hat.

Begriffsdisziplin in Krisenzeiten. Losungen und Schlagworte können einen Begriff kaum je hinlänglich definieren; sie sind dennoch notwendig. Aber für den Sozialismus ist es eine Lebensfrage, daß Begriffe vertieft und durchdacht werden. Unterlassungssünden werden in Krisenzeiten besonders deutlich und haben oft schon seit langem zum Entstehen der betreffenden Krise beigetragen. Solche Unterlassungen erzeugen unter Sozialisten Mißverständnisse und ermöglichen es ihren Gegnern, Verwirrung zu stiften oder zu vergrößern. Hier einige Wortbeispiele:

Ultralinks. – Wer dieses Wort gebraucht, versteht darunter eine Zielsetzung, die radikaler ist als sie sich – seines Erachtens – unter den bestehenden Umständen rechtfertigen oder erfolgreich durchsetzen läßt. Von wo an das Wort *ultra* gültig sein soll, wird von dem, der es gebraucht, meist stillschweigend und eigenmächtig festgesetzt. In der Bundesrepublik wird das Wort heute von Kommunisten, Sozialdemokraten und Rechtsstehenden gebraucht. Die Gemeinsamkeit des Wortgebrauchs ist gefährlich. Der deutsche Durchschnittsbürger gebraucht es – noch dazu tadelnd! – überall dort, wo man zu besseren Zeiten und in besseren Demokratien (und vor der aus Hitlerzeit und Kaltem Krieg übernommenen Verteufelung der Linken) einfach *links* gesagt hätte. Bei solchen Sprechern ist heute schon die spd-Führung *links*, daher wird auch die Große Koalition als *schwarz-rotes* Bündnis bezeichnet. Farbmarkierungen, deren Farben nicht waschecht und wetterbeständig sind, dienen aber nur der Desorientierung.

Zwar können Kommunisten, die das Wort *ultralinks* gemeinsam mit rechtsstehenden Mitbürgern gebrauchen, kurzfristig ein trügerisches Wohlgefühl dadurch verspüren, daß sie ausnahmsweise den Anschluß an eine – dank der Reaktion – populäre Vokabel gefunden haben. Da aber die Reaktionäre viel stärker sind als die Kommunisten, wird, nach dem Parallelogramm der Kräfte, der Wortsinn immer näher bei dem stärkeren, also dem reaktionären Sektor liegen. Mit dieser Mißverständnisdiagonale leistet daher so gut wie jeder, der das Wort gebraucht, der Reaktion Handlangerdienste, ähnlich wie dies – höchst unfreiwillig – Jürgen Habermas* mit seiner unseligen Wortprägung »linker Faschismus« tat, die bekanntlich nicht in ein Vakuum fiel, sondern in die weit offenen Hände und Pressespalten der Reaktion.

Psychologismus. – Die Bildungssilben *ismus* können dem Abtun ohne Beweise fast so leicht dienen wie die Setzung höhnischer Anführungsstriche. Als Scheltwort wird Psychologismus besonders von denen angewendet, die von Psychologie wenig wissen oder eine kritische Betrachtung, die sich auch der Psychologie bedient, wohlweislich scheuen. Die Vernachlässigung der Psychologie in der deutschen Arbeiterbewegung kann zu Krisenzeiten allerdings auch wieder in einzelnen Fällen zum Pendelausschlag nach der anderen Seite führen, dann auch zur Überschätzung einer Psychologie, die oft, weil sie bisher so wenig in den Kampf um den Sozialismus einbezogen wurde, auch noch ihrerseits die Merkmale des Umstandes trägt, daß man sie meist mehr oder minder Unpolitischen und Bürgern als Arbeitsgebiet überließ.

Abenteurertum. – Dieses Wort war als Kritik wahrscheinlich oft berechtigt, hört sich aber nicht minder oft etwas jämmerlich an, namentlich im Mund von Trägern bürokratischer Deformationen, die dem Sozialismus jeden Rest von wirklichem Elan zu rauben drohen. – Das Ärgste an Genossen, die Fehler begehen, ist, daß sie zu diesen Fehlern meistens auch eine mehr oder minder vollständige Ideologie liefern, aus der die alleinseligmachende Gewalt gerade dieser Fehler hervorgehen soll.

Sozialimperialismus. Das Wort war besonders als Charakterisierung der UdSSR-Politik nach dem Einmarsch in die ČSSR häufig zu hören. Es ist offenbar dem kurz vor 1933 zur Anprangerung der Rolle der SPD geprägten KPD-Wort Sozialfaschismus nachgebildet (das freilich trotz seiner damals unglücklichen Rolle mittlerweile an Wahrheitsgehalt wesentlich zugenommen hat). Auch bei entschiedener Ablehnung von Ansichten, Aktionen und strukturellen Grundlagen der KPdSU-Führung muß man oberflächliche Scheinanalogien vermeiden, durch deren Gebrauch man sich nur ins Schlepptau wirklich imperialistischer Mystifikationen und Relativierungen mit antikommunistischer und antisozialistischer Zielsetzung nehmen läßt.

Revisionismus. – Kommunisten der Stalinära und ihrer Folgejahre brachten es durch unablässiges Gerede über *Agenten des Klassenfeindes* zuletzt dahin, daß man vergessen konnte, daß es tatsächlich Agenten und einen Klassenfeind gab und gibt. Ähnlich ist heute der Mißbrauch des Wortes Revisionisten so weit gediehen, daß es in Westeuropa fast unmöglich geworden ist, vor wirklichen Revisionisten zu warnen. Dies, obwohl auch Revolutionäre vom Kaliber eines Che Guevara und Fidel Castro sich diesen Ausdruck mit Recht nie rauben ließen!
Kommunisten der Stalinära und ihrer Folgejahre, die dieses Wort (das sogar Castro manchmal ungerecht gebraucht) unbedenklich verwenden, sind in Wirklichkeit oft selbst die eigentlichen Revisionisten: Das Wort paßt weit besser auf die, die die marxistische *Methode* durch Verwandlung in einen Katechismus radikal revidieren wollen, als auf die, die nur einzelne *Anwendungen* dieser Methode kritisieren, etwa die Verelendungstheorie.

Irrtum und Verbrechen. – In theoretischen Irrtümern spiegelt sich eine verfehlte Praxis; sie zeitigen auch praktische Fehler. Da *politische* Irrtümer zur Zerstörung und Vernichtung von Menschenleben führen, liegt es nahe, sie als Verbrechen zu betrachten. Aber schon, weil die zu ihrer Überwindung unerläßliche Diskussion und Vertiefung des Denkens durch Entgiftung der Atmosphäre erleichtert wird, empfiehlt es sich, andersdenkenden Genossen auch bei schwersten Meinungsverschiedenheiten nicht von vornherein böse Absichten zuzuschreiben. Hier finden sich bei Arbeitern und Intellektuellen öfters verschiedene Verhaltensmuster, wobei Arbeiter mehr zum Moralisieren, Intellektuelle oft zu nicht minder bedenklichem »wertfreiem Denken« neigen.

Opportunismus. – Ein Erfolg des moralisierenden Abstempelns ist die heute weitverbreitete zu enge Auffassung eines Begriffs wie Opportunismus. Er bezeichnet in Wirklichkeit zunächst keinen Charakterfehler (wie etwa Karrierismus), sondern jene wenigstens in ihren Anfangsstadien leicht verständliche »Prinzipienlosigkeit«, die auch bei gutwilligen Genossen, denen ein theoretisch fundiertes Konzept fehlt, leicht einreißen kann. Sie improvisieren dann, einzig von augenblicklichen Nöten und Vorschlägen ausgehend. Dogmatiker, die eine Lehre verbreiteten, die durch ihre Starrheit vielen Genossen in der Praxis oft nichts als ein verschämtes Improvisieren übrigließ, sind die letzten, die das Recht haben, sich über Opportunismus zu entrüsten. Dieser ist deshalb freilich nicht weniger schädlich.

Wer ist noch Sozialist? – Dem verbrecherischen Irrtum der Zweiten Internationale, die erklärte, Kommunisten seien keine Sozialisten, fehlt es nicht an Gegenstücken. Zur Zeit des Hitler-Stalin-Paktes erklärten Kominternfunktionäre, wer gegen diesen Pakt sei, habe sich damit außerhalb der Solidarität gestellt und sei kein Genosse mehr. Schon zwei Jahre zuvor hatte die Komintern die Kommunistische Partei Polens als »Nest von Spionen und Trotzkisten« aufgelöst und den polnischen Genossen, die die Reise in die Sowjetunion überlebt hatten, das Recht aberkannt, sich Kommunisten oder Sozialisten zu nennen. Ähnlich erging es zur Zeit der Kominform Tito und den jugoslawischen Kommunisten, nur daß diese sich nicht in der Gewalt ihrer Gegner befanden.
Heute müssen besonders auch *linke* Kritiker sich davor hüten, kommunistischen Parteimitgliedern ganz und gar abzuerkennen, daß sie Sozialisten sind. Auch die Besetzung der ČSSR ist für eine solche Aberkennung kein ausreichender Grund. Auch bei der ärgsten politischen Fehlentwicklung ist subjektive Gutwilligkeit und Gutgläubigkeit nie irrelevant, schon wegen der Möglichkeit, die betreffenden Genossen doch noch zu überzeugen. Außerdem arbeitet man sonst unter anderem jenen Sozialdemokraten in die Hände, die allem, was links von ihnen am Werk ist, den Sozialismus absprechen, ohne selbst für den Sozialismus Wesentliches zu leisten. Auch einem Sozialisten, der *entscheidende* Irrtümer begeht, den Sozialismus abzusprechen, heißt im Grunde nur, an

der Möglichkeit des Verstehens, Diskutierens und Überwindens
von Fehlern zu verzweifeln.

Es kann die Befreiung der Arbeiter nur
Das Werk der Arbeiter sein

Bertolt Brecht, der Autor dieser Zeilen, wußte natürlich, daß die
Befreiung der Arbeiter nicht *nur* das Werk der Arbeiter sein
kann. Vor solchem Purismus hat schon Lenin gewarnt, den
Brecht, als er das »Einheitsfrontlied« schrieb, längst gelesen
hatte. (Bei Marx steht kein »nur«, bei ihm heißt es: »Die Befreiung der Arbeiterklasse muß das Werk der Arbeiterklasse selbst
sein.«) Auch sein eigenes Werk verstand Brecht als den Beitrag
eines Intellektuellen, der mit den Arbeitern gemeinsame Sache
macht und seine eigenen Hoffnungen auf die Arbeiter setzt. Das
Wort *nur* im Einheitsfrontlied aber soll jedenfalls sagen, daß es
ohne die Mobilisierung der Arbeiter *zur Führung ihrer eigenen*
Sache absolut nicht geht. Die Mobilisierung allein genügt nicht,
denn Arbeiter sind auch schon für die Interessen ihrer Ausbeuter
mobilisiert worden. Die Führung der *eigenen* Sache aber – jenes
Wort »selbst« bei Marx – setzt Verständigung, Verständnis,
Erkenntnis voraus, daher auch die Notwendigkeit, die Entfremdungen zwischen Arbeitern, Studenten, Künstlern, Intellektuellen usw. (deren wirtschaftliche Interessen in Wirklichkeit mit
denen der Arbeiter auf die Dauer ohnehin zusammenfallen) aufzuheben. In der Produktion ist die Selbstverwaltung der Arbeiter
kaum anders zu verwirklichen und zu sichern, als durch Kontrolle der Arbeiter über die Bedingungen ihrer Arbeit, also
Arbeitszeit, Löhne, Produktionsmethoden, ebenso wie über das,
was zu produzieren ist und wie mit dem Produkt weiterhin verfahren wird. Je *näher* wir der Verwaltung der Arbeit durch die
Arbeiter selbst und der Organisation der Produktion durch tatsächlich von den Arbeitern kontrollierte und absetzbare Beauf-
tragte (Räte) kommen, desto weniger Gelegenheit zu neuen Entfremdungen ergibt sich nach dem Sturz des Kapitalismus. Desto
weniger kann es zur (bewußten oder unbewußten) Selbstüberhe-
bung von Apparaten und Bürokraten *im Namen* der Arbeiter
kommen. Brecht hat auch ein Lied »Lob des Lernens« an die
Arbeiter und Arbeiterinnen geschrieben, das den Kehrreim hat:
»Du mußt die Führung übernehmen«. Die Formen dieser Selbst-

führung der Arbeiter lassen sich nicht von vornherein für die verschiedensten Verhältnisse einheitlich festsetzen, aber es kommt darauf an, immer anzustreben, daß sie möglichst unmittelbar, wirklich und nicht nur dem Namen nach funktioniert, oder mindestens, daß man sich *tatsächlich* zu ihr *hin* entwickelt.

Es kann die Knechtung der Arbeiter nur
Das Werk der Arbeiter sein

Das scheint zunächst völlig unsinnig. Die Arbeiter können sich nicht selbst knechten, sondern nur von den Feinden ihrer Klasse, von ihren Ausbeutern, geknechtet werden. Und doch, auch 1933, als Hitler an die Macht kam, hätten die Ausbeuter *allein* das nie zuwege gebracht. Zu dieser Knechtung konnte es *nur* mit Hilfe vieler Arbeiter kommen, die damit auch gegen ihr eigenes Klasseninteresse handelten, vom Verbrechen an Menschlichkeit und Menschheit ganz zu schweigen, zu dem sie sich durch die an ihnen vorgenommenen Manipulationen hinreißen ließen.

Heute, angesichts noch raffinierterer Manipulationstechniken und einer gleichzeitigen Entwicklung der Atomwaffen, die uns mit viel unwiderruflicherer Vernichtung bedrohen als der vergleichsweise harmlos gerüstete Nationalsozialismus, ist es womöglich noch wichtiger, Verhaltensmuster *bewußtzumachen*. Nur so können Intellektuelle und Arbeiter die Gemeinsamkeit ihrer Interessen erkennen und eine gemeinsame Sprache finden, so daß man sie nicht mehr gegeneinander ausspielen kann.

1968

Gegen Chauvinismus –
für israelisch-arabische Verständigung

Daß ich deutscher Schriftsteller und zugleich Jude bin, zwar nicht religiös, aber mit jener etwas skeptischen Anteilnahme, die sich aus eigenen Lebenserfahrungen und dabei gesammelten Sachkenntnissen ergibt, das empfinde ich meistens nicht gerade als schlechte Kombination. Nur werde ich daraufhin in der Bundesrepublik immer wieder von teilnahmsvollen Menschen über Israel befragt; und wenn ich ihnen sage, ich fände die heutige Politik Israels und der im Zionismus vorherrschenden Kräfte nationalistisch und chauvinistisch, ja in vielem ähnlich dem deutschen Chauvinismus der letzten siebzig oder achtzig Jahre, sind sie meistens enttäuscht oder empört.

Mich irritiert, daß jeder Gegner des Zionismus als Antisemit oder als Verräter am eigenen Volk angegriffen wird. Ich bin natürlich genausowenig jüdischer Antisemit oder Verräter am Judentum wie ein Deutscher, der den deutschen Chauvinismus und seine Führer nicht mochte, deshalb ein schlechter Deutscher oder ein Deutschenhasser war. Aber ebenso wie ihn seine Chauvinisten Verräter am eigenen Blut nannten, geschieht das auch einem antizionistischen Juden.

Natürlich waren nie alle Juden Zionisten. Aber wie jeder Chauvinismus versuchte auch der Zionismus Andersdenkende niederzuschreien. Auf dem Dritten Zionistenkongreß sagte Max Nordau: »Die jüdischen Gegner des Zionismus... sind bestimmt, als Juden zu verschwinden... Darum ist es unzulässig, daß man von einer zionistischen Partei im Judentum spricht. Wir weisen die Bezeichnung mit Spott und Verachtung zurück! Die Zionisten sind keine Partei, sie sind das Judentum selbst. Ihre Zahl, ihre heutige Zahl tut nichts zur Sache. Der Same der gewaltigsten Linde ist ein ganz kleines Gebilde, aber er ist die Zusammenfassung der ganzen Lebenskraft des Baumes... Es ist deshalb unsere unaufschiebbare Pflicht, uns zunächst einmal mit unseren inneren Feinden auseinanderzusetzen...« Max Nordau, Arzt und Schriftsteller, mit Herzl Begründer des Zionismus und dann jahrzehntelang bis zu dessen Tod sein prominentester Ideologe, sagte von Juden, die, wie er meint, durch Assimilation oder durch Aufgeben der Religion »das Judentum verlassen«, wörtlich: »Wir beklagen nur, daß sie denn doch aus jüdischem Blute sind, wenn auch aus dessen Bodensatz.« Und in seiner Trauerrede auf Herzl rühmt Max Nordau ihm nach: »Er empfand sein Blut als kostbares Erbe.« Alleinvertretungsanspruch für alle Juden; Blut als kostbares Erbe; Abtrünnige stammen nur »aus dem Bodensatz unseres Blutes«; nicht einmal die gewaltige Linde fehlt! Jüdischer und deutscher Chauvinismus haben das »Kulturerbe« der deutschen und österreichischen Gründerzeit gemein. Trotz manchen gemeinsamen Vorurteilen und Denkmustern sind die Zionisten freilich nicht einfach den Nazis gleichzusetzen; sie streben weder nach Weltherrschaft noch nach Ausrottung ganzer Völker. Außerdem ist ihr Chauvinismus im Grunde weit mehr ein Reagieren auf wirkliche grausame Verfolgung, schon lange vor Hitler, als etwa der deutsche Chauvinismus es war. Sogar die Überheblichkeit gegen Nichtjuden bei Pinsker* im Kreis um Herzl könnte man heute vielleicht einer bestimmten Epoche der Emanzipationsbewegung der Neger vergleichen. »Black is beautiful!« – »Schwarz ist schön«, – zu lange hatten sich Neger ihrer Hautfarbe und ihrer krausen Haare geschämt, und ebenso Juden ihrer gebogenen Nasen. Wie sich Neger nun anderen überlegen fühlen wollten, so auch Juden.

Pinsker, der Zionismus-Vorläufer, schrieb in seinem Buch »Autoemanzipation«: »Wir Juden sind doch eine edlere Rasse als die Neger!« Entsprechend rühmte Nordau auf dem Ersten Zionistenkongreß in Basel »Fleiß, Ausdauer, Nüchternheit, Sparsamkeit« als »die jüdischen Rasseeigenschaften«, und er behauptete, die Juden seien fleißiger, und intelligenter »als der Durchschnitt der europäischen Menschen, von trägen Asiaten und Afrikanern nicht zu sprechen«.

Die Emanzipationsbewegung der Neger hat dieses Stadium des Rassendünkels als Kompensation und Vergeltung in ganz wenigen Jahren überwunden. Die »Black Power« hatte schon viel weniger davon als die »Black Muslims«; und die heutigen »Black Panthers« kämpfen gegen Rassismus in den eigenen Reihen, sie wissen, daß die Emanzipation der Schwarzen eine soziale Frage ist, daß sie in den Vereinigten Staaten und anderwärts nur gemeinsam mit gleichgesinnten weißen Genossen erkämpft werden kann. Die Zionisten aber wurden gerade in diesem gefährlichen Übergangsstadium zu Kolonisten und befestigten es dadurch. Sogar von denen, die sich selbst als Sozialisten verstanden, warnten nur einzelne konsequent vor israelischem Chauvinismus.

Der berühmteste Warner, Martin Buber, schrieb am Anfang der Zwanziger Jahre, die echten Einwohner Palästinas seien die Araber, mit ihnen müsse man sich unbedingt verständigen. »Besonders unerquicklich ist es mir«, schrieb er, »wenn man gegen die folgerichtige Verständigungspolitik an den nationalen Stolz appelliert. Ein echter nationaler Stolz muß uns den Arabern nähern. Was uns von den Arabern entfernt, ist der nationale Dünkel«. Aber Martin Buber fand wenig Gehör. Seiner Mahnung, das Nebeneinander von Arabern und Juden müsse von den Juden zu einem Miteinander entfaltet werden, wenn es nicht zum Gegeneinander entarten solle, wurde von Chaim Weizmann*, dem Präsidenten der »Jewish Agency«, beruhigend entgegengehalten: »Nicht ein einziger Araber ist verdrängt worden oder wird verdrängt werden, und die Ankunft der Juden hat nur gute Früchte gezeitigt«.

Das stimmte schon damals, 1924, nicht mehr, auch wenn erst Hitler die Massenflucht der Juden nach Palästina verschuldet hat, die das Gegeneinander so unerträglich verschärfte. Aber leider hatte der nationale Dünkel, von dem Buber spricht, die Zionisten von allem Anfang an dazu verführt, sich dem damaligen Fremdherrscher Palästinas, dem Großtürkischen Reich, als Schutztruppe gegen die Freiheitsbestrebungen der arabischen Palästinenser anzubieten. Herzl selbst schrieb in seinem »Judenstaat«: »Wenn Seine Majestät der Sultan uns Palästina gäbe, könnten wir uns dafür anheischig machen, die Finanzen der Türkei gänzlich zu regeln. Für Europa würden wir dort ein Stück des Walles gegen Asien bilden, wir würden den Vorpostendienst der Kultur gegen die Barbarei besorgen.« Viele Jahre später, nach Herzls Tod, bietet Nordau dem Sultan die Hilfe der Zionisten gegen die arabische Bevölkerung für den ganz konkreten Fall an, daß die Türken – ich zitiere: »ihre Herrschaft in Palästina und Syrien gegen die eigenen Untertanen mit der Waffe in der Hand verteidigen«. Nordau verspricht, die Zionisten würden in Palästina und Syrien »keine Angriffe auf die Autorität des Sultans dulden, sie vielmehr mit dem Aufgebot aller Kräfte verteidigen«. Diese Grundhaltung wird noch deutlicher, wenn er von den zionistischen Kolonisten sagt: »Wir würden dort so wenig Asiaten im Sinne anthropologischer und kultureller Minderwertigkeit werden, wie die Angelsachsen in Nordamerika Rothäute, in Südafrika Hottentotten und in Australien Papuas geworden sind... Wir gedenken nach Palästina als Bringer von Gesittung zu kommen und die moralischen Grenzen Europas bis an den Euphrat hinauszudrücken.«

Diese verschiedenen Erklärungen waren auf ihre Art leider nicht weniger prophetisch als Martin Bubers verzweifelte Warnungen. Sie sind auch bis heute von der Führung der Zionisten und von der Regierung Israels nicht widerrufen worden, und man richtet sich nach ihnen. Deshalb halte ich es – ebenso wie Buber – für Unrecht, wenn heute in Europa und Amerika nationalistischer Starrsinn und Unversöhnlichkeit gerade den Arabern vorgeworfen werden, die sich jahrhundertelang zu jüdischen Minderheiten in ihrem Machtbereich unvergleichlich besser benommen haben als das christliche Abendland. Gerade »Mahanaim«, die offizielle Zeitschrift des Rabinats der israelischen Armee, war es, die in ihrem Aprilheft 1969 schrieb, die Araber müßten nicht auf einen Schlag, sondern nach und nach, jedes Jahr mehr ausgetrieben werden, – genau nach den alten Regeln der Bibel aus der Zeit von Josuas Landnahme! Kein Wunder, daß Martin Buber vor wenigen Jahren, ganz kurz vor seinem Tod*, noch sagte, die Zionisten hätten leider auf Hitlers Lehren mehr gehört als auf die guten Lehren, die es im Judentum gab.

Dennoch, auch Buber war Zionist, und es gibt in dieser Bewegung utopisch-sozialistische Strömungen, die sich zwar nie durchsetzen konnten, die aber für den Kampf gegen den offiziellen primitiven und ausweglosen Kolonialismus gewonnen werden könnten. Selbst ein so pragmatischer alter Politiker wie Nahum Goldmann*, der langjährige Präsident der zionistischen Weltorganisation und keineswegs radikal links oder Anhänger Martin Bubers, kommt heute, mit 74 Jahren, zur Erkenntnis, schon Herzl sei für den Anspruch der Araber auf Palästina »beunruhigend blind« gewesen, und die Verständigung mit den Arabern sei unerläßlich, sei aber unmöglich, solange Israel Vorposten des Westens ist. Daß Hunderte israelischer Studenten vor dem Parlament in Tel-Aviv gegen die Regierung demonstriert haben, als diese Nahum Goldmanns Versuch zu Verhandlungen mit Präsident Nasser vereitelte, finde ich persönlich viel ermutigender für die Zukunft der Juden als das Verhalten jener Israelfreunde in der Bundesrepublik, die, wenn auch aus verständlichem Wiedergutmachungsbedürfnis, die Zionisten zu einer Politik ermutigen, die für die dort lebenden Juden eines Tages fast so tödlich werden könnte, wie es die Hitlerei in Deutschland war.

1970

Internationales Israel-Hearing, 1972

Vorbeugemord

Erklärung zur Person

Ich bin in Wien am 6. Mai 1921 als österreichischer Staatsbürger geboren. Nach dem Einmarsch Hitlers 1938 war ich als Nichtarier gefährdet und benachteiligt. Meine (unpolitischen) Eltern wurden verhaftet, meinem Vater wurde bei einem Verhör von einem deutschen Gestapo-Beamten durch Fußtritte ein Magenriß zugefügt, und er starb daran am Tage seiner Haftentlassung.

Am 5. August 1938 kam ich als *Flüchtling* nach England. Ich habe mich immer gegen den Ausdruck *Emigrant*, Auswanderer, gewehrt, wenn diese Auswanderung nicht freiwillig erfolgte, sondern zur Rettung des Lebens notwendig war, und wenn der Flüchtling außerdem nicht die Absicht hatte, die Verbindung mit der Kultur seiner Heimat aufzugeben. Diese Absicht hatte ich nie. Wenn man schreiben will, ernsthaft schreiben, kann man das im Grunde nur in seiner Muttersprache, die man ganz anders erlernt hat als spätere Fremdsprachen, deren Lernen viel bewußter erfolgt und meist auch einen Akt der Anpassung darstellt. Das war der *eine* Grund dafür, ein *deutscher* oder, wenn Sie wollen, deutsch*sprachiger* Schriftsteller werden zu wollen. Der andere Grund war, daß gerade die Verfolgung durch den Hitlerfaschismus, die mich am Fortsetzen meiner Studien gehindert hatte, auch eine gewisse Faszination mit sich brachte, für mich selbst und andere verschiedene Aspekte dieses Geschehens zu ergründen, zu formulieren und aufzuzeichnen. In England fand ich es im Krieg auch wichtig, allen noch so begreiflichen Regungen der Feindseligkeit entgegenzutreten, die sich nicht auf den Hitlerfaschismus beschränkten, sondern sich gegen alles, was deutsch war, auch gegen deutsche Sprache, Kunst, Literatur und Philosophie, zu richten drohten.

Als Opfer des Hitlerfaschismus lag es nahe, entschiedener Antifaschist zu werden. Ich gehörte dem österreichischen Kommunistischen Jugendverband zuerst als Sympathisierender, dann als Mitglied an, ging aber etwa ab Ende 1943 wieder meine eigenen

Wege, teils weil mir einige Wesenszüge der damaligen Stalinära nicht zusagten, teils weil sich damals auch bei österreichischen Kommunisten eine gewisse Symphatie mit der Meinung zeigte, der einzige gute Deutsche sei ein toter Deutscher. Auch dagegen, und nicht nur gegen Hitler, richtete sich schon mein erster Gedichtband, »Deutschland«, erschienen 1944 im Verlag des österreichischen PEN-Clubs in London, dem ich damals auch beitrat. Durchgebracht hatte ich mich all die Jahre als Fabrikarbeiter, Milchchemiker, Bibliothekar, Glasmodellierer und Entwerfer von Glasknöpfen.

Die meisten einigermaßen gebildeten Emigranten meiner Generation kamen damals kurz nach Kriegsende als gutbezahlte Briefzensoren für die amerikanische Besatzungsmacht nach Westdeutschland zurück. Ich nicht. Eine derartige Tätigkeit im Gefolge einer Armee widerstrebte mir. Ich war auch von der Tätigkeit der Militärregierungen der westlichen Demokratien enttäuscht. Deshalb veröffentlichte ich auch jahrelang kein Buch mehr. Erst 1958 erschien in Hamburg ein Band »Gedichte«.

Meine erste halbwegs politische Aktivität kurz nach Kriegsende war Werbung für die von dem englischen jüdischen Verleger Victor Gollancz veranstaltete Kampagne, die Erlaubnis für das Schikken von Lebensmittelpaketen nach Deutschland durchzusetzen.

Von 1951 bis 31. Januar 1968 war ich Mitarbeiter der deutschen Abteilung der BBC, vor allem politischer Kommentator. Ich versuchte einen Zweifrontenkampf zu führen, einerseits gegen Stalinismus, andererseits gegen Kalten Krieg. Die BBC machte mir dabei sehr wenig Schwierigkeiten. Aber, zum Teil, weil einige Kollegen weniger Freiheit hatten als ich, ging ich schließlich fort, gegen den Willen meiner Arbeitgeber. Meine genauen Gründe gab ich in meinem letzten Kommentar an, der in England und Deutschland auch gedruckt erschien. Nachher allerdings schrieb mir mein bisheriger Abteilungsleiter Äußerungen zu, die ich nie getan hatte, zum Beispiel, daß die Bundesrepublik ärger sei als das Hitlerregime. Dieser Unsinn wurde auch in der Bundesrepublik verbreitet und wirkt noch heute nach, obwohl sowohl die Zeitung der BBC, »The Listener«, als auch deutsche Zeitungen Richtigstellungen brachten. Ich hatte in Wirklichkeit nur Pastor Niemöller* zitiert, der gesagt hatte, es gäbe einzelne Arten der kalten Kriegspropaganda, die in einer Hinsicht noch gefährlicher seien, als es die Hitlerpropaganda gewesen sei, weil sie nämlich nicht so offenkundiger Wahnsinn, sondern viel schlauer und feiner eingefädelt seien. – Eine englische Regierungspolitik verbarg sich hinter dieser Fehldarstellung meiner Äußerung nicht.

Ich lebe in London, bin verheiratet, habe sechs Kinder verschiedenster Altersstufen und eine zweijährige Enkelin. Seit Ausbruch des Vietnamkrieges interessierte ich mich wieder lebhafter für Politik. Ich habe bisher 17 Bände Gedichte und Prosa veröffentlicht, außerdem Hörspiele, Essays und viele Bände Übersetzungen, darunter Dylan Thomas, Eliot und 18 Shakespearedramen. Meine Hauptaufgabe als engagierter Schriftsteller sehe ich im Kampf gegen Entfremdung und Verdinglichung, den ich für wichtiger halte als tagespolitische Gedichte, die ich gelegentlich schreibe. Ich habe bisher zwei Literaturpreise erhalten, einen Schillerförderpreis, Stuttgart 1965, unterzeichnet von Kurt Georg Kiesinger, der damals aber noch nicht Bundeskanzler war und von dem ich daher auch nichts wußte, und in Wien 1973 einen neugestifteten österreichischen Staatspreis für Literatur. In der Bundesrepublik und in England wurde seither gelegentlich verbreitet, ich habe das Geld aus Wien dem Schwarzen September* geschenkt. Das ist Unsinn, ich habe die Hälfte des Betrages Herrn Dr. Israel Shahak*, Dozent an der Universität Jerusalem und Überlebender des Warschauer Ghettos, für seine antirassistische Arbeit als Präsident der Israelischen Gesellschaft für Menschen- und Bürgerrechte gegeben. Dr. Shahak hat nichts mit dem Schwarzen September zu tun, allerdings hält er den Zionismus nicht für das Heil der Juden, so wenig wie ich. Ein Viertel des Betrages habe ich für Prozeßkosten von Palästinensern gespendet, die schuldlos aus der Bundesrepublik deportiert und ausgewiesen wurden. Das war natürlich, bevor die EWG und auch die Bundesrepublik sich für die Lebensrechte der Palästinenser erklärt haben. Das letzte Viertel meines Preises hatte ich mir für die Kosten dieses Prozesses reserviert.

Ich fühle mich durch Sprache und Geschichte mit diesem Land sehr verbunden, wurde auch in den bundesdeutschen PEN-Club eingeladen und gehörte der Gruppe 47 an. Mich als Emigranten oder kulturell lästigen Ausländer abtun zu wollen, hieße meines Erachtens, sich einen von Hitler geschaffenen Sachverhalt zunutze machen. Andererseits widerstrebt es mir immer, irgendwie vom schlechten Gewissen profitieren zu wollen, das man als ehemaliges Hitleropfer hierzulande oft vorfindet. Ich finde es als engagierter Schriftsteller der Mühe wert, in der Bundesrepublik dem allseits wuchernden Freund-Feind-Denken und seinen Vereinfachungen entgegenzutreten sowie dem seltsamen Vorurteil, daß man nur für Menschen eintreten kann, deren Ansichten man teilt, oder daß Haß besonders wertvoll für politische oder andere Auseinandersetzungen ist. Immer wenn ich aus England in die Bundesrepublik oder nach Westberlin komme, habe ich das Gefühl, in ein Land gekommen zu sein, das sich auf einem Kreuzzug befindet, nur weiß man nicht immer genau, wofür und wogegen.

Als britischer Staatsbürger wäre es mir wahrscheinlich relativ leicht gewesen, mich diesem Gerichtsverfahren, dem ersten meines Lebens, zu entziehen. Aber so ungerecht ich die Anklage gegen mich finde, so ungut fände ich es, mich als deutscher engagierter Schriftsteller vor diesem Verfahren drücken zu wollen.

Ich habe »zur Person« so viel gesagt, denn Sie sollten ja nicht nur Jahreszahlen und Hausnummern hören, sondern Informationen, die auch zum Verstehen meiner Haltung beitragen. Zum Beispiel habe ich seit meiner Kindheit folgende Verse aus einer sozialdemokratischen österreichischen Zeitschrift kurz nach der Machtergreifung Hitlers in Deutschland – also wohl gegen Ende 1933 – nie mehr vergessen:

»Auf der Flucht erschossen
meldet unverdrossen
Tag für Tag die Schurkenpolizei.

›Buche, Deutschland, buche!
daß beim Urteilsspruche
der Geschichte glatt die Rechnung sei.‹«

Und ich habe auch nie vergessen, wie damals in Österreich, aber auch später in England im Krieg, jeder Bericht über *Widerstand* gegen solche Praktiken begrüßt wurde, als Beweis, daß es doch noch ein besseres Deutschland gab, ein *anderes* Deutschland, wie man es damals nannte. Und ich weiß, wie furchtbar auf jene Engländer, die sich überhaupt für deutsche Ereignisse interessierten, in den letzten Jahren Vorfälle wie die Erschießung Benno Ohnesorgs, Georg von Rauchs oder – am weitesten bekannt – die Erschießung des Schotten MacLeod und ihre plumpen Rechtfertigungsversuche gewirkt haben. Daß die große englische Presse sehr zurückhaltend reagierte, beruht zum Teil nur darauf, daß England die Bundesrepublik zur Aufnahme in die EWG brauchte. Aber jeder Versuch wie der Heinrich Bölls, gegen solche Dinge anzukämpfen, hilft auch dem Ansehen der Deutschen überhaupt – ebenso wie umgekehrt die anschließende Kampagne *gegen* Böll diesem Ansehen *nicht* förderlich war.

Erklärung zur Sache

Der Leserbrief im »Spiegel«, in dem ich das Wort *Vorbeugemord* gebrauchte, das zur Veranlassung des Verfahrens gegen mich wurde, entstand, ebenso wie ein *anderer* Leserbrief von mir im »Spiegel«, sozusagen als Nebenprodukt eines literarischen Prosatextes, den ich über den Tod Georg von Rauchs und über Probleme des Schriftstellers angesichts eines solchen Falles geschrieben habe. Zum Verständnis der Zusammenhänge werde ich Ihnen diesen Prosatext vorlesen müssen:

Die Schneibarkeit

> *»Die Studenten sind die neuen Juden.«*
> *Studentenlosung nach der Erschießung Benno Ohnesorgs*
>
> *»Und Israels Leib im Rauch durch die Luft.«*
> *Nelly Sachs*

Da Literatur mittelbar immer auch Spiegelung dessen ist, was sich in der Welt ereignet, in der sie entsteht, könnte man Rückschlüsse auf ein Ereignis auch von seiner Wirkung auf eine Tendenz oder einen literarischen Trend her ziehen. Heißt es zum Beispiel: »Nach diesen Schüssen ist die Schneibarkeit größer geworden«, so könnte man vielleicht durch Analyse der »Schneibarkeit« – sobald man wüßte, was das sein soll – auch etwas über die Schüsse erfahren. Nur sagt ein Satz wie »Nach diesen Schüssen ist die Schneibarkeit größer geworden« vorerst leider nicht viel aus. Sogar wenn man ihn an eine Wand schreibt, etwa an die Wand eines Hauses mit einem geschlossenen Laden, dessen Jalousien heruntergelassen sind, also etwa auf das Stück Wand zwischen zwei Jalousien, ist diese Schrift wahrscheinlich zwar rätselhaft, liest sich aber nicht wie ein »Mene Tekel«. Der Satz ist auch zu lang, viel länger als die babylonische Flammenschrift. Erst wenn man jedes einzelne Wort mit der Zielsicherheit eines Scharfschützen aufs Korn nimmt, läßt sich vielleicht ein Teil der dingfest gemachten Worte erschließen.

Es heißt z.B. »die *Schnei*barkeit«, und nicht »die *Schrei*barkeit«, *Schrei*barkeit wäre auch sinnlos, schon deshalb, weil gleich der erste Schuß so gut getroffen hatte, daß von Schreien nicht mehr die Rede sein konnte.

Es heißt ferner – könnte man fortfahren – »Nach diesen *Schüssen*«, und nicht etwa »Nach diesen *Schützen*«. Welche Fassung die richtige sein muß, wird eigentlich schon nach dem Wort *Nach* deutlich, das sich gar nicht auf die Schützen beziehen kann; denn die Schützen, vor allem khm Hans-Joachim Schulz, sind ja noch unter uns. Dadurch unterscheiden sie sich von dem Langhaarigen mit der Brille, auf den khm geschossen hat und der jetzt – ebenso wie eine Anzahl anderer, besonders seit dem 2. Juni 1967 – nicht mehr unter uns ist, außer in jenem Sinn, in dem auch die Erde oder die Asche, auf der wir herumgehen – Erde zu Erde, Asche zu Asche! –, *unter* uns ist, oder der weiße, schon in unseren alten Schullesebüchern als *unschuldig* bezeichnete Schnee, der uns wieder zum Begriff »Schneibarkeit« zurückbringt und der im Winter (gleichfalls in unseren Schullesebüchern) alles zudeckt, ehe dann im Frühling wieder allenthalben junges Leben hervorsprießt und das frischergrünte Gras über alles wächst, solange nicht jemand kommt, der es schneidet.

Es heißt allerdings nicht *Schneidbarkeit*, sondern, wie gesagt Schneibarkeit. Man könnte sich natürlich auch zu *Schneid*barkeit allerlei einfallen lassen, z.B. die Schneidigkeit eines khm Hans-Joachim Schulz und seiner – ebenso wie er – geschickt verkleideten Kollegen.

Rein sprachlich wäre gegen diesen Einfall nichts einzuwenden, denn das Wort schneidig wird im Zusammenhang mit der Polizei – allerdings besonders mit der uniformierten – oft und gerne verwendet und könnte nur von überempfindlichen und daher für die harte Wirklichkeit ihrer dienstlichen Einsätze vielleicht etwas zu feinfühligen Beamten als *zweischneidig* mißverstanden werden,

z. B. als Kritik, daß die rückhaltlose Entschlossenheit ihres Tuns gelegentlich selbst außerhalb der ihnen *gestellten* Aufgaben zu Endlösungen führe. Aber sprachliche Einfälle – wie die eben aufgezählten – würden dennoch in heute tonangebenden schreibenden Kreisen, die eher dem Graswachstum und der größeren Schneibarkeit das Wort reden, als Ausfälle verurteilt werden, sowohl vom Sachlichen wie vom Ästhetischen her.

Andererseits ist es, wenn die Polizei im Spiel ist, immer noch weit eher angezeigt – falls man das Wort »anzeigt« hier nicht überhaupt vermeiden sollte –, von ihrem *schneidigen* als etwa von ihrem *schusseligen* oder *schussernden* Auftreten zu sprechen. Das könnte nämlich unter Umständen ins Auge gehen, so wie ja anscheinend auch der Schuß des KHM Hans-Joachim Schulz dem von ihm festgenommenen und daher von Rechts wegen unter seinem Schutz stehenden Georg von Rauch ins Auge gegangen ist.

Es heißt aber von der Schneibarkeit nicht etwa, daß sie »Nach diesem Schuß« größer geworden sei, sondern es heißt »Nach diesen Schüssen«. Schon das weist auf *mehrere* Schüsse hin. Umgekehrt könnte man über das rätselhafte »Mene Tekel« von der Vergrößerung der Schneibarkeit natürlich auch Klarheit zu gewinnen versuchen, indem man von dem Bericht über die Schüsse ausgeht. Dabei ergibt sich nach den bisherigen, von der Verschwiegenheit oder den einander widersprechenden Erklärungen amtlicher Stellen erschwerten und verzögerten Ermittlungen etwa folgendes:[1] Der erste Schuß hatte Georg von Rauch getötet, am 4. Dezember 1971 gegen 17 Uhr, in Westberlin, Eisenacher Straße, unweit der Ecke Fuggerstraße, an der Hauswand, wo er auf Befehl des Mannes, der ihn dann erschoß, stand, mit erhobenen Händen, ebenso wie seine Freunde. Bevor KHM Schulz ihn erschoß, hatte er, nach mehreren Angaben, noch Zeit gefunden, die drei, die sich nicht wehrten, sondern seine Weisungen befolgten, nach Waffen zu durchsuchen. Vor dem ersten Schuß war Schulz etwa zwei Meter zurückgetreten, um besseren Überblick zu gewinnen. Seine drei Gefangenen hielt er mit seiner Dienstpistole in Schach.

Was er dachte und überlegte, als nun drei ihm verdächtige Neuankömmlinge auftauchten, wäre leichter feststellbar, wenn er, seine Kollegen und die zuständige Behörde mitteilsamer gewesen wären. Einige, die sich um die Rekonstruktion der immer noch ungeklärten Vorgänge bemüht haben, nehmen an, Schulz habe nun beschlossen, seine Gefangenen, die zwar keinen Widerstand geleistet hatten, die aber vermutlich – ebenso wie die drei Neuen – doch nur aufrührerische Studenten waren, eine Art Leute also, für deren Erschießung schon der eine oder andere Kollege unbestraft geblieben, ja vielleicht sogar belobt und befördert worden war, lieber zu erschießen, als zu riskieren, daß sie ihm nun doch noch entwischten oder befreit wurden, was ihm vielleicht Vorwürfe eintragen konnte. Georg von Rauch, der weisungsgemäß an der Wand stand, vor der heruntergelassenen Jalousie eines geschlossenen Ladens, und sich mit hochgehobenen Händen an der Jalousie abstützte, wendete anscheinend, als nun KHM Schulz beim Herankommen der drei Unbekannten laut rief »Hierher!« oder »Her zu mir!« – ein Hilferuf an seine Kollegen – den Kopf ein wenig zur Seite, so daß Schulz sein Auge sehen konnte, das ein gutes Ziel bot. Kaum aber war Georg von Rauch erschossen, als der verkleidete Polizist in den Händen der verdächtigen Neuankömmlinge Schußwaffen bemerkte; im selben Augenblick liefen von Rauchs zwei Freunde davon, vermutlich weil sie sein Schicksal nicht teilen wollten. Sein Stillhalten und Befolgen der Weisungen des Mannes, der sie alle drei dingfest gemacht hatte, hatte ihm nun doch nicht das Leben gerettet. Der Scharfschütze schoß nun anscheinend den beiden Fliehenden nach. Zwar trafen diese Kugeln nicht – das Auge des in zwei Meter Abstand Stillstehenden war leichter zu treffen gewesen –, aber immerhin hatte er sein Bestes getan und weitere Schüsse abgegeben, so daß schon dadurch die Formulierung »Nach diesen Schüssen« – und nicht etwa »Nach diesem Schuß« – »ist die Schneibarkeit größer geworden« gerechtfertigt erscheint.

Eine weitere Rechtfertigung der Mehrzahl *Schüsse* – falls es einer solchen überhaupt noch bedürfte – liegt in der Tatsache, daß nun auch die drei verdächtigen Neuen auf den Scharfschützen zu schießen begannen, der seinerseits in Deckung ging und ihr Feuer erwiderte. Dieser Schußwechsel freilich richtete weiter kein Unheil an: Keiner der Kämpfer wurde getötet oder schwer verwundet, und mit der Zeit stellte es sich heraus, daß die drei Unbekannten in Wirklichkeit Beamte des Landesamtes für Verfassungsschutz waren, was KHM Schulz freilich dank ihrer erfolgreichen Verkleidung nicht von Anfang an vermuten konnte. Die Politische Polizei, der Schulz angehörte, steht dem Verfassungsschutz an Verkleidungskünsten keineswegs nach; so hatten auch die verkleideten Verfassungsschützer den schießenden Politischen Polizisten für ein verdächtiges Element gehalten. Wenn zwei Gruppen Verkleideter auf ein- und dieselbe Menschenjagd ausgeschickt werden, ohne voneinander zu wissen, sind derartige Mißverständnisse unvermeidlich. Zum Glück aber hatte dieses Mißverständnis außer Georg von Rauch kein Todesopfer gefordert; ja, bei den 15 bis 18 Schüssen, die nach seinem Tod zwischen Polizei und Verfassungsschutz gewechselt wurden, waren nicht einmal Zivilisten auf der Strecke geblieben. Georg von Rauchs Leiche aber wurde binnen weniger Minuten abtransportiert, ohne die üblichen Tatortaufzeichnungen und Fotos zur späteren Rekonstruktion des Vorgangs.

So etwa könnte vielleicht nach den bisherigen Ermittlungen der Bericht über die Schüsse lauten, die sogar ihre eigene Inschrift an der Wand hinterlassen haben, sowohl an der Todeswand, an der Georg von Rauch erschossen worden war, wie auch – durch den darauffolgenden Kugelwechsel – an der Wand des gegenüberliegenden Hauses in Gestalt von Einschlägen; an der Todeswand aber auch in Gestalt von verspritzten Gewebsteilen, Haut, Gehirn und Knochenfragmenten.

Als »Mene Tekel« aber – also als jene Inschrift »Gezählt, Gewogen, Geteilt« – könnte man diese Zeichen an der Wand höchstens unter Zuhilfenahme einer längst veralteten Poetik bezeichnen, namentlich da sie nur von den wenigsten als Warnung zur Kenntnis genommen wurden. Aus der Sicht unserer gegenwärtigen literarischen und gesellschaftlichen Gepflogenheiten erwogen, müßte der Tatsachen- und Sinnzusammenhang als zu leicht befunden werden, um zu zählen und die Verwendung alttestamentarischer Vergleiche zu rechtfertigen.

Hingegen ist die Schneidigkeit der beteiligten Beamten durch den Bericht über die Schüsse zweifelsfrei erwiesen, so daß auf dichterischer Ebene der freien Assoziation »Schneidigkeit-Schneidbarkeit-Schneibarkeit« keine Hindernisse entgegenstehen. In diesem Zusammenhang könnte man sich zu »Schneibarkeit« natürlich auch den »Schnitter Tod« einfallen lassen, von dem es heißt: »Heut wetzt er das Messer, / Es schneidt schon viel besser. / Bald wird er drein schneiden, / Wir müssens nur leiden«. Aber derartige Wortassoziationen und Wortspiele haben deutsche Kritiker schon Shakespeare verübelt und in der neueren Literatur im Bedarfsfall als Kalauer abgetan, die einer todernsten Sache wie der Verteidigung der freiheitlich-demokratischen Grundordnung mit der Waffe in der Hand einfach nicht angemessen seien.

Im vorliegenden Fall haben die Kritiker darüber hinaus noch die Möglichkeit, aus der Verflechtung des Berichtes über den Tod Georg von Rauchs mit zahlreichen Wortspielen und literarischen Erwägungen – vielleicht nicht einmal ernstgemeinten, sondern als Mystifikationsversuche anzusehenden – darauf zu schließen, daß es einem derartigen Text an dem nötigen Ernst fehle, wahrscheinlich also auch an wirklicher Anteilnahme am Schicksal des Getöteten, so daß nach dem Goethewort »Doch werdet ihr nie Herz zum Herzen schaffen, / Wenn es euch nicht von Herzen geht« auch vom Leser oder Hörer eines solchen Textes keinerlei Anteilnahme zu erwarten sei.

Es ist also vielleicht ratsam, wortspielhafte Abschweifungen wie »Schneidbarkeit« oder »Schreibarkeit« zurückzuweisen und – wenigstens vorläufig (ein Wort, das aber mit dem Leben vor den Läufen der Feuerwaffen von Polizei und Verfassungsschutz nichts zu tun hat) – bei dem ursprünglichen und literarisch viel ansprechenderen Text »Nach diesen Schüssen ist die Schneibarkeit größer geworden« zu bleiben. »Schneibarkeit« entspricht ja auch darin einer großen dichterischen Tradition, daß hier statt eines peinlich genau definierten Sinnes eher die leichte dichterische Anspielung waltet, die der Phantasie Flügel verleiht. »Schneibarkeit« ist ferner ein kühles, vielleicht sogar ein scheinbar kaltes und zugleich auch ein einigermaßen undurchsichtiges Wort, dessen Bildhaftigkeit aber dadurch noch größer wird, daß es zwar zunächst einige Einblicke zu gewähren scheint – wie man ja auch eine Strecke weit zwischen fallende Flocken hineinsehen kann –, aber doch keinen Durchblick gestattet, auch darin den Flocken ähnlich, die besonders bei größerer Dichte des Schneefalls weder Durchblick noch Aussicht gewähren, sondern alles verschleiern.

Um größere Dichte aber dürfte es sich in diesem Fall tatsächlich handeln – wenn die dichterische Freiheit der Ausdrucksweise hier noch ein wenig länger bestehenbleiben darf als etliche andere alte Freiheiten –, auch angesichts des Textes von »der größeren Schneibarkeit nach diesen Schüssen«.

Wenn die »Schneibarkeit« – ein dichterisches Wort – unter anderem dadurch größer geworden ist, daß nun manche Dichter wohlweislich lieber den Schneefall zum Anlaß neuer Wortschöpfungen nehmen, als den Todesfall zum Anlaß, von jenem Schuß so genau zu schreiben, wie dieser gezielt gewesen sein muß, um ins Auge zu gehen, so ist dies vielleicht nur das menschlich durchaus verständliche Bedürfnis, möglichst weit vom Schuß und dadurch womöglich überhaupt außer Schußweite zu bleiben. Daß ein solches Bedürfnis zusammenhängen kann, beweist folgender Vorfall. Als sich einige Tage nach dem tödlichen Schuß, der nach KHK Deters Angabe »durch das rechte Auge eingedrungen und hinten am Kopf wieder ausgetreten« war, vor dem Polizeirevier in der Kantstraße in Berlin einige Demonstranten versammelten und »Neubauer: Mörder!« riefen, sagte ein mit einer Maschinenpistole bewaffneter Polizist zu einem Pressefotografen: »Gehen Sie doch aus der Schußlinie! Sie sehen doch, was da los ist!«

Durch Einführung dichterischer Worte wie »Schneibarkeit«, die sich gleich Schneekristallen mit Tausenden ihresgleichen zu Flokken und mit Millionen Flocken zu einer weißen Decke vereinigen, die mitleidig alles verhüllt, anstelle einer weniger literarischen Form der Auseinandersetzung mit anschließenden Themenkristallen und in die Gedankenfabrik des Kopfes einschießenden Fäden, geht der Dichter nach solchen Ereignissen buchstäblich aus der Schußlinie und schafft so schon durch vorläufige Erhöhung seiner eigenen Lebenserwartung eine der Vorbedingungen für die Aufrechterhaltung einer lebendigen neuen Literatur, deren zeitlose Gegenstände der allgemeinen Anteilnahme sicherer sein können als etwa der Schuß aus einer Polizeipistole, nach dessen Schall und Rauch und Opfer man bald nicht mehr mit größerem Interesse fragen wird als nach dem Schnee vom vergangenen Jahr. Kurz, es gibt Umstände, unter denen die Rückkehr zu Zeitlosigkeit nicht nur zeitgemäß, sondern in hohem Maß an der Zeit ist.

Gewiß könnte man nun auch durch genauere Ortsangaben, wie in diesem Fall durch Hinweis auf die Eisenacher Straße – Ecke Fuggerstraße, und durch anschließenden Hochflug der dichterischen Phantasie in freien Assoziationen – eine einstweilen noch erhalten gebliebene Form der Assoziationsfreiheit – wieder manches zutage fördern. Wer dachte bei Fugger* nicht an den Frühkapitalismus und bei dem Straßennamen nicht an seine Ehrung durch die Systemtreue der späten Nachgeborenen? Wem fiele zu Eisenach nicht die Wartburg ein, wo jener von den Bauern verehrte Reformator hauste, der nun – und nicht unberührt von der Meinung der Fürsten und Fugger – die aufständischen Bauern und alle, die ihnen treu geblieben waren, zum bösen Feind ummünzte und diesem sein Tintenfaß an die Wand warf? Oder wer dächte nicht an jenen noch weit hinter dem Bauernkrieg zurückliegenden Sängerkrieg, der auf der Wartburg deutsche Dichter zum Besingen edlerer Themen angehalten hat, als kleinere blutige Straßenzwischenfälle es sind, sie aber zugleich auch daran gemahnt hat, daß es ihnen nicht gestattet sein könne, wie Tannhäuser einfach zu tun, was ihnen beliebe?

Natürlich haben auch die schießenden Politischen Polizisten in Berlin nicht einfach getan, was ihnen beliebte. Sie haben nur von ihrem beträchtlichen Ermessensspielraum Gebrauch gemacht, der ja, etwa beim Näherkommen der verkleideten Verfassungsschützer, die Annahme des gleichfalls verkleideten KHM Schulz, in Notwehr zu handeln und um jeden Preis vorbeugen zu müssen, durchaus noch einschließt. Daß die Erschießung Georg von Rauchs daraufhin dennoch öfters »Vorbeugehaft« genannt wurde, ein Wort, das sich schon eingebürgert hatte, als die Behörden drei Jahre zuvor den Begriff »Vorbeugemord« verbreitet hatten, ist nicht zu leugnen. Fragt sich nur, ob die vorbeugende Wirkung der hier vorliegenden Erinnerungen, Wort- und Sprachspiele vom Tod eines Georg von Rauch und von dem Streit darum, ob dieser etwa als Mord oder Vorbeugemord zu bezeichnen sei, *ablenkt*, und ebenso von früheren oder späteren Tötungen, Notwehrhandlungen oder tödlichen Vorbeugeschüssen, wie immer man sie nennen mag, oder ob nicht im Gegenteil solche ernsthaften Spiele und Anspielungen in ihren Wendungen und Windungen aus Trauer, Klage, Anklage, Ablehnung und Auflehnung und mit ihrem bitteren Hohn und Spott immer wieder auf das große System hinweisen, das all diese Taten und Toten erzeugt. Damit hängt natürlich auch die Frage nach der Wirksamkeit einer literarischen Zwischenform zusammen, der wohlmeinende Ratgeber zwar einige Qualität nicht absprechen werden, aber nur, um darauf zu bestehen, daß wenigstens auf die Erwähnung der einzelnen Tötungen des Systems und auf die Nennung der einzelnen Todesschützen, Kurras, Salzwedel, Schulz und wie sie alle heißen mögen, ebenso wie der Namen der Getöteten, Ohnesorg, Rauch,

Schelm, Weisbecker, Epple, MacLeod, und der Fedayin und Sportler von Fürstenfeldbruck verzichtet werden müsse. Denn es sei der konkrete Aussagecharakter, der dieses Geflecht von Gedanken und Anklängen seiner dichterischen Bedeutung beraube, indem er es einem unliterarischen Zweck *unterordnen* wolle. Durch Verzicht auf diesen aber könne es an Gültigkeit, an Weiße und Weisheit – überhaupt an Schneibarkeit im eigentlichen Sinne des Wortes all das wiedergewinnen, was es an platter Verständlichkeit und unliterarischer Dienstbeflissenheit gegenüber einseitigen Tageszielen verliere.

Solche Ratschläge lassen jedenfalls ahnen, was unter Schneibarkeit zu verstehen ist. Die Mitteilung, daß die Schneibarkeit nach jenen Schüssen größer geworden sei, wird dadurch etwas weniger verwunderlich. Ob aber Anhänger einer von literarischer Reflexion mitbestimmten Form oder Zwischenform dadurch auch Anhänger der Schneibarkeit sind, ob sie eine literarische und gesellschaftliche Avantgarde oder die getreue Nachhut schöngeistiger Kulturgepflogenheiten sind, ja sogar was Avantgarde oder Nachhut hier überhaupt bedeutet, ob die Avantgarde sich Wortspielen ergibt, statt zu sterben, oder ob sie aus ihrer Praxis Kraft schöpft, zu jener Garde zu stoßen, die, wenn es sein muß, stirbt, doch sich nicht ergibt, das ergibt sich zuletzt jeweils daraus, wohin der Zug geht, den sie anführt oder behütet, wofür und wogegen gekämpft wird und wes Geistes Kinder oder Väter und Mütter die sein wollen, aus denen sie besteht.

Diesen Text habe ich zuerst in Bremen und Berlin vorgelesen, später im Theater in Hannover und schließlich über drei Rundfunksender. Die im Text enthaltenen Andeutungen über die Gefahren für einen kritischen Schriftsteller sind mittlerweile durch dieses Verfahren gegen mich zum Teil schon bestätigt.

Laut Anklageschrift vom 11. Oktober 1972 soll ich mit meinem Leserbrief im »Spiegel« vom 7. Februar 1972 »andere beleidigt« haben, indem ich – ich zitiere: »u. a. in Bezug auf die Berliner Polizei, insbesondere den Polizeibeamten Schulz, der am 4. 12. 1971 Georg von Rauch in Notwehr tödlich verletzte, ausführte: ... Und Georg von Rauch, der weisungsgemäß die Hände hochhielt? Ihn hat Posser nicht einmal erwähnt, formal-juristisch mit Recht, in

Wirklichkeit aber, da der Vorbeugemord an von Rauch mit zur Sache gehört,.......... mit Unrecht.«

Wenn man statt der zehn Punkte meinen fehlenden Text einsetzt, heißt diese Stelle meines Leserbriefes: »...da der Vorbeugemord an von Rauch mit zur Sache gehört, in der Posser sich zum Kritiker über Böll aufwirft«. Schon diese eine in der Anklageschrift weggelassene Stelle zeigt, daß es mir in meinem Leserbrief nicht um die Beleidigung eines Polizeibeamten ging, sondern um die Verteidigung Heinrich Bölls gegen Dr. Possers Leserbrief. Für Heinrich Böll hatte ich nicht nur aus Solidarität Partei genommen, sondern weil seine mittlerweile berühmte Warnung im »Spiegel« vom 10. Januar 1972 vor der Menschenjagd und Menschenjagdatmosphäre dem Wesen nach dem entsprach, worum es mir schon lange in meinen literarischen Arbeiten und in meinen davon nicht gut trennbaren Äußerungen in der Presse, am Mikrophon und am Vortragspult gegangen ist. Hierzu der volle Text meines Leserbriefes im »Spiegel« vom 7. Februar 1972:

»Sogar ein Diether Posser wird fadenscheinig, wenn er sich mit einem Staat unserer Spielart und seinen tatkräftigen Dienern identifiziert. Zwar formuliert er trotz institutionsgläubigem Staatsoptimismus fachmännisch, das heißt juristisch abgesichert, aber seine Argumente, die er für sachlich hält, sind verdinglicht, entfremdet.

Der von ihm kritisierte Heinrich Böll ist feinfühliger, ehrlicher. Hätte je Böll Horst Mahlers* Freispruch als Beweis für »faire« Justiz angeführt und dabei, wie Posser, zu erwähnen vergessen, daß Mahler auch nach dem Freispruch nicht freigelassen wurde? Das ist juristisch irrelevant, menschlich nicht. Auch etwas wie Possers langen (hier gekürzten) Satz ›Die Polizeibeamten... handeln im Auftrag der im Staat organisierten Rechtsgemeinschaft unseres Volkes‹ hätte Böll höchstens geschrieben, um den ewig ähnlichen Staatsgesinnungsschwulst vor, unter und nach Hitler damit zu parodieren, aber doch kaum in vollem Ernst! Wurde auch Petra Schelm ›im Auftrag der im Staat organisierten Rechtsgemeinschaft unseres Volkes‹ durch den Kopf – statt etwa durch die Hand geschossen? Und Georg von

Rauch, der weisungsgemäß die Hände hochhielt? Ihn hat Posser nicht einmal erwähnt, formaljuristisch mit Recht, in Wirklichkeit aber, da der Vorbeugemord an von Rauch mit zur Sache gehört, in der Posser sich zum Kritiker über Böll aufwirft, mit Unrecht.

Erkennt denn Posser seine Staats- und Rechtsgemeinschaftsdefinition wirklich nicht als solipsistisch, als Versuch, etwas der kritischen Fragestellung zu entziehen, indem er es wie ein Axiom in die Prämisse einschmuggelt? NRW-Minister Possers Voraussage fairer Prozesse, Frau Meinhof brauche nichts zu fürchten und so weiter, hat etwas vom Kindheitszauber der heilen Welt. Man sollte sie sich gut aufheben, dann kann man seine beruhigenden Prophezeiungen eines Tages vielleicht mit der Wirklichkeit vergleichen. Auch ich wurde einmal, als ich in zwei SWF-Sendungen gegen die völlige Kriminalisierung Ulrike Meinhofs und ihrer Freunde und gegen die offiziellen Menschenjagdlosungen und Weltkriegsvergleiche protestierte und als Folge solcher Methoden Tote auf beiden Seiten voraussagte, von Juristen und Optimisten zur Ordnung gerufen. Die Toten gibt es jetzt. Ich fürchte, es werden mehr werden.«

Aus diesem Text wird klar, daß es nicht meine Absicht war, den Polizeibeamten Schulz zu beleidigen, obwohl mein Brief außer der Erwiderung auf Herrn Dr. Posser in Sachen Heinrich Böll natürlich auch ein gut Teil Kritik an den auch von Böll kritisierten Zuständen, nämlich an der Menschenjagdatmosphäre und tatsächlichen Durchführung dieser Jagd auf Menschen, enthält, die etwas später Herr Horst Herold, Leiter des Bundeskriminalamts, zu meinem Entsetzen als »unsere Volksfahndung« bezeichnete. Solche Kritik aber ist freie Meinungsäußerung.

Solche Meinungsäußerung soll überhaupt erst die Vorbedingungen für sachliche politische Auseinandersetzungen schaffen helfen und so bessere menschliche Beziehungen und Lebensformen vorbereiten helfen. Solchen Zielen ist ein großer Teil meines literarischen Arbeitens gewidmet.

Im Schriftsatz von Herrn Dr. Senfft heißt es:

»Im übrigen muß auch berücksichtigt werden, daß der Leserbrief von Erich Fried nicht isoliert dasteht, sondern eingebettet in das Für und Wider anderer Meinungen, sowohl in dieser Ausgabe des ›Spiegel‹ als auch in den vorangegangenen und in der gesamten deutschen Presse.«

Dem schließe ich mich natürlich an, aber ich möchte da besonders auf einen Leserbrief von mir hinweisen, den ich zwei Wochen zuvor im »Spiegel« veröffentlicht hatte, am 24. Januar 1972, und in dem ich auf den »Spiegel«-Artikel »Polizei: Feuer eröffnet« über den Tod von Georg von Rauch Bezug nahm. Diesen Leserbrief hatte ich am 10. Januar 1972 an den »Spiegel« abgeschickt, genau an dem Tag, an dem der »Spiegel« Heinrich Bölls berühmte Warnung vor der Menschenjagdatmosphäre veröffentlichte. Diese Veröffentlichung war mir in London an dem Tag natürlich noch nicht bekannt, aber meine Motive waren wohl nicht sehr verschieden von denen der Böllschen Warnung.

Daß dieser mein Leserbrief im »Spiegel« vom 24. *Januar* vom Strafantragsteller nicht erwähnt, sondern mit Stillschweigen übergangen wurde, ist um so merkwürdiger, als ich schon das Wort »Vorbeugemord« gebraucht hatte. Mein Leserbrief lautet:

»Heinz Kaschke, FDP-Mitglied im Sicherheitsausschuß des Berlin-Parlaments, der den vermutlichen Vorbeugemord an Georg von Rauch aufklären (oder wegerklären?) soll, hat in einer Hinsicht unrecht mit seinen Worten: ›Das ist doch alles völlig irrsinnig. Da sieht ja keiner mehr durch.‹ Mindestens eines ist deutlich zu sehen: Politische Polizei und Verfassungsschutz, beide in Zivil, ja verkleidet, zur Jagd auf dieselben politisch Verdächtigen anzusetzen, ohne daß beide voneinander wissen, ist verbrecherische Dummheit. Nicht nur von Rauch wurde Opfer dieses blutigen Schildbürgerstreichs, als das Näherkommen von drei Unbekannten (nämlich Verfassungsschützern) Kriminalhauptmeister Schulz allem Anschein nach veranlaßte, seinen Mann lieber zu erschießen, als dessen Befreiung oder Flucht zu riskieren. Nein, Polizei und Verfassungsschutz mußten fast unvermeidlich aneinandergeraten! Hatte ihre Schießkunst nicht nur gerade gereicht, um einen Wehrlosen, der stillhielt, aus zwei Meter Entfernung ins

Auge zu treffen, so gäbe es jetzt auch tote Polizisten und Verfassungsschützer. Wie lange soll diese Mischung aus Lügen, gesteuerter Hysterie, Dummheit und Menschenjagd noch geduldet werden?«

Aus diesem Text geht meines Erachtens klar hervor, was ich angreife: Zustände, die mir unmenschlich und menschenunwürdig scheinen; das Verhalten behördlicher Stellen, die ihre Leute mit einem verzerrten Feindbild ausschicken, ohne sie auch nur von einander zu informieren, so daß sie für einander und für in Schußweite befindliche Mitmenschen zu einer Lebensgefahr werden. Ebenso klar wird, daß es nicht meine Absicht war, den Polizeibeamten Schulz zu beleidigen. Und nicht nur nicht meine *Absicht*, sondern es wäre eine sehr merkwürdige Phantasie nötig, um meinem Text eine Beleidigung gegen Schulz zu entnehmen.

Mein Leserbrief im »Spiegel« vom 24. Januar 1972 zeigt nicht nur, daß ich nicht auf »Beleidigung« des Polizisten aus war, sondern daß ich, bei aller Kritik und Polemik gegen die Zustände, auch an Leben und Gesundheit von Polizisten und Verfassungsschützern dachte und an die Unzumutbarkeit ihrer gegenseitigen Gefährdung. Worauf sonst zielten meine Ausdrücke wie »verbrecherische Dummheit«?

Warum hat der Strafantragsteller nur meinen zweiten Brief zitiert? Zwar glaube ich, daß auch mein zweiter Brief *allein* nicht beleidigend ist, doch glaube ich, daß der Leser, der die Sache Georg von Rauch im »Spiegel« verfolgt, um sich seine Meinung zu bilden, nicht nur den zweiten Leserbrief, sondern auch schon den vorhergegangenen »Spiegel«-Bericht und meinen ersten Leserbrief mit in Betracht ziehen muß.

Freilich könnte man, wenn man unbedingt will, einwenden, ich bringe hier zwar Argumente vor, daß ich nicht *beabsichtigt* habe, den Polizeibeamten Schulz zu beleidigen, aber selbst eine *unbeabsichtigte Beleidigung* sei immer noch eine *Beleidigung*. Beleidigt aber hätte ich ihn, indem ich ihn, wenn auch indirekt, »Mörder« genannt hätte, und bezeichnend sei auch, daß er sich von mir beleidigt *fühle*. Zur Sache, zum Wesen der Sache, gehört aber, daß ich nicht »Mörder« oder »Vorbeugemörder« geschrieben habe, sondern »Vorbeugemord«. Aber treibe ich da nicht sophistische Wortklauberei? Denn ohne Mörder kein Mord, könnte man gegen mich einwenden.

Ich glaube aber, daß unter anderem mein Leserbrief im »Spiegel« vom 24. 1. 1972 diesen Einwand widerlegen kann. Wem gilt dort das Gewicht meines Angriffs? Etwa dem Polizeibeamten Schulz? Nein, keineswegs, sondern dem Wirrwarr, in dem zwei gewaltige Institutionen, Polizei und Verfassungsschutz, dadurch, daß sie auf der gleichen Menschenjagd sind, aneinandergeraten und Amok zu laufen beginnen. In dieser Verdinglichung und Entfremdung entfesselter Institutionen, die ihre eigenen Befehlsempfänger teils übereinander, teils über die Menschen auf der anderen Seite ungenügend und falsch informieren, sah ich die »verbrecherische Dummheit« und das eigentlich »Mörderische«.

Vor einigen Tagen hat mich Pastor Paul Östreicher in London, ein namhafter Pazifist, der auch durch den Weltkirchenrat, durch »Amnesty International« und so weiter bekannt ist und sich für den Fall Georg von Rauch auch im Zusammenhang mit dem später in der Bundesrepublik erschossenen Schotten Ian MacLeod interessiert, über den Fall befragt. Paul Östreicher hat mehr als einmal Krieg als »organisierten Mord« bezeichnet. Aber die gleiche Menschenliebe, die ihn zum Pazifisten und Kämpfer gegen Ungerechtigkeit macht, würde ihn davon abhalten, den einzelnen Soldaten deshalb einen Mörder zu nennen. Ähnlich hier: Wie ich die Sache sehe, war der Polizeibeamte Schulz selbst nur ein Rädchen in diesem Getriebe. »Mörderisch« war das entfesselte »Getriebe« unvergleichlich mehr als der einzelne Beamte, der in die gräßliche Lage kam, zum Todesschützen zu werden.

Allerdings glaube ich auch, man darf über dem mitmenschlichen Erbarmen für den Polizeibeamten, der sich beleidigt fühlt, nicht den Jammer um Georg von Rauch und andere Tote vergessen, und auch nicht die notwendige scharfe Kritik, die verhindern helfen soll, daß noch viele so sterben müssen.

Mein Leserbrief im »Spiegel« vom 7. Februar 1972, dessentwegen Herr Polizeipräsident Hübner Strafantrag gegen mich gestellt hat, endet mit den Worten: »Die Toten gibt es jetzt. Ich fürchte, es werden mehr werden.« Es sind bekanntlich seither mehr geworden, zum Beispiel der siebzehnjährige Lehrling Richard Epple, der mit der Baader-Meinhof-Gruppe, der RAF, so wenig zu tun hatte wie der erschossene Schotte MacLeod, von dem ebenso wie von

Georg von Rauch zunächst behauptet wurde, er habe eine wesentliche Rolle bei der Roten Armee Fraktion gespielt, eine Behauptung, die in beiden Fällen zurückgenommen werden mußte, als von Rauch und MacLeod tot waren.

Darf ich Ihnen einen Augenblick versichern, daß es für einen deutschen Schriftsteller keine reine Freude war, nach der Erschießung MacLeods in England mit Engländern diskutieren zu müssen. Mich erinnerte das von ferne an meine Flüchtlingszeit in London, im Zweiten Weltkrieg, als wir uns bemühten, den Engländern immer wieder zu versichern, Hitler und die Deutschen seien nicht einfach ein und dasselbe. Sie haben wahrscheinlich keine Ahnung, wie furchtbar diese ganze Baader-Meinhof-Menschen-Jagd auf englische Intellektuelle, die davon wußten, gewirkt hat, und wie man aufgeatmet hat, als wenigstens Heinrich Böll dagegen protestierte. Und nicht zuletzt deshalb finde ich die Aufrechterhaltung des Strafantrags durch Polizeipräsident Klaus Hübner *jetzt*, nach allem, was mittlerweile weiter an Erschossenen zu verzeichnen ist, geradezu grotesk, um nicht zu sagen, von allen guten Geistern verlassen!

Die Frage, die in London aus Anlaß dieses Strafantrags gestellt wurde, von Pastor Paul Östreicher und anderen, Schriftstellern, Akademikern, Parlamentsmitgliedern, lautete: Soll so eine Beleidigungsklage nicht in Wirklichkeit das kritische Beim-Namen-Nennen von Sachverhalten verhindern? Diese Frage beschränkte sich nicht nur auf meinen Fall und auf die unvergessenen Äußerungen deutscher Behörden nach der Erschießung des britischen Staatsbürgers MacLeod, sondern es war auch bekannt geworden, wie politische Untersuchungsgefangene durch Isolation, durch sensorische Deprivation und Wasserentzug bei Hungerstreik behandelt werden. Außerdem ist auch bekannt geworden, daß die bisher unter Rechtsschutz stehende Verteidigerpost dieser Gefangenen beschlagnahmt und durchgeschnüffelt wurde, womit offenbar auch ein Schlag gegen Verteidiger geführt werden soll, die gegen solche Zustände anzukämpfen versuchen. Gleichzeitig wurde bekannt, daß irgendein Minister jeden mit Strafverfolgung bedroht hat, der es wagt, in diesem Zusammenhang von Folter zu sprechen. Und das alles wurde ausgerechnet in *dem* Augenblick bekannt, in dem »Amnesty International« gerade zur Untersuchung der Haftbedingungen politischer

Gefangener eine Untersuchungskommission in die Bundesrepublik schickte.

Oder, daß der auch in England bekannten Theologin Dorothee Sölle ein Besuchsantrag bei einem der Baader-Meinhof-Gefangenen abgelehnt wurde, weil sie in einer Predigt auf dem Kirchentag dazu aufgefordert hatte, auch für die politischen Gefangenen zu beten, mithin nicht unbefangen sei... Was glauben Sie, was man sich in England – und nicht nur dort – über solche Ereignisse denkt?

Oder meinen Sie, daß man so einen Ablehnungsbescheid für Frau Sölle oder die Strafdrohung eines Ministers für das »Beim-Namen-Nennen« dieser Behandlung Gefangener und den Strafantrag des Polizeipräsidenten Klaus Hübner gegen mich wegen meiner willkürlich aus ihrem Zusammenhang gerissenen Äußerung zur Erschießung Georg von Rauchs nicht zu einem Gesamtbild zusammenfaßt?

Weder Paul Östreicher noch ich gehören zu jenen Hitleropfern, die aus dem, was sie damals erleben mußten, heute Sonderrechte oder Sonderbegünstigungen ableiten wollen. Aber man kann nichts dafür, daß einen diese damaligen Erfahrungen später hellhörig machen und allergisch gegen gewisse Worte, Praktiken und Methoden.

Im ersten Schreiben der Staatsanwaltschaft an mich wurde zu dem Wort »Vorbeugemord« die Frage aufgeworfen, ich könne mich »äußern, insbesondere, ob die beanstandete Formulierung von mir stammt«. Nein, sie stammt *nicht* von mir. Seit bundesdeutsche Behörden das Wort Vorbeuge*haft* in Umlauf gesetzt hatten, also etwa seit der Zeit der Kontroverse um die Notstandsgesetze, 1968, habe ich den offenbar parallel dazu gebildeten Terminus »Vorbeugemord« des öfteren gehört und auch gelesen, immer als politisch-polemisches Wort. Ein Plakat habe ich mir damals von einem Freund schenken lassen. Er hat es aus der Gegend von Kassel. Ich zeige es hier vor. (Plakat mit den Worten: »Vorbeugehaft ist gut – Vorbeugemord ist besser«, und mit den Bildern von Karl Liebknecht und Rosa Luxemburg.)

Zur Sache gehört auch die Erwägung, was es mit dem Wort »Vorbeugemord«, wie ich es verwendet habe, für eine Bewandtnis hat. In einem Katalog von Straftaten ist es natürlich nicht zu finden. Sie werden mir wahrscheinlich zustimmen, daß ich mich hier nicht zu verteidigen hätte, wenn ich statt Vorbeuge*mord* etwa Vorbeuge*tötung* gesagt hätte. Woher in meiner Wortwahl das Wort »Mord« kommt, daß es der Herkunft nach *nicht der Person des Todesschützen* anhaftet, sondern den *Institutionen*, die ihn in diese Lage brachten, habe ich schon erklärt. Aber was sagen die ersten drei Silben »Vorbeuge«? Das macht besonders mein erster Leserbrief, aber auch mein Prosatext »Die Schneibarkeit« klar. »Vorbeuge« heißt hier, daß der Polizeibeamte Schulz zu seinem Schuß dadurch veranlaßt wurde, daß er glaubte, verschiedenen Möglichkeiten *vorbeugen* zu müssen, nämlich entweder der Flucht oder dem Befreitwerden seiner Gefangenen, deren einer Georg von Rauch war, oder auch der Vereinigung mehrerer Gegner, denn als solche sah er die drei Verfassungsschützer an, die auf ihn zukamen.

Und – sonderbar – andere, die ganz uneingeschränkt *Mord* gesagt haben – sogar ohne »Vorbeuge« – wie mein alter Exilkollege Robert Neumann in einem Beitrag in der »Zeit« hier in Hamburg, Nummer 45 des Jahres 1972, unter dem Titel »Wir Unterwanderer – Böll, Bornemann, Schönherr, Zwerenz und ich« sind nicht angeklagt worden; aber ich wurde angeklagt.

Robert Neumann hat geschrieben: »Böll hat, drei Tage nach der Ermordung des völlig unbeteiligten von Rauch durch die hysterisierte Polizei, um die ›Gnade‹ gebeten, daß man die Baader-Meinhof-Leute nicht blind-hysterisch abknallen... möge.«

Ebenso hat der Vorstand des Republikanischen Clubs e.V. in Westberlin am 5. Dezember 1971, also einen Tag nach der Erschießung Georg von Rauchs, einen Rundbrief verschickt, in dem es heißt:

>»Die von der Westberliner Polizei seit Freitag mit bereitwilliger Unterstützung der Westberliner Presse inszenierte Hetzjagd gegen die sog. Baader-Meinhof-Gruppe hat ihr erstes Opfer gefunden: Georg von Rauch ist von der Polizei ermordet worden.«

Weder Robert Neumann noch dem Vorstand des Republikanischen Clubs wurde für diese Feststellung, die an Schärfe weit über meine Äußerungen hinausgehen, ein Prozeß gemacht. Ich will damit natürlich keineswegs dazu auffordern, gegen Neumann, den Republikanischen Club, deren kritische Motive ich teile und für wesentlich halte, vorzugehen.

Nun zur Frage des Sich-beleidigt-Fühlens. Wenn es mir oder irgendeinem von uns hier widerfahren wäre, einen Menschen vom Leben zum Tode zu bringen, so wären wir dann wahrscheinlich einigermaßen überempfindlich und könnten uns unter Umständen daher *auch zu Unrecht* beleidigt fühlen, wenn das Wort »Mord« fällt, sei es auch in einem zusammengesetzten Substantiv. Eine solche Überempfindlichkeit kann vielleicht nicht einmal durch einen Gerichtsentscheid, man habe in Notwehr gehandelt, geheilt werden und ist psychologisch sehr gut verständlich. Aber es wäre dennoch sehr ungerecht, auf Grund dieser Überempfindlichkeit die freie Meinungsäußerung anderer Menschen beeinträchtigen zu wollen. Gerade für Menschen in *Deutschland* ist *das* eine besonders wichtige Frage. Ich habe in meinem Gedichtband »Anfechtungen« (Berlin, 1967, Wagenbach) dazu unter dem Titel »Taktfrage« geschrieben:

»Im
Haus
des
Gehenkten
darf
man
vom
Strick
nicht
reden
weil
jetzt
sein
Henker
dort
im
Ruhestand
lebt«

Es geht aber meines Erachtens hier gar nicht nur um mich, sondern um die Abwehr der Gefahr, daß ein Kritiker, der sich bei den Kritisierten mißliebig gemacht hat, in der Freiheit seines Rechtes, ja vielleicht seiner schriftstellerischen Pflicht der Kritik beeinträchtigt, verfolgt oder eingeschüchtert werden könnte. Diesen Prozeß habe *ich* nicht angestrebt. Da ich aber angeklagt werde, stehe ich nicht für mich allein hier.

Zweitens bitte ich um Verständnis dafür, daß ein Schriftsteller oft gezwungen ist, als Beweis für seine Haltung auf seine Schriften zu verweisen.

Das möchte ich hier in Anspruch nehmen, denn wenn einige meiner Äußerungen bitter sind, aus Trauer über den Zustand unserer Zivilisation, ihrer Institutionen und Menschen, so könnte man diese Bitternis leicht mit Zynismus verwechseln. Ein solches Mißverständnis könnte Ihren Glauben an die Ehrlichkeit meiner Argumente erschüttern.

Sie könnten zum Beispiel annehmen, daß es mir in meinem Leserbrief im »Spiegel« nur um das Leben von Georg von Rauch zu tun gewesen sei, nicht wirklich auch um das Leben der Polizisten und Verfassungsschützer, sondern daß ich das nur aus Effekthascherei in meinen Leserbrief eingebaut habe.

Dagegen möchte ich Ihnen einen Indizienbeweis vorlegen: Im Belsenprozeß 1945 gegen das Lagerpersonal des KZ's Bergen-Belsen wurde zusammen mit den anderen auch die zweiundzwanzigjährige Irma Grese* verurteilt und vor Weihnachten in Hameln gehenkt. In seiner Zusammenfassung sagte der englische Richter von ihr, die Tatsache, daß sie im Alter von fünfzehn Jahren gegen den Willen ihrer Eltern, tiefreligiöse Bauersleute, dem BDM beigetreten sei, zeige schon die ganze Verderbtheit und Verworfenheit ihres Charakters.

Nicht nur mein Abscheu vor der Tötung eines jungen Menschen im Namen der öffentlichen Ordnung, sondern auch meine Empörung über eine Justiz, die von der Pubertätsrebellion eines jungen Mädchens (die die Nazi-Staatsjugendorganisation sich dann zunutze machte) offenbar keine Ahnung hatte, veranlaßte mich damals, über die Hinrichtung folgendes Gedicht zu schreiben:

> »Soldaten der Freiheit haben den Galgen gebaut,
> Mühelos haben sie einen Henker gefunden,
> Und dann standen sie und henkten sechseinhalb Stunden.
> Zuletzt hat ihnen wahrscheinlich nicht mehr gegraut.

Schwer muß der Anfang gewesen sein, mit den Frauen,
Besonders eine von ihnen war schön und mutig und jung.
Aber dann später kamen sie sicher in Schwung
Und faßten zu ihren Händen wieder Vertrauen.

Vor Weihnachten, wenn sonst das Schweineschlachten
                                                        beginnt,
Ist das geschehen, in Hameln, im Jahre des Sieges,
Kurz nach Ende des Großen Gerechten Krieges.
In Hameln herrschte schon Hunger und kalter Wind.

Hameln ist eine Stadt im westfälischen Land,
Dort stand der Galgen, dort liegen die armen Sünder.
Durch seinen Rattenfänger und viele verlorene Kinder
War der Ort schon zuvor seit alters bekannt.«

Erschienen ist dieses Gedicht in Hamburg, in meinem Roman
»Ein Soldat und ein Mädchen«.
Ich hoffe, durch dieses Beispiel mindestens eines klar gemacht zu
haben: Wenn ich selbst bei Todfeinden, wie dem Lagerpersonal
der KZs Hitlers, die meine Freunde und Verwandten umgebracht
haben, zwischen Kampf gegen das System und Verhalten gegenüber dem einzelnen, durch dieses System mitschuldig gewordenen
Menschen auf der anderen Seite *so* unterscheide, um wieviel weniger werde ich bei einer solchen Grundhaltung zynisch, unbeküm-
mert und beleidigend einem Polizeibeamten Schulz gegenüber
reagieren? Sogar gegen Nazis versuchte ich immer nach besten
Kräften *ohne* Gehässigkeit, ohne Zynismus zu kämpfen, eingedenk der Warnung Bertolt Brechts:

»Dabei wissen wir doch:
Auch der Haß gegen die Niedrigkeit
Verzerrt die Züge.
Auch der Zorn über das Unrecht
Macht die Stimme heiser. Ach, wir,
Die wir den Boden bereiten wollten für Freundlichkeit,
Konnten selber nicht freundlich sein.«

Nun könnte man vielleicht gegen mich einwenden: Ja, aber vielleicht hat sich Frieds Grundhaltung in den letzten Jahren, in denen
er sich mit Rudi Dutschke solidarisiert und mit Professor Gollwit-

zer gemeinsam gegen den Vietnamkrieg gesprochen hat, eben geändert?

Ich versichere Ihnen, sie hat sich nicht geändert und ist übrigens auch die Grundhaltung Professor Gollwitzers und Rudi Dutschkes. Daß es *meine* Grundhaltung geblieben ist, mögen einige Zeilen aus meinem letzten Buch beweisen, dem Gedichtband »Die Freiheit, den Mund aufzumachen«, der im Herbst 1972, also *nach* meinen zur Debatte stehenden Leserbriefen an den »Spiegel«, in Berlin, im Verlag Klaus Wagenbach, erschienen ist. Das sind engagierte Gedichte, denen es zum Teil um Kritik und Selbstkritik *innerhalb* der Linken geht. Eines heißt:

Not kennt kein Gebot

Heute haben wir leider
für Feinheiten
keine Zeit

sagte einer
den ich schon vor Jahren
als Grobian kannte.

Und ein anderes setzt sich mit der Dialektik des Pazifismus auseinander:

Gewaltloser Verzicht auf Gewaltlosigkeit

Es ist falsch
auf die Steiniger
keine Steine zu werfen
Nicht zum Zeitvertreib
trieb Jesus
die Wechsler aus
Er sagte
»Ihr habt aus dem Haus
eine Mördergrube gemacht«
Aber wer wirft den ersten Stein
auf einen
der keinen Stein wirft?

Ich glaube, das sind genug Beispiele dafür, daß diese unzynische, um Verständnis des Andersdenkenden und auch noch im politischen Kampf um die Vermeidung der entmenschenden Entfremdung bemühte Haltung meine Grundhaltung ist. Nur das vom Dritten Reich ererbte *Feindbild*, das hierzulande jeden Linken bis zur Unkenntlichkeit verzerrt, läßt die Frage nach der Vereinbarkeit einer solchen Haltung mit meinen politischen Anschauungen überhaupt aufkommen.

Zuletzt bleibt mir die leichtere Aufgabe, Ihnen einige ganz unmittelbar zur Sache gehörige Informationen vorzulegen.

Meine Meinung über die Umstände des Todes von Georg von Rauch habe ich mir an Hand der Berichterstattung im »Spiegel«, außerdem des zuvor erwähnten Rundschreibens des »Republikanischen Clubs«, Westberlin, vom 5. 12. 1971, ferner der Berichterstattung der Westberliner Zeitung »Berliner Extradienst« über den Fall, ebenso wie der »Frankfurter Rundschau«, gebildet. Dazu kam – laut meinen Notizen – noch eine am 17. 12. 1971 vom »Solidaritätskomitee Georg von Rauch« veröffentlichte Schrift: »Wie starb Georg von Rauch?« Es war mein gutes Recht, mir auf Grund dieser Quellen ein Bild zu machen.

Es war auch, davon bin ich überzeugt, mein gutes Recht, den Erklärungen der Berliner Polizei zum Tod Georg von Rauchs mit äußerstem Mißtrauen zu begegnen. Schon weil diese Erklärungen sich bekanntlich mehrfach widersprachen. Zuerst hat die Polizei erklärt, Georg von Rauch sei wahrscheinlich bei einem Schußwechsel der Polizei mit Politgangstern aus Versehen von *eigenen Tatgenossen* erschossen worden. Die Polizei erklärte auch, er habe zum »harten Kern der Baader-Meinhof-Gruppe« gehört, sonst würde er heute noch leben.

Beide Behauptungen mußten nach wenigen Tagen zurückgenommen werden. Die ursprünglich nur von Linken wie »Rote Hilfe«, »Extradienst« und »Republikanischer Club« und vom Ermittlungsausschuß und Rechtsanwaltkollektiv in Berlin verbreitete Behauptung, der Polizeibeamte Hans-Joachim Schulz habe Georg von Rauch erschossen, erwies sich als *richtig*. In der Anklage gegen mich heißt es wörtlich: »insbesondere bezüglich des Polizeibeamten Schulz, der am 4. 12. 1971 Georg von Rauch in Notwehr tödlich verletzte.«

Über den Polizeibeamten Hans-Joachim Schulz wurden ebenfalls von Berliner behördlichen Stellen einander widersprechende Nachrichten verbreitet. Anfangs konnte man Schulz nicht vernehmen, weil er selber durch einen Bauchschuß schwer verletzt sei. Erst am 6. Dezember 1971 korrigierte sich dann die Polizei: Der Bauchschuß war lediglich ein Streifschuß in der Leistengegend. Der »Spiegel« (Nummer 53, 1971) sagt dazu: »Merkwürdig mutet an, daß der leichtverletzte Beamte 72 Stunden gebraucht haben soll, um sich von seinem ›Schock‹ (Kripo) zu erholen, ehe er zum Tathergang befragt wurde.«

Demselben »Spiegel«-Artikel verdanke ich auch folgende Stellen: »Schuld an diesem Wirrwarr, so befanden Berlins Freidemokraten, trage letztlich Hübner-Chef Neubauer, dessen Beamten ›durch sporadische Veröffentlichung von Teilwahrheiten Unsicherheiten gesät‹« hätten. Und der »Spiegel«-Artikel schließt damit, daß Heinz Kaschke, Mitglied des Sicherheits-Ausschusses des Berlin-Parlaments, zu den Umständen von Georg von Rauchs Tod zitiert wird: »Das ist doch völlig irrsinnig. Da sieht ja keiner mehr durch.« Zwischendurch wurde auch behauptet, Hans-Joachim Schulz habe geschossen, weil er in der Hand Georg von Rauchs plötzlich eine Pistole gesehen habe. Auch das fand ich merkwürdig, nicht nur, weil Rauch bei der unmittelbar vorausgegangenen polizeilichen Durchsuchung *keine* Schußwaffe bei sich hatte, sondern auch, weil er, obwohl er selbst offenbar einen Bruchteil einer Sekunde später erschossen wurde, anscheinend noch Zeit gefunden haben muß, diese Pistole unauffindbar zu verstecken. Sie war später nicht mehr vorhanden.

Aus all dem dürfte verständlich sein, daß ich den behördlichen widersprüchlichen Darstellungen weniger Glauben schenkte als dem »Spiegel«, dem Berliner »Extradienst« und dem Ermittlungsausschuß und dem Rechtsanwaltkollektiv in Berlin. Deshalb dürfte es auch verständlich sein, daß ich schwerste Zweifel an der Glaubwürdigkeit des Zeugen Hans-Joachim Schulz anmelden muß, erstens wegen der bisherigen offenkundigen Widersprüche und Unwahrheiten oder irreführenden sporadischen Teilwahrheiten der Berliner Behörden in dieser Sache, wobei auch Schulz als untergeordneter Teil dieser Behörden mit im Spiel war; zweitens auf Grund des dienstlichen Abhängigkeitsverhältnisses des

Polizeibeamten Schulz von Polizeipräsident Hübner und, mittelbar, von Innensenator Kurt Neubauer. Ich möchte aber ausdrücklich feststellen, daß meine Zweifel an der Glaubwürdigkeit des Zeugen Schulz nur durch diese Umstände bedingt sind und keine *persönliche* Verdächtigung darstellen. Wir haben erst vor wenigen Wochen, in den Presse- und Fernsehberichten über das Verhör der Sekretärin Präsident Nixons in der Sache der Watergate-Tonbänder, erlebt, wie gerade die sogenannten guten Eigenschaften eines Angestellten, Treue, Loyalität, Hilfsbereitschaft gegenüber dem Dienstherren, zu sonderbaren Verzerrungen seiner Zeugenaussagen führen können. Außerdem steht der Zeuge Schulz psychologisch unter schwerem Rechtfertigungsdruck, und dieses Verfahren muß für ihn weit qualvoller sein als für mich.

Die Behauptung in der Anklageschrift gegen mich, Schulz habe Georg von Rauch »in Notwehr« erschossen, oder, in den Worten der Anklageschrift »tödlich verletzt«, erfordert auch eine Erklärung zur Sache. Erstens, daß dieser Gerichtsentscheid, der Schulz Notwehr bescheinigte, damals, als ich meine Leserbriefe im »Spiegel« veröffentlichte, noch nicht erfolgt war. Zweitens, daß ich gegen die üblichen Notwehr-Plädoyers von Polizeitodesschützen skeptisch bin.

Mein Informant zum Thema Freispruch von Gewaltträgern staatlicher Institutionen wegen Notwehr oder mit der Begründung »auf der Flucht erschossen« war Generalstaatsanwalt Fritz Bauer* aus Frankfurt, den ich leider nicht als Zeugen laden konnte, weil er tot ist, der mir aber kurz vor seinem Tod, zur Zeit der Auseinandersetzungen um die Notstandsgesetze, viel darüber gesagt hat. Was er mir sagte, das deckt sich im wesentlichen mit seinen Ausführungen, die in der »Streit-Zeitschrift«, Heft VI, 2. September 1968, Herausgeber Horst Bingel, Frankfurt, erschienen sind, unter der Überschrift: »Auf der Flucht erschossen und Fritz Bauer antwortet«. Generalstaatsanwalt Bauer klagt da zunächst über die Schwierigkeit, gegen polizeiliche Todesschützen in solchen Fällen überhaupt ein Verfahren aufzunehmen. Ich zitiere: »Die Staatsanwälte hielten den Schußwaffengebrauch für rechtens. Mit Ach und Krach fand sich ein Oberstaatsanwalt, der Anklage wegen fahrlässiger Tötung erhob. Die Polizeibeamten wurden freigesprochen. Auch die Öffentlichkeit stand auf ihrer Seite und jammerte über die Humanitätsduselei einer anklagenden Staatsanwaltschaft.«

Im zweiten Teil seiner Ausführungen antwortet Fritz Bauer auf Winfried Haug und fragt unter anderem: »Billigt Haug die polizeiliche Erschießung von wirklich oder vermeintlich demonstrierenden Studenten wie Benno Ohnesorg, von wirklichen oder vermeintlichen Dieben, von flüchtenden Gefangenen? Handelt der Staat diesfalls nach richtigen Maßstäben? Sein oder Nichtsein der Betroffenen, das ist die Frage.« Und Fritz Bauer meint schließlich: »Die Würde des Menschen, die das Grundgesetz für unantastbar erklärt... meint zwangsläufig zunächst das Recht auf Leben, ohne das die übrigen Rechte Schall und Rauch bleiben...«

Ich habe erst vor wenigen Tagen mit Herrn Professor Dr. Georg von Rauch in Kiel, dem Vater des erschossenen Georg von Rauch, gesprochen, und seine Ansichten über Notwehr-Freisprüche polizeilicher Todesschützen entsprechen offenbar denen Generalstaatsanwalts Fritz Bauer. Er teilte mir auch mit, er hätte nach Ablehnung seiner Strafanklage gegen den Polizeibeamten Schulz noch ein *Erzwingungsverfahren* eröffnen können, hätte das auch gern getan, aber die Kosten wären wohl unerschwinglich gewesen, und seine Anwälte hätten ihm davon abgeraten, weil erfahrungsgemäß ein derartiges Verfahren gegen einen Polizisten wenig Aussicht habe.

Erlauben Sie mir, hierzu in eigener Sache zu sagen, daß ich es höchst ungerecht finde, daß Herr Polizeipräsident Hübner gegen mich auf Kosten deutscher Steuerzahler prozessieren kann, ohne jedes finanzielle Risiko seinerseits, ich mich aber auf eigenes Risiko und eventuell auf eigene Kosten verteidigen muß, ebenso wie Professor Georg von Rauch finanziell gegenüber einer großen Institution in seinem Streben nach Recht benachteiligt war. Ich weiß, das ist üblich, nicht nur in Deutschland. Gut, daß die Worte »üblich« und »übel« so ähnlich klingen.

Vor wenigen Tagen, als ich mit dem Ausarbeiten meiner Erklärung zur Sache fast fertig war, nahm ich die Mappe mit Unterlagen zu meinem Prosatext »Die Schneibarkeit« nochmals zur Hand und fand darin ein Exemplar der Druckschrift »Wie starb Georg von Rauch?« vom 17. 12. 1971. In dieser Druckschrift findet sich eine Zusammenfassung »Was geschah wirklich?«, die den

Tatverlauf, wie er vom Ermittlungsausschuß und Anwaltskollektiv in Berlin rekonstruiert wurde, darstellt. Und dort fand ich, daß ich eine Stelle ausgezeichnet hatte. Sie lautet wörtlich: »Diese Tat ist durch keinerlei Notwehr gerechtfertigt. Sie ist Vorbeugemord!«

Dies ist offenbar die Ergänzung meiner Antwort auf die Frage der Hamburger Staatsanwaltschaft an mich, ob die beanstandete Formulierung »Vorbeugemord« von mir stamme. Sowohl mein Prosatext »Die Schneibarkeit« wie auch meine beiden Leserbriefe an den »Spiegel« stützen sich ganz offenkundig auf den Text dieser Druckschrift. Auch das Wort »Vorbeugemord« habe ich zweifellos von hier übernommen, obwohl ich es schon zuvor kannte. Dieser Absatz der Druckschrift lautet: »Der Vorbeugemord«.

»Aufmerksam geworden durch die Flucht der vierten Person, kamen inzwischen die drei Verfassungsbeamten um die Ecke. Da alle beteiligten Beamten Zivil tragen, kommt es zu einem Mißverständnis! Schulz hält die drei für Angehörige der Baader-Meinhof-Gruppe. Er hat sich nach dem Abtasten der Festgenommenen hinter den Transit zurückgezogen und hält sie in Schach. Er hat nichts von ihnen zu befürchten, sie stehen mit erhobenen Händen an der Wand. Doch als Georg v. Rauch den Kopf wendet und die Straße zu den sich nähernden Beamten hinaufschaut, schießt er! Die Kugel trifft oberhalb des rechten Auges... Diese Tat ist durch keinerlei Notwehr gerechtfertigt. Sie ist Vorbeugemord! Schulz will ›seinen‹ Mann haben, tot oder lebendig. Läuft er ihm weg, hat er Tadel und Kritik seiner Vorgesetzten zu erwarten, aber ein Verletzter oder – besser noch – ein Toter, läßt sich immer noch nach bewährtem Muster in Notwehr umdichten. Darum zielt Schulz auf den Kopf. Niemand kann behaupten, daß eine Kugel aus 2 m Entfernung ein tragisches Versehen ist! Auf diese Distanz trifft auch ein ungeübter Schütze dorthin, wohin er die Kugel haben will. Und vor ihm steht ein ›Krimineller‹, dessen Taten durch die Springer-Presse (und sonst durch gar nichts!) ›bewiesen‹ sind. So schwinden die letzten Skrupel. Der Kopfjäger tut seine Pflicht.«

Diese Druckschrift zum Tode Georg von Rauchs kennt zweifellos auch Polizeipräsident Hübner, der sie vorliegen hat und ihren weit schärferen Ton mit meinen Formulierungen vergleichen konnte. Deshalb ist sein Entschluß, gegen mich mit einem Strafverfahren vorzugehen, desto merkwürdiger, im eigentlichen Sinn des Wortes *merkwürdig, – denkwürdig.*

Ich sollte dem Gericht daher wohl noch Information darüber geben, wodurch ich möglicherweise den Unwillen des Polizeipräsidenten erregt haben kann. Ich habe nämlich in meinem Gedichtband »Unter Nebenfeinden« bei Klaus Wagenbach in Berlin im Herbst 1970 eine Anzeige, die der Polizeipräsident in Berlin im »Tagesspiegel« am 28. Februar und 7. März 1970 in der Rubrik »Tiermarkt/Ankauf« veröffentlicht hat, als Gedicht veröffentlicht, ohne ein Wort daran zu verändern, nur in Verszeilen eingeteilt, weil mir der Text sehr merkwürdig und gedanklich und in der sprachlichen Formulierung als warnendes Beispiel wichtig schien. Hier der Text:

Tiermarkt / Ankauf

Der Polizeipräsident
in Berlin sucht:
Schäferhundrüden.

Alter ein bis vier Jahre,
mit und ohne
Ahnentafel.

Voraussetzungen: einwandfreies Wesen
rücksichtslose Schärfe
ausgeprägter Verfolgungstrieb

Schußgleichgültig
und
gesund

Überprüfung
am ungeschützten Scheintäter
Hund mit Beißkorb

Gezahlt werden
bis zu
750,– DM

Angebote an:
Der Polizeipräsident
in Berlin W-F 1

1 Berlin 42
Tempelhofer Damm 1–7
Tel. 69 10 91

Apparat
2761
Strich 64

Ich muß darauf bestehen, freigesprochen zu werden. Jedes andere Urteil wäre Unrecht, weil ich niemanden beleidigen wollte und niemanden beleidigt habe. Andererseits könnte mich auch kein Urteil davon abhalten, als Schriftsteller und kritischer Mensch die Dinge, wo es nötig ist, beim Namen zu nennen, auch wenn dabei, wie im Fall der Behandlung – oder *Nicht*-Behandlung – der krebskranken Katharina Hammerschmidt wieder die Silbe »Mord« vorkommt.
Das ist alles.

1974

[1] Wie diese ganze Geschichte samt den in ihr enthaltenen Reflexionen, entsprechen auch ihre Ansätze zu einer Darstellung der Umstände des Todes Georg von Rauchs lediglich meinem Informationsstand zur Zeit der Niederschrift (Januar/Februar 1972). Der Text ist hier, bis auf unwesentliche Satzzeichen- und Stilkorrekturen, unverändert so wiedergegeben, wie ich ihn als Teil meiner »Erklärung zur Sache« am 24. Januar 1974 dem Amtsgericht Hamburg vorgelesen habe, als ich auf Betreiben des Berliner Polizeipräsidenten der Beleidigung angeklagt war, weil ich in einem Leserbrief im »Spiegel«, Hamburg, am 7. 2. 1972 die Worte »der Vorbeugemord an von Rauch« gebraucht hatte. Ich wurde freigesprochen.
Seither sind über die Umstände des Todes von Georg von Rauch zahlreiche einander widersprechende Behauptungen aufgestellt worden, z.B. von Michael Baumann[*] (der zur Zeit der Niederschrift dieser Fußnote anscheinend noch immer im Untergrund lebt) in einem Interview (»Spiegel« Nr.

7/1974), in einer Erwiderung darauf, ebenfalls im »Spiegel« (Leserbrief von Prof. Dr. Georg von Rauch, dem Vater des Erschossenen), ferner in einem Beleidigungsprozeß gegen Dr. Klaus Wagenbach, Berlin, Februar 1974, gleichfalls auf Betreiben des Berliner Polizeipräsidenten, der in erster Instanz mit Freispruch endete, und schließlich in einem Verfahren gegen Klaus Wagenbach in zweiter Instanz, Berlin 1975, in dem der Rekurs gegen diesen Freispruch zu einer Verurteilung führte.

Diese Polemiken und Repressalien seit meinem Freispruch am 24. Januar 1974 veranlassen mich zu betonen, daß die Geschichte »Die Schneibarkeit« nur meinem vorherigen Informationsstand entspricht und daß ich mich zu ihrem Abdruck in ihrer alten Form entschlossen habe, nicht um damit heute irgendeinen Tathergang oder die Ungerechtigkeit seit meinem Freispruch erfolgter Gerichtsentscheidungen zu behaupten, sondern um – was immer sonst meine Meinungen sein mögen – hier zu zeigen, wie ich zur Entstehungszeit dieses Textes (Anfang 1972) Nachrichten, Gedanken über diese Nachrichten und literarische Formen miteinander zu verbinden und zu kontrastieren versuchte. Diese Veröffentlichung will demnach als Dichtung angesehen werden, als experimenteller Text, und im übrigen als »fiction«, wie die Engländer das nennen.

London, Juli 1975

In den siebziger Jahren

Nichts gelernt seit Hitler
Sturmzeichen der deutschen Demokratie

Im Mai 1945, heute vor dreißig Jahren, war es mit dem Dritten Reich und mit dem Hitlerkrieg endgültig vorbei. Ich erinnere mich noch an das Aufatmen, damals in London. Von den Nazis vertriebene Flüchtlinge und kriegsgefangene deutsche Soldaten, die Ausgang hatten, umarmten einander auf der Straße; und kurz darauf packten wir, Flüchtlinge und freigestellte Kriegsgefangene, gemeinsam Lebensmittelpakete für Deutschland.

Das war in der Henriette Street, im Haus von Victor Gollancz*, einem großen englischen sozialistischen Verleger ungarisch-jüdischer Herkunft, der durch einen Aufruf mit Fotos hungernder deutscher Kinder erreicht hatte, daß die englische Regierung rationierte Lebensmittel nach Deutschland ließ. Der Barockforscher Werner Milch*, der mich damals Pakete verschnüren lehrte, starb fünf Jahre später als Professor in Marburg.

Damals agierten wir gegen den »Morgenthau-Plan«, gegen Vergeltung am deutschen Volk, für Verständnis als Grundlage jeder Erziehung zur Demokratie... War unser Optimismus töricht?

Vor einem halben Jahr, bei der Verleihung der Carl-von-Ossietzky-Medaille durch die Internationale Liga für Menschenrechte, sagte Heinrich Böll in Berlin: »Was hier vor sich geht, in diesem Lande, ist ja Wahnsinn... Zuerst hat man die Linken abgeschossen, in allen Parteien, in allen Differenzierungen – es gibt ja viele. Jetzt sind die Links-Liberalen dran, zu denen ich Gollwitzer* und mich zähle... Die nächsten werden die Liberalen sein; sie fangen ja schon an zu schwanken. Schauen Sie sich doch nur die Leitartikel an, nicht nur in der Springer-Presse – vergessen wir die –, sehen wir auf die anderen. Dann kommen die Konservativen dran....« Die Rede erschien* im »Neuen Forum« in Wien.

Vermutlich am gleichen Tag, an dem Böll seine Rede hielt, starb in Frankfurt der Richter Dietmar Kupke. Die Umstände sind nicht ganz geklärt und erinnern mich daran, wie vor sieben Jahren, auch in Frankfurt, Generalstaatsanwalt Fritz Bauer* starb, den ich persönlich gekannt habe. Fritz Bauer hatte gegen rechtsradikale Tendenzen angekämpft, gegen die Notstandsgesetze und gegen die, wie er mir sagte, automatische Straffreiheit für Polizisten, die im Dienst töten, was dann immer »Notwehr« oder »auf der Flucht erschossen« heiße.

Richter Kupke hatte als Beisitzer in einen Prozeß eingegriffen, weil dieser seiner Meinung nach so geführt wurde, daß wenig Möglichkeit bestand, den Angeklagten für seine wirklichen Taten zur Rechenschaft zu ziehen. Der Prozeß platzte und muß neu geführt werden; wenn der Angeklagte schuldig ist, wird er es jetzt schwerer haben, davonzukommen.

Die Justizverwaltung aber erwog nun, den kritischen Richter für die Kosten des geplatzten Prozesses haftbar zu machen, eine Million einhunderttausend Mark. Dr. Kupke, der Lehrbeauftragter für Mietrecht an der Goethe-Universität Frankfurt und Mitglied der Arbeitsgemeinschaft sozialdemokratischer Juristen war, gab einer Projektgruppe »Mietrecht« noch ein ausführliches Tonbandinterview über seine Erfahrungen und seine Meinung von der gegenwärtigen Justiz. Eine Woche später war er tot, wahrscheinlich Selbstmord.

Eine dritte warnende Stimme: General außer Dienst Johannes Steinhoff*, bis vor kurzem Vorsitzender des NATO-Militärausschusses. Am 30. Oktober 1974, im Amerikahaus in München, erklärte er, die Bundesrepublik sei zwar bisher der militärische »Musterschüler« der NATO gewesen, aber er müsse vor deutscher »Selbstgerechtigkeit« warnen, durch die die Bundesrepublik, die heute viel »mehr« Gewicht in der NATO habe, als ursprünglich geplant, zu einer »eminenten außenpolitischen Gefahr« werden könne. – Ein Zuhörer fragte, woher denn solche Befürchtungen? General Steinhoff erwiderte, wenn er das – vor dem Hintergrund der deutschen Geschichte unserer Lebenszeit – auch noch erklären solle, müsse er kapitulieren.

General Steinhoff ist so wenig ein Linksradikaler wie Heinrich Böll ein Anhänger der Baader-Meinhof-Gruppe ist. Bei solchen Warnungen liegt die Frage nahe: Wer sind wir – oder wer werden wir sein –, wenn wir erst, wie immer häufiger zu hören ist, wieder wer sind? Und was ist in diesen dreißig Jahren eigentlich geschehen?

Es gibt Verzweifelte, die erklären die Bundesrepublik und ihre Institutionen einfach für faschistisch. Wenn das stimmte, dann hätten Böll und Gollwitzer in Berlin keine Medaillen mehr bekommen und keine Reden halten können, dann könnte auch ich dies nicht publizieren.

Aber ist es ganz sicher, daß diese Redefreiheit auch noch in zwei, drei Jahren bestehen wird?

Nach dem Untergang des Dritten Reiches prägte irgendein schlauer Nazipropagandist die Flüsterlösung: »Achtung! Im Vierten Reich mußt du dich so verhalten, daß du im Fünften Reich dafür nicht gehängt wirst.« Das war ein Appell an den Untertanengeist und an die Zivilfeigheit, das Gegenteil von Zivilcourage. Nun, ich fürchte, wenn morgen oder übers Jahr so etwas wie das Fünfte Reich ausbräche, dann gäbe es unter den heutigen höheren Staatsbeamten, in der Justiz, in der Bundeswehr oder in der Führung der Polizei manche, die für ihr heutiges Benehmen keinen Strick um den Hals kriegen müßten, sondern vielleicht sogar mit einer Ehrenkette und einem Orden übernommen werden könnten.

Es war Deutschlands Unglück, daß nach dem Krieg im Osten die letzte makabre Phase der Stalinära abrollte und im Westen der Kalte Krieg oft eine falsche Art der Verbrüderung zwischen Deutschen und westlichen Besatzungsoffizieren förderte. »Wir Deutschen haben große Fehler gemacht«, erklärten erfahrene und angesehene Bürger des Dritten Reiches, »und wir mußten ja auch teuer dafür bezahlen; aber die rote Gefahr haben wir schon erkannt, als der Engländer und der Amerikaner den Russen noch die Hand gaben.« Bis heute verdankt der spezifisch deutsche Antikommunismus seine besondere Energie weniger den Verbrechen der Stalinära als seiner geschichtlichen Kontinuität seit 1933.

Kein Zufall, daß gerade in der Bundesrepublik, allein unter den westlichen Demokratien, die Kommunistische Partei verboten wurde und die Kommunisten ins Gefängnis geschickt wurden, gelegentlich von Richtern, die unter Hitlers Nazis gewesen waren – dies gerade im Jahre 1956, als Chruschtschows »Entstalinisierung« in vollem Schwung war. Kein Zufall, daß es den sogenannten Radikalenerlaß (das Berufsverbot für linke Lehrer und andere Beamte) in anderen westlichen Demokratien nicht gibt. – Ich denke beschämt daran zurück, wie schon in den fünfziger Jahren Professor Ossip Flechtheim* von der Freien Univer-

sität Berlin uns vor der »Demontage demokratischer Rechte«
warnte und wie ich ihn damals noch für einen Schwarzseher hielt.
1956, im Jahr des Kommunistenverbots, erschien anläßlich der
gleichzeitigen Neugründung der Bundeswehr auch ein Gesetz-
blatt mit genauen Anweisungen zur Übernahme von Mitgliedern
der Waffen-ss oder der Vollzugspolizei des Dritten Reiches; wie
die alten Dienstgrade anzuerkennen und die Übernahme entsprechend dem alten Rang oder um einen Rang höher zu erfolgen
habe. Das wurde damals nicht an die große Glocke gehängt, aber
eigentlich war es dann kein Wunder, daß Bundeswehrsoldaten
beim Marschieren gelegentlich das Lied der Legion Condor und
andere alte Nazilieder sangen.

Unter diesen Umständen war es aber auch kein Wunder, daß
einem Willy Brandt* vorgeworfen wurde, er habe im Krieg gegen
Deutschland gekämpft, auf Deutsche geschossen. Solche Propaganda (ebenso wie die unsäglich spießig-schäbige von Brandts
unehelicher Geburt!) hätte freilich für alle, die Ohren hatten, ein
Warnsignal sein müssen. Es wurde auch gehört, aber von zu wenigen.

Nicht der Nationalsozialismus hat sich wieder durchgesetzt.
Nein, auch die Neo-Naziparteien blieben immer sehr schwach.
Aber die sogenannte Mitte verschob sich nach rechts, und die
alten Denkschablonen, die seinerzeit schon Hitler an die Macht
bringen halfen, tauchen wieder auf. Manchmal blieb die Scha-
blone, nur das Feindbild ist auswechselbar. Früher war es *der*
Jude, dann *der* Russe, und später gar *der* Araber. 1967, kurz nach
Israels Sechstagekrieg, hörte ich in Frankfurt sagen: »Diese faulen,
dreckigen Araber! So ein Pack hat ja gar keine Lebensberechti-
gung. Höchste Zeit, daß die Juden ihnen den Herrn zeigen. Die
Juden sind überhaupt Wüstenfüchse, die haben von Rommel
gelernt!« Auch in Zeitungen und Zeitschriften wimmelte es von
derartigen Leserbriefen. – Die Araber, die auch entsprechend
schlecht behandelt wurden, waren aber auch durch andere Feindbilder ersetzbar: Die Gammler und vor allem die langhaarigen
Studenten, die sich mit Recht beklagten, sie seien als Sündenböcke
die neuen Juden.

Es war Deutschlands Unglück, daß die Besiegten sich danach
sehnten, einfach die offenbar stärkere Magie ihrer Sieger zu übernehmen, statt die Ursache ihres Unglücks, den Hitlerfaschismus,

zu ergründen. 1945 war für sie das Jahr Null, die Vergangenheit wurde verdrängt. Aber Verdrängung ist nicht Bewältigung, sondern schafft verschüttete, luftlose Räume, in deren Dunkel manches gären oder schwelen kann. Auch führte das Anlehnungsbedürfnis an die Magie der Sieger nicht zur Nachahmung der wirklichen Amerikaner, die immerhin einen Senator wie Joe McCarthy* und einen Richard Nixon losgeworden sind, sondern nur zur Nachahmung der Kraftprotzen aus den schlechteren Wildwestfilmen und den Polit-Pornos eines Mickey Spillane*. Ob die Bürger der Bundesrepublik den Versuch einer Demokratiekorruption à la Nixon ebenso wirksam besiegen könnten wie die Journalisten und unabhängigen Richter in den Vereinigten Staaten?

Halten denn die Ordnungsmächte selbst sich an die Ordnung, an die »freiheitlich-demokratische Grundordnung«, auf die sie sich immer berufen? – Wie viele Menschen sind seit Benno Ohnesorg im ganzen Land von Polizisten erschossen worden? Die wenigsten von ihnen waren »Politische«. Ein bunter Totentanz von Bankräubern und ihren mit ihnen erschossenen unschuldigen Geiseln, bis zu halbwüchsigen Jungen, die ein Fahrrad klauen wollten. Daß die Polizei da wirklich immer nur in Notwehr schießt, hat schon Generalstaatsanwalt Bauer öffentlich bitter bezweifelt. Und waren es nicht Staatsbeamte und Bundestagsmitglieder, die als erste von der Notwendigkeit sprachen, auch außerhalb der Legalität zu operieren? Und wenn, entgegen dem geltenden Recht, die vertrauliche und vor behördlichem Zugriff ausdrücklich geschützte Korrespondenz zwischen Untersuchungsgefangenen und ihren Verteidigern dennoch beschlagnahmt und gelesen wurde, so wurde das damit begründet, das Gesetz habe eben noch nicht an so gefährliche Gefangene gedacht. Also wurde zuerst gehandelt, und ein »neues Gesetz« wurde erst viele Monate später nachgeliefert. – Aber steht das nicht dem Rechtsgrundsatz des Dritten Reiches: »Recht ist, was dem deutschen Volk nützt« näher als dem Legalitätsprinzip?

Und wie gefährlich und verrannt Angeklagte auch sein mögen, die Forderung bundesdeutscher Politiker, daß sich Verteidiger von ihren Klienten öffentlich distanzieren müßten, widerspricht den besten Traditionen des Anwaltsberufs und den Gesetzen.

Nur zur Hitlerzeit haben Roland Freisler* und seinesgleichen mit ähnlichen Forderungen versucht, den Anwaltstand an die Leine zu legen.

Welches Unheil offizielle Propaganda anrichten hilft, habe ich selbst gehört, wenn die Rede auf das neue Gerichtsgebäude in Stuttgart-Stammheim kam: »Schade um die vielen Millionen«, sagten die Leute, »unter Adolf wär's billiger gewesen, da wären sie alle in die Gaskammer gegangen, kurzer Prozeß!« Dabei wissen alle Eingeweihten, daß das Gebäude in Stuttgart-Stammheim auf jeden Fall gebaut werden mußte, um den Insassen der dortigen Vollzugsanstalt Raum zu geben, und daß der Baader-Meinhof-Prozeß nur eine willkommene Gelegenheit gab, die Baukosten den »Anarchisten« zur Last zu legen. Solche Stimmungsmache, wenn sie von unten käme, hieße Aufwiegelung.

In extremen Gruppen wie RAF und »2. Juni« zeigt sich nicht nur Wirklichkeitsverlust, sondern stellt man auch Entfremdungs-, sogar Verrohungserscheinungen fest. Doch ich glaube, daß hier ein Wechselspiel von Unrecht, Auflehnung, Verleumdung, Repression und schließlich beiderseitiger Gewaltanwendung eine richtige Michael-Kohlhaas-Mentalität erzeugt hat.

Vor acht, neun Jahren wurde Rudi Dutschke* von einem großen Teil der deutschen Presse als Volksfeind und brutaler Fanatiker verleumdet, als einer von jenen studentischen »Schädlingen, die man wie Ungeziefer bekämpfen müsse«.

Ohne dieses *Feindbild* hätte der arme Neurotiker Bachmann, wie er selbst später sagte, kaum auf Dutschke geschossen. Dutschke wieder wäre ohne seine schwere Verletzung in Deutschland geblieben, und ich kann mir kaum vorstellen, daß Ulrike Meinhof, die von Dutschkes Integrität, Menschlichkeit und politischem Weitblick eine sehr hohe Meinung hatte, je ihren »bewaffneten Kampf« angefangen hätte, ohne ihn erst um Rat zu fragen. Dutschke aber, der derlei Aktionismus entschieden ablehnt, hätte sie sicher davon abbringen können. Und ich glaube kaum, daß ohne Ulrike Meinhofs Formulierungsfähigkeit und ohne ihr Charisma die RAF, so wie sie war, entstanden wäre. Damit soll nicht gesagt werden, daß ich diese Kausalkette für die zwangsläufig einzig denkbare Entwicklung halte. Es gibt da keine strenge Gesetzmäßigkeit, und gesellschaftliche Gegebenheiten sind entscheidender als die Einzelentwicklungen, die von ihnen abhängen. Und doch soll man, wenn man die Situation beurteilt, Einzelfaktoren, wie ich sie hier eben erwähnte, wohl nicht vernachlässigen. Ich glaube allerdings, die RAF wäre wahrscheinlich auch nicht ohne die jahrelange allgemeine Gehässigkeit gegen alles, was links ist, entstanden. Auch hier hat der Haß gerade das erzeugt, worüber er sich dann weiterhin entrüstet.

Gewiß, es gibt überall auch noch Menschen, die vor solchen Entwicklungen warnen. Es gibt gute Akademiker, Lehrer, Gewerkschafter, Schriftsteller, Studentenpfarrer, denkende Kritiker. Aber wenige hören auf sie, und meistens sind auch schon Umtriebe im Gange, sie ihrer Stellung, ihres Einflusses zu berauben.

Was droht, ist nicht der alte Faschismus, aber vielleicht eine pragmatische, systematische Existenzvernichtung für alle Unbequemen.

In den dreißig Jahren seit Hitler ist die Bundesrepublik keine annähernd so gute Demokratie geworden wie etwa Dänemark oder Holland, wie Schweden, die Schweiz oder auch das problematische Frankreich. Sie alle haben ihre Schwächen, aber nicht so *arge*. Niemand lernt *alles* aus der Geschichte, was er eigentlich lernen müßte. Die Frage ist, ob die Bundesrepublik *genug* gelernt hat, um Demokratie zu bleiben.

Helmut Gollwitzer und Heinrich Böll haben, als sie die Ossietzky-Medaille erhielten, ihre Reden mit den Worten beendet, mit denen auch ich jetzt enden möchte: »Nicht aufgeben, nur nicht aufgeben!«

1975

Ist Antizionismus Antisemitismus?
Eine Widerrede

> »Zionisten
> mit linkem falschen Bewußtsein
> Zionisten
> mit rechtem falschen Bewußtsein
>
> Antisemiten
> mit rechtem falschen Bewußtsein
> Antisemiten
> mit linkem falschen Bewußtsein
> und Antisemiten
> mit zionistischem falschen Bewußtsein
>
> Kein Bewußtsein
> das den Antisemitismus
> oder den Zionismus
> rechtfertigen kann«

Nach den unvorstellbaren Morden der Nazis, die Millionen Juden umbrachten, darunter die Hälfte meiner Familie, ist es richtig und zu begrüßen, daß in Deutschland der Antisemitismus verabscheut wird, nicht nur offiziell, sondern von der großen Mehrheit der Bevölkerung. Gerade deshalb finde ich es so furchtbar, wenn hier die Antisemitismusbeschuldigung mißbraucht, und wenn sie dort erhoben wird, wo es sich gar nicht um Antisemitismus handelt.

In jüngster Zeit wurden in der Bundesrepublik Gerhard Zwerenz und Rainer Werner Fassbinder höchst unverantwortlich als sogenannte »Linksantisemiten« angegriffen, weil sie sich – Zwerenz in seinem Roman »Die Erde ist unbewohnbar wie der Mond« und Fassbinder dann in dessen Dramatisierung, die Grundlage eines Filmes werden sollte – mit Zuständen in Frankfurt am Main befassen, wo sich eine kleine und höchst ungewöhnliche Gruppe jüdischer Häuserspekulanten, Bordellbesitzer und Verbrecher gebildet hat. – Nun, weder Zwerenz noch Fassbinder sind Antisemiten; und wieso sich dieser kleine Kreis, der übrigens für die Juden innerhalb und außerhalb Deutschlands höchst untypisch ist, überhaupt bilden konnte, das weiß man heute ziemlich genau. Nach dem Krieg, als es in der US-Besatzungszone sogenannte »Displaced Persons Camps« gab, mit Juden und sonstigen KZ-Überlebenden, die sich den besiegten Deutschen in keiner Weise moralisch verpflichtet fühlen konnten, beschloß das amerikanisch-jüdische Hilfskommitee »JOINT«, ihnen ihre Unterstützung größtenteils in Zigaretten auszubezahlen. 500 Zigaretten pro Woche waren vor der Währungsreform nicht wenig Geld, aber viele der jüngeren Juden aus den Überlebenden-Lagern wollten weg, nach Palästina, und verkauften, um sich Mittel für die Reise zu verschaffen, ihre Rationskarten billig an die »Lager-Kapitalisten«. Ein solcher Lager-Kapitalist konnte mit seinen 50 bis 60 »Toiten Kurtn« (toten Karten) außer großen Mengen von Nahrungsmitteln fünfzig bis sechzig Mal fünfhundert Zigaretten beziehen. So gerieten diese entwurzelten Menschen fast zwangsläufig auf den Schwarzmarkt und in krumme Kompensationsgeschäfte, erwarben Ruinen, ließen sie notdürftig restaurieren und fanden, daß Vergnügungsstätten für amerikanische Soldaten mehr Profit brachten als Unterkünfte für Obdachlose.

Dies zum historischen Hintergrund der Themen von Zwerenz und Fassbinder. Aber das ungerechte Wort vom »Linksantisemitismus« ist viel älter als die Anwürfe gegen die beiden Autoren. Es geht hauptsächlich auf zionistische Propaganda zurück, aber nicht *alle* Zionisten haben solche Propaganda gemacht oder wissen auch nur davon.

Die Tendenz, Antizionismus als verkappten Antisemitismus zu bezeichnen, hat mehrfache Wurzeln. Erstens haben sich Zionisten schon immer eine Art Alleinvertretungsrecht für *alle* Juden angemaßt. Max Nordau, der Chefideologe Theodor Herzls, der den modernen politischen Zionismus begründet hat, sagte schon auf dem 2. Zionistenkongreß in Basel 1898: »Darum ist es unzulässig, daß man von einer zionistischen ›Partei‹ im Judentum spricht. Wir weisen diese Bezeichnung mit Spott und Verachtung zurück. Die Zionisten sind keine Partei: sie sind das Judentum selbst. Ihre Zahl, ihre heutige Zahl, tut nichts zur Sache. Der Same der gewaltigsten Linde ist ein ganz kleines Gebilde, aber er ist die Zusammenfassung der ganzen Lebenskraft des Baumes, das Ziel aller seiner organischen Anstrengungen... Alles, was im Judentum lebendig ist, was Manneswürde, was Entwicklungsfreudigkeit hat, das ist zionistisch.«

Dieser Alleinvertretungsanspruch der Zionisten für alle Juden hatte später zur Folge, daß Zionisten Juden, die *nicht* für den Zionismus waren, als »menschlichen Staub« oder als jüdische Antisemiten bezeichneten, gar nicht so unähnlich, wie rechtsradikale Deutsche und dann die Nazis in anderen Deutschen, die gegen ihre Weltherrschaftsräume und gegen ihren Rassismus ankämpften, nur vaterlandslose Gesellen oder Vaterlandsverräter sahen. Ich erinnere mich noch, wie ich nach dem sogenannten Sechstagekrieg Israels 1967 für die Palästinenser und gegen eine besonders grausame Maßnahme israelischer Offiziere schrieb. Damals wurde ich von einigen Leuten, die mich kannten, angegriffen: »Wie kannst du als Jude etwas gegen Israel sagen? Hast du denn noch nie etwas von der Stimme des Blutes gehört?« »Ja«, erwiderte ich, »ich habe *einmal* davon gehört, von Hitler, und einmal genügt mir.«

Natürlich lag es für viele Zionisten nahe, jeden Zionismusgegner des Antisemitismus zu verdächtigen, namentlich, da ja viele Juden erst durch die Judenverfolgung zum Zionismus gekommen waren. Und man muß auch sagen, daß es in *einzelnen* Fällen auch wirklich eine Kombination von Antisemitismus und Antizionismus gibt, zum Beispiel in gewissen rechtsradikalen Zirkeln in der Bundesrepublik, in der sogenannten Aktion »Widerstand« und auch in einzelnen Zeitungen. Analoges gilt für die Feldzüge zur Zeit Stalins »gegen Zionisten und wurzellose Kosmopoliten«, die in der Tschechoslowakei im sogenannten Slansky*-Prozeß zur Hinrichtung Otto Slings führten, den ich persönlich gekannt habe. Auch diese Feldzüge, ob in Polen oder in Stalins Sowjetunion, waren in Wirklichkeit keineswegs frei von antisemitischen Komponenten. Sling, der übrigens von den tschechischen Kommunisten längst rehabilitiert ist, war Jude; Zionist war er nie, sondern Kommunist und hatte in Spanien gegen Franco gekämpft. Nebenbei bemerkt, was heute leider oft vergessen wird: Auch linke Zionisten haben in Spanien gegen Franco gekämpft.

Was nun die Entschließung der Vereinten Nationen vom 10. November 1975 betrifft, »daß Zionismus eine Form von Rassismus und rassischer Diskriminierung ist«, so kann ich, obwohl mir das nicht leichtfällt, nur sagen: ich glaube, daß das leider stimmt. Die Beweise dafür sind zahlreich, vor allem schon die tatsächliche Ungleichheit von Juden und arabischen Palästinensern, auch wenn sie israelische Staatsbürger sind, vor dem Gesetz. Daß der Zionismus in Wirklichkeit nicht rassistisch sei, wird zuweilen mit dem merkwürdigen Hinweis auf die Tatsache begründet, daß in Israel, was Berufe, Wohnungszuweisung und soziale Gleichberechtigung betreffe, ja nicht nur Araber benachteiligt werden, sondern auch die sogenannten »schwarzen Juden«, also die dunkelhäutigen Juden aus den verschiedenen arabischen Ländern, obwohl sie israelische Staatsbürger sind. Araber erklären dagegen, diese Benachteiligung der schwarzen Juden sei erst recht ein Beweis für den Rassismus, und diese orientalischen Menschen seien ja eigentlich Araber jüdischer Religion. Es muß gesagt werden, daß sich in den letzten Jahren gerade unter diesen schwarzen Juden die stärkste antizionistische Bewegung unter den Israelis gebildet hat, die sogenannten »Schwarzen Panther«.

Professor Israel Shahak*, Chemiker an der Universität Jerusalem, selbst ein Überlebender des Warschauer Ghettos und des Konzentrationslagers Belsen, kam nach dem Krieg als religiöser Zionist nach Israel, fand aber die Benachteiligung der Palästinenser durch die zionistischen Israelis so furchtbar, daß er sich vom Zionismus abwandte und heute, als Präsident der »israelischen Gesellschaft für Bürger- und Menschenrechte«, gegen die Benachteiligung der nichtjüdischen Palästinenser ankämpft. Als ein Beispiel für diese Benachteiligung führt Shahak die »Notverordnungen« an, die die Engländer zur Zeit ihres Mandats über Palästina verhängt haben. Die jüdischen Siedler, die damals ebenso davon betroffen waren wie die Araber, erklärten diese Notverordnungen für menschenunwürdig. Aber nach der Gründung des Staates Israel haben sie diese Notverordnungen einfach übernommen, nur mit dem Unterschied, daß sie heute nur für Araber gelten – auch für alle Araber israelischer Staatsbürgerschaft, aber nicht für Juden. Benachteiligt sind alle, die nicht von einer jüdischen Großmutter abstammen. Diese Benachteiligung gilt sowohl für Ehe- und Eigentumsrecht wie auch für das Pachtrecht. Haupteigentümer des Bodens ist nämlich, wie schon Theodor Herzl geplant hat, der Jüdische Nationalfonds. Er verpachtet das Land billig, vor allem an die Kollektivsiedlung, die sogenannten »Kibbuzim«. Aber unter der Bedingung, daß das Land nur an Juden verpachtet werden darf und daß nur Menschen jüdischen Blutes auf diesem Land arbeiten dürfen.[1] Mit Recht meint Shahak – und sagte das auch vor kurzem auf seiner Vortragsreise durch die Bundesrepublik: »Man müßte sich nur einmal so ein Gesetz in Deutschland vorstellen, daß nur deutschblütige Menschen das Recht haben, Land zu verpachten und darauf zu arbeiten. Dann gäbe es keine lange Diskussion in der Weltmeinung, ob das Rassismus ist oder nicht.«

Wie gesagt, ich stimme mit Israel Shahak völlig überein, daß der Zionismus leider tatsächlich rassistisch ist, nicht nur in seinen Programmen und Gesetzen, sondern auch im Ergebnis dieser Gesetze, das Shahak in einer umfassenden statistischen Veröffentlichung festhielt: 1948 gab es auf dem Gebiet von Israel noch 475 arabische Dörfer, vor zwei Jahren waren es nur noch 90; die übrigen 385 Dörfer sind von den Israelis zerstört worden. Allerdings stimmten wir, als ich mit ihm das besprach, was ich hier heute zu Ihnen sage, auch darin überein, daß von den Regierungen, die für den Beschluß der Vereinten Nationen gegen den Rassismus der Zionisten votierten, einige selbst noch rassistischer sind als die Zionisten: Zum Beispiel die wirklich ganz allgemein judenfeindliche Regierung Saudi-Arabiens, die freilich schon wegen ihres Ölreichtums von denselben Zeitungen, die den Unsinn vom »linken Antisemitismus« verbreiten, sehr höflich behandelt wird. Oder Idi Amin, Herrscher von Uganda, der nicht nur widerwärtige antisemitische Bemerkungen macht, sondern außerdem seine indische Mehrheit so behandelt hat, daß man wirklich nur von schlimmstem Rassismus sprechen kann. Auch in Ägypten und Jordanien gab es von Regierungsseite immer wieder *allgemein* judenfeindliche Äußerungen, zur Zeit des Sechstagekrieges 1967 sogar richtige Völkermordlosungen. Man sollte nicht vergessen, daß die Beduinen Husseins, als sie 1972 an die 20 000 Palästinenser niedermetzelten, dies mit der Begründung taten, die palästinensische Befreiungsbewegung, das seien ja in Wirklichkeit Judenliebhaber; denn sie seien gar nicht gegen die Juden, nur gegen den Zionismus, sie heirateten jüdische Mädchen und seien überhaupt gottlose Linke und keine echten Söhne des Islam.

Und doch verhandelt heute der Staat Israel zwar mit dem Ägypten Sadats und mit dem Jordanien Husseins, weigert sich aber hartnäckig, mit der Palästinensischen Freiheitsbewegung zu verhandeln, obwohl diese mit ihrem Sprecher Yassir Arafat immer wieder erklärt, daß sie *nicht* gegen die Juden sei, sondern für ein gleichberechtigtes Zusammenleben von Juden und Arabern in einem freien Palästina. Natürlich hat Israels Ablehnung politische Gründe. Schon Theodor Herzl schrieb in seinem grundlegenden Buch »Der Judenstaat«: »Für Europa würden wir dort ein Stück des Walles gegen Asien bilden. Wir würden den Vorpostendienst der Kultur gegen die Barbarei besorgen.« Heute sucht Israel seine politische Sicherung durch Vorpostendienste für die Vereinigten Staaten und gegen die Bewegungen, die Asien und Afrika umformen. *Nicht alle* Zionisten wollen das, aber selbst angesehene Gegner dieser Politik, wie Nahum Goldmann*, der sich seit vielen Jahren bemüht hat, Israel aus der Strategie des Kalten Krieges zu lösen, konnten sich nie durchsetzen. Ebensowenig wie jene *linken* Zionisten in Israel, die versucht haben, der Benachteiligung von Arabern ein Ende zu setzen. Immerhin dürfen wir nicht vergessen, daß es sogar *innerhalb* des Zionismus solche Gegenströmungen gibt. Jene Juden in Israel, die heute gegen den Zionismus sind, waren für alle früher einmal »Linkszionisten«, die dann allerdings fanden, daß ihre sozialistischen Ideale mit Zionismus unvereinbar sind. Und natürlich darf man nicht so tun, als seien alle Zionisten einfach Rassenfanatiker und alle Antizionisten automatisch human. Auch von den Zionisten, die nach wie vor die sogenannten »rassischen Vergeltungsschläge« nach palästinensischen Guerilla-Aktionen billigen, haben viele schon schwere Bedenken und glauben nur, daß es in einer ausweglosen Situation keinen anderen Weg als den der Abschreckung gebe. Viele von ihnen kommen da früher oder später in Gewissenskonflikte. Und von den Juden, die heute in Israel den Zionismus als rassistisch bekämpfen, waren außer den orientalischen »schwarzen Juden« die meisten Kibbuzbewohner, oder Kibbuzsöhne, die studierten und dann diesen Gewissenskonflikt durchgemacht haben. Viele von ihnen erinnern sich an die alte Warnung Martin Bubers (1929 in »Kampf um Israel«): »Ein *Nebeneinander* von Juden und Arabern führt zum *Gegeneinander*. Nur ein Miteinander hat Zukunft.« Ich will und muß hoffen, daß dieses *Miteinander* die Tabus des Zionismus überwinden und überdauern wird.

Um aber auf den verhängnisvollen Ausdruck »Linksantisemitismus« in der Bundesrepublik zurückzukommen: Ich bin auf Grund meiner Erfahrungen überzeugt, daß es den in Wirklichkeit nicht gibt. Gewiß, Angehörige linker Gruppen sagen gelegentlich einmal etwa: »Da haben die *Juden* wieder Napalm auf ein palästinensisches Flüchtlingslager abgeworfen.« Genauso sagten sie zur Zeit des Napalmkrieges in Vietnam: *Die Amerikaner*. Dennoch waren sie nie wirklich antiamerikanisch, sondern nur gegen die amerikanische Kriegführung und begeistert über jeden amerikanischen Studenten, der dagegen protestierte. Genauso sind sie auch *nicht* antisemitisch!

Den Vorwurf, die Linke sei antisemitisch, fand ich das erste Mal vor fünf Jahren in einer Zeitschrift für jüdische Hochschüler, die, nach dem alttestamentarischen jüdischen Kriegshorn, »Schofar« heißt. Erscheinungsort Wien, sie wurde aber auch in der Bundesrepublik verbreitet. Diese Zeitschrift enthielt eine Seite mit Karikaturen, auf der die verschiedensten Antizionisten abgebildet waren. Zum Beispiel ein deutscher Student, der wie ein verwahrloster Vollidiot aussieht, mit dem Text: »Pipi, der unreflektierte Pseudorevolutionär, der zu Ivans Werkzeug wurde und seinen latent-atavistischen Antisemitismus unter dem Deckmantel des Antizionismus verbirgt.« Karikaturen und Texte erinnern lebhaft an den »Stürmer«* der Hitlerzeit. Da war auch der Araber genauso widerlich dargestellt wie dort der Jude, und da war auch der ehemalige KZ-Häftling, als Antisemit verleumdet, und in der Zeitschrift selbst gab es einen langen, ebenso »sachlichen« Artikel über den Antisemitismus der Linken in der Bundesrepublik.

Leider paßt das zu gewissen internationalen Entwicklungen, wenn zum Beispiel in letzter Zeit Israel nicht nur seine Freundschaft mit Südafrika vertieft, sondern den Südafrikanern jetzt ein Kampfflugzeug liefert, das den Namen »Kaffir-Interceptor« hat. Kaffir, ursprünglich ein arabisches Wort für »Unreine«, wurde dann das Wort, mit dem die Buren die Schwarzen bezeichneten. Das Kampfflugzeug also, das den Kaffern Halt gebietet. Der Name ist vielleicht ein Zufall, aber ebenso unglücklich wie die Feststellung, daß man tatsächlich keineswegs Antisemit sein muß, um die israelische Politik und den Zionismus zu kritisieren.

In linken Kreisen höre ich oft, der deutsche Philosemitismus von heute sei im Grunde nur eine Art Antisemitismus. Nun bin ich zwar als Jude auch gegen Philosemitismus, meine, ein Jude soll als Mensch wie jeder behandelt werden. Immerhin aber hat Philosemitismus wesentlich edlere Beweggründe als Antisemitismus. Nur kann er, führt er dazu, unkritische Bejahung zu predigen, mit der Zeit auch so gefährlich werden wie jede Kritiklosigkeit und dann ins Gegenteil umkippen. Und außerdem verleitet ein Philosemitismus auf der Rechten dazu, gegen andere – etwa gegen Palästinenser oder gegen linke Studenten – so ungerecht-rücksichtslos zu sein, wie die Antisemiten es gegen die Juden waren und sind.

1976

[1] Nicht zu vergessen die Ende der vierziger Jahre in Kraft getretenen Gesetze zur »Beschlagnahmung und Nutzung des Bodens und Eigentums abwesender Besitzer«. Jeder Araber, der während gewisser kritischer Zeiten mehr als drei Tage lang von seinem Besitz abwesend war, galt nach diesem Gesetz als abwesend, auch wenn er sofort, nachdem die Gefechte zwischen Zionisten und Palästinensern das Gebiet seines Dorfes oder Anwesens wieder verschonten, zurückgekommen war. Daher heißen die davon betroffenen Menschen, die trotz ihrer Anwesenheit als Abwesende enteignet wurden, auf Hebräisch »›Nifkadim Nokh-him‹ = Anwesend-Abwesende«. Ihr Besitz wird unter kommissarische Leitung gestellt und an jüdische Israelis verpachtet. Die Pachtbeträge, abzüglich der Verwaltungs- und Erhaltungskosten, erhalten die ursprünglichen Eigentümer; da aber die Pacht nur ein Zwanzigstel bis ein Hundertstel der sonst landesüblichen Mieten beträgt, ist die jährliche Entschädigung des Eigentümers meist ein kleinerer Betrag als das Fahrgeld für den Bus, das er zum Abholen dieser Summe benötigt.

Der Tod von Ulrike Meinhof

Nach Ulrike Meinhofs Tod glaubte ich an Selbstmord. Zwar waren mir die vielen Widersprüche bekannt, in die behördliche Stellen sich verstrickt hatten, die Unkorrektheiten, wie die überhastete Erstobduktion ohne Beisein eines rechtlichen oder ärztlichen Vertreters der Verstorbenen, ebenso wie das Streichen ihrer Zelle drei Tage nach ihrem Tod, ohne das Ergebnis der Ermittlung über die Todesursache abzuwarten, oder die einander widersprechenden Angaben der Behörden über die Umstände von Ulrike Meinhofs Tod: Anbringen des Stricks, Auffindung und so fort. Aber da ich weiß, daß es bei näherem Betrachten auch sonst keineswegs in der Regel so ist, daß die Justiz sich korrekt verhält, die Rechte anderer achtet und sich nicht selbst widerspricht, wollte ich daraus nicht zuviel ableiten.

Als ich nicht nur Zeitungsmeldungen in England und aus anderen Ländern wie der Schweiz sah, die die Selbstmordthese bezweifelten, sondern vor allem die beiden Obduktionsbefunde las und mir von englischen Ärzten deren Einzelheiten erklären ließ, schien mir, ebenso wie diesen Ärzten, die Selbstmordversion nicht mehr wahrscheinlich. Die Ärzte fanden namentlich auf Grund der drei Halsverletzungen, Erwürgen sei wahrscheinlicher.

Ebenso wie englische Ärzte und Juristen, von deren Überlegungen ich informiert wurde und mit denen ich dann selbst sprach, finde ich eine internationale Untersuchungskommission dringend wünschenswert.

Für mich selbst ist es fast einerlei, ob Ulrike Meinhof Selbstmord begangen hat oder ermordet wurde. Wenn es Selbstmord war, so wurde sie nach Meinung vieler Engländer, die den Prozeß samt Verteidigerausschlüssen und absonderlicher Prozeßführung verfolgt haben, durch ein Verfahren, das in England vielen als schokkierender Schauprozeß gilt, und durch eine Haßkampagne von Massenmedien und Sprechern der Behörden, ja sogar Regierungssprechern, in den Tod getrieben, von der langen Isolationshaft usw. ganz zu schweigen. Wenn es Mord oder Totschlag ist, den die Behörden nicht wahrhaben wollen, so ist die Notwendigkeit einer Untersuchungskommission erst recht selbstverständlich. Aber auch ein solches Verbrechen könnte auf Ulrikes Abstempelung als negativer Kultfigur, als »Bandenchefin« oder »Sau« beruhen. Daher gibt es leider nur zu viele Argumente.

Als nach der Verhaftung Ulrike Meinhofs die Polizei befragt wurde, ob sie nicht schlecht behandelt worden sei, erwiderte ein Sprecher der Polizei: »Zu Menschen sind wir menschlich, zu einer Sau eine Sau*, wenn nötig sogar eine Wildsau«. Diether Posser, Justizminister von Nordrhein-Westfalen, hatte im Januar 1972 im »Spiegel« geschrieben, Frau Meinhof habe nichts zu befürchten, sie werde einen fairen Prozeß bekommen, ohne Willkür und Rache und nicht gnadenlos.

Diese Vorhersage hat sich nicht erfüllt. Welche Stimmung die Massenmedien erzeugen helfen und fördern, zeigt sich auch nach Ulrikes Tod. So veröffentlichte die »Oberhessische Presse« in Marburg am 18. Mai folgende schwarz umrandete Todesanzeige*:

> »Wir danken Ulrike Meinhof für ihre Entscheidung, aus dem Leben zu scheiden. Wolfgang Retz, Marburg 7, Cappeler Markt 4a, zugleich im Namen gleichgesinnter Steuerzahler.«

Mit dieser Todesanzeige hat Herr Retz (von Beruf Steuerberater) übrigens noch Kundenwerbung für seine Firma betrieben.

Nicht nur sein barbarischer Hohn, sondern die Tatsache, daß eine Zeitung sich bereit fand, so etwas als Todesanzeige zu drucken, deutet darauf hin, daß eine gründliche Untersuchung des Falles Ulrike Meinhof sich nicht allein auf Leute stützen darf, die in dieser Atmosphäre leben müssen, sondern sicherheitshalber auch von Menschen aus anderen Ländern mitgetragen werden muß.

Daß das Verhalten der Behörden vor und nach Ulrike Meinhofs Tod nicht dazu angetan war, Mißtrauen zu zerstreuen, ist gleichfalls in England, ebenso wie in Holland, Frankreich, Skandinavien, eine weitverbreitete Meinung. Daher die Forderung nach einer internationalen Untersuchungskommission.

Ich schließe mich auch der in letzter Zeit in England ebenso wie in Dänemark, Holland und Frankreich um sich greifenden Überzeugung an, daß ein Fall wie der Tod Ulrike Meinhofs nicht isoliert, sondern im Zusammenhang mit der Repression gegen Oppositionelle und der Rechtsverschlechterung für Gefangene und ihre Verteidiger, überhaupt mit der Entwicklung in der Justiz und der gesamten Politik betrachtet und verstanden werden muß. 1976

Die Anfrage

Mit Verleumdung und Unterdrückung
und Kommunistenverbot
und Todesschüssen in Notwehr
auf unbewaffnete Linke
gelang es den Herrschenden
eine Handvoll empörte Empörer
Ulrike Meinhof
Horst Mahler
und einige mehr
so weit zu treiben
daß sie den Sinn verloren
für das was in dieser Gesellschaft
verwirklichbar ist

Was weiter geschah
war eigentlich zu erwarten:
Wieder Menschenjagd
Wieder Todesschüsse in Notwehr
die bekannten Justizmethoden
die bekannten Zeitungsartikel
und die Urteile gegen Horst Mahler
und gegen Ulrike Meinhof

Aber Anfrage an die Justiz
betreffend die Länge der Strafen:
Wieviel Tausend Juden
muß ein Nazi ermordet haben
um heute verurteilt zu werden
zu so langer Haft?

Die Anfrage

Wenn ich die hier Versammelten grüße, wenn ich ihnen dafür danke, daß sie dagegen protestieren, daß ein Politiker von meinen Versen sagt: Ja, so etwas würde ich lieber verbrannt sehen, so weiß ich, daß es dabei in Wirklichkeit nicht nur um mich und auch nicht nur um Herrn Bernd Neumann geht, sondern um die Gefahr, daß Kritiker – nicht nur kritische Schriftsteller – verfolgt, wirtschaftlich ruiniert oder in ein zweites Exil gedrängt werden. Das erste war das zur Zeit des Hitler-Faschismus.

Herr Neumann selbst ist keineswegs der einzige, der in den letzten Monaten falsche und böse Behauptungen über meine Arbeiten und mich verbreitet hat: »Bild«, »Welt«, die »Frankfurter Allgemeine«, »Weser-Kurier« neben dem »Weser-Report« die Zeitung »Tele-Report«, die Rundfunk- und Fernsehsendungen als Beobachter verfolgt und dann saftige, oft aus dem Zusammenhang gerissene Stellen der CDU/CSU weitervermittelt, gehören auch dazu. Herr Fromme und Herr Reißmüller* von der »FAZ« oder gewisse Spalten der »Hamburger Morgenpost« sind nicht minder bemerkenswert als Herr Bernd Neumann oder als die Terror-Zusammenstellung der CDU.

Dennoch ist Herr Neumann mindestens hier in Bremen ein wichtiges Beispiel für solche Vernichtungsfeldzüge. Herr Neumann wollte einer Lehrerin Schwierigkeiten dafür machen, daß sie mein Gedicht »Die Anfrage«, das ich vor fast fünf Jahren geschrieben hatte, im Unterricht verwendete. In der Diskussion sagte er wörtlich laut Protokoll der Bürgerschafts-Sitzung am 3. November: »Ja, Herr Kunick, so etwas würde ich lieber verbrannt sehen, das will ich Ihnen einmal ganz eindeutig sagen.«

Im »Weser-Report« vom 18. November veröffentlichte dann Herr Neumann folgende Erklärung: »Ich habe in meiner Rede vor der Bremischen Bürgerschaft und auch in meinem Interview mit Radio Bremen am 7. November deutlich gemacht, daß ich eine literarische Bewertung der Gedichte von Herrn Fried als Politiker nicht vorgenommen habe, auch nicht vornehmen werde. Mit dieser Aussage sollte also klar sein, daß mir vergleichbare Absichten mit dem Bücherverbrennen des Jahres 1933 nicht unterstellt werden können.«

Herr Neumann scheint sich aber nicht darüber klar zu sein, daß auch die Bücherverbrenner des Jahres 1933 in erster Linie nicht literarische, sondern politische Bewertungen vornehmen wollten, indem sie »so etwas lieber verbrannt sehen wollten«. Die Nazis sahen in den Büchern, die sie verbrannten, eine Gefahr für das deutsche Volk, für die Jugend. Ganz ähnlich wie Herr Neumann in meinem Gedicht »Die Anfrage« eine Gefahr für die Schulkinder sah. Übrigens: 14–15jährige Kinder, also junge Menschen in einem Alter, wo sie – wenn sie keine Oberschüler sind – schon ins Berufsleben oder in die Arbeitslosigkeit entlassen werden.

Der »Weser-Report« hatte behauptet, in meinem Gedicht »Die Anfrage« seien Terror und Mord verherrlicht. Ich erklärte daraufhin mehrmals öffentlich, wenn Herr Neumann mir zeige, wo ich in dem Gedicht »Die Anfrage« Terror und Mord verherrlicht habe, dann wäre ich meinerseits bereit, öffentlich zu erklären, daß Herr Neumann kein übler Nachreder sei und daß er Lehrerinnen und Schriftsteller nicht unverantwortlich verleumde.

Herr Neumann konnte mir das jedoch in unserem Streitgespräch in Radio Bremen nicht nachweisen, obwohl er nicht viel Verständnis dafür hatte, daß man bei einer Diskussion womöglich nicht die ganze Zeit reden und weiterreden und weiterreden und weiterreden soll, sondern auch seinen Gegenüber zu Worte kommen lassen muß.

Immerhin: Selbst Herr Neumann hat mir bei dieser Diskussion in Radio Bremen am 26. 11. zugestehen müssen, er glaube mir, daß ich gegen politischen Mord und gegen Terror sei. Zugleich deutete er allerdings an, ich sehe offenbar nicht, daß meine Art Gesellschaftskritik den Terrorismus fördere.

Da bin ich wieder der Meinung, daß Terrorismus eher durch Argumente wie die Herrn Neumanns, die alle Linken in die Terroristen-Ecke drängen möchten, gefördert wird.

Daß ich gegen den sogenannten bewaffneten Kampf der RAF und des »2. Juni« bin, daß ich gegen Menschenraub, Entführungen, Geiselnahme und politischen Mord bin, habe ich Herrn Neumann teils während, teils nach der Diskussion in Radio Bremen anhand meiner Veröffentlichungen in vielen, vor allem in vielen linken Zeitungen, aber auch in der »Frankfurter Rundschau« und im »Spiegel« belegt. Nun, Herr Neumann hat aber auch Dinge gesagt, die sehr arg sind und die nicht direkt mit dem Verbrannt-sehen-Wollen zusammenhängen. Er erklärte zum Beispiel im »Weser-Report« vom 18. November: Die Redakteure von Radio Bremen seien wohl auf Terroristen-Welle. Als Beispiel führte er wörtlich an:

»Nicht die geringste Abwehr-Haltung zeigten die Ausschuß-Mit-glieder des Redakteurausschusses, als ihr ›Kollege‹ Erich Fried am 4. Mai 1975 per Hörfunk-Kommentar die Verfälschung von Motiven des Baader-Meinhof-Anwalts Horst Mahler als kleinlich und schäbig beklagte.«

Nun, das beweist, daß Herr Neumann meinen Hörfunk-Kom-mentar vom 4. Mai 1975 mindestens gelesen haben muß. Wenn er das aber getan hat und wenn er als Politiker auch verstehen kann, was er liest, dann ist der von ihm erhobene Vorwurf, daß deshalb die Redakteure von Radio Bremen mit dem Baader-Meinhof-Sympathisanten Erich Fried auf Terroristen-Welle seien, eine Ungeheuerlichkeit. Mit meinem Rundfunk-Kommentar von damals verhielt es sich nämlich so:

Die Geiselnehmer in Berlin hatten den Rechtsanwalt Lorenz, den CDU-Kandidaten dort, entführt und die Freilassung einiger Gefan-gener erwirkt. Sie hatten auch die Freilassung Horst Mahlers ver-langt. Horst Mahler aber war mittlerweile zu der Überzeugung gekommen, daß solche Aktionen – Geiselnahmen – abzulehnen seien, falsch und schädlich seien vom revolutionären Standpunkt. Also wollte Horst Mahler einer Tat, die er für falsch hielt, nicht seine Freiheit verdanken. Lieber noch Jahre hinter Gittern ver-bringen.

In Deutschland aber wurde unter der Hand verbreitet, Mahler lasse sich nur deshalb nicht befreien, weil er Angst habe, die Terro-risten würden ihn dann umbringen. Nun, erstens waren die Frei-gepreßten im Flugzeug unbewaffnet, und Ex-Bürgermeister Albertz*, der mit ihnen nach Süd-Jemen fuhr, hätte Horst Mahler wohl auch nicht umgebracht. Außerdem ist Horst Mahler nicht gerade ein Feigling. Mir aber schien das Beispiel eines Mannes, der seinen Irrtum erkannt hat, sich von individuellem Terror und Geiselnahmen abwendet und lieber eingesperrt bleibt, als einer Terroraktion etwas zu verdanken, ein sehr wichtiges Beispiel. Durch solche Beispiele nämlich kann man Menschen, die in

Gefahr sind, auf den blutigen Irrweg des sogenannten bewaffneten Kampfes dieser Gruppen hereinzufallen, davor warnen, davon abbringen. Deshalb meine Verteidigung Horst Mahlers im Rundfunk gegen die schäbige Unterstellung, er habe das nur aus Angst um sein Leben getan. Das deutlich zu machen ist auch heute noch wichtig, wenn man nicht will, daß terroristische Aktionistik immer neuen Nachwuchs unter verzweifelten und verwirrten jungen Menschen findet, für deren Verzweiflung und Verwirrung weitgehend reaktionäre Maßnahmen in einer Gesellschaft verantwortlich sind. Und gerade da kommt Herr Neumann und fällt mit seinen törichten oder böswilligen Anschuldigungen den Bremer Funkredakteuren und mir in den Rücken. Wäre er ein bezahlter Agent der RAF, so hätte er der Sache terroristischer Aktionen auch nicht besser dienen können. Obwohl wir natürlich alle wissen, daß er das nicht ist, sondern ein Feuerfresser oder Feuerspeier der CDU, der dem Terrorismus bewußt nicht helfen will, nur unbewußt ihm Vorschub leistet, indem er Linke diffamiert und unmöglich machen will, die in Wirklichkeit gegen Greuelmaßnahmen und politischen Mord sind, aber nicht auf der Linie, wie er sich das vorstellt.

Da Herr Neumann mit meinem Gedicht »Die Anfrage« auch beim besten oder beim schlechtesten Willen nicht beweisen kann, daß ich den Terrorismus verherrliche, versucht er den Angriff auf mein ganzes Buch »So kam ich unter die Deutschen« – der Titel ist von Hölderlin – auszudehnen. Das ist unfair gegen die Lehrerin, die nur das Gedicht, nicht das ganze Buch im Unterricht verwendet hat, und das ist auch unfair gegen mich.

Bei einem anderen Gedicht, über das er auch herzog, beim Gedicht auf die Ermordung Herrn Bubacks, wurde mal wieder vorausgesetzt, daß ich den toten Gegner, weil ich seine Politik scharf kritisiere, auch gleich verhöhnen will, daß die mehrmals wiederholten Worte »Dieses Stück Fleisch« als Beschimpfung des Toten gedacht waren, nicht eine Anklage auf die Brutalität eines Mordes, der einen lebenden Menschen durch Schüsse zerfetzt und in ein Stück Fleisch verwandelt. Man muß das nur im Zusammenhang lesen und im Zusammenhang meines Werkes sehen, um solche Interpretationen wie die von Herrn Neumann und von vielen anderen seinesgleichen nicht mehr teilen zu können.

Ferner hat Herr Neumann behauptet, der bekannte Dichter Peter-

Paul Zahl*, für den ein Teil der Einkünfte aus meinem Buch verwendet werden soll, der Rest war für die Verteidigung des mittlerweile freigesprochenen Karl-Heinz Roth und für die Ermittlung der Todesumstände Ulrike Meinhofs gedacht, Peter-Paul Zahl also sei als Terrorist und Baader-Meinhof-Bandenmitglied verurteilt worden. Nun, ich konnte nachweisen, daß das einfach – wie so viele andere Behauptungen von dieser Seite – nicht den Tatsachen entspricht. Auch die Justiz selbst behauptet das nachweisbar nicht.

Es geht aber nicht nur um Herrn Neumann, es geht darum, daß durch solche Hexenjagden, die weit über den McCarthyismus* in Amerika hinausgehen, die Freiheit der Kritik überhaupt bedroht ist. Das zeigt die Suspendierung von Professor Brückner in Hannover, das zeigen die ganz ungerechtfertigten Angriffe auf das dritte Russell-Tribunal*, das keineswegs aus Deutschenhassern besteht, wie ihm unterstellt wird, und das auch keineswegs die Absicht hat, die Bundesrepublik gleich in einen Topf mit dem Südvietnam Thieus oder mit dem Chile Pinochets* zu werfen, obwohl Franz Josef Strauß vielleicht gar nichts gegen eine solche Angleichung hätte.

Nein, das Russel-Tribunal hat weder in Vietnam noch in Chile seine Hearings gehalten, will aber – wenn man es ihm nicht böswillig unmöglich macht – in der Bundesrepublik selbst seine Hearings halten, weil es die Bundesrepublik ja nicht, wie es die RAF tut, für einen durch und durch faschistischen oder vorwiegend faschistischen Staat hält. Aber Verstöße gegen Menschenrechte sollen untersucht werden. Und wieweit die Freiheit, nachzufragen und zu kritisieren, eingeschränkt ist oder nicht. Dazu gehören außer Radikalenerlaß und Auslegung des Paragraph 3 des Grundgesetzes, außer Gewerkschaftsausschlüssen und einheitlichem Polizeigesetz, außer Maulkorbparagraphen und so weiter, außer dem Vorgehen gegen Anwälte und gegen linke Gruppen doch wohl auch die Fragen, wie Gefangene leben und wie sie sterben. Auch solche Fragen müssen gestellt werden dürfen.

Von vornherein überzeugt sein müssen, Gefangene sterben nur durch Selbstmord, wäre genauso ein Unding, wie von vornherein überzeugt sein, Gefangene werden nur umgebracht oder gar auf geheimen Befehl höchster Regierungsstellen umgebracht. Was wir brauchen, sind nicht starre Vorurteile, sondern funktionierende, ordentliche, von Staatsapparaten ebenso wie von einzelnen Sektierern unabhängige Untersuchungsausschüsse. Sonst wächst mit der gegenseitigen Verbitterung auch die Gefahr beiderseitiger Gewalteskalation.

Und schließlich: Was das Verbot der sogenannten K-Gruppen betrifft, die untereinander so verschieden sind wie KB und KBW: Ein Verbot, das hauptsächlich aus CDU/CSU-Kreisen immer mehr gefordert wird. So finde ich, der ich keiner dieser Gruppen angehöre, eine solche Tendenz äußerst gefährlich. Der englische Dichter John Donne* hat vor Jahrhunderten gesagt »Each man's death diminishes me«, jedes Menschen Tod vermindert mich. Wir müssen dazu sagen: Jedes Menschen Entrechtung vermindert mich. Um die Freiheit unserer Mitmenschen muß es uns auch dann gehen, wenn wir politisch nicht mit ihnen übereinstimmen, wie ich nicht mit allen K-Gruppen in allen Punkten übereinstimme. Solidarität nur mit völlig Gleichgesinnten genügt nicht.

»Freiheit ist, wie Rosa Luxemburg erklärt hat, nur dann Freiheit, wenn sie auch Andersdenkenden zugute kommt. Wer das nicht wirklich versteht und wer nicht danach handelt, der verliert früher oder später auch seine eigene Freiheit.«

1977

Wie sah der antifaschistische Kampf aus und wie sollte er heute aussehen?

Von der Einladung, der ich verdanke, daß ich heute hier sprechen darf, hörte ich zuerst als Vorschlag, etwas über Helmut Gollwitzer, den Antifaschisten, zu sagen. Diese Einladung nahm ich gerne an. Der genaue Titel des mir zugedachten Referats, »Wie sah der antifaschistische Kampf aus und wie sollte er heute aussehen?«, ist viel anspruchsvoller und ein wenig erschreckend für einen, der sich nicht zum allweisen Verkünder des alleinrichtigen Antifaschismus berufen fühlt. Aber ein freundliches Schicksal und eine falsche Adresse auf dem Brief an mich halfen mir: Ich bekam diesen genauen Titel erst am Weihnachtstag in die Hände. Da hatte ich mein Referat über Helmut Gollwitzer schon geschrieben, und als ich es mir nun nochmals besorgt ansah, fand ich, daß ich an seinem Beispiel so viel über antifaschistischen Kampf gesagt hatte, daß ich es immer noch mit gutem Gewissen zu diesem Thema halten kann. Aber ich will auch dem neuen Thema nicht ausweichen und sage deshalb am Ende des Referats meine Meinung dazu.

Die Einladung, von Helmut Gollwitzer, dem Antifaschisten, zu sprechen, war für mich leicht anzunehmen. Ich hatte immer wieder gehört, wie vor 40 Jahren, gleich nach der sogenannten Reichskristallnacht, der noch nicht ganz 30jährige Helmut Gollwitzer mit seiner legendären Bußtagspredigt in Dahlem Leben und Freiheit riskiert hat. Diese Predigt fing an: »Wer soll denn heute noch predigen? Ist uns nicht allen der Mund gestopft an diesem Tage? Können wir denn noch etwas anderes als nur schweigen?« Es war ein sehr beredtes Schweigen, es war *e i n e* Form des Kampfes gegen den Hitlerfaschismus.

Ich habe auch nicht vergessen, was ich wenige Jahre nach dem Krieg in Gollwitzers Buch »Und führen, wohin du nicht willst« gelesen habe. Ich weiß, wie sehr er sich in all den Jahren seit 1945 bemüht hat, zu einer wirklichen Überwindung des faschistischen Ungeists in Deutschland beizutragen, der Krankheiten und Verbrechen, die nicht erst 1933 begannen und die 1945 leider nicht aufhörten.

Es ist über 15 Jahre her, daß Helmut Gollwitzer am 10. März 1963 in einer Rundfunkpredigt zur sogenannten »Woche der Brüderlichkeit« diese gutgemeinte, auch gegen den Faschismus gerichtete, aber schnell zur stehenden Einrichtung erstarrte Brüderlichkeitsbekundung zu retten versuchte, indem er »Die schwere Umkehr« zum Thema nahm. Seine Predigt war nicht nur voll Verständnis und enthielt nicht nur die Bitte um göttliche Hilfe bei dieser schweren Umkehr, um Wege des Friedens für Deutschland – für *beide* Teile Deutschlands – und für Israel, sondern in dieser Predigt klagte er auch an und warnte vor allzu leichter Selbstgerechtigkeit, warnte davor, sich die Vergangenheit zu leicht selbst zu vergeben.

Damals herrschte noch der Kalte Krieg, in seiner ganzen, von Westberlinern besonders zelebrierten Vollendung, und Helmut Gollwitzer betete für die *beiden* Regierungen in Deutschland, für die *beiden* Verwaltungen in Berlin, also für die hüben und drüben, die er *beide* nie unkritisiert ließ. – Und zugleich klagte er die Heuchelei der angeblichen Vergangenheitsbewältigung und der falschen Wiedergutmachungen an, von der ich gerade um die gleiche Zeit, ohne daß ich seine oder er meine Worte gekannt hätte, schrieb:

> »Die Wiedergutmachung
> kann eine gute Art sein
> die Wiederschlechtmachung
> wieder gut anzufangen.«

Und auch damals verstanden viel zu viele Menschen in Deutschland nicht mehr zu *hören*, was ein Antifaschist ihnen sagte. Aus zahllosen Briefen derer, die diese Predigt »Die schwere Umkehr« gehört hatten, spricht empört oder traurig das platte, selbstgerechte oder das blind tappende, hilflose Unverständnis. Schon damals zeigte sich die Art, wie später in Berlin und in der Bundesrepublik alle *die* verleumdet und mißverstanden, angeschwärzt und falsch zitiert wurden, die, wie Helmut Gollwitzers Schützling und Freund Rudi Dutschke, die Sache der Studenten führten oder gegen Untaten der Berliner Polizei oder gegen den Vietnam-Krieg oder gegen die Notstandsgesetze oder gegen enthemmte Menschenjagd auftraten, deren verhängnisvolle Eskalation sie wie Heinrich Böll und wie (immer wieder bei diesen Anlässen!) Helmut Gollwitzer voraus-sagten.

Kein Mensch, der einen so langen Kampf kämpft, ist unermüd-lich. Aber Helmut Gollwitzer war trotz aller Ermüdung immer wieder da, wenn er sich kaum die notwendige Ruhe gegönnt hatte, und *ist* immer wieder da. Er war da, als Benno Ohnesorg von einem Berliner Polizisten erschossen wurde und als die Polizei log – um die Wette mit der Springer-Presse –. Und *daß* Helmut Gollwitzer da war, hat, glaube ich, auch dem damaligen Regieren-den Bürgermeister Albertz schließlich seinen schweren Weg leich-ter gemacht, auf dem er seiner Erkenntnis der Wahrheit viel opferte und sich zur Zielscheibe derselben Angriffe machte, die auch Helmut Gollwitzer immer wieder zum Ziel nehmen. Er, Helmut Gollwitzer, hat den Nachruf für Benno Ohnesorg gespro-chen, so wie er später am Grab Ulrike Meinhofs und ganz kurz darauf am Grab des Schulfreundes Gustav Heinemann* gespro-chen hat. – Und es war immer ein und derselbe Helmut Gollwit-zer, derselbe, der auf der Straße gegen den Vietnam-Krieg sprach – ich stand neben ihm und sprach dann nach ihm –, und derselbe, der gegen Repression und Berufsverbote, gegen die »Verfassungs-feinde über uns« sprach und schrieb, und derselbe, der mir solida-risch half, als ich 1974 vor Gericht stand, weil der Polizeipräsident von Berlin, Herr Hübner, mich wegen meines Wortes »Vorbeuge-mord« für die polizeiliche Erschießung Georg von Rauchs ver-klagt hatte. Mein Freispruch damals ist wahrscheinlich nicht zuletzt der Solidarität von Menschen wie Helmut Gollwitzer und Heinrich Böll zuzuschreiben. Und später, als linke Anwälte ver-folgt wurden, hat Helmut Gollwitzer meinem Anwalt, Kurt Groenewold*, zu helfen versucht.

An all das erinnerte ich mich, und deshalb schien es so leicht, von Helmut Gollwitzer, dem Antifaschisten, zu sprechen. Erst später kamen mir Bedenken. Ist es denn *nur* der *Antifaschist* Helmut Gollwitzer, von dem ich sprechen will? Kann man und darf man diesen Begriff Antifaschist isolieren, so nötig und so unverjährbar wie die Verbrechen des Hitlerfaschismus dieser Begriff Antifa-schismus leider geblieben ist, in einem Land, in dem es einen Globke gab und einen Filbinger*, einen Generalbundesanwalt Ludwig Martin und einen Bundesverfassungsrichter Prof. Dr. Willi Geiger, in dem es in Frankfurt einen Schmidt-Leichner als

Vorsitzenden eines Ehrengerichts für Anwälte geben kann, und die große Mehrheit brauner Verteidiger im Majdanek-Prozeß in Düsseldorf, und in dem beide Anwärter für das Amt des Bundespräsidenten ganz nebenbei Mitglieder der NSDAP waren.

Aber was *ist* Antifaschismus, und ist Antifaschismus *genug*? Waren nicht auch Stalinisten, die ihre eigenen Genossen hinrichten ließen, Antifaschisten? Sind ihre Nachfolger, die Rudolf Bahro* eingekerkert halten, nicht Antifaschisten? Sind unter den mitschuldigen Vätern des Berufsverbots, des sogenannten Radikalenerlasses und vieler anderer repressiver Gesetze, angefangen von den Notstandsgesetzen, die der Bundesrepublik Deutschland und Westberlin Schaden und Schande zufügen, keine ehrlichen Antifaschisten? Waren die Mitglieder der nicht minder schädlichen RAF keine Antifaschisten? – Oder waren unter den ehemaligen Resistance-Kämpfern, die Frankreichs Algerien-Krieg führten, und unter den Amerikanern, die in Vietnam kämpften, keine, die sich als Antifaschisten verstanden? Oder – ich will keine heiklen Punkte taktvoll verschweigen – waren unter denen, die alles, was Zionisten in Israel oder im Libanon taten, rechtfertigen zu müssen glaubten und antizionistische deutsche Linke kurzweg als Antisemiten bezeichneten – und die das heute immer noch tun! – etwa keine überzeugten Antifaschisten?

Es ist leider nicht so leicht mit den großen Bezeichnungen wie Antifaschist oder auch Sozialist oder Linker… Und wenn auch für Menschen der Generation Helmut Gollwitzers – oder auch meiner Generation – der Antifaschismus von großer Wichtigkeit war und ist und sein muß – er *allein* genügt nicht. Man muß mindestens fragen: Welche Art Antifaschist? Und da will ich sagen, daß Helmut Gollwitzer ein Antifaschist von *der* Art ist, die es einem leichter macht, des Begriffs nicht vor der Zeit müde zu werden oder an ihm zu verzweifeln.

Ich erinnere mich aus meiner frühen Jugend der furchtbaren und sehr verständlichen Losung: »Schlagt die Faschisten, wo ihr sie trefft.« Ich sage »sehr verständlich« und wahrscheinlich unvermeidlich, aber ich sage auch »furchtbar«. *So* ein *Antifaschist* ist Helmut Gollwitzer zum Glück nicht. Er war nicht einmal für Gewalt gegen Sachen, geschweige denn gegen Personen. Er ist zwar dafür, den Faschismus zu bekämpfen, wo immer wir ihn oder seine Ausgeburten und Erben und neuen Keime treffen (das

Schlagen besorgen leider wieder öfter *sie* als wir!), aber er ist nicht dafür, jeden einzelnen *Menschen*, der in den Faschismus verstrickt wurde, zu schlagen, wo immer wir ihn treffen. Es gibt zum Glück auch Lebenslagen, in denen man einen solchen Menschen unter Umständen trifft, unter denen man mit ihm sprechen oder ihm helfen und vielleicht dadurch mehr erreichen kann, als indem man schlägt. Für Helmut Gollwitzer ist Antifaschismus nie ein Selbstzweck gewesen, nie eine Grundlage dafür, sich für besser zu halten als Andersdenkende und politische Gegner. Von solchem Antifaschismus hätte Helmut Gollwitzer in all den Jahren bald mehr als genug gehabt und wäre seiner müde geworden, aber gerade die Verwechslung mit solchen Haltungen ist es, die in Deutschland immer wieder zur Verleumdung und zur Verunglimpfung wirklicher Antifaschisten führt, was besonders traurig wird, wenn sich selbst ein Willy Brandt zu solchen Verwechslungen hinreißen läßt. Für Helmut Gollwitzer – und nicht nur für ihn – hat Antifaschismus so lange Sinn, als er ein Weg zu mehr menschlicher Solidarität ist.

> »Ein Faschist,
> der nichts ist,
> als ein Faschist,
> ist ein Faschist.
> Aber ein Antifaschist,
> der nichts ist
> als ein Antifaschist,
> ist kein Antifaschist!«

Und deshalb möchte ich hier auch auf ein zweites Mißverständnis hinweisen, auf das wohlwollend gemeinte Mißverständnis jener, von denen ich im Laufe der Jahre oft gehört habe, für einen christlichen Theologen sei Gollwitzer eigentlich ein recht guter Linker und für ein Stück Weges wirklich ein brauchbarer Bundesgenosse. Nun, obwohl das freundlich und anerkennend gemeint war und obwohl Helmut Gollwitzer über diese Einschätzung sicher verständnisvoll lächelt, möchte ich ausdrücklich dagegen Stellung nehmen – und gegen den ganzen zynischen Unfug von den sogenannten »nützlichen Idioten« als zeitweiligen Weggenossen! Ich glaube, es ist wichtig zu sehen, daß Helmut Gollwitzers Antifaschismus und Sozialismus seinem konsequenten Christentum nicht weniger verdanken als marxistischem Denken, ja daß christliche Ethik, wenn nicht zu den Denk-, so doch zu den Gefühlsvoraussetzungen eines Marx und Engels gehört hat. Ich sage das als einer, der selbst nicht Christ ist, dem aber gerade Helmut Gollwitzer mehr noch als Ernst Bloch sehen half, wie wichtig christliches Denken, christliche Nächstenliebe und sehr viel von dem, was die Evangelien als Worte Christi berichten, für uns alle ist. Gerade von dieser Seite kann marxistischen Linken Hilfe gegen Erstarrung und Selbstentfremdung geleistet werden, gerade so, wie dem Christentum von links und von unten immer wieder neues Leben und neue Wirklichkeit zugeführt werden und seine Lehren vor Erstarrung gerettet werden können.

In der sogenannten Volksfrontzeit in den dreißiger Jahren, die im Westen durch die Befriedigungspolitik der demokratischen Establishments für Hitler und Mussolini, im Osten durch die Trotzkistenprozesse sabotiert wurde und 1939 mit dem Hitler-Stalin-Pakt endete, entstand die begreifliche, aber oberflächliche »linke« Gewohnheit, sich aus dem sogenannten »Kulturerbe« das herauszusuchen, was einem politisch in den Kram paßt. Ein solcher opportunistischer Eklektizismus kann für die Beziehungen zwischen Christentum und Antifaschismus, zwischen Evangelien und Sozialismus nie maßgebend sein und war es für Helmut Gollwitzer auch nie.

Er war nie ein Modetheologe, er hat Auseinandersetzungen nie gescheut, auch nicht Auseinandersetzungen mit einem, der ihm so viel bedeutet wie Ernst Bloch. – Freilich ist auch Helmut Gollwitzers theologisches Werk, soweit ich das beurteilen kann, immer durchsetzt und belebt von seiner menschlichen, diesseitigen Stellungnahme. Kein Zufall, daß er, dreißig Jahre nach Hitlers Ende, der Arbeit, mit der er seine Lehrtätigkeit an der Universität abschloß, nur den Untertitel »Einführung in die evangelische Theologie« gab, aber den Titel »Befreiung zur Solidarität«. Kein Zufall, daß seine »Beiträge zur Theologie der Gesellschaft« den Titel »Forderung der Umkehr« tragen und einige seiner politischen Predigten den Titel »Veränderung im Diesseits«.

Ein Antifaschismus, der Helmut Gollwitzer sein Christentum etwa »tolerant« nachsehen wollte, als Lohn für sein sonstiges gutes Betragen, wäre auf dem Holzweg. Allerdings haben da viele Antifaschisten, nicht zuletzt gerade durch Helmut Gollwitzer, eine Menge dazugelernt. Auch ich. Ich kann auf viele Gedichte hinweisen, die ich ohne seinen Einfluß nie hätte schreiben können: So unmittelbar wirkt so etwas. Allerdings gibt es auch in kirchlichen Kreisen viele, die Helmut Gollwitzers Sozialismus und Antifaschismus gar nicht gerne sehen, namentlich nicht, wenn er sich auch gegen die »Tendenzwende« in der Kirche kehrt, wie z. B. in seinem Vorwort zu dem Buch »Auf einem Auge blind – Unterwanderung der evangelischen Kirche von rechts?« Eine Unterwanderung, die leider seit Erscheinen des Buches durch den häßlichen undemokratischen und zutiefst unchristlichen Kampf von Kirchenbehörden gegen Studentenpfarrer noch weitere Fortschritte gemacht hat.

Es ist nicht möglich, wirklich genug, wirklich mit hinreichender Spannweite in einer kurzen Festrede von Helmut Gollwitzer zu reden, dem Freund, dem Helfer, dem Lehrer, von Helmut Gollwitzer, dem Genossen, der das Wort Genosse, das durch Stalinismus, sektiererischen Dogmatismus, aber auch durch sozial-demokratischen bürokratischen Leerlauf arg heruntergekommen ist, durch sein Vorbild, ähnlich wie Rudi Dutschke, wieder zu Ehren bringt; von Helmut Gollwitzer, dem Christen und Prediger, und immer wieder von Helmut Gollwitzer, dem streitbaren Kämpfer, den nicht Streitsucht streitbar macht, nicht Kampfeslust oder gar Kampfwut zum Kämpfer!

Nicht immer waren und sind Helmut Gollwitzer und ich einer Meinung. Vielleicht doch, weil ich Jude bin, habe ich, im Unterschied zu ihm, den Zionismus zwar als einen der verständlichsten und dadurch entschuldbarsten, aber desto tragischeren Fehler gesehen, durch den nicht zuletzt auch den Juden in Israel eines Tages Verderben droht. Da waren wir verschiedener Meinung; und das war nicht die einzige Frage: Obwohl wir beide einzelne Ausdrücke im sogenannten »Buback-Nachruf« eines Göttinger Mescalero ablehnten, beurteilte ich doch das ganze Dokument viel positiver, als linke Stellungnahme *gegen* politischen Mord (Stellungnahme aus ethischen nicht minder als aus sachlichen Gründen), positiver – namentlich angesichts der schamlosen Verleumdung durch deutsche Massenmedien und Politiker – als Helmut Gollwitzer, der sich über etliche Dummheiten geärgert hatte, es damals beurteilte und vielleicht heute noch tut.

Wir hatten also auch Gelegenheit, verschiedener Meinung zu sein, und so kann ich bezeugen, daß Helmut Gollwitzer es an Verständnis und Fairneß für den Andersdenkenden und dessen von Rosa Luxemburg geforderter Freiheit nicht fehlen läßt. Aber solche Meinungsverschiedenheiten blieben Ausnahme. Immer wieder fand ich mich auf derselben Plattform, und immer wieder wurden wir auch von denselben Verleumdern in einem Atem genannt. Die Liste wäre zu lang und zu dumm, um all das hier aufzuzählen. Sie reicht von »Agenten Moskaus« über »Aufweichler« und »Nestbeschmutzer« und »Werkzeuge des Weltjudentums« bis zu »Sympathisant des Terrorismus« und »Deutschlandhasser«.

Für Mahnungen zur schweren Umkehr aus dem Ungeist der Nazizeit und des Kalten Krieges wurde und wird man nicht weniger angefeindet als für Versuche, auch Terroristen gegenüber Menschlichkeit, Gerechtigkeit und Bemühen um Verständnis walten zu lassen, um sie so vielleicht von ihrem Irrtum abzubringen.

Und vollends, welche Verleumdungen Helmut Gollwitzer und mir und allen, die sich für das Russel-Tribunal einsetzten, zuteil wurden, muß noch in frischer Erinnerung sein.

Nun, es kommt darauf an, in einem Land, in dem Politik mit Verleumdung und Gehässigkeit arbeitet, mit Lüge und Geheimniskrämerei, mit Entstellung der Meinungen und Ansichten des Andersdenkenden, gegen das alles anzukämpfen, *ohne* Gehässigkeit, *ohne* Verleumdung und Entstellung, *ohne* Verständnislosigkeit, *ohne* Geheimtun, *mit* Wahrheit, mit immer erneuter Bereitschaft zu Verständnis und Liebe, und ohne Unterschätzung weltlicher Macht. Gewiß, es geht nicht immer ohne Zorn ab, ohne Ärger, ohne Erregung, ohne Heftigkeit. Aber das soll nicht das Wesentliche sein. Und einen solchen Kampf führt der Christ und Antifaschist Helmut Gollwitzer und ist mir und vielen anderen ein Beispiel dafür, wie man einen Kampf führen kann, ohne sich selbst in eine Kampfmaschine zu verwandeln.

Und hier zurück zur Frage »Wie sah der antifaschistische Kampf aus und wie sollte er heute aussehen?« Ich will versuchen, meine Meinung zu skizzieren, in die vielleicht auch eingegangen ist, was ich von Helmut Gollwitzer gelernt zu haben glaube.

Ich glaube, der antifaschistische Kampf ist meistens zu kleinkariert geführt worden, zu engherzig, zu einseitig und gerade deshalb auch mit zu wenig Realitätssinn. Der bürgerliche Antifaschismus, unterstützt seit den dreißiger Jahren von einem KP-Opportunismus, der die Volksfront erleichtern wollte, tendierte dazu, den Klassenkampf, den Produktionsprozeß des Kapitalismus aus den Augen zu verlieren, wenn es gegen den Faschismus ging. Marxistisch sein wollende Dogmatiker wieder neigen dazu, alles andere als den unmittelbaren Klassenkampf, als die polit-ökonomischen Determinanten, als bloße »Überbauphänomene« abzutun. Beides war falsch, führte zum Aneinandervorbeireden. – Im Namen des Marxismus wurde zudem und wird auch heute wieder (zum Beispiel von jenen, die alle neuen französischen Philosophen und Antipsychiater in einen Topf werfen und in Bausch und Bogen verdammen) alles, was von anderswo herkommt, verdächtigt und mit Mißtrauen betrachtet, als wäre wissenschaftliches Denken mit Monopolansprüchen vereinbar. In der Geschichte des Antifaschismus hat wahrscheinlich kaum je etwas so viel Unheil angerichtet wie die vulgärmarxistische Irrmeinung, auf *einer* Klassenbasis könne es, wenn es ja wissenschaftlicher Sozialismus sei, nur *eine* richtige Meinung geben, und alle Andersdenkenden seien daher objektiv oder subjektiv Agenten oder Werkzeuge des Klassenfeindes. An dieser Wissenschaftlich-keitsfetischisierung klebt viel unschuldiges Blut in der Geschichte der Linken. In Wirklichkeit müßte man, um auch nur annähernd »wissenschaftlich« zu entscheiden, nicht nur alle wirksamen Faktoren in einer Lage erkennen, sondern sie auch quantitativ annähernd richtig einschätzen. Das geht bekanntlich nicht ohne Untersuchung, und bis *die* ihre Ergebnisse zeitigt, ist die Zeit zur Entscheidung meist längst vorbei. Es kann also sehr wohl mehr als eine Meinung in kritischen Lagen geben.

Engstirnigkeit und Selbstgerechtigkeit haben den antifaschistischen Kampf immer wieder entfremden und zum Werkzeug von – wenn auch subjektiv vielleicht ehrlichen – Manipulationssachver-ständigen werden lassen. Der Pendelausschlag ins Gegenteil: Theoriemüdigkeit wie bei Tunix, Sezession, Ausscheren, Hinwendung zu hierarchischen Sekten sind nur die andere Seite der Medaille, aber auch keine Lösung. Daß aber beide Fehler, ja fast alle Fehler der Linken, zum Teil auch von verständlichen, ja von sympathischen Reaktionen getragen wurden, mußte man einsehen, um zu einem antifaschistischen Pluralismus zu kommen, der freilich nicht einfach ein Bündnis der alten Linken mit der neuen Linken sein könnte.

Es versteht sich, daß Antifaschismus nicht nur gegen das echte alte Erbe des Hitlerfaschismus kämpfen muß, sondern gegen alles, was in ähnliche Richtung führen könnte, auch wenn es das von sich selbst nicht glaubt und nicht weiß. Aber die Beharrlichkeit und Intensität eines solchen Kampfes erfordert nicht unbedingt Haß und Erbitterung. Man wird sonst leicht – wie die RAF – zum Spiegelbild dessen, was man zu bekämpfen glaubt. Wenn ich gesagt habe, daß die Verbrechen des Faschismus nicht einzelnen schuldigen Mitmenschen so angerechnet werden dürfen, daß man keine Hilfe und Gnade kennen darf... Es gibt keine Sache, die so heilig ist, daß ihr gedient wird, indem man sich ihr zuliebe in ein Ungeheuer verwandelt. Auch dann nicht, wenn die Gegner sich oft große Mühe geben, wie Ungeheuer zu handeln. Wer Feindesliebe für unpraktisch hält, der bedenkt vielleicht nicht die praktischen Folgen der Folgen des Feindeshasses. Feindesliebe heißt freilich auch nicht, vergessen, daß Feinde – oder doch viele von ihnen – immer noch Feinde sind... und ihrerseits oft gar nicht beseelt von Feindesliebe.

Auch Helmut Gollwitzer kann hart kämpfen und angreifen, wenn auch nie mit »allen Mitteln«. – Hier, dieses Berlin, in dem Polizeihauptmeister Kurras, der Benno Ohnesorg erschossen hatte, zweimal freigesprochen werden und noch eine Reihe höchst merkwürdiger Handlungen begehen konnte, – dieses Berlin, in dem der Mut eines Regierenden Bürgermeisters Albertz, für seine Erkenntnisse Zeugnis abzulegen, den politischen Selbstmord bedeutete, während sich ein Mann wie Innensenator Neubauer noch jahrelang in Amt und sogenannten Würden halten konnte und wenn schon nicht mehr ein Duensing, so doch immerhin ein Hübner noch Polizeipräsident bleiben konnte, trotz der Todesschüsse seiner Polizei und trotz unguter Zeitungsartikel mit seiner Unterschrift, die in anderen westlichen Demokratien seinem Tun sehr rasch ein Ende gemacht hätten, – dieses Berlin ist kein Ort, an dem Antifaschisten aufs Kämpfen verzichten können, auch dann nicht, wenn vielleicht auch ihre Gegner sich für Antifaschisten halten und die warnende Sprache ihrer eigenen Verhaltensmuster wirklich nicht verstehen.

Gegen vieles, was in Berlin und in der Bundesrepublik geschieht, müssen Antifaschisten kämpfen, auch namentlich gegen Personen: gegen *die* Politiker und Amtspersonen, die dafür verantwortlich sind. Ein Polizeipräsident ebenso wie ein Innensenator, ein Richter oder ein Staatsanwalt kann eine Gefahr für die Demokratie sein und für die Lebenssubstanz, um die es jedem wirklichen Antifaschismus gehen muß. Aber der Kampf darf *nicht* »mit allen Mitteln« geführt werden. Hier in Berlin habe ich an Wänden die Aufschrift gesehen: »Drenckmann war das erste Schwein, Buback kommt gleich hinterdrein«. Das ist *kein* antifaschistischer Kampf! Schon deshalb nicht, weil es unmenschlich ist. Nebenbei ist es auch eine Beleidigung des Andenkens an den liberalen Richter Drenckmann, ihn in einem Atem mit dem Generalbundesanwalt Buback zu nennen, der – nicht nur wegen Stammheim, sondern schon von der »Spiegel«-Affäre her – in der Welt keinen so guten Ruf hatte, wie hier offizielle Trauerordnungen und Nachrufe glauben machen wollen. Aber vor allem war die Ermordung Siegfried Bubacks ein unsinniger Greuel! Ich habe nicht vergessen, daß hier in Berlin, als ich am 10. Jahrestag der Erschießung Benno Ohnesorgs eine Ansprache hielt, einige Demonstranten den Mord an Siegfried Buback beklatschten und mir zuriefen: »Das ist kein Mord, das ist eine Hinrichtung.« Nun, ich meine, Antifaschisten haben auch nicht mit Hinrichtungen zu arbeiten. Benno Ohnesorg war gegen Hinrichtungen, Hinrichtungen waren immer grauenhaft, waren nie etwas Besseres als behördlich sanktionierter Mord. Und Hinrichtungen ohne Verhör und ohne Verteidigung, ohne Einspruchs- und Begnadigungsmöglichkeit sind nicht einmal Hinrichtungen, sondern eben nur noch Mord. Andererseits waren die offiziell erzwungenen Trauerzeremonien für Siegfried Buback eigentlich eine Beleidigung des Toten – denn was ist erzwungene Trauer wert?

Und eine Maßnahme wie die Entlassung des Berliner Sozialpsychologen Udo Knapp, der nicht auf Befehl zum Zeichen der Trauer aufstehen wollte, ist für einen Antifaschisten im kleinen ein echter Greuel von derselben Art, wie es im großen die Gegendemonstration des Berliner Stadtsenats gegen die Vietnamdemonstration im Februar 1968 war, bei der die städtischen Arbeiter sich nach Betrieben sammeln mußten und fürs Demonstrieren bezahlt bekamen, wobei es auch (kein Wunder!) zu antisemitischen Ausrufen und Lynchversuchen gegen ein englisches Mädchen kam, und gegen einen jungen Fotografen, der das Pech hatte, Rudi Dutschke ähnlich zu sehen.

Ja, in Berlin gibt es vieles, gegen das ein Antifaschist kämpfen kann und soll. Aber nicht mit individuellem Terror, der nur die Neue Linke fast vernichtete, – nicht mit Selbstgerechtigkeit und nicht mit Realitätsverlust. Vor zehn Jahren schüttelte ich den Kopf über eine Losung: »Brecht dem Schütz die Gräten, alle Macht den Räten«. Ich fand die ersten Worte wenig menschlich; zudem war Herr Schütz – besonders im Vergleich zu Herrn Neubauer – harmlos. Außerdem spricht man von einem Menschen nicht wie von einem Fisch. – Und was die Räte betrifft: Sogar wenn, wozu nicht die geringste Möglichkeit bestand, die Studenten in Westberlin eine Räterepublik hätten ausrufen können, – die DDR und die Westmächte hätten ihr gemeinsam ein Ende bereitet. Das war Entfremdung und Realitätsverlust lange vor dem ungleich ärgeren und größeren Realitätsverlust des sogenannten bewaffneten Kampfes. Und Realitätsverlust ist ungut für die Antifaschisten. Ich kann *verstehen*, was einen Horst Mahler, was eine Ulrike Meinhof zur Verzweiflung getrieben hat, aber deshalb muß ich ihre Verzweiflungsgedanken und -taten nicht bejahen. Das heißt allerdings nicht, daß etwa die »Konkret«-Artikel Ulrike Meinhofs aus den Jahren zuvor oder die Umstände ihrer Haft, ihres Gerichtsverfahrens, überhaupt ihres Lebens und ihres Todes von Antifaschisten vergessen werden dürfen, bloß weil sie mit Recht gegen den »bewaffneten Kampf« sind.

Ich muß vielleicht hier etwas – und ich hoffe, auch in Helmut Gollwitzers Sinn – über die Bedeutung des »Unbequemen« im antifaschistischen Kampf sagen. Ich erinnere mich aus meiner politischen Frühzeit, wie es war, wenn sich irgendeine wirkliche Ungerechtigkeit ereignete, wenn ein völlig gerechtfertigter Protest laut werden wollte, der aber aus irgendeinem Grund taktisch ungelegen kam. Da konnte man sich über die Protestierenden ärgern: »Müssen die gerade jetzt mit einem so unbequemen Thema kommen?« Ich glaube, es ist wichtig, einem solchen Unbehagen, einem solchen Ärger *nicht* nachzugeben. Wenn man solche Widerstände empfindet, so ist das meistens ein Zeichen dafür, daß mit der eigenen Taktik irgend etwas nicht stimmt oder daß wir im Begriff sind, zu kleinen Rädchen in irgendeinem großen Apparat und Manipulationsmechanismus zu werden.

Es ist gewiß unbequem, wenn mitten in einem Gespräch über Isolationshaft der Name Rudolf Heß* fällt. Aber darf man sich als

Antifaschist über das Problem einfach hinwegsetzen? Es ist unbequem, wenn man mit Fritz Teufels Ansichten nicht übereinstimmt, daran zu erinnern, daß er immer noch eingesperrt ist und wie in all den letzten zehn Jahren mit ihm verfahren wurde. Es ist unbequem, wenn man – wie ich – über Horst Mahlers gründliche Abwendung vom Terrorismus froh ist und für seine längst überfällige Freilassung eintritt, ihn gleichzeitig dafür zu kritisieren, daß er dazu neigt, jede neue Überzeugung gleich ganz und gar und womöglich etwas mehr als hundertprozentig zu vertreten und dadurch für die furchtbaren Irrtümer derer, die vielleicht teilweise noch so denken, wie er selbst gestern oder vorgestern gedacht hat, so wenig Nachsicht oder Einsicht aufbringt, daß er ihnen dadurch vielleicht den letzten Ausweg aus dem Irrtum zu vermauern droht, oder Anwälte, die sich exponiert haben, um auch ihm zu helfen, heute dafür fast angreift! – Und es ist ebenso unbequem, den Dichter Peter-Paul Zahl, der schändlicherweise immer noch eingesperrt ist und für dessen Freilassung viel zu wenig getan wird, dennoch zu kritisieren, weil der verbitterte Peter-Paul Zahl, der selbst nie Terrorist war, heute in seiner Kritik am Konvertiteneifer Horst Mahlers weit übers Ziel hinausschießt und Horst Mahler wie einen Verräter und Agenten behandelt. Noch ärger wäre es, sich deshalb nicht mehr für die Freilassung Peter-Paul Zahls einzusetzen. Es ist unbequem, von all dem auch nur zu sprechen, sich in diesen ganzen Wirrwarr zu verstricken. Aber als Mensch und Antifaschist hat man keine andere Wahl. Opportunitätserwägungen dürfen nie das Entscheidende sein. Wer gegen den Terrorismus ist, der hat deshalb noch lange nicht die Pflicht, zu glauben, alle Terroristen *müssen* Selbstmord begangen haben, und unsere Fragen verstummen zu lassen aus Angst, in schlechte Gesellschaft zu geraten. – Wer wie ich entsetzt und empört war über die Meldung von Mordplänen gegen Herrn Galinski*, der hat deshalb noch lange nicht die Pflicht, wenn Herr Galinski gegen deutsche Linke etwas ganz und gar Falsches und nicht zu Verantwortendes sagt, das taktvoll unwidersprochen zu lassen.

Überhaupt: Ich glaube, ein Antifaschist soll nie ein Anhänger der hundertprozentigen Schwarzweißmalerei sein. Er soll auch nie jeden Andersdenkenden für einen Feind oder für einen Menschen zweiten Ranges halten. Er soll die eigenen Schwächen nicht durch Selbstgerechtigkeit und Überschätzung der eigenen Theorien ausgleichen wollen.

Wir haben wieder einmal genausoviel theoretische Arbeit nachzuholen wie praktische, dabei können wir uns weder expertengläubigen Professionalismus noch dümmlichen Anti-Professionalismus und Anti-Intellektualismus leisten, der nur das Gegenstück dazu ist, der Pendelausschlag nach der anderen Seite.

Und wir dürfen auch nicht glauben, daß neue wichtige Erkenntnisse immer gerade nur bei jenen antifaschistischen Genossen auftauchen können, die uns ohnehin schon sympathisch sind. Und ohne Zusammenwirken von Politik, Psychologie, Ökologie und vielen anderen Faktoren geht es überhaupt nicht weiter. Das wußten wir schon einmal, zur Zeit Herbert Marcuses und der Studentenbewegung, aber wir haben viel vergessen und müssen uns an vieles erinnern und vieles neu lernen. Vor allem aber, daß es auch gegen Entfremdung und Verdinglichung in den eigenen Reihen, auch in uns selbst gehen muß.

1978

Nachruf auf Rudi Dutschke

Zu einer Zeit, als mir durch die Unmenschlichkeit und Verbrechen des Stalinregimes sogar das bloße Wort »Genosse« verleidet war, war Rudi Dutschke der, der mich durch sein Verhalten dazu gebracht hat, wieder zu sehen, daß Linke auch ehrlich und voll von Menschlichkeit – auch Feindesliebe! – sein können.
Ich weiß noch, wie während der großen Vietnamdemonstration des SDS am 18. Februar 1968 in Berlin ein Trupp gegenüber der Oper, auf einem Baugerüst und auf einem sehr hohen Baukran, Mitglieder der Jungen Union, den wenigen Studenten dort oben ihre Liebknecht- und Rosa-Luxemburg-Plakate und Fahnen wegriß und vor den Augen der empörten Demonstranten mit Füßen trat, zerriß und verbrannte. Die Demonstranten unten begannen ihnen zu drohen, aber Rudi sah hinauf, zum Baugerüst und zum Kran, und sagte zur mir: »Hoffentlich fällt wenigstens keiner von ihnen runter!« Dies gerade, als viele der Demonstranten unten ihnen gewünscht haben müssen, daß sie sich das Genick brechen. Im nächsten Augenblick nahm Rudi das Mikrofon und rief: »Genossen, laßt sie! Sie verstehen es nicht besser!« Und er rief weiter, die da jetzt unsere Plakate und Fahnen runterholten, das seien dieselben Arbeiter, die sie eines Tages oben auf dem Springerhaus anbringen werden. Durch diese Worte war die gefährliche Haßatmosphäre wie weggeblasen. Aber diese Worte wären ihm nie eingefallen, wenn er nicht wirklich Angst um das Leben und die Gesundheit seiner politischen Gegner gehabt hätte.
Später, als Rudi Dutschke bei mir in London war, nachdem in Berlin ein junger Mann namens Bachmann ihn angeschossen hatte – an den Spätfolgen dieses Schusses ist er wahrscheinlich jetzt gestorben! –, aus dieser Londoner Zeit weiß ich noch, wie Rudi sich um Bachmann gekümmert hat, wie er versuchte, ihm in seinen Briefen Mut zuzusprechen, wie Rudi seinen Anwalt – es war Horst Mahler – beauftragt hatte, vor Gericht zu sagen, daß er sich von Bachmann überhaupt nicht gefährdet fühle und sich desto schneller erholen werde, je früher Bachmann freikomme. Rudi bat auch seinen Mentor in Berlin, den Theologieprofessor Helmut Gollwitzer, sich um Bachmann zu kümmern. Ich sehe

noch Bachmanns Briefe an Rudi vor mir, daß er nur durch falsche, gehässige Pressedarstellungen verleitet worden sei, auf Rudi zu schießen. Und ich erinnere mich auch noch, wie dann, als Bachmann zuletzt doch im Gefängnis Selbstmord beging, Rudi in London einen Rückfall erlitt und verzweifelt sagte, vielleicht hätte er doch in Berlin bleiben und Bachmann besuchen sollen, vielleicht hätte er dann seinen Tod verhindern können.

Ich erinnere mich auch, wie Pfarrer Albertz*, der ehemalige Oberbürgermeister von Berlin, nach London kam, um zu bezeugen, daß Rudi Dutschke immer ein Gegner von »Gewalt gegen Personen« gewesen sei und daß, seit er nicht mehr in Berlin sei, die Zusammenstöße gewaltsamer geworden seien. Zur selben Zeit hat auch Prof. Richard Löwenthal, der damals im Bund »Freiheit der Wissenschaft« gegen die linken Studenten kämpfte, einen Brief an die englischen Behörden geschrieben, daß er Rudi Dutschke als hervorragenden politischen Gegner kenne und nur wünsche, daß es mehr politische Gegner von solcher Ehrlichkeit und menschlicher Integrität gebe und daß er sich für Rudi Dutschke verbürgen könne.

Rudi Dutschke war ganz anders als das Bild, das deutsche Zeitungen, nicht nur die Springerpresse, von ihm verbreitet hatten. Er war das genaue Gegenteil eines haßerfüllten, einseitigen Fanatikers. Sein kritischer Marxismus und Elemente christlicher Ethik blieben bei ihm zeitlebens vereint, nicht nur wenn er in London an einem Sonntagvormittag aus der Bibel vorlas.

Ich glaube, daß auch seine große Wirkung auf die antiautoritären Studenten gerade darin bestand, daß er nie eine »Führerpersönlichkeit« sein wollte, daß er sich nicht um sein eigenes Image kümmerte, sondern bereit war, wenn ihm jemand widersprach, auch vor versammelten Studenten zu sagen, »Ja, der hat recht, und ich habe unrecht, und wir müssen es so machen, wie er sagt.« Seine Güte, seine Unkorruptheit waren wirklich spürbar. Ich weiß das auch aus vielen Gesprächen mit ihm, bei denen ich dabei war. Politisch Andersdenkende waren für ihn nie einfach Feinde. Deshalb hat er auch in den letzten Jahren mit vielen Menschen Freundschaft gehalten, die miteinander kaum mehr sprachen. Er blieb sowohl mit Horst Mahler befreundet wie auch mit Karl-Heinz Roth, der Horst Mahler als Opfer von Gehirnwäsche und als »Konvertiten zu Staatsschutzbelangen« angriff.

Und noch in unserem letzten langen Telefongespräch, vier oder fünf Tage vor seinem Tod, redete Rudi mir zu, ich hätte Karl-Heinz Roth viel zu scharf kritisiert und ich solle doch über seinem Schimpfen nicht seine Gedankengänge übersehen. Womit er recht hatte.

Rudi Dutschke war entschieden gegen Terrorismus, doch ohne Blindheit für dessen gesellschaftliche Ursachen. Und wenn er nach seiner schweren Schußverletzung nicht von Berlin und Deutschland weggewesen wäre, dann wäre, davon bin ich überzeugt, Ulrike Meinhof nie zum sogenannten »bewaffneten Kampf« gekommen, denn sie hatte immer eine sehr hohe Meinung von Rudis Wissen, seiner Menschlichkeit und politischen Klugheit und hat sich immer mit ihm beraten. Er sagte in London mehrmals, wenn er noch dagewesen wäre, dann hätte er ihr den »bewaffneten Kampf« wahrscheinlich in einem einzigen Gespräch ausreden können!

Aber seine entschiedene Ablehnung des »bewaffneten Kampfes« führte nie dazu, daß er dessen Anhänger einfach als Verbrecher abgetan oder an ihrem Schicksal keinen Anteil genommen hätte. Er glich darin – wie in einigen anderen Wesenszügen – Heinrich Böll. Seine Ablehnung der Guerilla hat auch nicht dazu geführt, daß er sich leichthin mit den Selbstmordhypothesen von Stammheim zufrieden gab. Noch in seinem letzten Telefongespräch mit mir hat er gesagt, wir dürften nicht von unserer politischen Meinung oder Bequemlichkeit ausgehen, sondern nur vom Beweismaterial, und das wachse und mache gerade in letzter Zeit eine gründliche Neuüberprüfung der angeblichen Selbstmordbeweise nötig.

Rudi Dutschke hat nie an einer Ansicht nur um des Rechtbehaltens willen festgehalten. Als er sich den Grünen, der Ökologiebewegung anschloß, da war er zwar in ihr vielleicht der entschiedenste Vertreter sozialistischer Gedanken, aber gleichzeitig war er auch froh, daß es menschliche Anliegen gibt, die nicht nur Klassenkampffragen sind und nicht nur durch Revolutionen ihrer Verwirklichung nähergebracht werden können. Eigentlich war er so undogmatisch und unorthodox, daß er nur schlecht in irgendeine festgefügte Organisation oder Partei gepaßt hätte, in irgendeinen vorgeschriebenen, reglementierten Glauben. Er war nie bereit, sein Wissen zum Schweigen zu bringen oder es an irgendein Gremium abzugeben. Ich glaube, gerade seine große Wärme, Güte, Nächstenliebe, seine moralische Reinheit – ich weiß kein anderes Wort dafür –, sein Freisein von jedem Opportunismus und seine Achtung vor der Würde aller Menschen machen ihn so schwer ersetzbar – nicht nur für mich.

1980

Die Freiheit, zu sehen, wo man bleibt

Kolleginnen und Kollegen, Freunde, meine Damen und Herren!
Bevor ich das sage, was ich mir vorbereitet habe, möchte ich doch zu einigem Stellung nehmen, was ich hier gehört habe – ich hätte noch mehr Zeit damit verbringen müssen, wenn nicht zum Glück Hans Weigel, Milo Dor, Barbara Frischmuth, Michael Scharang schon viel davon gesagt hätten.

Zuerst ein Wort zur Verantwortung des Schriftstellers gegenüber dem Staat, noch im Anschluß an Milo Dor: Ich glaube, eine direkte Verantwortung des Schriftstellers gegenüber dem Staat gibt es nicht, nur eine Verantwortung direkt gegenüber seinem eigenen Gewissen, das als Verinnerlichung die Beziehung zu seinen Mitmenschen enthalten muß. Diese Mitmenschen sind natürlich in unserer Zeit in Staaten organisiert, zur Erhaltung ihres Lebens und auch zur Erhaltung ihrer jeweiligen Herrschaftsverhältnisse. Diese Doppelheit ist wichtig, man kann einen Staat heute ebensowenig abschreiben wie für fraglos bejahenswert erklären. Aber die direkte Verantwortung gegenüber dem Staat lehne ich ab, und wir wissen aus politischer Erfahrung, je mehr ein Staat die direkte Verantwortung des Schriftstellers gegenüber dem Staat verlangt, desto unangenehmer ist dieser Staat.

Das zweite sind zwei Ausdrücke, die der Psychoanalyse, sagen wir »entlehnt« wurden, nämlich das »Lustprinzip des Schreibens« und das »Realitätsprinzip« danach. Ich glaube, wenn man sich in Ausdrücken wie Lustprinzip des Schreibens die Analyse zunutze macht, dann müßte man doch als mit Literatur angeblich befaßter Mensch wissen, daß die Schriftsteller die Lust des Schreibens dazu zu verwenden haben und dazu verwenden, in immer tiefere Schichten ihres eigenen Erkenntnis- und Beobachtungsvermögens einzudringen, wo analytische Widerstände bekämpft werden müssen, so daß das, was dabei herauskommt, eine sehr schwierige und keineswegs nur als lustvoll zu bezeichnende Tätigkeit ist; und der Verdacht liegt nahe, daß man denkt: »Wenn denen das Schreiben ohnehin schon solche Lust macht, dann ist es doch eigentlich lächerlich, daß sie noch so viele Forderungen stellen.«

Es ist sehr gut, daß im selben Atemzug vom Realitätsprinzip die Rede war, denn nicht nur die Antipsychiatrie, sondern auch die meisten modernen Psychologen wissen schon sehr wohl, wie sehr der Ausdruck Realitätsprinzip, seit er von Freud geprägt wurde, zu schlechten Anpassungsforderungen mißbraucht wurde! Ich will dazu nichts mehr sagen.

Ich glaube, daß auch der Ausdruck »Arroganz gegenüber dem Publikum« ein gefährliches Wort ist. Natürlich gibt es so etwas, und natürlich muß man sich davor hüten, aber im allgemeinen sind die Leute, die davon sprechen, dieselben, die als Politiker etwa sich auf die »schweigende Mehrheit« berufen. Man darf das Publikum nicht wie ein kritikloser, nur von der Marktforschung gelenkter Mann nur so nehmen, wie es ist. Damit tut man dem Publikum keine Ehre an, denn man nimmt dann auch die Schädigungen, deren Ergebnis und Opfer das heutige Publikum ist, kritiklos hin. Ich glaube also, in einer solchen Formulierung steckt, vielleicht unbewußt, doch mindestens die Gefahr einer Arroganz gegenüber dem Schriftsteller.

Ich werde nun ziemlich viel von der Vergangenheit sprechen, und ich glaube, daß manches davon für die Gegenwart fruchtbar ist. In den letzten Monaten vor diesem Kongreß hat man mir nämlich eine Reihe von Fragen gestellt: Warum ich, obwohl ich Österreich liebe und mich freue, endlich wieder meine österreichische Staatsbürgerschaft zu bekommen, nie nach Österreich zurück wollte oder konnte; welchen Eindruck ich als Auslandsösterreicher von österreichischen Literaturverhältnissen hatte und habe; ob österreichische Literatur in Österreich überhaupt eine Bedeutung hatte und hat. Was ich vom Verlagswesen halte, wurde auch gefragt, von der Förderung, vom Verhältnis zwischen Literatur und Politik. Die gründliche Beantwortung auch nur einer dieser Fragen würde mehr Zeit brauchen, als ich für mein Referat habe, und Österreich ist immer noch so, daß jede ehrliche Antwort geeignet ist, einem den oder jenen zum Feind zu machen, von dem es hierzulande heißt, er könnt' einem schaden. Ich will es trotzdem versuchen, skizzenhaft, ganz unvollständig.

In Wirklichkeit sind praktische Entscheidungen über Heimkehr gar nicht nur politisch oder kulturpolitisch bedingt, sondern sie sind sehr kompliziert, vielfach überdeterminiert – aber auch kulturelle und politische Faktoren können mitsprechen. Im Krieg, in

England, hatte ich die Absicht, zurückzukommen. Aber nach und nach störten mich damals bei den Österreichern, zu denen ich dort die engste Verbindung hatte, einige Symptome der Stalin-Ära so sehr, daß ich nicht zurückkommen wollte, um *mit* ihnen zu arbeiten. Ich hatte aber auch keine Lust, zurückzukommen, um *gegen* sie zu arbeiten. Dazu hatte ich zu viel Mitgefühl mit vielen von ihnen, deren gute Absicht und deren tragische Konflikte ich aus eigener Erfahrung kannte. Es lag mir nicht, Menschen, die mir nahe waren, nun haßerfüllt als Todfeinde zu bekämpfen, auch wenn viele von ihnen, dank ihrer Organisationsstruktur, solche Hemmungen nach außen hin nicht immer zeigen konnten. Überhaupt, die bittere Bereitschaft zu gehässigster Feindschaft, wie man sie bei uns in Österreich auf allen Seiten fand und immer noch findet, scheint mir kein guter Charakterzug einer Kultur. Speziell der österreichische ebenso wie der deutsche Antikommunismus ist außerdem nicht nur von den wirklichen Verbohrtheiten, Selbstentfremdungen und Verbrechen in der Geschichte des Kommunismus gespeist, sondern oft eben auch von der sogenannten kulturellen Kontinuität aus der Hitler-Zeit oder schon auch aus der Ignaz-Seipel-Zeit*. Und das mochte ich nicht leiden. Ich konnte, als ich mir die Rückkehr zum ersten Mal überlegte, weder die gezielten, sich für links haltenden Gehässigkeiten gegen einen Hans Weigel gutheißen, weil er es gewagt hatte, im Exil und danach seine Meinung über die Wirklichkeit der Stalin-Ära zu sagen, noch auch konnte ich mich darüber freuen, daß selbst ein Hans Weigel sich durch das, was ihm angetan wurde, und durch die furchtbaren Enttäuschungen, die er erlebt hatte, dazu hinreißen ließ, soweit zu gehen – wenn ich nicht falsch informiert bin –, längere Zeit sogar gegen Brecht-Inszenierungen in Österreich* zu sein; wobei doch gerade Brechts eigenes Werk viel Inspiration zur Auflehnung gegen Stalinismus und gegen geisttötende Bevormundung gegeben hat. Dieses Freund-Feind-Denken in Österreich hat der Literatur geschadet und hat mich abgeschreckt, auch wenn es bei Hans Weigel offenbar mit größter persönlicher Integrität verbunden war; und traurig gemacht hat es mich gerade bei ihm, weil dieser selbe Hans Weigel so unendlich viel und uneigennützig für junge Dichter getan hat, auch für mich, wie wenige andere. Nur fair zu sagen, daß es diese Freund-Feind-Tendenzen natürlich nicht nur in Österreich gab, sondern auch in der Bundesrepublik und in Amerika, aber damit dürfen wir uns nicht trösten. Ich hatte in London von Isaac Deutscher* gelernt, daß mir keine Wahl blieb, als gegenüber einer entfremdeten, dogmatisch erstarrten und machtpolitisch hochgekommenen beziehungsweise herunter-gekommenen Lehre zum Ketzer zu werden, aber daß der Ketzer, der Häretiker, sich davor hüten soll, in die vorgezeichnete Rolle des Renegaten zu verfallen, wie sie etwa der Kongreß für Freiheit und Kultur und andere Institutionen zu fördern suchten. Schwerer gemacht wurde es gerade auch Schriftstellern dadurch, daß die einen Mitmachen im Kalten Krieg forderten und immer noch for-dern und daß von der anderen Seite ein Ketzer fast immer als Ver-räter und Renegat verleumdet wurde – ich denke da besonders an Ernst Fischer*, den ich lieb gehabt habe.

Auch ganz anderes hat mich gestört. Als der Dichter Weinheber noch im Krieg Selbstmord begangen hatte, war ich durch seine letzten, verzweifelten Gedichte erschüttert und warnte mit mei-nem Freund, dem Lyriker Theodor Kramer*, davor, diesen Mann einfach als Nazi abzutun. Wenige Jahre danach aber fand ich in Österreich eine Überschätzung Weinhebers, die sich auch des eng-lischen Dichters W. H. Auden* spleenige Weinheber-Verehrung zunutze machte; und ich finde es ganz falsch, daß sich im Palais Palffy zwar ein Weinheber-Zimmer, nicht aber ein Theodor-Kra-mer-Zimmer vorfand – wobei dahingestellt bleibe, ob das Palffy der beste Ort für eine Kramer-Ehrung wäre. Aber natürlich war Kramer der wichtigere von den beiden Dichtern.

Auch die elenden Lebensumstände für österreichische Nach-wuchsschriftsteller, von denen Michael Scharang spricht, fand ich mehr als ungut; sie machten Österreich unwirtlich. Ich erinnere mich aus dieser Zeit noch eines Mannes, der im Rundfunk viel zu sagen hatte, er gehört zum Glück längst der Vergangenheit an. Mir begegnete er mit entsetzlicher Höflichkeit, aber wenn er sich in seinen Sendungen eines jungen österreichischen Autors über-haupt erbarmte, dann mußte dieser, um seine Manuskripte vorle-sen zu dürfen, »Sprechunterricht« nehmen, wofür der Mann seine Gattin empfahl. Diese Lektion kostete immer genau die Hälfte des Honorars. Daß der Mann auch ein Nazi gewesen war, viel-leicht kein ehrlich überzeugter, dafür aber ein eifriger, rundet das Bild ab.

Man darf natürlich keine Schwarz-weiß-Malerei machen. Das

Ministerium versuchte auch vor vielen Jahren schon, jungen Schriftstellern zu helfen; einen Ministerialrat Dr. Brunmayr habe ich zum Beispiel noch in besonders guter Erinnerung. Aber wenn gleichzeitig weder die Schulen noch die Universitäten, noch das Fernsehen moderne Literatur und junge Autoren genug förderten, dann blieb es eben bei den Stipendien: zum Sterben zuviel und zum Leben zuwenig. Das Dunkelmännertum an der Universität war durchaus nicht nur auf alte Nazis beschränkt, und auch nicht nur auf die Germanistik. Ich erinnere mich zum Beispiel eines Professor Rohracher*, der sich, glaube ich, sogar einen Sozialisten nannte, der aber nicht nur eine ebenso modische wie gottvergessene Verhaltenspsychologie lehrte, sondern seinen Studenten, die bei den Prüfungen Zitate aus seinen Werken wörtlich auswendig hersagen können mußten (!), beibrachte, Freud sei wissenschaftlich indiskutabel, nicht nur wegen seiner Einseitigkeit, sondern auch wegen seiner zahllosen Geschmacksverirrungen. Professor Rohracher galt auch in Bayern als Autorität. Ich sprach damals darüber im Ministerium, und man sagte mir: »Der Mann ist doch ungefährlich, denn wir alle hatten bei ihm mindestens im Nebenfach Prüfungen und haben uns so über ihn geärgert, daß man ihn nicht ernst nehmen kann.« Es genügt natürlich nicht, wenn der Lehrstuhl von jemandem besetzt ist, der dadurch ungefährlich wird, daß man ihn nicht ernst nehmen kann. Das alles fand ich ebenso sonderbar wie etwa den österreichischen PEN-Club*.

Dennoch war es mein vorrangiges Interesse an der kulturpolitischen Entwicklung in der Bundesrepublik Deutschland und auch an der politischen Wichtigkeit der Entwicklungen dort für ganz Europa, das meine Aufmerksamkeit mehr auf die Bundesrepublik konzentriert hat; es war also nicht etwa, wie Leute behauptet haben, Ekel vor Österreich, was mich ferngehalten hat, sondern es war die größere Anziehungskraft dieser Entwicklungen. Natürlich ist nicht auszuschließen, daß eine viel großzügigere Kulturpolitik bei uns mich nach Wien gebracht und, ebenso, viele junge österreichische Autoren in Wien festgehalten haben könnte. Dennoch glaube ich, daß Michael Scharang Österreich manchmal ein klein wenig Unrecht tut, wenn er an Österreich Schattenseiten beschreibt, die es geradeso auch in Deutschland oder vielleicht in den meisten bürgerlichen Ländern, auch den demokratischeren, gibt. Aber dieses Unrecht, das gelegentlich mit einfließt, ist viel weniger wichtig als Scharangs dankenswerte Leistung, Schlechtes dort beim Namen zu nennen, wo er es vor seiner Nase findet. Und in einigem ist Österreich auch wirklich schlechter dran als etwa die Bundesrepublik, nicht nur das Theater oder die Verlagsmisere betreffend: Welcher österreichische Schriftsteller hat schon in Österreich so viel Einfluß wie in Deutschland etwa Heinrich Böll oder Günter Grass oder sogar ich? Das ist doch bedenklich. Ich habe auch den Eindruck, daß es in Österreich weit mehr Tabus gibt als zum Beispiel in der Bundesrepublik, von Holland oder Dänemark ganz zu schweigen. Gewiß, es gibt eine Art Literatur der Rebellion dagegen, die dann die Freiheit genießt, alle erdenklichen österreichischen Ausdrücke für alle Variationen des Geschlechtsverkehrs oder für Ausscheidungsvorgänge zu verwerten. Damit mag man sich natürlich Luft machen, das mag sogar im engeren Sinn des Wortes abendfüllend sein, es ist auch ein echter Protest gegen Heuchelei; aber einen Ersatz für große Literatur, große Gesellschaftskritik, große Perspektiven kann das nur schwer bieten. Ich tadle nicht die Schriftsteller, die auf diese Weise aufmucken und reagieren, sondern die Zustände, die sie auf einen solchen elenden Freiraum verfallen ließen oder beschränken. Das alles gehört durchaus nicht nur einer fernen Vergangenheit an.

Auch ein ganz besonderes Gemisch von bissiger Aggressivität und unzulänglicher Informiertheit ist in der Kritik, der Schriftsteller und Künstler oft ausgesetzt sind, nicht nur durch Kritiker, sondern auch durch Mediengewaltige, oft zu spüren und hält zuweilen durchaus den Wettbewerb mit bayerisch-ländlichen Zuständen aus.

Und wie gesagt, es gibt zu viele Tabus auch anderer Art. Ich erwähne Einzelfälle, weil sie gelegentlich etwas deutlicher machen können als allgemeine Erörterungen in einem kurzen Referat. Als ich eines der letzten Male in Wien war, gab es gerade ein Gerichtsurteil: Ein Arzt, Prof. Dr. Gross, bei Gericht bestens als Gutachter bekannt, der mit Euthanasiefällen und anderem aus dem Krieg, vor allem mit dem langsamen Tod einer Anzahl von Kindern durch ein Brechmittel, euphemistisch »das Speiberle« genannt, in Verbindung gebracht wurde, war ob dieser Vergangenheit von einem mißliebigen, jüngeren Wiener Arzt, Dr. Werner Vogt*, angegriffen worden. Dr. Vogt wurde dafür zu 84000 Schilling Strafe verurteilt. Es ist ganz gleichgültig, ob ich mit Dr. Vogts eigenen politischen Ansichten in allen Punkten übereinstimme oder nicht – ich tue es nicht ganz –, aber ein solches Urteil macht (von allem anderen, wovon wir in Wirklichkeit *nicht* absehen dürfen, diesmal ganz abgesehen) auch die literarische Behandlung eines solchen Falles sehr riskant. Und ein solcher Fall, so brechreizend er sein mag, darf nicht tabu sein. Denn Tabus solcher Art sind der Todfeind jeder Literatur, nicht nur in östlichen Ländern; auch wenn Literatur sich natürlich nicht nur mit Gutachten über derlei lebende Gerichtsgutachter und tote Kinder zu befassen hat, und auch nicht nur mit allgemeinen und allgemeinverständlichen Themen.

Meine Zeit ist fast um, obwohl ich noch längst nicht alles gesagt habe. Ich müßte darüber sprechen, daß wir noch nichts so Gutes haben wie den Schriftstellerverband in Deutschland, und über viele andere Dinge. Aber ich will im Augenblick nur noch ein Wort zur Bedeutung der Literatur sagen. Zur Bedeutung: Ich glaube, die Dichter sind nicht nur bei uns, aber bei uns vielleicht in höherem Maß als in der Bundesrepublik, ein klein wenig wie Vitamine, die einer in dieser Hinsicht etwas rückständigen Menschheit zurufen wollten: Ihr braucht uns. Und diese Menschheit ißt zwar sehr gerne und sehr viel, aber daß sie auch Vitamine braucht, weiß sie noch nicht ganz genau, obwohl es stimmt. Sie hält es bestenfalls für Luxus. In unserer Zivilisation, in der mehr und mehr Menschen seelisch erkranken, weil der Betrieb unserer Zivilisation abstumpft oder krank macht, oder beides, hat man in einzelnen Heilanstalten sogar schon Kunsttherapie für Menschen, die zusammengebrochen sind, anzuwenden begonnen. Viel wichtiger wäre aber auch hier die vorbeugende Medizin, die Verhütung. Kunst kann die Alternative Abstumpfen oder Zusammenbruch verhindern helfen; natürlich nicht, weil sich der Künstler als Therapeut versteht, da hat Barbara Frischmuth völlig recht, sondern weil er selbst diese Therapie für sich braucht und sie darin sucht, daß er eben schreibt. Nur dadurch ist das Phänomen des Menschen, von dem sie gesprochen hat, der nicht anders leben kann, als indem er schreibt, erklärbar. Und darin, in der Grundproblematik, ist der Schriftsteller natürlich von Nicht-Schriftstellern nicht grundverschieden. Darin liegt die Möglichkeit.

Ich glaube, es ist auch so, daß die Hauptaufgabe der Literatur ja wirklich keine direkte tagespolitische oder parteipolitische ist, sondern gerade die Bekämpfung der Entfremdung, der Abstumpfung. Es ist wichtig, daß man die Fühllosigkeit nicht nur beim jeweiligen politischen oder weltanschaulichen Gegner aufzeigt, sondern daß man ihr auch näher bei sich selbst und in den eigenen Kreisen nachspürt. Dadurch entsteht allerdings als Nebenprodukt auch politische Kritikfähigkeit, besser politischer Instinkt. Und das kann sogar beitragen, auf lange Sicht, zu entscheiden, ob sich ein kleines Land mit in den Strudel des atomaren Selbstmorders reißen lassen wird, der jetzt die Welt und nicht nur die Großmächte bedroht. Michael Scharang hat davon gesprochen, daß die Zweite Republik nun konsolidiert ist, aber damit ist Österreichs Leben leider nicht so ganz gesichert. An sich schon, aber wie stehts mit den Nachbarn? Welche Verwicklungen, welche geheimen Verschwörungen drohen im sogenannten Ernstfall? In welche Abmachungen und Aufmarschpläne sind wir einbezogen worden? Würde die atomare Verwüstung nicht bis zu den Hochalpen reichen, oder weiter? Und müssen wir nicht klar davor warnen und gerade auch als Schriftsteller sagen, was wir von den großmächtigen Großmacht-Establishments denken, wie das Heinrich Böll und andere zu tun begonnen haben? Michael Scharang hat auch von der Völkerunterdrückung in der Monarchie gesprochen und gemeint, wo andere unterdrückt werden, da hat auch das eigene Volk nichts zu lachen, namentlich die Arbeiter nicht. Gewiß, es hat nichts zu lachen, aber anfänglich lachen viele doch, nämlich als Junior-Partner der Unterdrückung. Siehe das Titelbild zu Karl Kraus' »Die letzten Tage der Menschheit«, die gemütliche Hinrichtung. Und siehe den Klartext, wenn man unserer ganz berühmten Gemütlichkeit aufs Maul schaut. Erst dadurch, daß viele doch mitlachen, daß sie sich korrumpieren lassen, daß sie sich zur falschen Identifizierung verführen lassen, erzeugen sie die Grundlage dafür, daß sie wirklich nichts zu lachen haben werden. Aufgabe der Literatur kann aber auch sein, auch *das* aufzuzeigen und verhindern zu helfen; natürlich nicht in kopfschwerer, programmatischer Literatur, sondern nur, wenn es einem wirklich durch Erleben in Herz und Hirn übergegangen ist und einem davon der Mund überfließt. Vielleicht kann man als Schriftsteller sehr viel Nützlicheres und Wichtigeres und Unersetzlicheres tun, als Behörden mindestens bis vor kurzer Zeit gewußt haben. Aufgabe aber der behördlichen Stellen ist nicht, dies alles zu reglementieren, sondern zu erkennen, daß auch durch Literatur geholfen werden kann, auch ihnen geholfen werden kann, denn Behörden sind ja nicht bewußt darauf aus, das Schlechte tun zu wollen; und daß vielleicht sogar nicht nur manche Krankheit unserer Zivilisation, sondern auch der gemeinsame Untergang aller noch zu verhindern ist. Aufgabe der Behörden ist demgemäß, der Literatur nicht Almosen zu geben, sondern der Notwendigkeit der Literatur endlich Rechnung zu tragen, nicht nur durch die Freiheit, zu sehen, wo man bleibt, nicht durch Förderung mit dem kleinen Finger, sondern indem man den Stellenwert der Literatur nicht nur mit Worten entsprechend anerkennt.

1981

Chaoten an die Macht

In den letzten Jahren zeigt sich ein höchst unerfreuliches Phänomen. Man könnte es nennen »Publikumsbeschimpfung von oben«. Bürger des Staates werden von Angehörigen der Regierung oder Sprechern der Regierungsparteien als Chaoten, Angstmacher, destruktive und zersetzende Elemente bezeichnet, und zwar desto mehr, je größer die Zahl dieser Mitbürger wird.

Die Beschimpfung des eigenen Volkes ist nicht ganz neu. Nicht einmal Dr. Goebbels, der den Feldzug gegen Meckerer und Miesmacher, Schwarzseher und zersetzende Elemente schon vor einem halben Jahrhundert zum Heil des Dritten Reiches in großem Stil unternommen hat, war der erste Verleumder des eigenen Volkes. Schon im Ersten Weltkrieg galt diese Beschimpfung allen Warnern, die sich von der vorgeschriebenen Begeisterung nicht mitreißen ließen, und der Schriftsteller Karl Kraus hat in seinem grandiosen Antikriegsbuch »Die letzten Tage der Menschheit« den Nörgler als den einzig verantwortlichen Menschen inmitten der Entmenschung gefeiert.

Eigentlich sollte uns die Tatsache, daß es immer die sogenannten Nörgler und zersetzenden Kritiker waren, die gegen staatliche Überheblichkeit zuletzt recht behielten, schon längst bekannt sein. Ihre allgemeine Verbreitung wurde bisher hauptsächlich dadurch behindert, daß gerade in Zeiten der Gefahr, Angst und Ratlosigkeit bei vielen Menschen die Sehnsucht nach einer starken, gleichsam väterlichen Führung besonders groß ist und man dem beamteten Beruhiger manchmal, ja zuerst meistens, weit lieber Glauben schenkt als dem Überbringer unangenehmer Informationen, der dann, oft mit Hilfe der Medien, als Unglücksprophet und übler Schreier von Kassandrarufen abgetan wird, so als hätte nicht schon die alte Kassandra in Troja als einzige recht behalten.

Es liegt vielleicht in unserer Natur, das Ja eher zu bejahen als das Nein. Schon das Kleinkind hat das Nein immer als Hindernis, als Vereitelung seiner Wünsche erlebt, oft als unnötige und ungerechte Vereitelung. Manchmal aber diente schon damals das Nein der Lebensbejahung, etwa wenn man es davon abhielt, mit einem spitzen Messer im Mund herumzulaufen oder in einem oberen Stockwerk auf ein Fensterbrett zu klettern.

Auch heute ist manches Nein ein Ja. Zum Beispiel das Nein zu Atomkraftwerken und Aufbereitungsanlagen, etwa zu Wackersdorf oder Brokdorf. Seit Tschernobyl ist dieses Nein von so vielen Menschen aufgenommen worden, die von den Behörden nie zuvor als Angstmacher oder Chaoten verleumdet wurden, daß diese Behörden sich erschreckt den Anfängen einer wirklichen Massenbewegung gegenübersehen. Die vermehrte Abwehr gilt daher keineswegs einem »harten Kern«, wie immer behauptet wird, sondern soll die neue Tendenz abfangen, bevor sie noch festere Formen angenommen und zu vollem Bewußtsein ihrer eigenen Aufgaben und Möglichkeiten gekommen ist.

Daß diese Massenbewegung selbst von Grund auf bejahend ist, das späte, aber desto überzeugtere Eintreten für das Leben der eigenen Kinder und für das eigene Leben, versteht sich von selbst. Natürlich ist die Ungeduld mit den von den betreffenden Behörden oder Atomkraftwerken beschäftigten Wissenschaftlern, die uns jahrelang immer wieder von der Sicherheit der betreffenden Atomkraftwerke oder Aufbereitungsanlagen berichtet haben, seit Tschernobyl gewaltig gestiegen, denn »durch Schaden wird man klug«, namentlich, wenn man auf die Möglichkeit dieses Schadens von warnenden Stimmen schon seit Jahren aufmerksam gemacht wurde und nun sieht, wie wenig die Behörden eigentlich wissen, wie unsicher und unvollkommen ihre Ratschläge sind, von der Möglichkeit wirksamer praktischer Maßnahmen gar nicht zu reden.

Daß die Sorge um eine menschenwürdige Lebensqualität für den einfachen Bürger und seine Kinder überhaupt als Angstmacherei verleumdet werden kann, wird in Deutschland durch die alte Turnlehrererziehung ermöglicht, die Angst mit Feigheit gleichgesetzt hat. In Wirklichkeit ist es gerade umgekehrt. Der eingeschüchterte Untertan hat Angst, seine berechtigte Realangst zu zeigen, während für das Überleben des Einzelnen wie der Gemeinschaft das Recht auf Angst durch Überwindung ihrer wirklichen Ursachen von größter Wichtigkeit ist.

Ein anderes Phänomen, das den unentwegten Weitermachern ihre angeblich mutige, in Wirklichkeit verantwortungslose Betätigung erleichtert, ist eine unmittelbare Spätfolge der Hitlerzeit. Nicht nur in den ersten Jahren, sondern fast bis zum Ende des Dritten Reiches wurde nämlich in den einfachen Staatsbürgern eine geradezu kindische und wirklich auf frühkindheitliche Erlebnisformen zurückgehende Haltung des Allmachtglaubens ermutigt, natürlich nicht etwa der individuellen, dafür aber der kollektiven staatlichen Allmacht. Zuerst ging es ja scheinbar wirklich von Sieg zu Sieg, obwohl gerade diese ersten Siege Gegenkräfte in anderen Teilen der Welt auf den Plan riefen. Später wurden Mißerfolge verschwiegen und Erfolgsmeldungen übertrieben, und noch knapp vor Torschluß hieß es: »Wir werden siegen, weil wir siegen müssen«. Als dann der Zusammenbruch kam, bedeutete die Enttäuschung bei allen, die sich nicht tiefe Gedanken über das Geschehene machten oder die zuwenig wußten, einen Umschwung vom Glauben an die Allmacht zur Überzeugung von der eigenen politischen Ohnmacht. Man versuchte aus den Trümmern zu retten, was zu retten war, gewiß auch, sich eine neue Existenz aufzubauen, aber politisch, besonders im Weltmaßstab, meinte man: »Wir können doch nichts ausrichten, auf uns kommt's ja doch nicht an!« Schwächen der bürgerlichen Demokratie, Fraktionszwang der Parteien und einige Zeit lang eine Große Koalition, die eine wirksame parlamentarische Opposition ausschaltete, gaben diesem Gefühl weitere Nahrung: Der Staatsbürger war mehr Untertan als Citoyen.

Gerade jene, die sich nicht damit begnügen zu glauben, die Rolle eines Bürgers in der Demokratie bestehe lediglich darin, alle vier oder fünf Jahre einmal zu wählen, wurden von manchen Politikern als Feinde der Demokratie bezeichnet, namentlich als sie zur Zeit der Großen Koalition die fehlende Opposition im Bundestag zum Teil durch außerparlamentarische Opposition ersetzen wollten. Im Februar 1968 hat der Bürgermeister von Berlin, selbst Sozialdemokrat, die außerparlamentarische Opposition, die sogenannte APO, als Feinde der Demokratie angegriffen. Fast im gleichen Atemzug rühmte er den vor kurzem ermordeten amerikanischen Kämpfer um die Menschenrechte, Martin Luther King, als großen Demokraten. Er meinte das ehrlich, war sich aber nicht klar, daß Martin Luther King der wichtigste Vertreter der außerparlamentarischen Opposition in den Vereinigten Staaten gewesen war.

Trotz aller Vorwürfe, daß derartige Initiativen die Demokratie verneinen, hat sich mittlerweile die Erkenntnis durchgesetzt, daß das Gegenteil der Fall ist. Bürgerinitiativen entstanden zuerst innerhalb der Linken, wurden aber alsbald durch Bürgerinitiativen ergänzt, die der CDU, ja auch der CSU, nahestanden. In Wirklichkeit wußten Soziologen auch in den sechziger Jahren schon längst, daß gerade zum Schutz von Minderheiteninteressen das Wahlrecht auch des Drucks bedarf, der durch die Initiativen kleinerer oder größerer Gruppen von Menschen ausgeübt werden kann, der sogenannten »Lobbies« oder »Pressure-groups«. Allerdings hat es natürlich auch Lobbies gegeben, die sich unlauterer Mittel bedienten, zum Beispiel wenn Abgeordnete eines Parlaments oder Bundestages heimlich von einem anderen Land Geld oder Geldeswert erhalten, um die Interessen des Landes unauffällig zu vertreten. Aber auch Gewerkschaften und Religionsgemeinschaften fungieren vielfach als Lobbies oder Pressure-groups, ohne daß ein solches Zusammenwirken Gleichgesinnter zur Förderung ihrer Reformwünsche oder zur Bekämpfung von Ideen, die ihnen schädlich erscheinen, ein Verstoß gegen die Demokratie sein muß.

Als Verneiner der Demokratie, Nörgler und Neinsager werden natürlich von Regierungen und Parteiestablishments besonders jene angegriffen und viel zu oft verleumdet, die mit den Ansichten der betreffenden Regierung oder Partei nicht übereinstimmen. Dabei hat sich in Ländern ohne starke demokratische Tradition die merkwürdige Ansicht verbreitet, daß man eine gewählte Regierung höchstens kritisieren dürfe, daß aber jedes andere aktive Entgegenwirken undemokratisch sei, solange sie sich an der Macht befindet. Nach dieser sonderbaren Logik wäre dann nach einem Machtwechsel das Fortsetzen derselben Initiative, die zuvor demokratisch war, mit einem Mal demokratiefeindlich und umgekehrt. Das ist natürlich Unsinn, zeigt aber, daß die sogenannten Verneiner jeweils die Bejaher anderer Ziele, einer anderen Politik sind. Wie dies zu beurteilen ist, hängt, solange die betreffende Gruppe nicht mit Meuchelmord und Grausamkeit zu Werke zieht, jeweils von den Zielen selbst ab.

Damit sind natürlich die Aktivitäten gegen Atomkraft- und Atomraketengegner sowie der Gegner von B- und C-Waffen und von Kriegen und Kriegsrüstung überhaupt mit einem

Schlag rehabilitiert, trotz aller Gehässigkeiten verschiedener Machthaber und behördlicher Stellen.

Warum der behördliche Widerstand gerade in letzter Zeit, als seit Tschernobyl das Anliegen dieser Atom- und Rüstungsgegner plötzlich einer viel größeren Allgemeinheit verständlich wurde, besonders intensiv und an mehr als einer Stelle grausam brutal geworden ist, könnte auf den ersten Blick rätselhaft erscheinen. Ein Hauptgrund dürfte sein, daß sich durch die Lehren von Tschernobyl, das viele durch Schaden klug werden ließ, zum ersten Mal eine einigermaßen ernsthafte Bedrohung behördlicher Lieblingsobjekte, Atomkraftwerke oder sorglich bewachter militärischer Stützpunkte, ergeben hat, ja nicht nur eine Bedrohung dieser Objekte, sondern auch des an ihnen haftenden behördlichen Prestiges. Ja, darüber hinaus sogar des staatlichen Gewaltmonopols, wenn dieses in nicht wirklich zu rechtfertigender Weise zur Verteidigung des eigentlich nicht mehr Verteidigbaren eingesetzt wird.

Es handelt sich hier in Wirklichkeit nicht um Rechtsverneinung, sondern um die Bejahung eines der wichtigsten Rechte, auf das im Grunde kein guter Demokrat verzichten kann, nämlich des Widerstandsrechtes. Wer zum Ergebnis kommmt, daß nicht nur sein Leben, sondern auch das Leben seiner Kinder und Kindeskinder für die nächsten Jahrhunderte bedroht ist, dem ist das Widerstandsrecht nicht abzusprechen, auch dann nicht, wenn »betriebseigene« Wissenschaftler und Experten, die im Dienste der Behörden stehen oder dem Establishment eines Atomkraftwerkes oder einer Rüstungsfirma angehören, Gutachten vorlegen, die längst dank den Aussagen unabhängiger Wissenschaftler und Sachverständiger ihre Glaubwürdigkeit verloren haben und nicht zuletzt durch die praktische Erfahrung – wiederum Tschernobyl! – widerlegt worden sind.

Wir sind also, wenn Europa und die Menschheit überleben soll, wieder einmal darauf angewiesen, daß die angeblichen Angstmacher, Chaoten und Meckerer mehr Einfluß und Macht gewinnen. Es wäre natürlich naiv, anzunehmen, daß es sich dabei nur um Atomkraftwerke, Atomraketen, chemische und bakterielle Kriegsführung und allenfalls noch Genmanipulation handeln soll. Jedes Kind weiß oder sollte doch wissen, wie weit solche Regierungsunterfangen und behördliche Positionen mit *politischen*

Fragen, Fragen des Wirtschaftssystems, aber auch Fragen der Volkserziehung oder Volks-Fehlerziehung bzw. der psychologischen Kriegsvorbereitung (auf amerikanisch: Psychological Warfare) zusammenhängen. Bisher haben viele Neinsager, denen es um bessere Lebensqualität, um die Rettung von Menschen, Tieren und Pflanzen zu tun war, im guten Glauben, daß ihr Anliegen doch ihren Mitmenschen jenseits aller Politik einsichtig sein müsse, öfters zu vermeiden versucht, sich um Politik zu kümmern, und nur um ihrer Sache selbst dienen wollen, als sogenannte Einpunktbewegung.

Es hat sich aber immer wieder gezeigt, daß erstens Zustimmung oder Anfeindung dieser Einpunktbewegungen durchaus von politischen Ansichten, Gruppierungen und Machtverhältnissen abhängen. Außerdem hat sich gezeigt, daß Einpunktbewegungen, die unpolitisch bleiben zu können glauben, mit der Zeit nicht nur einen Teil ihres Wirklichkeitssinns verlieren, sondern auch nach Anfangserfolgen stagnieren.

Wer also angesichts der bedrohlichen Erfahrungen in unserer Zeit nicht nur sein Gewissen erleichtern will, indem er etwas tut, sondern mit seinem Tun auch wirklich etwas erreichen will, kurz gesagt, an der Rettung unserer Welt effizient mitarbeiten will, der kann es sich nicht gestatten, politischen Erwägungen naserümpfend auszuweichen. Negative Erfahrungen in der Politik unserer Zeit sind demnach nicht durch Vermeidung der Politik zu quittieren, sondern erfordern Untersuchungen, was in politischen Bewegungen wirklich geschehen ist, woran politische Bewegungen gescheitert sind oder an welchem Punkt sie ihren Unterstützern und Wählern wortbrüchig geworden sind. Zu solchen Untersuchungen muß man sich aller Erkenntnisse zu bedienen versuchen, die uns heute zur Verfügung stehen, und darf sich nicht durch Tabus und Verteufelungen abschrecken lassen.

Zum Beispiel wäre es ebenso falsch, marxistische Erkenntnisse links liegen zu lassen, wie es auch falsch wäre, an irgendeine bisherige Phase oder Richtung des Marxismus kritiklos anzuknüpfen. Daß Marxismus ebenso wie Anarchismus für die meisten Establishments in unserem Aktionsbereich ein Ekel- oder Schreckwort ist, darf uns nicht beirren. Ebensowenig aber dürfen wir übersehen, daß etwa Marx als Sohn oder Enkel der Aufklärung zum Beispiel den Anteil der Vernunft am Verhalten der Menschen in

Krisensituationen überschätzt hat und wohl auch überschätzen mußte. Er glaubte, in Krisensituationen würden sich die Menschen mehr um ihre wahren Interessen scharen. Heute wissen wir, daß gerade in argen Krisen Panikreaktionen einsetzen, darunter sogenannte Regressionen, wie das Haltsuchen an einem starken Mann oder im Schoß einer streng reglementierten Gesellschaft, also ein verhängnisvoller Rückgriff auf täuschende Vater- und Mutterbilder.

1986

Auf einer PLO-Demonstration gegen die
Massaker in Sabra und Schatila, 1982

Foto: Lothar Smim-Conradt

Die Wiederkünftigen
Zum Streit um die deutsche Geschichte

Dies ist teils eine Kritik an den Ausführungen einiger deutscher Historiker zur neueren deutschen Geschichte, teils aber auch ein Versuch, mir zu erklären, wie es zu diesen Ausführungen überhaupt kommen konnte.

Von einer sogenannten Historikerdebatte um die deutsche Vergangenheit, genauer gesagt um die Bewertung der Hitlerzeit in der bundesdeutschen Selbsteinschätzung, hatte ich schon gehört und einige Zitate gelesen. Aber mit einem Kernstück dieser Debatte kam ich erst sozusagen in direkten Kontakt, als die »Frankfurter Allgemeine Zeitung« vom 29. August 1986 in ihrem Feuilleton, auf derselben Seite wie ein kleines Gedicht von mir, das ebenfalls Fragen über Vergangenheit und Gegenwart anschneidet, einen großen Beitrag von Joachim Fest, »Die geschuldete Erinnerung«, veröffentlichte, der im wesentlichen die Massenmorde des Hitler-Faschismus mit den Verbrechen des Stalinismus einigermaßen gleichsetzt und sie sogar auf die Verbrechen des Stalinismus zurückführen will.

Bemerkenswert fand ich auch die Aggressivität gegen Jürgen Habermas. Daß er ihm »elende Praxis« vorwirft, ist noch das mindeste. Auch der ironische, stellenweise hämische Ton störte mich. Außerdem gab es mit größter Selbstverständlichkeit hingeschriebene Absätze, die offenbar nicht stimmten, z.B. wenn Fest über die marxistische Linke schreibt:

»Aber der parareligiöse Anspruch, mit dem sie ihre Parolen auflud, die manichäische Unversöhnlichkeit, mit der sie die Welt wieder schroff in Gut und Böse, die Menschen in Gerechte und Verworfene unterteilte, verwischte zwangsläufig die Grenzen, die noch dem geschworenen Feind das Recht zu leben gewährleisten...«

Sonderbar, sagte ich mir: Gerade der Marxismus ist doch gegen die moralisierende Einseitigkeit etwa von der Art »Eigentum ist Diebstahl« aufgetreten, und es gibt doch ein berühmtes Marx-Zitat: »In der gesellschaftlichen Produktion ihres Lebens gehen die

Menschen bestimmte, notwendige, von ihrem Willen unabhängige Verhältnisse ein, Produktionsverhältnisse, die einer bestimmten Entwicklungsstufe ihrer materiellen Produktivkräfte entsprechen.«

Das zeigt doch eindeutig, daß es dem Marxismus um Kampf gegen Systeme und deren Sachzwänge geht und eben nicht um eine manichäische Einstufung in Gute und zu vernichtende Böse.

Fests Ausführungen sind in der »FAZ« von einem Bild illustriert: einem furchtbaren Berg von Knochen und Schädeln mit der Bildunterschrift »Genozid vor aller Augen, und doch nicht im Bewußtsein der Welt: Kambodscha heute«. Da wird also gegen den hitlerfaschistischen Völkermord der Völkermord der Anhänger Pol Pots aufgerechnet, die sich Kommunisten nennen. Nicht erwähnt wird, daß diese Pol-Pot-Leute, die »Roten Khmer«, die einzigen Kommunisten in der Welt sind, die von den Vereinigten Staaten im Kampfe *gegen* den Kommunismus unterstützt wurden und werden. Also ein nicht ganz klarer Aufrechnungsposten in den durchweg intensiv antikommunistischen Ausführungen Joachim Fests und der von ihm verteidigten Kollegen. Diese Kollegen las ich dann nämlich auch.

Ich versuchte, mich rückgreifend in die ganze Polemik einzulesen, angefangen bei Ernst Noltes Beitrag in der »FAZ« vom 6. Juni 1986, »Vergangenheit, die nicht vergehen will«. Aber bevor ich auf die ganze Polemik eingehe, will ich noch Fest zitieren, weil mich seine Sprache stutzig gemacht hat. Joachim Fest schreibt über die russische Revolution in der Phase 1919: »Die Berichte über das Deportieren, Morden und Austilgen ganzer Bevölkerungsgruppen waren sicherlich übertrieben. Doch enthielten sie einen zutreffenden Kern, der durch das Pathos der nahenden Weltrevolution zusätzlich an Glaubwürdigkeit gewann. In aller Verzerrung gaben sie Hitlers Ausrottungskomplexen einen realen Hintergrund. Und daß unter denen, die der schon bald in Chaos und Schrecken auslaufenden Münchener Räterepublik vorgestanden hatten, nicht wenige Juden gewesen waren, verschaffte überdies seinen antisemitischen Obsessionen eine scheinbare und jedenfalls agitatorisch nutzbare Bestätigung. Er ebenso wie die verängstigten Massen mochten glauben, daß eine Rettung, wenn überhaupt, nur durch den Entschluß möglich sei, in der Gegenwehr genauso zu verfahren, wenn auch ›zehnmal‹ terroristischer.«

Ich war starr. Nicht nur, weil ich selbst als Kind jüdischer Eltern seinerzeit Flüchtling vor Hitler war und Angehörige von mir in Gaskammern starben, sondern weil Joachim Fests hochtrabende und vorsichtig verklausulierte Sprache hier eigentlich ein Versteck für eine ganze Ansammlung von Ungeheuerlichkeiten ist. Denn die Menschen, die damals in Rußland tatsächlich als ganze Bevölkerungsgruppen vertilgt wurden, waren nicht Opfer der Revolution, sondern der weißen Konterrevolution, allen voran Zehntausende und Aberzehntausende von Juden, die in den Interventionskriegen, vor allem von den Banden des Kosakenhetmans* Petljura*, ermordet wurden.

Und es stimmt zwar auch, daß die Münchener Räterepublik »schon bald in Chaos und Schrecken auslief«, wie Fest schreibt, aber das war Chaos und Schrecken der weißen Konterrevolution! Überhaupt lohnt es sich für den Historiker, die Zahl der Todesopfer der Revolutionen mit denen der dazugehörigen Konterrevolutionen zu vergleichen, angefangen von der Pariser Kommune bis zur ungarischen Revolution von 1919, weil ja Fest von diesem Jahr spricht! Die Opfer der Konterrevolution, auch genannt Wiederherstellung der Ruhe und Ordnung, sind immer ein Vielfaches der Opfer der Revolution selbst gewesen.

Fest betreibt sprachlich eine Art Rückversicherung. Er sagt zwar von den Darstellungen, auf die Hitler sich stützte: »Sie waren sicherlich übertrieben.« Aber dann spricht er – in etwas merkwürdigem Deutsch – von einem »dennoch zutreffenden Kern, der zusätzlich an Glaubwürdigkeit gewann«. Wie kann ein Kern zutreffen und zusätzlich an Glaubwürdigkeit gewinnen? Doch das nur nebenbei. Auch bleibt es eine Frage, wessen Tendenzmeldungen denn die Massen so verängstigt haben, daß die Judenvernichtung durch zehnmal terroristischere Gegenwehr als einziger Ausweg erschien? Das Wort »zehnmal terroristischer« bringt Fest als Hitlerzitat. Also Hitlerterror, weil unter den Männern der Münchener Räterepublik nicht wenige Juden gewesen waren?!

Wer diese ganze Argumentationsweise nicht überzeugend findet, der wird von Joachim Fest belehrt: »Es kann nicht unzulässig sein, diese Überlegung vorzutragen und einen Zusammenhang herzustellen zwischen den Greuelmeldungen vom Osten und Hitlers

Bereitschaft zum Exzeß. Wenn das aber so ist, fragt man sich doch nach den wirklichen Gründen für die Ungehaltenheit, die Noltes Bemerkung ausgelöst hat, die Ereignisse in Rußland seien ›das logische und faktische Prius‹ zu Auschwitz, und zwischen beidem sei ein ›kausaler Nexus wahrscheinlich‹.«

Dieses Nolte-Zitat Joachim Fests hat, wie gesagt, meine Neugier auf, wenn auch nicht gerade meine Sympathie für Noltes Original erweckt. Auch Noltes vornehm professorales »Prius« statt des deutschen Wortes »vorher« oder »zuerst« war mir stilpsychologisch verdächtig. Aber bevor wir zu Nolte kommen, doch noch Fest-Argumente. Joachim Fest versucht etwas zu widerlegen, was er einen »verbreiteten Einwand gegen die gedankliche Verknüpfung der russischen Revolution mit Hitlers Auschwitz« nennt. Er sagt: »Der Kommunismus, so wird behauptet oder stillschweigend vorausgesetzt, reiche selbst in der sowjetrussischen Ausprägung, sofern man sich der Ursprünge erinnert, auf einen großen humanitären Ideenbestand zurück. Ein unverbrauchbarer Rest davon bleibe ihm immer erhalten... Demgegenüber entstamme der Nationalsozialismus dem inferioren Gedankenmüll völkischer Sektierer...«

Dieser Hinweis ist nicht ohne Gewicht, Joachim Fest versucht ihm aber in seinen langen folgenden Ausführungen dieses Gewicht zu nehmen. Ich finde dies ein völlig hoffnungsloses Beginnen. Schon deshalb, weil selbst zur ärgsten Zeit des Stalinismus jeder junge Kommunist, dem vor der Stalinschen Praxis zu grauen begann, bei Marx und Engels und Lenin, von Rosa Luxemburg ganz zu schweigen, massenweise Material für eine Rebellion gegen solche Praxis fand, während ein junger Nazi, dem es vor der Nazipraxis zu grauen begann, in der nationalsozialistischen Lehre so gut wie gar keine Rebellionshilfe fand. Daher kommt es auch wohl, daß in Deutschland Kommunisten unter den Rebellen des 17. Juni 1953 waren, ganz zu schweigen von den Unruhen von Posen und von Julian Hochfeld und Kolakowski, ganz zu schweigen auch vom Petöfikreis in Ungarn. Von den Lukács-Schülern und erst recht vom Prager Frühling. Und schließlich: Man sollte nicht ganz vergessen, daß die Sowjetunion sich unter Chruschtschow, und nun gar unter Gorbatschow, aus eigener Kraft vom Stalinismus befreit hat, während Deutschland den Hitler-Faschismus erst durch seine militärische Niederlage los wurde und sein Gedankengut zum Teil

noch oder wieder in einigen Teilnehmern dieser Diskussion nach-
geistert.

Damit bin ich bei den anderen Diskussionsteilnehmern angelangt,
bei Ernst Nolte, bei dem Erlanger Geschichtswissenschaftler
Michael Stürmer und bei Andreas Hillgruber aus Köln.

Hillgruber sind seine Gedanken und seine furchtbaren, unmittelbar auf die Sprache der Nazis zurückgehenden Sprachentgleisun-
gen vorzuwerfen, etwa wenn er vom »Ringen des deutschen
Heeres im Osten« spricht, vom »verzweifelten Abwehrkampf um
die Bewahrung der Eigenständigkeit der Großmachtstellung des
deutschen Reiches«, das nach dem Willen der Alliierten zertrüm-
mert werden sollte. Er sagt weiter: »Das deutsche Ostheer bot
einen Schutzschirm vor einem jahrhundertealten deutschen Sied-
lungsraum, vor der Heimat von Millionen, die in einem Kernland
des deutschen Reiches... wohnten.«

Nicht umsonst zitiert Habermas, der sich in höchst dankenswer-
ter Weise gegen diese ganze Richtung gewendet hat, eine solche
Stelle. Die Sprache allein entlarvt Herrn Hillgruber, und die Liste
seiner Stilblüten könnte bis ins Unendliche fortgesetzt werden,
auch im Beschönigen: Für die vertriebenen, heimatlos gemachten
jüdischen Flüchtlinge findet er die Worte, sie seien »ins Ausland
gelangt«.

Seine Auffassung von der Aufgabe des Historikers bei der Beurteilung der Hitlerzeit sagt eigentlich alles über ihn. Von der Zeit der
Verschwörung des 20. Juli 1944 gegen Hitler sagt er, daß der
Geschichtswissenschaftler vor dem »Problem der Identifizierung«
stehe. Auf die Idee, sich mit den von Hitler überfallenen, aber nun
endlich siegreichen Menschen im Osten zu identifizieren, kommt
Hillgruber erst gar nicht! Die Männer des 20. Juli, die das Hitlerregime loswerden wollten, sind für ihn keine Realisten. Er tut sie
mit dem Wort »gesinnungsethisch« ab; zum Unterschied von
denen, die durchhielten und weitermachten.

Da erteilt er zwar der Naziführung ebenfalls eine schlechte Note,
aber eine sehr milde: Er nennt sie »Sozialdarwinisten«! Aber die
unter ihrem Befehl weiter mitmachenden kleineren Leute, Bürgermeister, Offiziere und Verwalter von Landkreisen, erkennt er als
»Verantwortungsethiker« an. Was die Nation als solche betreffe,
so sei die Aufgabe des Geschichtswissenschaftlers diese:
»Er muß sich mit dem konkreten Schicksal der deutschen Bevölke-

rung im Osten und mit den verzweifelten und opferreichen Anstrengungen des deutschen Ostheeres und der deutschen Marine im Ostseebereich identifizieren, die die Bevölkerung des deutschen Ostens vor den Racheorgien der Roten Armee, den Massenvergewaltigungen, den willkürlichen Morden und den wahllosen Deportationen zu bewahren und den Fluchtweg nach Westen freizuhalten suchten.«

Nun ja, wenn sich das so verhält, dann ist es nicht verwunderlich, daß ein Dregger so stolz darauf ist, bis zum letzten Augenblick gegen den Russen gekämpft zu haben! Ich weiß nur nicht, wieso sich, wenn die Bundesrepublik solche Historiker hat, noch irgendwer über die Neonazis wundert und nach deren geistiger Herkunft fragt. Ganz abgesehen davon, daß die Racheorgien der Russen bescheiden waren im Vergleich zu den Vernichtungsorgien deutscher Armee- und Waffen-ss-Verbände, die Rußland überfallen hatten. Zumal dieser Historiker Hillgruber Freunde wie Michael Stürmer hat, der nicht nur ein Berater Helmut Kohls, sondern auch am Entstehen einiger von Helmut Kohls Reden nicht unbeteiligt ist. Und solche Männer bestimmen, wer an bundesdeutschen Universitäten vorwärtskommt und Forschungsmittel bewilligt erhält!

Aber eines zeigt die eben zitierte Hillgruber-Formulierung: wie richtig, wenn auch unfreiwillig richtig, weil ganz anders gemeint, der Titel ist, den Ernst Nolte für seine Ausführungen gefunden hat, die diese Debatte vom Zaun brachen, nämlich: »Vergangenheit, die nicht vergehen will.« Bei Nolte findet sich vorsichtigere Wortwahl – er versteht anscheinend sogar etwas von Sprachpsychologie und formuliert als Philosoph vom Fach noch komplizierter als Fest oder Hillgruber. Aber gelegentlich finden sich auch bei ihm Formulierungen, die einen erstaunt aufhorchen lassen, wenn er etwa sagt: »Kein Deutscher kann Hitler rechtfertigen wollen, und wäre es nur wegen der Vernichtungsbefehle gegen das deutsche Volk vom März 1945.« Klingt das nicht, als ob andere Vernichtungsbefehle Hitlers doch nicht ganz so eindeutig abzulehnen wären? Und im selben Absatz erklärt Nolte, daß die Deutschen aus der Geschichte Lehren ziehen würden, sei garantiert durch die »vollständige Veränderung der Machtverhältnisse und durch die anschaulichen Konsequenzen von zwei großen Niederlagen«. Dagegen hätte ich nichts einzuwenden (obwohl Nolte an anderen

Stellen in diesem Absatz den Einfluß der Historiker und Publizisten meines Erachtens unterschätzt). Aber im selben Atemzug schreibt Nolte weiter über die Deutschen: »Falsche Lehren können sie freilich immer noch ziehen, aber dann nur auf einem Wege, der neuartig und jedenfalls ›antifaschistisch‹ sein dürfte.«

Daß er das Wort *antifaschistisch* in Gänsefüßchen setzt, macht diesen abscheulichen Satz nicht besser und nicht weniger unwahr. Aber das ist nicht die einzige unverantwortbare Behauptung Noltes. Er erklärt zum Beispiel: »Alle Schuldvorwürfe gegen die Deutschen sind unaufrichtig, da die Ankläger sich selbst oder die Gruppe, die sie vertreten, nicht einbeziehen.« Auch ich spreche nicht gern gegen die Deutschen im allgemeinen: aber glaubt Nolte wirklich, daß alle Gruppen der Deutschen wirklich die gleiche Schuld oder überhaupt Schuld getragen haben und sich daher einbeziehen müssen? Eine solche Meinung wäre ungeheuerlich.

Und noch eine Stelle, wo Nolte von einem aktuellen Ereignis spricht, möchte ich hier zitieren: »Zwar rief der Besuch des amerikanischen Präsidenten auf dem Soldatenfriedhof Bitburg eine sehr emotionale Diskussion hervor, aber die Furcht vor der Anklage der ›Aufrechnung‹ und vor Vergleichen überhaupt ließ die einfache Frage nicht zu, was es bedeutet haben würde, wenn der damalige Bundeskanzler sich 1953 geweigert hätte, den Soldatenfriedhof von Arlington zu besuchen, und zwar mit der Begründung, dort seien auch Männer begraben, die an den Terrorangriffen gegen die deutsche Zivilbevölkerung teilgenommen hätten.« Soweit das Nolte-Zitat. Daß auf dem Soldatenfriedhof Bitburg ss-Männer begraben liegen, erwähnt Nolte nicht. Und obwohl ich, ebenso wie viele Angehörige der englischen Luftstreitkräfte, schon damals, in England im Krieg, Worte gegen die Angriffe auf Hamburg und Dresden gefunden und dagegen auch geschrieben habe, finde ich es nicht gestattet, das Wort Terrorangriffe glatt von den Nazis zu übernehmen, nota bene wenn man davon absieht, wer in diesem Zweiten Weltkrieg mit dem Morden angefangen hat.

Noch ärger als die meisten dieser verräterischen Stellen ist aber Noltes Grundthese, in der er sich mit seinen anderen aufrechnenden Kollegen einig ist, daß nämlich »die asiatische Tat« (wie sie das Tun der Bolschewiki nannten und nennen) die eigentliche Ursache von Auschwitz gewesen sei. »Seien Hitlers geheimste

Handlungen nicht gerade auch dadurch zu erklären?« Dies eine Verniedlichung von Auschwitz zu nennen, wäre noch viel zu freundlich. Und ein letztes Zitat von Ernst Nolte, meines Erachtens das ärgste von allen. Nolte schreibt: »Die sogenannte Vernichtung der Juden während des Dritten Reiches war eine Reaktion oder eine verzerrte Kopie, aber nicht ein erstmaliger Vorgang oder ein Original.«

Als ich das las, wurde ich wütend. Was zum Teufel heißt »die sogenannte Vernichtung der Juden«? Wurden sie denn nicht wirklich vernichtet? Zum Beispiel meine vergasten Angehörigen, oder zwei vor den Augen ihrer Mutter, meiner Kusine, erschossene Kinder! Wie kann ein gebildeter Mensch dieses Wort »sogenannt« schreiben? Wenn das möglich ist, dann wundert es mich auch nicht, daß sogenannte gebildete Menschen diese Vernichtung durchgeführt haben! Natürlich hat es schon vorher Völkermord gegeben, z.B. den von Nolte zitierten Völkermord der Türken an den Armeniern, aber der ist in keiner Weise relevant für den Völkermord des Pol-Pot-Regimes im eigenen Land, mehrere Jahrzehnte nach Hitlers Judenmord.

Ich war so zornig, daß ich zunächst gar nicht versuchte, mich auf ein Argument mit dieser Kumpanei von neokonservativen deutschen Historikern und sonstigen Aufrechnern einzulassen, sondern mir zuerst einmal Luft machte, indem ich einige polemische Verse schrieb, die ich hier einfügen will, bevor ich dazu übergehe, eine andere Seite des Problems zu beleuchten, daß nämlich durch die Schäbigkeit solcher Argumente für mich für den Augenblick etwas viel Wichtigeres verschüttet wurde; nämlich die Frage: Durch welche Motivierungen kommen Menschen überhaupt dazu, daran Gefallen zu finden? Aber bevor ich darauf eingehe, hier meine Verse, in denen ich mir Luft zu machen versuchte:

Die Wiederkünftigen
Zum Streit um die deutsche Geschichte

Wenn diese Noltes und Stürmer
und wer immer die jetzt wieder sind
die Verbrechen des alten Stalinismus
und die Verbrechen Englands an seinen Kolonien
und die alten Verbrechen Amerikas an den Indianern
und die gar nicht so alten Verbrechen in Vietnam

aufrechnen wollen gegen die Verbrechen des Hitlerfaschismus
so wäre das noch zu verstehen
denn auch all diese anderen
haben wirklich vor Zeiten Blutschuld auf sich geladen
Und Gorbatschow tut heute, was er kann
um die Reste der Stalinzeit
in der Sowjetunion zu bekämpfen

Und ich hoffe die Labour Party
wird England befrein von Frau Thatcher
und jetzt werden Reagans Verbrechen
von Amerika selbst entdeckt
und natürlich bin ich auch gegen einen antideutschen
                                                    Rassismus
Und jeder deutsche Antifaschist hat das Recht
wenn er ankämpft gegen das heutige Unheil in Deutschland
auch in anderen Ländern Verbrechen der Herrschenden
                                                    anzuklagen
die meist Bundesgenossen der Herrschenden Deutschlands
                                                    sind

Aber wenn diese Noltes und Stürmer
– diese habermaslosen Gesellen –
jetzt wieder der Hafer sticht
das alles aufzurechnen
damit der Hitlerfaschismus desto weniger einmalig erscheint
weil alles doch relativ sei
dann will ich abrechnen mit ihnen
im Namen meiner Toten
und im Namen der Lebenden

Denn die wollen der deutschen Geschichtsbetrachtung helfen
– oder helfen ihr doch, auch wenn sie es nicht bewußt wollen
nicht auszugleiten im gestern von Hitler vergossenen Blut
sondern sich für die Zukunft wieder die Hand frei zu machen
                                                    zu Taten
wie sie angeblich ja alle Völker begehen

Solche Aufrechner die nie
Antifaschisten waren
und saubere Hände aber keine saubere Denkweise haben

sind eine Gefahr, nicht nur für Deutschlands Zukunft
sondern machen es Deutschland auch heute
schon leicht sich mit Schuld zu beladen
durch Behandlung von Ausländern als Menschen zweiter
Klasse
und durch Ausweisung von Zufluchtsuchenden in ihren Tod
im Libanon und im Iran und in der Türkei

Darum muß man abrechnen
mit diesen Geschichtsklitterern
mit diesen Aufrechnern und menschlichen Rechenmaschinen
die heutigen Friedensverbrechern
und künftigen Kriegsverbrechern
Vorschub leisten
mit ihrer heillosen Suche nach Rechtschaffenheit

Nach diesem Gedicht sollte ich vielleicht mitteilen, daß ich in London, im Kriegsjahr 1944, im Verlag des exilierten österreichischen
Pen-Klubs in meinem ersten Gedichtband »Deutschland« gegen
den Deutschenhaß polemisiert habe und mich um Verständnis für
die bemüht habe, die auf den Nationalsozialismus hereingefallen
waren; ferner daß ich in meinem ersten Gedichtband nach dem
Krieg der Opfer des Feuersturms in Hamburg gedacht habe, mich
in meinem ersten Prosaband gegen die Hinrichtung einer KZ-Wär-
terin ausgesprochen habe und in letzter Zeit gegen die lange Haft
für einen prominenten jungen deutschen Neonazi, dessen subjektive Ehrlichkeit ich betont habe, womit ich mir eine Menge Feinde
zuzog. Ich bin also alles andere als ein blindwütiger Deutschenhasser oder Verfechter einer bedingungslosen Feindseligkeit gegen
politische Gegner. Woher also meine empörte Abneigung gegen
diese Geschichtsklitterungen und ihre teils verschleiernde, zugleich aber verräterische Sprache?
Einfach deshalb, weil diese Historiker, statt Deutschland zu wichtigen Erkenntnissen zu verhelfen, aufgrund ihrer eigenen Unbewußtheit solche Erkenntnisse verhindern helfen. »Wir sind wieder
wer«, heißt es seit der Tendenzwende, und sie und die von ihnen
bedienten Politiker wollen, daß Deutsche wieder stolz darauf sein
können, Deutsche zu sein. Diesen Wunsch danach, stolz sein zu
können, kenne ich aus eigener Erfahrung:

Als man mir als Kind in Österreich, noch vor Hitler, zuerst sagte »Saujude« und »dreckiger Jude«, da antwortete ich, dem der Begriff Jude bisher so gut wie nichts bedeutet hatte: »Ja, ich bin Jude, und ich bin stolz, ein Jude zu sein!« In Anbetracht der erlittenen Beschimpfung finde ich meine Antwort sehr verständlich. Aber sie ist natürlich Unsinn. Stolz kann man auf seine Arbeit sein oder auf die Hilfe für benachteiligte Mitmenschen. Aber stolz darauf zu sein, daß man als Jude oder als Deutscher oder als Russe geboren ist, wäre ebenso dumm, wie sich dessen zu schämen. Dies oder jenes zu sein, ist weder eine Leistung noch ein Verbrechen. Nur wer eine ganz tiefe Identitätsstörung erlitten hat, kann als denkender Mensch solche nationalistischen Reaktionen, die erfahrungsgemäß immer in Chauvinismus ausarten, mitmachen. Deutschland aber hatte, dank Hitler, eine Niederlage erlitten, desto traumatischer, weil in den Jahren zuvor eine Siegessträhne ein infantiles Allmachtgefühl erzeugt hatte, auch bei nicht sonderlich politischen kleinen Leuten.

Nun führte die »Unfähigkeit, zu trauern« und sich gründlich Rechenschaft über das Getane und Geschehene zu geben, zu einer Identifizierung mit der – offenbar stärkeren – Magie der Sieger, in diesem Fall vor allem der Amerikaner. Auch Amerikas Antikommunismus wurde im unmittelbar folgenden Kalten Krieg übernommen; er bot zugleich eine willkommene Kontinuität: Man hatte nicht in allem unrecht behalten! Daran war auch – halbbewußt – befriedigend, daß man nun doch zur Spaltung der Mächte beitrug, die Deutschland besiegt hatten. Trotzdem blieb – weitgehend unbewußt – irgendwo ein schlechtes Gewissen wegen der Anpassung an die Magie des Siegers. Reste der alten Magie, die versagt hatte, blieben unter der Oberfläche erhalten. – Ich spreche von der psychischen Situation vieler Deutscher, nicht von bewußter Politik; und mit dem Gefühl »Wir sind wieder wer« und mit Ende des Wirtschaftswunders erstarkte diese alte Magie, so daß kleine, fast harmlose Leute heute noch ausrufen: »Adolf, wo bist du? Dein Land braucht dich!«

Es ist ja in Wirklichkeit nicht so, daß diese Nolte und Stürmer und Hillgruber im Grunde ihres Herzens Nationalsozialisten wären oder einem neuen Nationalsozialismus helfen wollten, obwohl sie das natürlich in Mehrheit, wider Willen und Wissen, doch tun, weil ihr aufrechnerischer Antikommunismus eine der Grundlagen des Neonazitums ist. Ein Neonazi hat mir vor wenigen Jahren wörtlich gesagt: »Diese CDU und CSU und Junge Union und NPD sind doch in Wirklichkeit alle ganz geil darauf, was wir tun. Sie trauen sich das nur nicht öffentlich und ehrlich zu sagen.« So einfach stimmt das natürlich nicht, aber es ist mehr als ein Körnchen Wahrheit dran. Wenn einer von den aufrechnenden Historikern sich soweit vergessen konnte, Chaim Weizmanns Erklärung nach Anfang des Zweiten Weltkriegs als Kriegserklärung *der Juden* an Hitler zu betrachten und daher *die Juden* als Kriegsgefangene zu sehen, dann ist er doch gar nicht so weit von den Nazis entfernt, wie er selber glaubt.

Dabei sind diese selben Aufrechner in einem anderen Teil ihrer Alltagspraxis keineswegs Judenfeinde. Nein, sie befürworten es, wenn an verschiedenen Orten der Bundesrepublik jüdische Synagogen und verwüstete Gemeindebauten saniert werden sollen, manchmal für eine Judengemeinde, die jetzt viel zu klein ist, um so große Bauten wirklich zu benötigen. Hier gibt es eine Spaltung des eigenen Bewußtseins, die mich daran erinnert, daß z.B. der Philosemitismus Axel Springers ganz ehrlich war. Die Behauptung Fassbinders, Philosemitismus und Antisemitismus seien ein und dasselbe, stimmt ja nicht. Der Philosemitismus hat viel edlere Beweggründe: darunter ein ehrliches Wiedergutmachungsbedürfnis. Nur etwas Entscheidendes hat er wirklich mit dem Antisemitismus gemein, daß nämlich die Juden als Andersartige gesetzt werden, daß man von den Leiden des jüdischen Volkes spricht, als ob Juden wirklich allein ein Volk wären; auch die, die nie in Palästina waren, die nicht hebräisch sprechen können und vielleicht auch gar nicht religiös sind! Diese zwangsweise Einstufung zu einem Volk leugnet dadurch, daß Juden Deutsche, Österreicher, Franzosen waren und sind und sein können. Dadurch wird der Ausgrenzung aus dem deutschen Volkskörper, oder aus dem österreichischen, polnischen usw., Vorschub geleistet, ob man will oder nicht. Und das ist, auch wenn man das Nazi-Adjektivum nie gehört hat, – völkisches Denken.

Und völkisches Denken erleichtert heute die Angriffe auf die »Freizügigkeit« von Ausländern, z.B. die scheußliche Praxis, daß Asylsuchende, die heute in einem Wohnbezirk Stuttgarts untergebracht sind, wenn sie in einem anderen Stadtteil Stuttgarts gefaßt werden, eine Strafe von 50 bis 5.000 Mark riskieren und schließlich ihre Nichtanerkennung und Abschiebung. Einige dieser Abschiebungen, z. B. von Libanesen nach dem Libanon in die Hände ihrer Todfeinde, haben schon die Ermordung von Abgeschobenen zur Folge gehabt und sind in dieser Hinsicht, wenn auch technisch ganz anders durchgeführt als der Transport der Juden in die Vernichtungslager des Ostens, für die Betroffenen nicht weniger tödlich! Da wurden z. B. Anhänger Dschumblats an die Regierung Gemayel ausgeliefert, dessen Partei sich ganz offen »Falangisten« nennt, also Faschisten, und die Massaker von Sabra und Chatila* auf dem Gewissen hat. Und an solche Leute liefern wir Menschen aus! Man sage nicht, daß diese Erscheinungen nichts mit dem Geist oder Ungeist des Hitlerfaschismus zu tun haben! Auch sie kommen in Deutschland von rechts und sind Wahlgeschenke an Wähler, die sich bewußt oder unbewußt vom alten völkischen Ungeist nicht freigemacht haben. Und gerade eine solche Freimachung wird durch aufrechnende Geschichtsdarstellung wie die von Nolte, Stürmer usw. erschwert, ja sabotiert. Solange man andere, z. B. die asiatische Tat, die Russen, als Sündenböcke für das Geschehen in der eigenen Vergangenheit sucht, ist man ein legitimer Erbe des alten Ungeists, auch wenn man selbst sich vor dieser Erkenntnis versteckt. Als der Kalte Krieg begann, zur Zeit Stalins und seiner Greuel, war das alles noch etwas verständlicher. Heute, da Gorbatschow sich um die Beseitigung des alten Unrechts noch mehr bemüht, als es seinerzeit schon Chruschtschow tat, ist es eine für die Weiterentwicklung unserer Welt gefährliche Infamie, diese Veränderung zu übersehen, weil man zur Relativierung dessen, was einen drückt, ein klares Feindbild zu brauchen glaubt.

Natürlich war es eine Schlechtigkeit gegenüber jungen Deutschen, wenn Menschen im Ausland den Begriff Kollektivschuld gegen Deutschland gebraucht haben, als sei dies eine juridische Kategorie, sozusagen etwas, wofür man rechtens bestraft werden könnte und sollte. Nein, Kollektivschuldgefühle sind ein psychisches Syndrom. Wir können sie durch eine wirkliche Analyse unserer Kultur, ihrer Vergangenheit und Gegenwart und ihrer Beziehungen zu den Nachbarn auflösen, uns von ihnen befreien. Wie voll von Kollektivschuldgefühlen aber müssen Menschen stecken, um so unsinnige Geschichtsklitterungen zu betreiben wie diese Historiker und um an einem zumindest längst veralteten Feindbild von den Russen festzuhalten, die doch außerdem immer, schon seit der deutschen Ostkolonisation, die Angegriffenen und nicht die Angreifer waren?!

Aber nicht nur Kollektivschuldgefühle werden verdrängt und abreagiert durch Errichtung eines Feindbildes und stures Festhalten an ihm. Nein, auch die Ängste, die sich aus Schuldgefühlen, aus allerlei Konflikten oder Konfliktvermeidungen in der engeren eigenen Umgebung oder im ganzen »eigenen« Land ergeben, auch die Angst vor Arbeitslosigkeit, vor Krankheit, Alter und Tod, ja groteskerweise sogar die Angst vor einem Krieg, also alle Zukunftsängste, können glücklich – oder gelegentlich weniger glücklich! – auf einen äußeren Feind verschoben werden. Manchmal kann es auch ein »innerer äußerer Feind« sein, wie die Juden, die Terroristen, die Zigeuner, kurz: der jeweilige Sündenbock.

Diese Tendenz ist natürlich nicht eine negative deutsche Rasseneigenschaft, auch wenn sie in Deutschland gefährlich stark ist, sondern sie ist ein Ergebnis schiefer Erziehungsformen und Erziehungszielsetzungen, die älter sind, als der Hitlerfaschismus selbst, diesem aber schon seinerzeit Vorschub geleistet haben. Es ist auch nicht uninteressant, daß auch deutsche Juden, die ähnlich erzogen worden waren wie ihre nationalsozialistischen »Volksgenossen« – ich gebrauche das Reizwort »Volksgenosse« absichtlich in diesem Zusammenhang! –, später gegenüber Palästinensern gar nicht so unähnliche Feindbilder als geschichtliche Rechtfertigungsversuche, Verhaltensmuster und Aufrechnungsmethoden entwickelt haben. Und natürlich will ich auch nicht leugnen, daß am Aufstieg Hitlers auch andere Länder, die ebenfalls ihre eigenen Erziehungssünden und Manipulationen an ihren eigenen Staatsbürgern auf dem Gewissen haben, mitschuldig waren und daß auch in solchen Ländern das Sündenbockdenken und entsprechende geschichtliche Fehlinterpretationen blühen. Das Land, in dem ich einen großen Teil meiner Zeit verbringe und in das ich einst als Flüchtling vor Hitler kam, England, ist da besonders zu erwähnen. Trotz seines großen Machtverlustes sind die Geschichts- und Moralauffassungen, für die Frau Thatcher steht, denen des Premierministers Chamberlain vor dem Krieg gar nicht so fern. Nein, nicht eine Rasse, nicht eine Nation ist für Geschichtslügen und Geschichtsklitterungen zu tadeln, sondern z.B. ein verkrampfter, unbelehrbarer Konservatismus, der dadurch in immer gefährlichere Nachbarschaften gerät, nicht nur auf dem Gebiet der Politik, sondern auch der autoritären Kindererziehung. Das Verstehen und Bekämpfen politischer Antagonismen ist viel wichtiger zur Überwindung dieser seelischen und geistigen Seuchen als nationale Fragen oder gar als chauvinistischer Hochmut! Wer die Soziologie, die Ökonomie, die Kritik unserer Gesellschaftssysteme und die weiterentwickelte Psychoanalyse aus dem Spiel läßt, der wird diesen Teufelskreisen nie entgehen.

Die Wirklichkeit von heute aber sieht in vielen Weltteilen trotz mancher drohender Gefahren doch auch hoffnungsvoller und weniger aussichtslos aus, als es aus deutscher Sicht vorerst scheinen mag. Diese Sicht ist getrübt davon, daß Deutschland und andere europäische Mächte, besonders die alten ehemaligen Kolonialmächte und damit auch die Westeuropäer überhaupt, viel von ihrer Macht und ihrem Einfluß verloren haben.

Goethe läßt im Faust, in der Walpurgisnacht auf dem Blocksberg, einen alten Emporkömmling sagen:

>»Wir waren, weiß Gott, auch nicht dumm,
> und taten oft, was wir nicht sollten.
> Doch jetzo kehrt sich alles um,
> und grade, als wir's fest erhalten wollten.«

Daraufhin macht sich Mephisto den Spaß, auf einmal sehr alt zu erscheinen und völlig kulturpessimistisch zu antworten:

>»Zum Jüngsten Tag fühl ich das Volk gereift,
> da ich zum letzten Mal den Hügelberg ersteige.
> Und weil mein Fäßlein trübe läuft,
> So ist die Welt auch auf der Neige.«

Nun, besonders in Deutschland war ein etwas nebelhafter Kulturpessimismus schon lange weit verbreitet, besonders bei konservativen Kulturträgern. Derselbe Jürgen Habermas, der sich um die Widerlegung der Ausführungen Noltes und Stürmers besonders verdient gemacht hat, hat vor einigen Jahren auch erklärt, warum gerade konservative Kulturträger in Gefahr geraten, an Pessimismus und an einer Verkrampfung ihrer Sicht zu leiden. Weil nämlich die Wirklichkeit der von ihnen geförderten Marktwirtschaft mit den traditionellen Kulturwerten, an denen sie hängen, unvereinbar ist.

Multinationale Firmen und Monopole treten an die Stelle des individuellen freien Unternehmergeistes. Die Reste des Kleingewerbes und Handwerks werden immer geringer, die klassischen Bildungsideale werden von einem mitleidlosen Utilitarismus bekämpft. Die Versuchung für konservative Geister liegt nahe, die auf ein bestimmtes System, die bürgerliche Gesellschaftsordnung, beschränkten Sachzwänge zu überschätzen, zu verallgemeinern und für unabwendbar zu halten; daher Geschichtspessimismus.

Die Sowjetunion der Stalinzeit bot wirklich wenig Anlaß zu positiven Ausblicken. Aber daß sich dort seit Chruschtschow – und besonders seit Gorbatschow seine Reformen, um nicht zu sagen eine Umwälzung und zweite Revolution, begann – vieles weniger bedrohlich ausnimmt, ja wirklich hoffnungsvoll, das bedeutet zumindest auch weniger bedrohlich für Deutschland. Dies heute nicht sehen zu wollen, ist ein stures Festhalten an alten antikommunistischen Gedankenmustern, das dann seinerseits natürlich alle möglichen düsteren Folgen hat. Das ist natürlich nicht unabhängig von den politischen und wirtschaftlichen Machtverhältnissen in der Bundesrepublik, die ihrerseits den angeblich freien historischen Wissenschaftsbetrieb auf dem Weg über Karrieremöglichkeiten und Forschungsfinanzierung gar nicht wenig beeinflussen. Das sollte man zumindest erkennen, um sich notfalls dagegen wehren zu können und nicht jeder Geschichtsblindheit zu verfallen, von der das alte Sprichwort gilt: »Es ist keiner so blind wie der, der nicht sehen will.«

Vielleicht ist es aber auch zu streng, diese Formulierung hier anzuwenden. Ich habe die Historiker, gegen deren Ausführungen ich mich wehre, sehr scharf kritisiert, weil ich glaube, daß sie wirklich, wenn sie von sinnstiftender Geschichtsschreibung reden, oft Unsinn stiften und falsche und gefährliche Ansichten fördern, noch dazu, weil sie im Wissenschaftsbetrieb Machtstellungen innehaben. Aber so notwendig es ist, sie scharf zu kritisieren, so wenig darf man doch vergessen, daß es sich bei diesen entschiedenen Gegnern nicht um Teufel in Menschengestalt handelt, sondern um Mitmenschen mit falschem Bewußtsein und unbewußten Ängsten.

Der Ethnoanalytiker Paul Parin* aus Zürich, einer der bedeutenderen Köpfe unserer Zeit, hat Ende 1986 auf einem Kongreß internationaler Wissenschaftler in Hamburg gegen das Wettrüsten (ein

Thema, das mit dem unseren in Wirklichkeit sehr eng zusammenhängt, weil es auch da um Geschichtsauffassung und Feindbilder geht) Theodor Adorno zitiert, der gesagt hat: »Normal ist das *falsche* Bewußtsein.« Das stimmt in unserer Zeit und in unserer Kultur zweifellos. Dieses falsche Bewußtsein von Historikern kann zwar einen bescheidenen Beitrag zum Untergang unserer Welt und auch zu ihrem eigenen Untergang leisten und muß deshalb bekämpft werden, aber man darf doch nicht allzu leichtfertig annehmen, dieses falsche Bewußtsein sei nur ihre eigene Schuld. Wer das selbstgerecht behauptet, der hätte selbst ein falsches Bewußtsein. Nein, diese Gegner, auch wenn ich glaube, gewisse konservative Kulturträger mit Recht als Reaktionäre bezeichnen zu dürfen, sind doch selbst Opfer ihrer Vorurteile, die wieder in ihrem eigenen Werdegang, nicht zuletzt auch in ihrer Kindheitserziehung wurzeln.

Um rational denken und handeln zu können, muß man sehr viel lernen: Und ähnlich wie eine von inneren Widersprüchen geplagte Gesellschaft versucht, allerlei in ihr Unbewältigtes durch den Angriff auf einen äußeren Feind abwälzen und bereinigen zu können, ergeht es oft auch den einzelnen Menschen: Widersprüche, die sie in sich nicht aufzuheben vermögen, sollen durch die Errichtung eines möglichst argen Feindbildes, das dann allen Haß, alle Aggressionen, auch alle eigenen Frustrationen auf sich zieht, verschleiert, harmlos gemacht werden. Und, natürlich, wenn ein solches Konzept zusammenbricht, wie bei der Niederlage des Dritten Reiches, dann ist die Frustration besonders groß. Dann fühlt man sich von einer Horde von plötzlich aufgetauchten Menschen umringt, die vorher nichts und jetzt alles zu sagen haben. Wie soll man in denen kein Element der Zerstörung sehen, wie sie nicht hassen und gegen sie Zeugnis ablegen, wo immer man kann?!

Solchen Gedankengängen sind offenbar auch die Historiker zum Opfer gefallen. Sie zu widerlegen und ihre Politik wirksam als gefährliches falsches Bewußtsein erkennbar zu machen, liegt zuletzt auch in ihrem eigenen wahren und von ihnen nur nicht erkannten Interesse. Es ist eine praktische Art, Feindesliebe an solchen Gegnern zu erweisen, indem man sie besiegt! Auf die Dauer zu ihrem und unser aller Besten, nicht zuletzt auch zum Besten ihrer Kinder und Kindeskinder, denen falsche Feindbilder und irrational aufgeheizte kalte und heiße Kriege erspart bleiben sollen.   1987

Die Dankesschuld

Den ersten Sprechchor meines Lebens hörte ich am 15. Juli 1927, aber ich verstand ihn zuerst nicht. »Nie da!« schrien mehr Männerstimmen, als ich je auf einmal rufen gehört hatte. »Nie da! Nie da!« Ein Zug von sehr ernst aussehenden Männern, die mitten auf der Fahrbahn gingen, ja die ganze Breite der Straße einnahmen, so daß nichts fahren konnte. Was war nie da? wollte ich von meiner Mutter wissen, und sie erklärte mir, daß es in Wirklichkeit »Nieder« hieß. »Nieder! Nieder! Nieder mit den Arbeitermördern von Schattendorf! Nieder mit den Richtern, die diese Arbeitermörder in allen Instanzen freigesprochen hatten, nieder mit dieser elenden Justiz! Nieder! Nieder! Nieder!« Meine Mutter zog mich an der Hand, ich solle schneller gehen, und sie war froh, als sich unser Weg von dem der Männer trennte. »Sie haben ganz recht, aber ich glaube, es wird gleich etwas geben!« Es gab auch wirklich etwas, nämlich an die neunzig Tote. Die Wiener Arbeiter wurden von der Polizei niedergeschossen.

Mein nächster Sprechchor war klein und hellstimmig. Er wurde im Herbst dieses Jahres 1927 von meinen Mitschülern angestimmt. »Mi-mi, Ma-ma. Im, am.« Das waren die Worte auf der ersten Seite unserer Lesefibel. Wir mußten sie alle im Chor sagen. Aber ich konnte schon einigermaßen lesen und hatte vorne auf der Fibel die Worte gelesen »Der Wiener Kinder erstes Buch«.

Dann viele Jahre lang kein Sprechchor, an den ich mich erinnern kann. Erst wieder 1938, nach dem Einmarsch der deutschen Truppen: »Hitla heidl! Hitla heidl! Hitla heidl! Hitla heidl!« denn so formte sich das »Heil Hitler«-Rufen, wenn es oft genug wiederholt wurde. Aber noch viel eindrucksvoller als dieses »Hitla heidl!«, ein, zwei Tage später ein Satz: »Wia danken unsam Führa! Wia danken unsam Führa! Wia danken unsam Führa!« Auf der Straße gehört, im Radio, und immer wieder im Radio: »Wia danken unsam Führa!«

Dieser Dank an den Führer gellt mir noch heute in den Ohren, nach fast einem halben Jahrhundert. Gewiß, er wurde, als der Führer Österreich und sein ganzes Deutschland in die Katastrophe geführt hatte, durch lauten Undank abgelöst. Keiner wollte ein Nazi gewesen sein. Aber heute, als alter Mann, der damals durch diesen Führer aus seiner Heimat vertrieben wurde, dessen halbe Familie ermordet wurde, frage ich mich allen Ernstes, ob Westeuropa – und vielleicht auch Länder außerhalb Westeuropas, zum Beispiel die Vereinigten Staaten oder Israel – dem Führer nicht einiges zu verdanken hat.

Es gibt so vieles, was ohne den Führer und ohne die Erziehung, die die Welt durch sein Drittes Reich erfahren hat, nicht möglich wäre. In der Bundesrepublik Deutschland haben vor einigen Jahren, zur Zeit der großen Baader-Meinhof-Hysterie, Regierungsmitglieder, Sozialdemokraten sogar, gesagt: »Der Bürger wird sich eben an den Anblick von Polizisten mit Maschinenpistolen gewöhnen müssen.« Und, wirklich, der Bürger hat sich ganz schnell daran gewöhnt, und sogar daran, daß der gezielte polizeiliche Todesschuß umbenannt wurde und nun »finaler Rettungsschuß« hieß und immer noch heißt. Und ich frage mich, ob die Vorhersage, der Bürger werde sich an das alles gewöhnen müssen, und die wirkliche glatte Gewöhnung nicht im Grunde, wenn man es ganz genau nimmt, der Jahre zurückliegenden vorbereitenden Erziehung durch den Führer zu verdanken ist, der die meisten Menschen ungemein erfolgreich dazu erzog, alles, aber auch alles hinzunehmen. Die Maschinenpistolen sind da nicht das einzige Beispiel aus den letzten Jahren. Nein, eine Reihe von neuen Gesetzen, von denen der alte Oberlandesgerichtspräsident Richard Schmid, einer der nie dem Führer angehangen hatte und nach dem Krieg einer der sogenannten Männer der ersten Stunde gewesen war, vergeblich protestierend erklärt hatte, diese neuen Gesetze seien in Wortlaut und Inhalt einigen Gesetzen des blutigen Nazijuristen Freisler zum Verwechseln ähnlich. Die neuen Gesetze blieben, und die Tatsache, daß dem alten Richard Schmid nichts geschah, wurde als Beweis der Freiheit der Bundesrepublik gefeiert. Anderen, die dasselbe gesagt hatten wie er, zum Beispiel dem Rechtsanwalt Ströbele* in Westberlin, geschah eine ganze Menge! Daß es geschehen konnte, und daß das Grundrecht auf Meinungsfreiheit vom Bundesverfassungsgericht so ausgelegt werden konnte, wie es ausgelegt wurde, und daß der Bürger – oder besser gesagt, die neuen Untertanen – das alles so hinnahmen, auch den offiziellen Bericht über die Selbstmorde in Stammheim, das alles ist doch vielleicht, frage ich mich, mindestens zum Teil jenem wundersamen Training durch eine starke Führung zu verdanken, das ich schon erwähnt habe.

Aber auch die sogenannte Wende, und auch, daß sie so heißt, wäre vielleicht, wenn man es genau untersucht, ohne jene grundlegende Vorbereitung vor langen Jahren nicht möglich gewesen. Gewiß, die Wende ist kein bloß deutsches oder österreichisches Phänomen, aber jene Zucht und Disziplinierung wurde ja seinerzeit nicht nur Deutschland und Österreich zuteil, sondern dem ganzen Europa der Neuen Ordnung. Und, mein Gott, wer erst einmal gründlich kuschen gelernt hat, der vergißt das vielleicht nicht so schnell und gibt es sogar noch seinen Kindern weiter, als praktische Überlebensregel.

Und wäre der Vietnamkrieg ohne Hitler möglich gewesen? Der große Führer und Bordellbesitzer Ky in Südvietnam erklärte sogar ein um das andere Mal, sein Vorbild sei Adolf Hitler. Oder daß die Welt sehr wenig sagt, wenn die Vereinigten Staaten oder Südafrika oder Israel die beliebige kriegerische Intervention jenseits der eigenen Landesgrenzen zu ihrem Gewohnheitsrecht machen; – würde das ohne die große Gewöhnung durch die alte Vorerziehung so leicht hingenommen werden, ich meine, von den westlichen Demokratien? Die Frage ist nicht ohne weiteres von der Hand zu weisen.

Aber das alles ist vergleichsweise unwichtig, gemessen an der allerneuesten Entwicklung. Unwichtig nämlich, wenn man es nicht seinerseits als Vorbereitung darauf erkennt. Trotz aller Beschwichtigungsreden waren den Völkern Westeuropas die vielen Atomraketen und eingelagerten Kernwaffen immer unheimlich, auch wenn viele sich von ihrer bitteren Notwendigkeit überzeugen ließen und einseitige Abrüstung ablehnten. Aber heute, da in Moskau Gorbatschow einen neuen Ton angeschlagen und einen neuen Anfang gesetzt hat, und die russischen Atomwaffen abschaffen will, und auch die Abrüstung konventioneller Waffen anbietet, klammern sich die Staatsmänner der führenden NATO-Länder an diese Atomwaffen, als wäre die allgemeine und nicht etwa einseitige, sondern beiderseitige Abrüstung kein Segen, sondern die schwerste Bedrohung der Welt. Als könnte nicht mit dem ersparten Geld der Hungertod von vielen Millionen Kindern Jahr für Jahr endlich verhütet werden, als könne nicht ein wirklich neues menschenwürdiges Leben endlich beginnen!

Und wir in den europäischen Demokratien hören die klappernden Argumente dieser Staatsmänner, Argumente, die so plump sind, daß wir noch vor wenigen Jahren an ihre bloße Möglichkeit gar nicht geglaubt hätten. Und wir hören sie tagtäglich und lesen sie in den Zeitungen und sehen sie auf dem Bildschirm. Und wir halten still, abgesehen von kleinen, harmlosen Protesten! Und wir rufen keinen Generalstreik aus! Und wir jagen sie nicht alle miteinander zum Teufel! Wer hat uns so dressiert? Welchen Einflüssen ist das zu verdanken?

Wenn ich zurückdenke und ganz still bin, höre ich in mir manchmal noch deutlich den alten Sprechchor. Nicht »Nieder, nieder, nieder!«, sondern den anderen, etwas mehr als zehn Jahre späteren: »Wia danken unsam Führa! Wia danken unsam Führa! Wia danken unsam Führa!« Oder irre ich mich, und hat diese Bereitschaft, alles hinzunehmen, gar nichts mit ihm zu tun?

Aus der Zeit der Bücherverbrennung habe ich einen Chor im Ohr, eigentlich keinen Sprechchor, sondern gesungen, aber die Musik ist dem Text untergeordnet wie bei allen Brechtliedern. Es war das Ende von der Bertolt Brecht »Ballade von der Judenhure Marie Sanders[8]«:

> »Das Fleisch schlägt auf in den Vorstädten.
> Der Streicher spricht heute nacht.
> Großer Gott, wenn wir ein Ohr hätten,
> Wüßten wir, was man mit uns macht.«

1987

Klarheit oder Gewöhnung
Gedanken zu Kultur, Politik, Psychologie

Meine Damen und Herren, liebe Freunde und Gegner! Anton Bruckner, mit dessen Namen dieses Fest verbunden ist, hatte in vieler Hinsicht ein echt österreichisches Schicksal. Recht später Erfolg, auch dann noch Rückschläge, mangelndes Verständnis seiner Umwelt für einiges, um das es ihm ging, sogar als sich schließlich schon einigermaßen offizieller Erfolg eingestellt hatte, und dazu seine tiefe Verunsicherung, die auf die Spannung zwischen dem schöpferischen Neuerer in ihm und dem Mitbürger, der sich nach Kommunikation und Verstandenwerden sehnte, zurückzuführen ist. Aber über diese Aspekte mögen Fachleute berichten. Ich will heute hier über *heutige* Kulturprobleme sprechen, vor denen Künstler stehen, vor allem über Zusammenhänge zwischen Kunst, Kultur, Politik und Psychologie.

Dazu gehört freilich auch die Erinnerung daran, daß Bruckner Organist im Stift St. Florian war und daß die Nazis dieses Stift aufgelöst haben. Wenn sie nicht besiegt worden wären, so wäre diese Auflösung von Dauer geblieben und eine jahrhundertealte Kulturtradition wäre damit beendet gewesen.

Es führt kein Weg vorbei an der Notwendigkeit, mit dieser furchtbaren Vergangenheit abzurechnen und sie aufzudecken. Kulturtaten und Untaten der Kultur oder Unkultur dürfen nicht nebeneinander stehen, denn ihre Vermischung würde, so sicher wie in der Mathematik Plus mal Minus Minus ergibt, einen Weg in die Unkultur ergeben.

Gerade hier in Österreich gilt das allenthalben schon Jahrhunderte vor Hitler – ich denke an die Untaten der Gegenreformation und an den oberösterreichischen Bauernführer Fadinger*, und ich denke an das schon 1938 errichtete KZ Mauthausen, wo noch im Mai 1945 Richard Bernaschek* ermordet wurde, der Sozialist, der im Februar 1934 das Signal zum Widerstand gegen die angreifenden austrofaschistischen Putschisten gegeben hat. Wenn von Kultur in Oberösterreich die Rede ist, sollte man auch an die Verdienste des langjährigen oberösterreichischen Landeshauptmanns

Heinrich Gleißner* denken, der ebenfalls eine Zeitlang in Dachau im KZ gewesen war. Und wenn vom Abrechnen mit der Unkultur die Rede ist, so muß Schloß Hartheim in der Nähe von Linz erwähnt werden, wo Tausende alte und kranke Menschen im Zuge der Euthanasie-Kampagne ermordet wurden. Ob an Ort und Stelle dort dafür gesorgt worden ist, angemessen dieser Opfer zu gedenken, weiß ich leider nicht.

Wenn man versucht, sich über die Kultur eines Landes Rechenschaft zu geben, läuft man natürlich Gefahr, von der Vergangenheit vereinnahmt zu werden, nicht vom gegenwärtigen Zustand einer Kultur oder gar von dem, was erst im Werden ist: Eine Bestandsaufnahme schon vorhandener Kulturleistungen ist viel einfacher. Ich meine die bereits bekannten Leistungen, besonders Spitzenleistungen. Österreich ist verständlicherweise stolz auf Haydn, Mozart, Beethoven, Schubert, Bruckner, Mahler, oder auf Raimund und Nestroy, Stifter, Schnitzler, um nur einige zu nennen. Es war nicht besonders gut zu allen von ihnen, aber auf sie stützt man sich, wenn man sich etwas selbstzufrieden als führende Kulturnation aufspielt.

Angesichts solcher Selbstzufriedenheit ist es einigermaßen schwer, nicht zornig zu werden, wenn man ein Kulturereignis aus letzter Zeit ins Auge faßt, ich meine die skandalöse Absetzung von George Taboris Inszenierung »Das Buch mit den sieben Siegeln« in Salzburg, nach einer von der ausländischen Kritik gerühmten Erstaufführung. Die feindlichen Universitätskreise, die kirchlichen Dunkelmänner und solche Dreckschleudern wie jener Politiker*, der sagte, die Aufführung hätte in einer Bedürfnisanstalt und nicht in der Kollegienkirche stattfinden sollen (wovon sich zum Glück selbst Leute von der eigenen Partei dieses Menschen distanziert haben!), und natürlich die Salzburger Festspielleitung haben Österreich kulturpolitisch wieder einmal gründlich blamiert! Als ob politische Blamagen noch nicht genug wären. (Auch Politik zählt ja bei der Beurteilung der Kultur eines Landes.)

Doch zurück zu den Kulturleistungen der Vergangenheit. – Das Urteil, *was* hervorragende Leistungen sind, hängt nicht nur von deren eigener Qualität ab, sondern auch vom Verständnis- oder Unverständniswillen der Gesellschaft, die sie beurteilt. So fanden in Deutschland Hölderlin und Georg Büchner erst viele Jahre nach ihrem Tod wirkliche Anerkennung. Und so hat man in

Österreich beispielsweise das Werk eines Sigmund Freud jahrzehntelang und zum Teil auch heute noch unterschätzt und verleumdet.

Nun, ja: Die Betrachtung einer Kultur beschränkt sich allzu leicht auf die Vergangenheit, auf das, was sich von dem, was geleistet wurde, durchgesetzt hat, was ins Blickfeld der Wertenden getreten ist und ihre Vorurteile überwinden konnte.

Dabei kommt es manchmal zu der Art von komischen Zwischenfällen, hinter denen sich Trauriges verbirgt. Für das aufwendige Konferenzzentrum in Wien wurde vor Jahr und Tag in österreichischen Zeitungen große Reklame gemacht. Unter der Devise »Vienna, Capital of Europe« erschien unter anderem ein ganzseitiges Riesenfoto von Sigmund Freud, und darunter stand ein unfreiwillig komischer Werbetext, der sagte, in Wien könne man auch träumen, denn Dr. Freud habe ja die Traumdeutung erfunden. Das Freud-Foto über diesem schleimigen Text kam mir bekannt vor, und ich fand heraus, daß es Sigmund Freud auf seiner Flucht aus Österreich nach der Machtergreifung der Nazis zeigt, als er gerade mit seiner Tochter in Paris ankam. – Einer der Fälle, wo späte und allzu oberflächliche Bekehrung zu einem großen Österreicher unfreiwillig grimmige Komik gezeitigt hat.

Die Kultur eines Landes ist untrennbar verbunden mit seiner Geschichte, mit den verschiedenen Macht- und Führungseliten und deren Gegnern, mit den Kämpfen, die da ausgetragen wurden und werden oder die, vielleicht noch schlimmer, durch Konfliktvermeidung verschleiert werden.

Aus meiner Schulzeit kann ich mich an zwei österreichische Hymnen erinnern, an die der Ersten Republik, von Karl Renner* geschrieben, auch nicht großartig, und an eine zweite, jämmerliche, nach der Machtergreifung des österreichischen Klerikalfaschismus, die wir in der Schule singen mußten. Sie fing an:

> »Sei gesegnet ohne Ende,
> Heimaterde wunderhold!
> Freundlich schmücken dein Gelände
> Tannengrün und Ährengold.
> Deutsche Arbeit, ernst und ehrlich,
> Deutsche Liebe, zart und weich,
> Vaterland, wie bist du herrlich!
> Gott mit dir, mein Österreich!«

Kitschig genug! – Zu singen war das natürlich nach der alten Haydn-Melodie der Kaiserhymne und des späteren Deutschlandliedes.

Nun, der Dichter Ottokar Kernstock*, ein geistlicher Herr im Kloster Vorau, hatte schon im Ersten Weltkrieg seine Heimat mit säbelrasselnden Kriegsgedichten beglückt und etwas später ein Gedicht geschrieben, in dem es heißt:

>»Das Hakenkreuz im weißen Feld
auf feuerrotem Grunde
hat uns mit stolzem Mut beseelt.
Es schlägt in unsrer Runde
kein Herz, das feig die Treue bricht,
wir fürchten Tod und Teufel nicht,
mit uns ist Gott im Bunde.«

Man kann sich ungefähr ausmalen, was österreichische Jugendliche an Kulturverwirrung erlitten haben, wenn sie erst die österreichische Nationalhymne Ottokar Kernstocks lernen mußten und anschließend, nach dem sogenannten Anschluß, in riesiger Auflage auf Postkarten verbreitet das Hakenkreuzgedicht desselben geistlichen Herren lasen. Nebenbei, dieses Hakenkreuzgedicht war noch vor der Bundeshymne des österreichischen Ständestaates entstanden, aber das wußten wir Jungen nicht. Erwähnenswert ist, daß noch heute Straßen- und Platznamen das Andenken dieses vielseitigen geistlichen Herren feiern.

Zur weiteren Kulturverwirrung mußte es beitragen, daß wir in den letzten zwei Jahren vor dem Anschluß in der Schule zu hören bekamen: »Österreich ist der zweite deutsche Staat. Getrennt marschieren, vereint schlagen!« Ich weiß heute, das war schon ein erstes Ergebnis des vom Hitlerregime auf Österreich ausgeübten Drucks, aber das wußten die Schüler nicht. Ihnen wurde also gepredigt, daß man vereint mit dem Dritten Reich Hitlers schlagen müsse. Wie es ja österreichische Offiziere und Soldaten dann nach dem Anschluß tatsächlich getan haben.

Schülern, denen dieser giftige Unsinn beigebracht wurde, war es vielleicht nicht so sehr zu verargen, wenn sie, von dieser unseligen Prämisse aus weiterdenkend, gefragt haben: »Warum da nicht gleich ›ein Volk, ein Reich, ein Führer‹?«, was die Losung der Nazis war, und wenn mancher von ihnen noch im Zweiten

Weltkrieg, keine zwei Jahre nach Hitlers Einmarsch glaubte, durch Kriegsdienst in der Wehrmacht die Heimat zu verteidigen. Viel ärger ist es leider, wenn irgendwer rückblickend noch 40 Jahre später denselben giftigen Unsinn glaubt oder vor einem entsprechenden Publikum behauptet.

In Wirklichkeit konnte ein Österreicher natürlich die Heimat und ihre Kultur nur verteidigen, indem er gegen das Hitlerregime kämpfte, entweder in der Widerstandsbewegung oder vom Ausland aus in der antifaschistischen Propaganda, ja in einigen Fällen sogar als Angehöriger eines der Heere, die Hitler niederkämpften. Zum Beispiel gab es überzeugte Österreicher, die mit den britischen Truppen in ihre Heimat zurückkamen und dafür dann bald, als die Menschen in der Heimat wieder zu Atem gekommen waren, verständnislosen und gehässigen Anfeindungen ausgesetzt wurden.

Es wäre gut, wenn in den Jahren seither diese Verständnislosigkeit und Gehässigkeit verschwunden wären. Leider ist das nicht so, wie sich besonders im letzten Jahr gezeigt hat. Ich bin weit davon entfernt, Kollektivschuld als juridischen Tatbestand zu bezeichnen. Kollektivschuldgefühle sind vielmehr ein psychisches Syndrom, aber erfahrungsgemäß haben gerade die Leute am wenigsten Kollektivschuldgefühle, die am meisten dazu Anlaß gehabt hätten und umgekehrt. Es geht nicht an, von einem gemeinsamen Erbe nur allgemein zu sprechen, man muß konkret sein:

Menschen, die Opfer der Hitlerzeit waren oder gegen den Hitlerfaschismus gekämpft haben, wie etwa der Katholik Franz Jägerstätter*, der sich weigerte, den Eid auf Hitler zu schwören und hingerichtet wurde ebenso wie der Kommunist Josef Teufel, der eine beachtliche Widerstandsgruppe in Oberösterreich geleitet hat, sind da in einer grundsätzlich anderen Situation als Menschen, für die das Umgekehrte gilt. In Österreich hat man, weil wir als befreites Land galten, in mancher Hinsicht weniger Arbeit geleistet als in der BRD. Es ist ganz falsch zu glauben, daß das Aufarbeiten dieser Dinge Masochismus oder Selbstzerfleischung wäre, im Gegenteil! Was verdrängt wird, das schwärt, eitert, und man wird es nie los, sondern es kommt im ungünstigsten Moment wieder hoch.

Ich glaube, es ist eine Beeinträchtigung des österreichischen Kulturlebens, daß viele Österreicher das, was Alexander Mitscherlich in seinem berühmten Buch »die Unfähigkeit zu trauern« genannt hat, noch immer nicht überwunden haben, und daraus folgt: eine Unfähigkeit zu sühnen.

Ich finde es beängstigend, daß nächstes Jahr im März fünfzig Jahre seit dem Einmarsch Hitlers vergangen sein werden, und kann auch eine gewisse Besorgnis nicht loswerden, wie zu diesem Zeitpunkt die geistige Verfassung Österreichs sein wird, besonders aus den Reaktionen offizieller Stellen in Österreich, ebenso wie sogenannter Volkesstimmen, kann man schließen, daß zu diesem traurigen Gedenktag vielleicht noch zu wenige Menschen ihre Ansichten in dieser Hinsicht revidiert und geklärt haben werden.

Ich will hier keine Polemik gegen irgendeine exponierte Einzelperson entfachen, denn erstens wissen wir alle, daß solche Einzelpersonen, auch wenn sie Staatsmänner oder führende Politiker sind, im allgemeinen, wenn es nicht Menschen von überragender Größe sind, wie Napoleon, Gandhi, Lenin, De Gaulle, Olof Palme, doch nur als bloße Charaktermasken fungieren, die wenig mehr tun, als gewisse Zustände spiegeln. Zweitens aber, weil hier in Österreich viel zu viel von dem Streit auf dem Kopf eines einzelnen Menschen ausgetragen wurde, und darüber der bejammernswerte Stand der politischen Kultur – oder besser gesagt Unkultur – vergessen wird, der gerade in diesem Streit zum Vorschein kam.

Bitte lassen Sie mich Klartext sprechen: Ich bin bekannt als Gegner der heutigen Zionisten, als Kritiker des nicht demokratisch legitimierten Jüdischen Weltkongresses und als Bundesgenosse der für ihre Rechte kämpfenden und leidenden Palästinenser. Allerdings auch als Gegner des hinterlistigen Palästinenserschlächters und Machtspekulanten auf dem Thron von Jordanien*! Törichte Zionisten haben mich sogar schon öfters als jüdischen Antisemiten verleumdet. – Aber was in den letzten zwölf Monaten in Österreich an antisemitischem Unflat ans Tageslicht gekommen ist, auch in der Wortwahl eines bekanntgewordenen Briefes aus Linz an den Jüdischen Weltkongreß, das geht einfach auf keine Kuhhaut, und ich frage mich, wie man von österreichischer Kultur überhaupt sprechen kann, solange so etwas wie diese tätlichen, schriftlichen und mündlichen Ausschreitungen nicht aufgehört hat!

Aller angebliche Schimpf, der Österreich angetan worden sein soll, ist nichts gegen den Schimpf, den von allen guten Geistern verlassene Österreicher sich selbst und unserem Land dadurch antun!

Es ist müßig, hier darüber noch lange zu sprechen, und es ist auch wichtig, zu betonen, daß Menschen, die der Hitlerei auf den Leim gingen, dies oft einfach als Resultat der oben erwähnten falschen Erziehung getan haben. Es ist aber heute unumgänglich notwendig, im Interesse einer weiteren Kulturentwicklung in Österreich solche Zusammenhänge weder zu unterdrücken noch zu beschönigen.

Das sogenannte Brückenbauen, also etwa der Versuch, das Verständnis der Jungen für die Kriegsgeneration zu fördern, indem Widersprüche und dunkle Stellen verkleistert oder totgeschwiegen werden, dient nicht der Kontinuität der österreichischen Kultur, sondern der Kontinuität gewisser Arten der österreichischen Unkultur! Dasselbe gilt, wenn sich heute jemand darauf beruft, daß er vor 1938 ja ein Anhänger des Heimatschutzes, der Heimwehr oder der Vaterländischen Front war. Da konnte man leicht hineingeraten, aber das beweist höchstens, daß er damals kein Nazi war, jedoch zugleich beweist es, daß er kein Demokrat war, sondern es mit dem Austrofaschismus gehalten hat.

Wenn heute auch alte Feinde von ehemals zu einer Koalitionspolitik zusammengefunden haben, so könnte das gewisse praktische Vorteile haben; das ist an sich weder eine kulturelle Katastrophe noch eine Kulturleistung. Wenn es kulturell irgendwie von Belang ist, so zum Beispiel darin, daß man achtgeben muß, daß Koalitionsrücksichten leicht zu einem Nicht-so-genau-Nehmen auch kultureller, z. B. historischer Fragen und damit zusammenhängend künstlerischer Fragen, etwa Beurteilung und Förderung von Werken der Literatur oder bildenden Künste mit zeitgeschichtlichen Themen, führen könnten. Es darf auch nicht angehen, daß aus solchen Gründen der Geschichtsunterricht eingeschränkt oder verschönt wird! Ich meine nicht nur die Hitlerzeit, sondern auch die letzten unseligen Jahre davor. Vor Jahr und Tag sprach zum Beispiel ein wohlmeinender Beschöniger von beiderseitigem Verschulden am Februar 1934. Ich sagte darauf, bei einer derartigen Geschichtsbetrachtung werde man wohl bald auch vom beiderseitigen Verschulden an Auschwitz sprechen!

Nebenbei bemerkt, keineswegs alle Christlichsozialen waren damals, Februar 1934, über den Verrat an der österreichischen Demokratie glücklich, der natürlich auch für Kunst, Geisteswissenschaften, Psychologie und Erziehungswesen verheerende Folgen hatte, also leider durchaus zu unserem Thema gehört. Der vorher von mir erwähnte Beschöniger, der vom beiderseitigen Verschulden sprach, war übrigens kein Christlichsozialer oder ÖVP-Mann, sondern ein sozialdemokratischer Akademiker.

Bei aller Schärfe der Auseinandersetzung mit den geschichtlichen Voraussetzungen unserer Kultur oder Unkultur darf man doch niemals einfach Schwarz-Weiß-Bilder malen und etwa alle Mitglieder der einen Partei ablehnen und die einer anderen Partei, der man etwa selbst politisch nähersteht, unterschiedslos bejahen. Z. B. stand mir Friedrich Heer, der große österreichische Polyhistor und Humanist, in vielem näher als mancher deutsche oder österreichische sozialdemokratische Intellektuelle.

Es wäre ein Irrtum, zu glauben, daß nach der Vernichtung des Hitlerregimes und nach der Befreiung Österreichs durch die Alliierten die kulturellen Wertungen in Österreich gleich wieder richtig geworden oder berichtigt worden wären. Gewiß, der Versuch einer Berichtigung konnte nun wieder legal stattfinden, aber da gab es dann in Österreich, ganz abgesehen von vielen als Nazi bekannten Lehrern und Universitätslehrern, in Wien als Inhaber des Lehrstuhls für Psychologie anderthalb Jahrzehnte nach 1945 einen Professor Rohracher*, der erklärte, Sigmund Freud sei indiskutabel, erstens wegen seiner Einseitigkeit und zweitens wegen seiner zahlreichen Geschmacksverirrungen. Dieser Psychologieprofessor nannte sich übrigens einen Sozialisten! Österreichs Neutralität wäre eine gute Chance für eine Weiterentwicklung unserer Kultur gewesen. Aber diese Chance wurde oft vertan durch freiwilliges Mitmachen am Kalten Krieg und der Spekulation, wie man im Ernstfall die Neutralität brechen wolle. Daß Bertolt Brecht* jahrelang als Kommunist auf österreichischen Bühnen verpönt war, dürfte heute noch schmählich bekannt sein. Einige Kommunisten wieder verbreiteten kurz nach dem Krieg in ihrem verständlichen Kampf gegen das Großdeutschtum in Österreich die merkwürdige Meinung, daß Österreich mit der deutschen Kultur eigentlich sehr wenig gemein habe, daß das auch für die Literatur gelte, und daß es eigentlich eine besondere österreichische Sprache gebe. Wenn das so wäre, dann wäre auch eine spezielle bayrische Sprache und Literatur oder eine spezielle Sprache und Literatur der Waterkant im Nordwesten zu postulieren, und von der deutschsprachigen Literatur bliebe nicht viel übrig.

Interessant allerdings und für die kulturelle Weiterentwicklung gar nicht unwesentlich war es, daß das falsche Bewußtsein in Österreich und das falsche Bewußtsein im westlichen Teil Deutschlands nach Kriegsende voneinander grundverschieden waren. In Deutschland tat man, als gäbe es ein Jahr Null, tabula rasa, und man könne und müsse jetzt ganz neu anfangen, was natürlich unmöglich ist, weil ja das Sprechen und Denken der Menschen von ihren bisherigen Erziehungsschicksalen beeinflußt war, und weil daher kein Kahlschlag, sondern nur eine kritische Durcharbeitung der erworbenen Geistes- und Seeleninhalte zu einer Gesundung – zum Unterschied von Verdrängung und Unfähigkeit zu trauern – hätte führen können.

In Österreich wieder machten es sich allzuviele bequem mit der Behauptung, die bösen Deutschen sei man ja jetzt los und könne sich auf die eigenen gesunden alten Werte besinnen, wobei man vergaß, daß diese gesunden alten Werte auch beim Entstehen des Austrofaschismus, des österreichischen Antisemitismus und auch bei der Erziehung eines Adolf Hitler, Eichmann, Kaltenbrunner* oder Seyss-Inquart* Pate gestanden hatten, die alle keine Teufel von Geburt an waren, sondern zum großen Teil Opfer ihrer Erziehung, das heißt, Opfer der damals vorherrschenden kulturellen oder antikulturellen Erziehungswirklichkeit. Hitler hat auch selbst gesagt, daß er seinen Antisemitismus zum Teil einem Schönerer*, zum Teil aber auch einem Karl Lueger* verdanke. Nach diesem Bürgermeister Karl Lueger heißt noch heute ein Teil der Wiener Ringstraße. Kommentar überflüssig.

Ich habe den Krieg mit anderen österreichischen Flüchtlingen in England verbracht, wo wir uns nicht ohne Erfolg bemühten, Verständnis für österreichische Kultur, für das andere Österreich, nicht für das von Eichmann, Eigruber, Kaltenbrunner, Seyss-Inquart, zu gewinnen. Als Opfer und Feinde des Hitler-Faschismus und seiner österreichischen Helfershelfer gingen uns nicht nur die Bomben auf London und Coventry zu Herzen, sondern auch die Bomben auf Wien und Linz. Ich habe damals im Krieg ein Gedicht veröffentlicht, das bei Kriegsende in meinem Band »Österreich« erschienen ist. Es heißt »Zu den Fliegerangriffen auf Wien«.

> »Mein Herz muß vereisen
> vereisen muß mein Herz.
> Die grauen Vögel weisen
> heimatwärts
> heimatwärts.
>
> Ihre Rippen, die sind aus Eisen,
> ihre Botschaft ist brennend Erz!
> Jetzt will mein Herz verreisen
> heimatwärts,
> heimatwärts.«

Ich erinnere mich, wie ich gegen Kriegsende in London mit dem großen österreichischen sozialistischen Dichter Theodor Kramer* beisammensaß, und wie wir erschüttert waren, als wir vom Selbstmord Josef Weinhebers erfuhren, dessen letzte verzweifelte Gedichte uns in die Hand kamen. Wir haben damals beschlossen, man müsse nach dem Krieg darauf hinwirken, daß Weinheber, obwohl er den Nazis auf den Leim gegangen war, was auch Mitursache seines Selbstmordes war, nach dem Krieg in Österreich nicht geächtet und totgeschwiegen, sondern, wenn auch kritisch, gewürdigt werden solle.

Wir waren damals ganz schön ahnungslos! Nach dem Krieg gab es einen Weinheberkult, teilweise unterstützt durch des englischen Dichters Auden zufällige und törichte Weinheberfixierung und -mythologisierung. Um Theodor Kramer kümmerten sich, auch nach seiner Rückkehr nach Österreich, nur ganz wenige Menschen, und noch heute gibt es an einer bekannten Kulturstätte, im Palais Palffy in Wien, ein Josef-Weinheber-Zimmer, aber von einem Theodor-Kramer-Zimmer habe ich noch nichts gehört! Zwar ist jetzt endlich eine ordentliche Ausgabe von Kramers Werken fertiggestellt worden, aber diese Ungleichgewichtung des kulturpolitisch und dichterisch viel fruchtbareren und wichtigeren Theodor Kramer gegenüber Weinheber ist und bleibt ein Skandal – leider ein keineswegs unverständlicher, sondern nur allzu leicht erklärbarer Skandal und nicht der einzige Kulturskandal in Österreich!

Verstehen Sie mich recht. Ich bin nicht dafür, jede Gestalt der österreichischen Geschichte und Kultur, die irgendwo entgleist ist, mit Feuer und Schwert auszumerzen. Das habe ich wiederholt etwa an dem Beispiel meiner Mitschüler gezeigt.

Wenn wir Mozart oder Rilke auf Grund einiger vereinzelter antisemitischer Bemerkungen boykottieren wollten, oder vielleicht sogar Richard Strauss, der sich allerdings intensiver kompromittiert hat, dann würden wir zuletzt nur uns selbst ärmer machen. Dasselbe gilt in Deutschland von Richard Wagner oder meinetwegen von dem unglücklichen Grabbe. All diese Menschen sind auch aus ihrer Zeit und ihrem Milieu heraus zu verstehen. Außerdem kann man Tote nicht leicht umerziehen.

Nur, wenn es um die Gegenwart und vor allem um die Zukunft der Kultur bei uns geht, müssen wir etwas anders zu Werke gehen! Zu verstehen, daß sogar ein Adolf Hitler in sehr hohem Maß zuerst selbst Opfer einer verbrecherischen, sadistischen, lieblosen und für sein Milieu keineswegs untypischen Kindererziehung war, ist notwendig, weil wir sonst nicht verstehen, wie Menschen zu Ungeheuern gemacht werden können, sondern selbstgerechte Dämonologie betreiben, als wären das von Geburt an Teufel.

Aber deshalb dem heute noch ekelhaft lebendigen Nazierbe in unserem Kulturleben, den allenthalben auftauchenden Bestandteilen dieses Nazierbes, ja sogar, rückblickend, seinen Vorbedingungen, aus denen derlei einmal entstand und wiedererstehen könnte, weniger feindselig gegenüberzustehen, wäre ein ungeheurer Fehler! Wenn ich dagegen bin, daß Straßennamen bei uns an Ottokar Kernstock oder an den in anderer Hinsicht viel verdienstvolleren Karl Lueger erinnern, so nicht aus untilgbarem Haß gegen diese Toten, sondern weil dadurch, ebenso wie wenn in der Bundesrepublik allenthalben die Erinnerungen an Kaiser Wilhelm und Hindenburg, der Hitler zum Reichskanzler machte, auf Stadtplänen und Straßenschildern weiterleben, Dinge und Tendenzen halb oder dreiviertel unbewußt als zu unserem Leben dazugehörig akzeptiert werden, die wir bewußt bekämpfen sollten. Die Psychologie als unabdingbarer Bestandteil eines Kulturverständnisses kann uns vor automatischer Elternverehrung und ihren autoritären Ersatzbildern ebenso bewahren wie vor der Bejahung der ödipalen Vatermordhaltung. Wobei, beiläufig bemerkt, König Ödipus gar nicht so wenig Grund hatte, seinen

Vater umzubringen, der ihn schließlich als Baby zum Tod verurteilt hatte und dem er die Verkrüppelung seiner Füße zu verdanken hatte, die ihm den Namen Ödipus eingetragen hatte.

Noch heute wird, wenn man die Psychoanalyse und ihre Weiterentwicklung wie etwa die Ethnopsychoanalyse als wichtige Hilfswissenschaft für jede Kulturkritik nennt, in Österreich ebenso wie in Deutschland aller mögliche Widerstand rege. Ich erinnere mich, wie nach dem Zweiten Weltkrieg der grundanständige deutsche Philosoph und Demokrat Professor Jaspers* ein fiktives Gespräch mit einem Marxisten und ein fiktives Gespräch mit einem Psychoanalytiker geschrieben hat. Aus beiden Gesprächen ging selbstverständlich Jaspers als Sieger hervor, nur daß der Marxist nicht wie ein wirklicher Marxist und der Psychoanalytiker nicht wie ein wirklicher Psychoanalytiker argumentierte. Jaspers selbst gab schließlich zu, daß er von der Weiterentwicklung der Psychoanalyse seit 1910 nichts mehr gelesen hatte, was ihn natürlich als Kritiker durchaus disqualifiziert hat, von den Weiterentwicklungen der Psychoanalyse seit Freud ganz zu schweigen.

Paul Parin* schreibt in seinem Essay »Hexenjagd im Geistigen: Tendenzwende gegen die Psychoanalyse (Subjekt im Widerspruch«, Verlag Syndikat 1986): »Es stellt sich die Frage, was ist mit der Psychoanalyse los, daß sie einen der berühmtesten Philosophen unserer Zeit, der sich seiner Verantwortung sonst durchaus bewußt ist, jede Redlichkeit so weit vergessen läßt, daß er über etwas urteilt, das er gar nicht kennt.« Dr. Paul Parin, einer der wichtigsten Begründer der Ethnopsychoanalyse und übrigens ein Altösterreicher, der als Kleinkind in Graz war und später dort maturiert und studiert hat, und der für sein Lebenswerk eigentlich längst den Nobelpreis verdient, lebt und lehrt in Zürich und ist in Österreich noch lange nicht bekannt genug! Allerdings, und besonders, da ich leider soviel kritisieren muß, möchte ich hier das ganz ausgezeichnete »Werkblatt, Zeitschrift für Psychoanalyse und Gesellschaftskritik« des vom Bundesministerium geförderten Vereins »Werkstatt« in Salzburg erwähnen, das heute eine der ersten Zeitschriften auf diesem Fachgebiet ist. Manchmal geschieht zum Glück auch noch in Österreich Nennenswertes. Nennen möchte ich auch die ausgezeichnete Autobiographie von der heute 78jährigen großen österreichischen Analytikerin Dr. Marie Langer*, »Von Wien nach Managua«. Aber wer in Österreich kennt das in Deutschland erschienene Buch? Bekannter ist ein Zeitgenosse wie jener Tiroler Redakteur*, der die Juden Sigmund Freud und Bertolt Brecht angeklagt hat, durch ihr Wirken Österreichs Rasse schädigen zu wollen. Brecht hat er zu diesem Zweck offenbar zu einem Ehrenjuden ernannt! Ich glaube, dieser kluge Kopf ist immer noch Redakteur.

Zur Kritik einer Kultur und zum Versuch, gegen ihre Fehler und Schwächen anzukämpfen, gehört auch eine Untersuchung ihrer Tabus und der Kampf mindestens gegen jene Tabus, die selbst so ins Dunkel gerückt sind, daß sie sich ihrer kritischen Durchleuchtung entziehen. Denken wir zurück an den unglücklichen Professor Rohracher, der Sigmund Freud wegen seiner Einseitigkeit und wegen seiner angeblichen Geschmacksverirrungen indiskutabel fand. Einseitigkeit ist ein Vorwurf, von dem man Freud, schon als Sohn seiner Zeit, nicht ganz freisprechen kann, z. B. sehr begrenztes Verständnis für das Fühlen und die Triebschicksale von Frauen. Aber welcher Vorstoß in der Entwicklung unserer Wissenschaften und Künste war nicht irgendwie einseitig? Und das mit den Geschmacksverirrungen wäre erstens irrelevant, auch wenn es wahr wäre, und ist zweitens reiner Unsinn. Die Ablehnung entspricht selbst einem tiefsitzenden Tabu in dem, der diese kritische Meinung äußert.

Noch schlimmer ging es mit dem Marxismus. Hier herrschte in Österreich das vom Rechtsklerikalismus ebenso wie von Hitler befestigte Vorurteil auch dann noch weiter, als in Deutschland die Frankfurter Schule den Marxismus wenigstens wieder diskutierbar gemacht hatte. Wenn man Stalin als Argument gegen Marxismus betrachtete, was natürlich Unsinn ist, weil Stalins Verbrechen höchstens seinem eigenen Vulgärmarxismus, aber nicht der Marxschen Methodologie zur Last gelegt werden können, dann müßte der Marxismus heute ohnehin durch Gorbatschow in aller Welt wieder zu höchster Achtung kommen, aber natürlich ist polemisches Vorgehen dieser Art für wissenschaftliche Erkenntnisse ohnehin unmöglich. Es wäre nur wünschenswert, daß sich der Wissenschafts- und Kulturbetrieb solche Unmöglichkeiten klarmachte.

Es wäre noch viel zu sagen, aber ich kann keine Dauerrede halten und will in etwa zehn Minuten aufhören. – Habe ich zuviel Negatives gesagt? Hoffentlich, denn das Negative darf nicht unter den

Teppich gefegt werden. Erich Kästner hat auf die Frage »Herr Kästner, wo bleibt das Positive?« nachdenklich geantwortet: »Ja, wo, zum Teufel, bleibt es denn bloß?« Das war kurz vor Hitlers Machtantritt.

Nicht, als gäbe es bei uns in Österreich nichts Positives. Große, freilich auch sehr kostspielige Ausstellungen, wie »Der Zauber der Medusa« und die Österreichausstellung »A.E.I.O.U.« in der Wachau und viele andere waren bedeutende Kulturleistungen.

Eine andere wichtige Initiative war die Ausstellung in Salzburg über »Die Vertreibung des Geistigen aus Österreich«*, grimmig, aber ein Teil der richtigen Vorbedingungen zur Vorbereitung eines wirklichen Kulturlebens, das diesen Namen verdient. Viele Ausstellungen von Gemälden und Skulpturen wären zu erwähnen, oder Einrichtungen wie die »Wiener Festwochen« oder der »Steirische Herbst« in Graz und natürlich das »Brucknerfest« und die »Ars Electronica«, die noch keineswegs ganz in Routine erstarrt sind. Auf vieles, besonders, soweit es nicht in einer Stadt angesiedelt ist, trifft man auch nur zufällig. Zum Beispiel fand ich in Aigen im Ennstal eine ganz ungewohnt gute Zeitschrift, »Bestände, Texte und Bilder für Kulturabhängige«, vor, herausgebracht vom Culturcentrum Wolkenstein, dessen Träger hervorragende Pionierarbeit leisten und an dem mich eigentlich nur stört, daß beide Teile des Wortes Culturcentrum mit C anfangen; aber sie wollten offenbar die Abkürzung KZ Wolkenstein vermeiden. Leider haben solche Menschen aber auch unter Anfeindungen und dümmlichen Widerständen zu leiden. Im Ort wurde gegen sie und die von ihnen ausgestellten Bilder polemisiert, daß sie nicht schön, sondern zum Teil »zersetzend« und zum Teil unverständlich seien. – Auch Alfred Hrdlicka* in Wien, ein Künstler von internationalem Ruf, wahrscheinlich Österreichs bedeutendster Bildhauer und auch ein hervorragender Graphiker, ist wegen des Avantgardismus, im Grunde aber wegen der Tendenzen seiner tabufeindlichen Kunst, immer wieder tückischen und gehässigen Anfeindungen ausgesetzt, ja sogar Versuchen, seine längst vertraglich bewilligten Denkmäler herunterzumachen, ihre Errichtung zu verschieben oder zu verhindern. Ich denke z.B. an Hrdlickas antifaschistisches Mahnmal in Wien. Und auch der leider verstorbene Schauspieler, Rezitator und Schriftsteller Helmut Qualtinger*, der, wenn er uns nichts als seinen »Herrn Karl« hinterlassen hätte, immer noch zu den Großen der modernen österreichischen Literatur gehörte, war öfters Anfeindungen und Drohungen ausgesetzt.

Es fehlt nicht an Dichtern. Aber die, die sich dem Kulturbetrieb nicht anpassen, oder die schwer einteilbar sind, von denen man nicht berechnen kann, was sie zu dieser oder jener Sache sagen oder taktvoll verschweigen werden, läßt man ein wenig im Schatten, wie den Eigenbrötler Andreas Okopenko*, der viel mehr Erfolg verdiente, als ihm bis jetzt zuteil geworden ist; ganz zu schweigen von jüngeren, die anecken, so daß ich ein oder das andere Mal geradezu verhindern mußte, daß ihnen das Wort abgeschnitten wurde, nicht etwa von gestandenen Reaktionären, sondern von Veranstaltungsleitern, die sonst recht fortschrittlich waren. Ich nenne hier nur zwei Namen solcher jüngerer Autoren, beide in Österreich immer noch so gut wie unbekannt: Ingram Hartinger mit seinem genialen Buch »Schöner schreiben« und Christian Ide Hintze, von dem vor kurzem bei Kiepenheuer & Witsch der große Gedichtband »Die goldene Flut« erschienen ist. Aber Hintze wird in Österreich, wenn überhaupt, nur als Ärgernis bemerkt. Von bisher nicht ganz anerkannten Begabungen muß man mindestens auch noch den sowohl slowenisch als auch deutsch schreibenden jungen Dichter Jani Oswald aus Kärnten erwähnen.

Es ist vielleicht zuviel verlangt, wenn man erwartet, daß die verschiedenen etablierten Institutionen sich um ungewohnte und in mancher Hinsicht – keineswegs immer in erster Linie politisch – rebellische Dichter und Künstler so kümmern sollen, wie es für die Förderung unserer Kultur wirklich nötig wäre. Manche Menschen in diesen Institutionen tun ohnehin, was sie können, und ohne sie stände es noch schlechter.

Aber alle echte Kunst und Dichtung hat einen Hauptfeind, gegen den sie ankämpft: die Entfremdung, die Verdinglichung und alle ihre Taten und Werke. Nun sind aber alle etablierten Institutionen leider ihrem Wesen nach, geradezu per definitionem, Brutherde der Entfremdung und Verdinglichung.

Ich habe ein- oder zweimal Thomas Bernhard*, einen der bedeutendsten lebenden österreichischen Schriftsteller, kritisiert, weil er für mein Gefühl in Polemiken zu scharf war. Vor kurzem, als er die Beteiligung österreichischer Kulturfunktionäre an der österreichischen Darstellung der diesjährigen »Europalia« in Belgien angriff, war er wieder heftig, und Claus Peymann, den Thomas Bernhard und ich gleichermaßen hoch schätzen, hat ihm erklärt, daß das »Theatermacher«-Gastspiel in Belgien in Wirklichkeit ungewollt und ungefördert von österreichischen Kulturfunktionären vielmehr dank dem Brüsseler Operndirektor Gerhard Mortier stattfinden sollte. Nun, wie immer heftig Thomas Bernhard gewesen sein mag, möchte ich mich doch in einem Punkt ganz entschieden solidarisch mit ihm erklären, daß man nämlich dem Kulturestablishment eines Staates und seinen Funktionären als Künstler mit unbändigem Willen zur Unabhängigkeit und mit tiefem Mißtrauen gegenüberstehen muß – und darin ist Thomas Bernhard vorbildlich. Daß er sich dabei im Zorn vielleicht manchmal vertut, ließe sich im einzelnen wahrscheinlich berichtigen. Aber seine Grundhaltung ist meines Erachtens nötig, wenn sich Künstler nicht in manipulierbare Anhängsel von allerlei Institutionen und Gremien verwandeln sollen. Im Zusammenhang mit der »Europalia« hat Wolfgang Kraus*, dem ich in Wien schon vor langen Jahren einiges zu verdanken hatte, als Kulturfunktionär jetzt darauf bestanden, als Gegengewicht gegen einige linke Autoren mehrere konservative Schriftsteller einzuladen. Er sagte, er habe auf eine gewisse notwendige Ausgewogenheit geachtet. Es tut mir leid, ihm widersprechen zu müssen, aber ich finde es grundfalsch. Kulturelle Leistungen sind ihrer Natur nach fast nie ausgewogen, ich erinnere an den törichten Einseitigkeitsvorwurf, mit dem Prof. Rohracher Sigmund Freud als wissenschaftlich indiskutabel abtun wollte. Überhaupt ist Ausgewogenheit ein irreführender Begriff, weil die Waage immer nach der Gesinnung des jeweils auswiegenden Funktionärs geeicht ist. Der Erfinder und Prediger des Begriffes Ausgewogenheit, Lord Reith, Gründer der BBC, hat in seinen Tagebüchern bemerkt, »die Regierung kann sich doch auf uns verlassen, daß wir nicht wirklich objektiv sein werden«.

Zurück zu den öffentlichen Kulturinstitutionen: Wenn sie sonst nichts wären als Brutstätten der Entfremdung und Verdinglichung, dann wäre die Beziehung zwischen den Künsten und ihnen die der Todfeindschaft, und dann gäbe es keine Kultur außer einer systematisch verfolgten Untergrundkultur und dagegen das schuldige Gepränge der Herrschenden. – So einfach ist es aber zum Glück nicht: Sonst hätte es für mich keinen Sinn, hier zu reden, und niemand hätte sich träumen lassen, mich einzuladen. Nein, das Verhältnis ist ein in sich widersprüchliches, dialektisches:

Der Staat ist Herrschaftsapparat und als solcher auch Unterdrückungsmaschinerie und Träger von Entfremdung. Gleichzeitig aber ist er bisher – und noch lange Zeit – notwendig zur Aufrechterhaltung des gesellschaftlichen Lebens. Die Kirche der verschiedenen christlichen Konfessionen ist gegenüber dem Urchristentum und gar gegenüber dem, was nach unserem besten heutigen Forschen und Wissen Jesus von Nazareth dachte und wollte, eine gewaltige Versteinerung und Verfälschung. – Aber zugleich ist diese Kirche die Organisation, dank der die Gedanken und Worte dieses Jesus von Nazareth – gewiß teils verfälscht und irrtümlich oder willentlich schlecht ediert – überhaupt überlebt haben, und sie ist auch die Organisation, in deren Schoß Menschen heranwachsen, die sich immer wieder um die wahren Ideen Jesu bemühen und sie von Verfälschungen freimachen wollen. Gewiß, die besten Nachfolger Jesu, genau so wie die besten Künstler, waren und sind immer Ketzer, aber auch diese Ketzer wären ohne die Kirche gar nicht möglich gewesen.

Ich verlange nicht Dankbarkeit der Ketzer gegen die Kirche, die sie meist verbrannt hat, wenn sie konnte, und ich verlange auch nicht Dankbarkeit der Künstler gegen die Establishments, sondern ich hoffe nur auf Einsicht in diese Dialektik, denn ohne diese Einsicht werden die Künstler nihilistisch, und die Kirche wird oder bleibt so schädlich reaktionär wie gegenüber George Taboris Inszenierung des »Buchs mit sieben Siegeln« in Salzburg. Die Einsicht in diese Gespaltenheit, die unserem Kulturleben zugrunde liegt, kann vielleicht die Auseinandersetzung fruchtbarer machen. Aber, natürlich, in einer Zeit, in der noch manche Funktionäre des Kulturbetriebes in der Kunst vor allem das Schöne oder gar Zerstreuung und Unterhaltung fordern, oder wie der Kulturminister in England, daß Theater und Oper eigentlich ohne Subvention auskommen müßten, weil die Kartenkäufer die entscheidenden Kunstrichter seien, müssen die Künstler bereit sein, sich zu wehren. Sie stehen damit nicht nur für ihr Eigeninteresse, sondern für das Kulturleben überhaupt. Und was die Tendenz mancher Kulturfunktionäre betrifft, den Künstlern, Dichtern und Komponisten Vorschriften zu machen, die schamlosesten Beispiele kamen aus dem Kunstbetrieb unter Hitler und Goebbels und unter Stalin und Schdanow, aber auch heute nehmen sich bigotte Kleriker in den Vereinigten Staaten ebenso wie in Österreich oder politische Lobbies in England und Deutschland noch allerlei heraus, – was also diese Tendenz betrifft, den Künstlern Vorschriften zu machen, so könnte eine wirklich wissenschaftliche Meinungsbildung erst dann zustande kommen, wenn man sowohl den Schaffensprozeß der Künstler als auch den Rezeptionsprozeß des Kunstpublikums genau kennt. Da man das aber – zum Glück – nicht kann, weil Künstler in allen Kunstzweigen weit mehr tun, als sie bewußt wissen oder als irgendwer weiß, empfiehlt es sich, sehr vorsichtig und zurückhaltend zu sein, wenn man Künstlern Vorschriften machen will. Außerdem kann man in einer Zeit, in der ein großer Teil des Publikums in einem Zustand der Zerstreuung und verantwortungslosen Programmierung auf leichte und oft kitschige Unterhaltung erhalten wird, das Publikum nicht als entscheidende Kunstrichter betrachten. Das wäre nicht Kulturdemokratie, sondern Populismus! Erst eine nichtantagonistische Gesellschaft mit Chancengleichheit und ohne schichtenspezifischen Bildungsvorsprung könnte so etwas vielleicht halbwegs leisten. Bis dahin gilt, daß der Künstler, der sein eigenes Gewissen um irgendeiner auch vermeintlich noch so guten Sache an irgendein Gremium abgibt, Hochverrat nicht nur an sich selbst, sondern an der Sache der Kultur begeht. Es ist sehr erfreulich, daß Michail Gorbatschow in der Sowjetunion das klar erkannt zu haben scheint und in diesem Sinn zu Schriftstellern und bildenden Künstlern gesprochen hat. Gerade in der Sowjetunion war das dringend nötig. Aber bei uns und in allen anderen Ländern der Welt ist das ebenfalls nötig.

Es gibt in Österreich zahllose, wertvolle, zur Zeit von Einzelpersonen oder privaten Initiativen, zum Teil von öffentlichen Stellen geförderte kulturelle Leistungen und Initiativen. Die Überwindung der Mißstände, mit denen ich mich hier befaßt habe, könnte zu einem wirklichen neuen Aufschwung der Kulturleistungen dieses Landes führen.

Von der Nachfolge dieses jungen Menschen, der nie mehr alt wird

Lieber Herbert Heckmann! Meine Damen und Herren, liebe Freundinnen, Freunde und Gegner!

Vor genau zwanzig Jahren hat Heinrich Böll, der mir hier in diesem Raum, wie auch sonst, schmerzlich fehlt, seine Rede »Georg Büchners Gegenwärtigkeit« mit den Worten begonnen: »Mein Dank ist herzlich, meine Rede nicht ohne Bitterkeit, notwendigerweise, weil der Preis den Namen Georg-Büchner-Preis trägt.«

Diese Worte gelten natürlich auch für mich. Ebenso wie Heinrich Böll und ich hätte sicher auch Büchner selbst einen Aspekt dieser seiner Gegenwärtigkeit bedauert. Nämlich, daß es noch heute, 150 Jahre nach Büchners Tod, so viele grimmige Vergleichsmöglichkeiten mit seiner Zeit gibt. Gewiß, Analogien stimmen nie ganz, aber wo ein »tertium comparationis« überhaupt vorhanden ist, dort sollte man nachdenken und seine Gedanken nicht verschweigen. Böll war nicht der einzige, der das empfand. Fast jeder, der hier an dieser Stelle stand, fühlte sich in ähnlicher Lage.

Hans Mayer schreibt in seinem bedeutenden Buch »Georg Büchner und seine Zeit«: »Jedes Jahr im Oktober ein Autor von heute, der sich mit diesem jungen Menschen aus Goddelau auseinandersetzt... Bemerkenswert jedes Mal, welche Elemente in dem Œuvre der neue Büchnerpreisträger zum eigenen Schaffen in Beziehung setzt.«

Einer von diesen Preisträgern, Peter Weiss, der mir ebenso fehlt wie Böll, war im Mai 1982, gar nicht so lang, nachdem er erfuhr, daß ihm der Preis zuerkannt worden war, gestorben, und seine Witwe, Gunilla Palmstjerna-Weiss, hat hier für ihn gesprochen. Sie hat erwähnt, daß er gegenüber einem solchen Preis anfänglich zögerte. Dann sagte sie: »Aber eine Rede zu halten, seine Gedanken öffentlich zu machen, weiter ganz klar und deutlich seinen Standpunkt zu vertreten, das würde seinen Vorstellungen am nächsten kommen: Die Gelegenheit wahrnehmen und dann weitergehen!«

Peter Weiss hatte nämlich gewisse Bedenken, einen Preis anzunehmen, der im Namen eines Revolutionärs von einer Institution und aus der Hand von Menschen verliehen wurde, von denen die meisten den Preis einem der Rebellion verdächtigen blutjungen Gesellen wie Georg Büchner selbst doch kaum verliehen hätten. Gunilla Palmstjerna-Weiss berichtete weiter: »Peter hat noch Zeit gehabt, in Büchners Werken und Briefen Notizen zu machen, Textpassagen anzustreichen. Jede angezeichnete Stelle deutet darauf hin, daß es sich in seiner Rede um Kunst und Politik, um Revolution und Tod handeln sollte.«

Liebe Freunde und Feinde, diesen Themen von Peter Weiss will auch ich folgen. Vielleicht sogar in dieser Reihenfolge, soweit sie sich voneinander trennen lassen, was natürlich nur zum kleinen Teil möglich ist. Georg Büchner selbst blieb gar nicht die Zeit, sie wirklich zu trennen!

Also zuerst die Dichtungen: Natürlich kann man den Dichter, den Revolutionär und den Wissenschaftler Büchner nicht wie drei Menschen oder wie zeitlich getrennte Phasen eines Menschen auffassen, etwa als hätte Büchner sich von der naiven Rebellion seiner Jünglingszeit abgewandt und sei zum ruhigeren Dichter und zuletzt zum Wissenschaftler geworden. Nein, jedes Element bedingt und durchdringt jedes andere. Hans Mayer spricht von »Büchners Aktivität und seiner aus der Aktion entspringenden dichterischen Produktion«. Und er sagt: »Problematik, Stoffwahl und Leitideen des ›Danton‹ sind aus den Erfahrungen und dem politischen Schicksal des revolutionären Theoretikers und Praktikers Büchner, und nur aus ihnen, zu verstehen. Die unheimliche Kraft aber, die solches Erleben in dichterische Kraft umsetzt, die nicht nur zum künstlerischen Ausdruck hindrängt, sondern ihn auch findet – und wie großartig gar findet –, das alles bleibt im letzten unentschleierbar, wie jede große Schöpferkraft es bleibt.«

Und auch der Wissenschaftler ist in den hintergründigen Dichtungen Büchners immer wieder enthalten. In »Leonce und Lena«, jenem Lustspiel der furchtbaren Unlust und Entfremdung, sagt Prinz Leonce, von dem Hans Mayer bemerkt, daß er gezwungen ist, ein sinnloses Leben zu führen, dieser selbe Leonce, dessen Name vielleicht nicht ganz zufällig an den des zuletzt so dahinlebenden Lenz anklingt, im zweiten Akt zu Valerio: »Komm, wir wollen Ameisen zergliedern, Staubfäden zählen.« Und am Ende des Stückes: »Oder wollen wir ihnen

Fräcke anziehen und sie infusorische Politik und Diplomatie treiben lassen und uns mit dem Mikroskop daneben setzen?«

Und Büchners Danton ist gleich zu Anfang ein verhinderter Anatom. Er sagt zu seiner Frau, die meint, daß er sie kennt: »Ja, was man so kennen heißt. Du hast dunkle Augen und lockiges Haar und einen feinen Teint und sagst immer zu mir: Lieb Georg. Aber (er deutet ihr auf Stirn und Augen) da, da, was liegt hinter dem? Geh, wir haben grobe Sinne. Einander kennen? Wir müßten uns die Schädeldecken aufbrechen und die Gedanken einander aus den Hirnfasern zerren.«

Und auch im »Woyzeck« findet sich ein unentwegter Wissenschaftler, nämlich der Doktor, der Woyzeck zu Versuchszwecken nur mit Erbsen füttert. Allerdings soll in der nächsten Woche das Hammelfleisch drankommen, aber diese Zubesserung erlebt der arme Woyzeck nicht mehr. Dieser Doktor ist auch ein Philosoph. Er erklärt seinem Versuchsobjekt: »Er auf die Straß gepißt hat wie ein Hund. Geb ich Ihm dafür alle Tag 3 Groschen und Kost? Die Welt wird schlecht, sehr schlecht, schlecht, sag ich. O! Woyzeck das ist schlecht.«

Woyzeck: »Aber, Herr Doktor, wenn man nit anders kann.« Doktor: »Nit anders kann, nit anders kann. Aberglaube, abscheulicher Aberglaube! Hab ich nit nachgewiese, daß der musculus constrictor vesicae dem Willen unterworfen ist? Woyzeck, der Mensch ist frei, im Menschen verklärt sich die Individualität zur Freiheit – seinen Harn nicht halten können! Es ist Betrug, Woyzeck, schon seine Erbsen gegessen? Nichts als Erbsen, nichts als Hülsenfrüchte, cruiferae, merk Er sich's. Die nächste Woche fangen wir dann mit Hammelfleisch an. Muß er nicht aufs Secret? Mach Er. Ich sag's Ihm. Es gibt eine Revolution in der Wissenschaft. Eine Revolution. Ich sprenge sie in die Luft! Nach gestrigem Bericht 0,10 Harnstoff, und salzsaures Ammonium...«

Nicht nur als Versuchsobjekt, nein, auch als wissenschaftliche Hilfskraft muß der arme Woyzeck herhalten. Der Doktor fragt ihn weiter: »Hat Er mir Frösch gefange? Hat er Laich? Kein Süßwasserpolyp? Kein Hydra? Vestillen? Christatellen? Stoß Er mir nicht ans Mikroskop, ich hab eben den linken Backzahn von einem Infusionstier darunter...«

Und so weiter. Es scheint, daß Büchner in der revolutionsabgewandten Tätigkeit des Wissenschaftlers – dem wissenschaftsrevolutionierenden Doktor zum Trotz – nicht die absolute Erfüllung findet. Die Anspielungen auf die Wissenschaft sind weder im »Danton« noch in »Leonce und Lena« noch im »Woyzeck« gar zu schmeichelhaft, obwohl Büchner auch als Wissenschaftler bahnbrechend zu werden begann. Allerdings läßt sich in des Doktors hohem Lied auf die Willensfreiheit auch erkennen, daß Büchner vom idealistischen Glauben an die Willensfreiheit in Wirklichkeit schon längst zum Determinismus übergegangen ist, zum grimmigen Materialismus der Geschichtsbetrachtung.

In einem Brief an die Braut nach dem 10. März 1834 klagt er: »Ich studierte die Geschichte der Revolution. Ich fühlte mich wie zernichtet unter dem gräßlichen Fatalismus der Geschichte. Ich finde in der Menschennatur eine entsetzliche Gleichheit, in den menschlichen Verhältnissen eine unabwendbare Gewalt, allen und keinem verliehen. Der einzelne nur Schaum auf der Welle, die Größe ein bloßer Zufall, die Herrschaft des Genies ein Puppenspiel, ein lächerliches Ringen gegen ein ehernes Gesetz. Es zu erkennen das Höchste, es zu beherrschen unmöglich. Es fällt mir nicht mehr ein, vor den Paradegäulen und Eckstehern der Geschichte mich zu bücken...«

Büchner ist dennoch Revolutionär geblieben, allerdings ein äußerst skeptischer Revolutionär. Daher auch das Leitmotiv der verzweifelten Langeweile bei seinem Danton, bei seinem Leonce und auch bei Lenz, der zu Oberlin sagt: »Ja, Herr Pfarrer, sehen Sie, die Langeweile, die Langeweile! o! so langweilig, ich weiß gar nicht mehr, was ich sagen soll, ich habe schon alle Figuren an die Wand gezeichnet.« Oberlin sagt ihm, er möge sich zu Gott wenden; da lachte er und sagte: »Ja wenn ich so glücklich wäre wie Sie, einen so behaglichen Zeitvertreib aufzufinden, ja man könnte sich die Zeit schon so ausfüllen. Alles aus Müßiggang. Denn die meisten beten aus Langeweile; die andern verlieben sich aus Langeweile; die dritten sind tugendhaft, die vierten lasterhaft und ich gar nichts, gar nichts, ich mag mich nicht einmal umbringen, es ist zu langweilig.«

Und Büchners Danton sagt (zum Unterschied vom historischen Danton, der den Fatalismus der Geschichte nicht so deutlich erkannt hat, wie Büchner ihn zu erkennen glaubte): »Ich bin eine Reliquie, und Reliquien wirft man auf die Gasse.« Und als Lacroix ihn fragt: »Warum hast du es dazu kommen lassen?«

erwidert Danton: »Dazu? Ja wahrhaftig, es war mir zuletzt langweilig. Immer im nämlichen Rock herumzulaufen und die nämlichen Falten zu ziehen! Das ist erbärmlich. So ein armseliges Instrument zu sein, dem eine Saite immer nur einen Ton angibt, – 's ist nicht zum Aushalten. Ich wollte mir's bequem machen. Ich habe es erreicht. Die Revolution setzt mich in Ruhe, aber auf andere Weise, als ich dachte.«

Diese Langeweile ist »taedium vitae«, Ekel und Lebensüberdruß des durch seine Erkenntnisse Vereinsamten. Sogar sich zu verlieben kann noch ein Anlaß für einen allerdings auch nicht ganz ernst gemeinten Selbstmordversuch sein. Leonce schwärmt von dem Mädchen, in das er sich verliebt hat, das aber gerade weggegangen ist. Er ruft: »Zu viel! zu viel! Mein ganzes Sein ist in dem einen Augenblick. Jetzt stirb'. Mehr ist unmöglich. Wie frischatmend, schönheitglänzend ringt die Schöpfung sich aus dem Chaos mir entgegen. Die Erde ist eine Schale von dunklem Gold: wie schäumt das Licht in ihr und flutet über ihren Rand, und hellauf perlen daraus die Sterne. Meine Lippen saugen sich daran: Dieser eine Tropfen Seligkeit macht mich zu einem köstlichen Gefäß. Hinab heiliger Becher!«

Er will sich in den Fluß stürzen, aber Valerio hält ihn fest und fragt: »Ist denn Eure Hoheit noch nicht über die Lieutenantsromantik hinaus, das Glas zum Fenster hinaus zu werfen, womit man die Gesundheit seiner Geliebten getrunken?« Und Leonce erwidert ernüchtert: »Ich glaube halbwegs, du hast recht.«

Das alles ist natürlich vielschichtig. Selbst in der Verzweiflung ist Büchner nie dem tierischen Ernst erlegen wie so viele Revolutionäre. Erstens die Überschwenglichkeit dieser Szene ist schon ihre eigene Parodie und zugleich eine auf den Sturm und Drang, eine freundliche Parodie, natürlich. Keine renegatenhafte Abkehr wie bei Goethe, den Büchner hier übrigens ungeachtet aller Verehrung zugleich auch ein wenig parodiert, denn wenn sich Leonce bei seinem unernsten Selbstmordversuch zuruft, »Hinab heiliger Becher«, so klingt das natürlich an den König in Thule an, gar treu bis an das Grab, dem sterbend seine Buhle den goldenen Becher gab, und von dem es dann weiter heißt: »Er warf den heiligen Becher hinunter in die Flut.«

Büchner ist eben niemals nur ein Agit-prop-Schreiber, sondern ein Dichter, dem es um vieles zugleich geht.

Übrigens auch, wenn er politische Agitation betreibt. Er wußte und hat es selbst gesagt, daß auch sein »Hessischer Landbote« gewissermaßen nur ein Experiment war, Fanal und Experiment zugleich, wie Hans Mayer erklärt. Wilhelm Schulz berichtet Büchners eigene Worte: »Zwar lassen sich Revolutionen nicht machen, am wenigsten durch Flugschriften, selbst wenn diese die Notzustände noch so treffend schildern. Ist aber die Volksbewegung einmal da, so muß sie mit denselben Triebfedern der materiellen Interessen, die sie erzeugt haben, auch im Gange erhalten werden.«

Büchners Anteilnahme am Kampf gegen das Unrecht, gegen die Privilegierten, deren Stand und Verhalten er haßte, hat nie aufgehört. Auch aus der Emigration fragt er immer wieder nach dem Schicksal seiner Mitstreiter. Nach Pfarrer Weidig, der im Arresthaus zu Darmstadt unter der Anleitung des Hof- und Universitätsrichters Konrad Georgi zu Tode gequält wurde; nach seinem Freund August Becker und seinem anderen Freund Minnigerode, der nach furchtbarer Haft und Mißhandlung des Würgegriff Georgis dank seiner Familienverbindung im letzten Augenblick entrissen wurde. Immer wieder hatte Büchner zur Intervention angeregt, um diese politischen Gefangenen zu retten.

Büchner, der die Losung ausgegeben hatte, »Friede den Hütten, Krieg den Palästen!«, war kein Apostel der Gewaltlosigkeit. Hundertvierzig Jahre vor der Zuwendung eines Teiles der Studentenbewegung zur Gewalt hat er geschrieben: »Meine Meinung ist die: Wenn in unserer Zeit etwas helfen soll, so ist es Gewalt. Wir wissen, was wir von unseren Fürsten zu erwarten haben. Alles, was sie bewilligen, wurde ihnen durch die Notwendigkeit abgezwungen. Man wirft den jungen Leuten den Gebrauch der Gewalt vor. Sind wir denn aber nicht in einem ewigen Gewaltzustand?«

Büchner meint damit die Gewalt der Herrschenden. Er faßt die Gewalt der Revolutionäre als Gegengewalt auf. Diese Worte Büchners über die Gewalt zitiert auch Heinrich Böll in seiner Büchnerrede und sagt im selben Atemzug, daß er sich nicht entschließen kann, Büchners ästhetische Gegenwärtigkeit von seiner politischen zu trennen.

Es ist wahrscheinlich, daß dieser Zwanzigjährige sich in unserer Zeit zur ersten Generation der Baader-Meinhof-Gruppe geschlagen hätte – wenn auch keineswegs sicher, daß er sich nicht wieder abgewendet hätte! – und daß er heute im Gefängnis säße oder vor genau zehn Jahren, am 17. Oktober 1977, an einer ähnlichen Art Selbstmord gestorben wäre, wie es Baader, Ensslin und Raspe an diesem Tag widerfahren ist – und 17 Monate zuvor Ulrike Meinhof! Falls Büchner nicht schon bei der Verhandlung polizeilich erschossen worden wäre, natürlich nur in Notwehr oder in putativer Notwehr!

Büchner hatte das Glück, zu einer Zeit, in der es noch ein barmherzigeres Asylrecht gab als heute, fliehen zu können und zu sehen, daß man mit dem bewaffneten Kampf in einer nichtrevolutionären Situation nicht weit kommt, so wie das in unserer Zeit Peter-Jürgen Boock eingesehen hat, dem aber seine mutige Wendung gegen den individuellen Terror wenig genützt hat, trotz der schönen Worte der Justiz, wie gut man jene behandeln könne, die dem Terror entsagen. Die geheime Bedingung der Bundesanwaltschaft aber war offenbar, daß Boock seine ehemaligen Kameraden verraten solle, und das wollte er ebensowenig, wie Büchner dies getan hätte. Was soll man da von Hilfsangeboten für Aussteiger halten, solange Peter-Jürgen Boock so behandelt wird? – Büchner hat, lange nach seiner Erklärung für die Gewalt, gesagt: »Ich glaube, man muß in sozialen Dingen von einem absoluten Rechtsgrundsatz ausgehen, die Bildung eines neuen geistigen Lebens im Volke suchen und die abgelebte moderne Gesellschaft zum Teufel gehen lassen. Zu was soll ein Ding wie diese zwischen Himmel und Erde herumlaufen? Das ganze Leben derselben besteht nur in Versuchen, sich die entsetzlichste Langeweile zu vertreiben. Sie mag aussterben, das ist das einzig Neue, was sie noch erleben kann.«

Dem jungen Büchner war es nicht vergönnt, wenigstens noch das Revolutionsjahr 1848 zu erleben. Er wäre erst 34 Jahre alt gewesen, aber da war er schon 11 Jahre tot. Wenn ich daran denke, dann tut es mir weh, genauso weh, wie es mir tut, daß Menschen, die ich gekannt und geliebt habe, Ernst Bloch, Ernst Fischer, Heinar Kipphardt, Heinrich Böll, Peter Weiss, Herbert Marcuse, Rudi Dutschke, Hans Jürgen Krahl und viele andere, besonders auch Ulrike Meinhof, die dann sicher nicht mehr verzweifelt hätte, nicht mehr das deutliche Hervortreten Michail Gorbatschows und seine Tendenzwende erleben durften. Freilich haben sie auch nicht erlebt, daß, wie vorherzusehen war, Staatsmänner der westlichen Welt sich, mit wenigen rühmlichen Ausnahmen, zum Beispiel Außenminister Genscher, verhalten wie viel zu dick aufgetragene Karikaturen, nicht aus »Leonce und Lena«, sondern aus einem schlechten stalinistischen Roman, der die bösen Kapitalisten zeigen will! Diesen meinen Toten, noch vielen mehr, als ich nennen konnte, möchte ich diese Betrachtungen hier widmen, ebenso wie dem Schatten Georg Büchners.

Ich Alter sehe mich selbst und die alten und alternden Schriftsteller, die hier jedes Jahr den Schatten dieses jungen Menschen beschwören, der nie mehr alt wird, von Büchners Schatten in den Schatten gestellt. Weil dieser Schatten hier ist, in dessen Namen wir uns versammeln, vielleicht auch zur Sühne dafür, daß man ihn weggetrieben hat, den Jungen aus Darmstadt, in die Fremde und in die Einsamkeit und in seine Todeskrankheit, den Typhus, der ihn in der Fremde fand – und vielleicht auch, weil wahrscheinlich auch ich in nicht allzu ferner Zukunft ein Schatten sein werde wie meine Vorbilder und Kollegen und Freunde, die ich eben erwähnt habe –, will ich ein wenig mithelfen, daß Georg Büchners Schatten ein helles Licht wirft auf einiges Dunkel unserer von den ersten Atomexplosionen so herrlich erleuchteten Zeit.

Wenn wir hier nicht nur ein gewissenloses unverbindliches Schattenspiel veranstalten wollen, dann kommen wir um die Frage nicht herum, was Büchner heute sagen und schreiben und tun würde. Wie würde er sich zur heutigen Bundesrepublik stellen? Würde er diesem Staat trauen oder mißtrauen? Wofür und wogegen würde er heute kämpfen? – Es geht hier nicht darum, seinen Namen zu ehren, denn, weiß Gott, Georg Büchner bedarf unserer Ehrungen nicht!

Aber wenn wir schweigen, wo er gesprochen hätte, dann machen wir unserem Namen Schande und nennen seinen Namen zum Falschen und Nichtigen! Unbeantwortbar, aber zugleich unwiderstehlich die Frage: Wie hätte Georg Büchner heute geschrieben? In diesem Land, das sich zur Freiheit bekennt, aber gewaltlose Demonstranten mißhandelt und einsperrt? Das immer von Demokratie spricht, aber hinter den Kulissen einen Pinochet, einen Botha, einen Mobutu und die Contras Reagans unterstützt? – Hätte Büchner vielleicht einige Figuren seiner Dramen heute verändert? Nehmen wir zum Beispiel »Leonce und Lena«. Ingeborg Bachmann, auch eine Büchnerpreisträgerin und eine, deren

Todestag heute ist, hat von Shakespeares Komödien gesagt, daß sie lachen machen und zum Weinen sind. Das gilt auch von »Leonce und Lena«, denn es ist eine einzige grimmige Kritik an der Entfremdung und gähnenden Lebensleere der Herrschenden. Da gibt es Leonces Papa, König Peter vom Reich Popo, diesen alten Schwachkopf, der sich einen Knoten ins Taschentuch macht, um sich an sein Volk zu erinnern, und sich dann doch kaum erinnert. – Hätte ein Büchner ihn in unserer Zeit vielleicht nicht zum Herrscher von Gottes Gnaden über einen mikroskopischen Zwergstaat gemacht, sondern zum demokratisch gewählten Oberhaupt einer Supermacht, das aber gleichfalls von vielem nichts weiß oder nichts wissen will und sich an nichts erinnert; zu einem Herrscher, der vor allem nicht weiß, was er tut! Und vielleicht hätte Büchner sich auch den köstlichen Witz nicht entgehen lassen, er habe soeben das Kommando zur Vernichtung des Feindes gegeben, und die Bomben hätten schon vor 5 Minuten hinzufliegen begonnen! Natürlich nur ein Scherz: König Peter von Popo war ja eine gutmütige Theaterfigur!

Büchner hätte die Kleinstaaterei seines Deutschlands sicher durch das große Supermächtetheater von heute ersetzt. Wenn er heute lebte, dann könnte man mit Goethe von ihm sagen:

> »Denn was er, so artig, im Kleinen gesehn,
> Erfuhr er, genoß er, im Großen.«

Vielleicht, obwohl Büchner, wie in seinem »Danton«, auch große dramatische Gemälde entwerfen konnte, hätte er nicht immer nur große Männer gestaltet. Einen Vergleich Gorbatschows mit Goebbels zum Beispiel, genüßlich gestützt auf die Pelzmäntel der beiden Gattinnen, hätte Büchner schon aus Gründen des guten Geschmacks sicher nicht einem führenden Staatsmann in den Mund gelegt, sondern wahrscheinlich nur irgendeinem ganz kleinkarierten, subalternen, selbstgerechten Höfling. Sogar ein geschwätziger Polonius wäre ihm noch zu gut dazu gewesen!

Aber, Spaß beiseite, jener Büchner, der in seinem »Hessischen Landboten« als eine Grundlage seiner Gesellschaftskritik als erster in Deutschland die Statistik angewendet hat, wie hätte er die Milliarden und Milliarden, verschwendet auf sinnlose Kriegsausrüstungen auf Erden und gar im Weltraum, mit der Zahl der alljährlich verhungernden Kinder in Verbindung gebracht? Hätte er sich die Anprangerung dieses Verbrechens gegen die Menschheit (wie man das in Nürnberg nannte und mit dem Tode bestrafte! –) und derer, die das mitmachen und dulden und den Mund halten, entgehen lassen? Hätte er nicht statistisch berechnet, daß allein schon die Ausgaben für die Weltraumrüstung soviel Menschheitsvermögen vergeuden, daß bei Einsparung eines kleinen Bruchteils davon kein Kind, überhaupt kein Mensch, verhungern müßte? Hätte er nicht berechnet, daß die Zahl der Menschen, die, wegen der nun jahrzehntelangen Verschwendung unserer Hilfsmittel auf diese Rüstung, gestorben sind, schon längst weit größer ist als selbst die Zahl derer, die der große Stalin, der Meister aus Rußland, auf dem Gewissen hatte?

Und hätte er nicht andere Dinge unserer Zeit aufs Korn genommen? Zum Beispiel den noch halbverschämten Antisemitismus, der sich wieder in der Bundesrepublik regt, ebenso wie in Frankreich, und den unverschämten Antisemitismus in Österreich, in Saudi-Arabien oder (noch vor zwanzig Jahren) in Polen, und die wahnwitzigen Verallgemeinerungen eines Khomeini, die in dieselbe Kerbe schlagen? Hätte er das nicht genauso treffsicher analysiert und angegriffen wie das blutige Zerrbild, das die heutigen Machthaber in Israel, die Menschenräuber eines Mordechai Vanunnu, aus dem unschuldigen Zionismus eines Martin Buber, eines Baer Borochow oder eines Nahum Goldmann gemacht haben? Oder, ganz nahe hier bei uns: Was hätte Büchner zur offiziellen Umbenennung des gezielten polizeilichen Todesschusses in »Finaler Rettungsschuß« gesagt und zur ewigen »polizeilichen Notwehr« oder »putativen Notwehr«? Oder zu den schon durchgeführten und den in Vorbereitung befindlichen Verstümmelungen des Asylrechtes in der Bundesrepublik und in anderen NATO-Ländern? Hätte der Emigrant Büchner dazu schweigen können?

Und heute, da es 150 Jahre her sind, daß Büchners Bundesgenosse Pfarrer Weidig im Arresthaus zu Darmstadt, nach jahrelanger Haft und nachdem man ihn noch an seinem letzten Lebenstag mit dem Ochsenziemer gepeitscht hatte und ihn am nächsten Morgen verbluten ließ, »Selbstmord« begangen haben soll, genau drei Tage nach Büchners Tod. Wenigstens verkündete sein unerbittlicher Quälgeist, Hof- und Universitätsrichter Georgi, es als Selbstmord. Aber sogar die medizinische Untersuchungskommission der Universität Zürich war ehrlich genug, dieses Selbstmordverdikt gründlich zu bezweifeln. Ich erwähne das besonders, weil es heute auf den Tag genau 10 Jahre sind, seit Gudrun Ensslin, Andreas Baader und Jan Carl Raspe in Stammheim jenen Selbstmord begingen, der außerhalb der Grenzen der Bundesrepublik und auch hier im Lande bei einer Reihe von Menschen, die – wie ich – gar nicht Anhänger der Baader-Meinhof-Taktiken sind oder waren, keineswegs mit solcher Selbstverständlichkeit als Selbstmord gilt! Was würde ein wiedergekehrter Georg Büchner, eingedenk des blutigen Schicksals seiner eigenen Freunde, dazu sagen? Und auch dazu, daß die große und gewissenhafte Tatsachenmaterialsammlung über Stammheim des bekannten holländischen Anwalts und Rechtslehrers Pieter Bakker-Schut bei uns systematisch totgeschwiegen wird? In Holland ist das Buch ausführlich rezensiert worden. Hier ist die deutsche Übersetzung voriges Jahr im neuen MALIK-Verlag erschienen.

Das Buch zerpflückt gründlich die Selbstmordbehauptungen, auch nach Ansicht führender Gerichtsmediziner, konnte aber bisher hierzulande gegen etwas, was ganz nach einer Verschwörung des Schweigens aussieht, nicht aufkommen, und der dokumentarische Ergänzungsband »Das Info«, den Pieter Bakker-Schut jetzt veröffentlicht hat, wurde in der BRD verboten! Hätte Büchner gegen dieses Schweigen und gegen dieses Verbot nicht angekämpft, ganz gleich welche Kritik er – wie auch ich – an der Methode und Taktik der Baader-Meinhof-Gruppe gehabt hätte? Oder ein anderer Fall: Vor einiger Zeit haben Mitglieder der dritten Generation der RAF den sinnlosen Mord an Gerold Braunmühl begangen. Seine Brüder aber haben es über sich gebracht, den Mördern ihres Bruders in einem menschlichen offenen Brief ins Gewissen zu reden, einer der wenigen Lichtpunkte der Geschichte der letzten Jahre in der Bundesrepublik! Damit nicht genug, haben sie den Gustav-Heinemann-Preis, den sie für ihre humane Haltung erhielten, für die Verteidigung des Justizopfers Peter-Jürgen Boock gespendet. Das nächste, was man hörte, war, daß der sonst nicht gerade allzu souveräne Generalbundesanwalt Rebmann die Stirne hatte, den Braunmühlbrüdern für ihr Verhalten eine öffentliche Rüge zu erteilen: Meines Erachtens eine taktlose und unrühmliche Reaktion auf eine wirklich rühmenswerte Tat der trauernden Brüder des Ermordeten.

Aber die Meinungen sind verschieden: Hofgerichtsrat und Universitätsrichter Konrad Georgi zum Beispiel, der Verfolger Büchners und erbarmungslose Quälgeist Pfarrer Weidigs und Minnigerodes, hätte diesen Schritt eines hochgestellten Kollegen sicher begrüßt! Und auch die Justizminister Heinz Eyrich und Walter Remmer sind sicher für Rebmann.

Die Liste der großen und kleinen Schändlichkeiten von der Art, die Büchner bis aufs Blut gepeinigt haben, ließe sich ins Endlose fortsetzen. Da sind die Versuche, Günter Wallraff durch ein Kesseltreiben von Hetze und Verleumdungen zu ruinieren, seit er gezeigt hat, wie es ganz unten zugeht, oder die gerichtlichen und anderen Aktionen, zum Teil von Zuhältern, dem Enthüllungsfotografen Günter Zint das Leben in der Bundesrepublik unmöglich zu machen. Oder das Urteil gegen den Arzt Peter Augst, der zu sagen gewagt hat, » Jeder Soldat ist auf Grund seines Trainings ein potentieller Mörder«, und dafür 10 500,– DM bezahlen soll! Nur noch einen Fall zu erwähnen komme ich nicht umhin, weil er sich hier in Darmstadt ereignet hat. Daß einige von Ihnen davon wissen, kann kein Grund sein, davon zu schweigen.

Die Evangelische Landeskirche hatte 1979 Zigeuner zu einem Zigeunerfestival eingeladen, und Oberbürgermeister Sabais hatte ihnen einen Standplatz in Darmstadt angeboten. Es kamen etwa 50 Roma. Aber vielen Bürgern waren sie nicht willkommen. Es kam zu keinem Miteinander, sondern zu einem unsicheren Nebeneinander, das schließlich ein Gegeneinander wurde. In den Jahren seither wurden sie delogiert, ausgewiesen, auf einstweiligen »Geduldeten«-Status gesetzt, abgeschoben: Das Wegziehen wurde ihnen auf verschiedene Arten nahegelegt. Heute ist nicht ein einziger von ihnen mehr hier. Darmstadt ist »roma-rein«. Das Wort ist dem Wort »judenrein« nachgebildet. Obwohl solche Vergleiche immer hinken. Zum Beispiel: Während Juden nach 1945 immerhin Wiedergutmachung bekamen, erhielten die Angehörigen von ebenfalls vergasten Roma nichts dergleichen. Die Hinterbliebenen zu Tode geplagter, nach Deutschland verschickter Fremdarbeiter auch nichts!

Als vier Roma-Familien von ihrem Urlaub zurückkamen, fanden sie, daß das Haus, in dem sie gewohnt hatten, niedergerissen war. Samt ihren Möbeln, Geschirr, Wäsche, Büchern, Bildern und Andenken an vergaste Roma-Angehörige und Freunde. Es hieß unter anderem, Zigeuner seien ja fahrende Leute, so habe man eben angenommen, daß sie weitergefahren seien. Dabei hatte ihnen Darmstadt zum Ankauf ihrer Werkzeuge – sie waren Kupferschmiede – sogar 10000 Mark vorgestreckt. Allerdings, kaum daß sie die Werkzeuge hatten, wurde ihre Sozialhilfe gestrichen, und die 10000 Mark wurden durch Einbehalten von Kindergeld wieder eingezogen. Auch wurde ihnen verboten, ihre Kupferwaren außerhalb Darmstadts zu verkaufen. – Das alles geschah rechtens, wie man das nennt. Natürlich gab es in diesen Jahren auch gelegentlich Diebstahl durch Romas oder Roma-Kinder. Keinen Sozialarbeiter würde das wundern. Aber soll das vielleicht Grund genug sein?!

Georg Büchner hätte allen, die Darmstadt von Romas befreien halfen, vermutlich ein viel dauerhafteres Denkmal gesetzt, als ich es hier vermag. Georg Büchner hätte sicher auch viele Verhaltensweisen – gar nicht nur in Deutschland – kritisiert, die heute gang und gäbe sind, zum Beispiel das ehrerbietige Stillschweigen vor jedem aufgeblasenen Popanz, der eine Machtposition innehat und den man sonst nur bemitleidet oder verspottet hätte. Und Büchner, den schon die »abscheuliche Kunstsprache« – wie er sie nannte – einiger Philosophen seiner Zeit empört hat, hätte an einem geistreich geschriebenen Teil der heute modernsten französischen Philosophie genausoviel auszusetzen wie an den beschönigenden deutschtümelnden Geschichtsklitterungen der letzten ein, zwei Jahre. Schon die Deutschtümelei der Studenten nach den sogenannten Freiheitskriegen war ihm ja verhaßt.

Das alles sind leider nur Mutmaßungen, was Büchner heute für uns getan hätte. Er hat es, weil er mit 23 Jahren gestorben ist, nicht einmal für seine eigene Zeit tun können, und Georg Herwegh – den Heine »die eiserne Lerche der Revolution« nannte – hat um ihn mit den Worten geklagt: »Doch hätt' er uns ein Leitstern sollen sein in dieser halben, irrgewordenen Zeit!«

So ein Leitstern sollte er uns immer noch sein. Jedem von uns. Denn er war für die Freiheit. Nicht nur für seine, sondern vor allem auch für die Freiheit anderer. Für die Freiheit der Unterdrückten, der Manipulierten, der Armen. Er war nicht für die Freiheit der Herrschenden, der Despoten und ihrer Bürokraten, ungehindert ihr Wesen zu treiben! Er war für die Freiheit des Denkens, der Rede und der Kritik, für die Freiheit, diese Welt nicht nur zu diskutieren, sondern sie tätig zu erkennen und zum Besseren zu verändern!

Er hat in der finsteren Zeit Metternichs gelebt und ist in ihr gestorben. Er hat das Aufbäumen der Verzweiflung geschildert, wenn das Unrecht die Menschen zum Wahnsinn und zum Tod treibt, wie es sein Woyzeck sagt: »Wenn die Welt so finster wird, daß man mit den Händen an ihr herumtappen muß, daß man meint, sie verrinnt zu Spinnweb. Das ist, so wenn etwas ist und doch nicht ist. Wenn alles dunkel ist, und nur noch ein roter Schein im Westen, wie von einer Esse... Wenn die Sonn im hellen Mittag steht und es ist als müsse die Welt auflodern. Hören Sie nichts? Ich meine dann als die Welt spricht, sehen Sie, die langen Linien, und ist als ob es einen mit fürchterlicher Stimme anredete.«

Diese verzweifelte Wirrnis hätte Büchner, der Wissenschaftler, der Dichter, der Rebell und Weltverbesserer, entwirren wollen. Und wir Heutigen müssen immer noch versuchen, die verzweifelten Wirrnisse unserer Zeit zu entwirren und die Auswege wirklich zu bahnen und zu gehen, die sich zum Teil schon deutlich zeigen, auch wenn sie schwer zu gehen sind.

Die von uns, die Schriftsteller sind, können das – nicht nur, aber doch zum großen Teil – durch das versuchen, was sie schreiben. Auch dann, wenn die Establishments und die offizielle Kritik darüber ungehalten sind. Georg Büchner hat in einem Brief aus dem Exil, in Straßburg, am 28. Juli 1835 dies dazu gesagt: »Daß übrigens noch die ungünstigsten Kritiken erscheinen werden, versteht sich von selbst; denn die Regierungen müssen doch durch ihre bezahlten Schreiber beweisen lassen, daß ihre Gegner Dummköpfe oder unsittliche Menschen sind.«

Damit möchte ich schließen. Ich danke Ihnen.

1987

Im April 1986

Quellen und Anmerkungen

Bei einzelnen Erläuterungen halfen Christiane Jessen (Berlin) und Werner Rotter (Wien), denen auch an dieser Stelle noch einmal herzlich gedankt sei.

Abkürzungen/Siglen

Fried-Werke:
Gedanken – Erich Fried: Gedanken in und an Deutschland. Hrsg. von Michael Lewin. Wien: Europaverlag, 1988.
GW – Erich Fried: Gesammelte Werke. Hrsg. von Volker Kaukoreit und Klaus Wagenbach. Berlin: Verlag Klaus Wagenbach, 1993 (4 Bände) [ein Verweis wie GW 3/261 bezieht sich somit auf Band 3, S. 261 der Werkausgabe].
Nicht verdrängen – Erich Fried: Nicht verdrängen / nicht gewöhnen. Texte zum Thema Österreich. Hrsg. von Michael Lewin. Wien: Europaverlag, 1987.

Sekundärliteratur

Kaukoreit/Einblicke – Volker Kaukoreit (Hg.), Einblicke – Durchblicke. Fundstücke und Werkstattberichte aus dem Nachlaß von Erich Fried. Wien: Turia & Kant, 1993.
Kaukoreit/Exil – Volker Kaukoreit: Vom Exil bis zum Protest gegen den Krieg in Vietnam. Frühe Stationen des Lyrikers Erich Fried. Werk und Biographie. Darmstadt: Häusser Verlag, 1991.
Kindler/Österreich – Kindlers Literaturgeschichte der Gegenwart Autoren, Werke, Themen, Tendenzen seit 1945. Die zeitgenössische Literatur Österreichs. München: Kindler, 1976.
Lampe – Gerhard Lampe: »Ich will mich erinnern an alles was man vergißt«. Erich Fried. Biographie und Werk. Köln: Bund-Verlag, 1989.
Lilge – Deutschland 1945–1963. Hrsg. von Herbert Lilge. Mit Beiträgen von Manfred Rexin, Günter Moltmann, Herbert Lilge. Hannover 1967 (= Zeitgeschichte in Text und Quellen).

S. 7–12 *Pakete nach Deutschland.* Erschien zuerst in: Blick in die Welt, Heft 23/1948. Der vorliegende Druck danach. – Der Artikel in dem britischen Alliierten-Magazin »Blick in die Welt« gibt Auskunft über die Haltung des jüdisch-österreichischen England-Exilanten Fried gegenüber Deutschland in der unmittelbaren Nachkriegszeit (u. a. Ablehnung der Kollektivschuldthese, pauschaler Deutschenfeindlichkeit und eines Straffriedens der Alliierten in besonderer Anlehnung an die Initiativen des englischen Verlegers Victor Gollancz; vgl. S. 276). Diese Haltung kommt auch in dem 1946 begonnenen Roman »Ein Soldat und ein Mädchen« (GW 4/5–211) zum Ausdruck (s. auch Frieds Selbstkommentierung, S. 26). Von Fried ist bekannt, daß er u. a. die Schriftstellerin Elisabeth Langgässer in Berlin mit »Care«-Paketen versorgte.

S. 13–16 *Reformismus und Arbeiteraristokratie.* Rundfunkbeitrag: »Persönliche Betrachtung« vom 2. 5. 1955 innerhalb des »German Soviet Zone Programme« der BBC. Der vorliegende Druck folgt einer von Fried handschriftlich korrigierten Fassung (Matrizenabzug) aus dem Nachlaß im Österreichischen Literaturarchiv (Österreichische Nationalbibliothek). Titel vom Herausgeber. – Erich Fried war von 1952–1968 politischer Kommentator beim »German Soviet Zone Programme« der BBC, wo er vor allem in seiner wöchentlichen »Persönlichen Betrachtung« in ideologiekritischer Absicht über (welt-)politische, philosophische, kunsttheoretische, psychologische und andere Probleme zu seinen Hörern in der DDR sprach. Bis auf wenige Ausnahmen, wie z. B. seine »Abschieds«-Begründung 1968 (vgl. S. 61–63), sind Frieds »Persönliche Betrachtungen« ungedruckt geblieben. Eine vorläufige Einsicht in seine Tätigkeit als politischer BBC-Kommentator bietet das Kapitel »Erich Fried und die BBC« in: Kaukoreit/Einblicke, S. 51–69.

Attlee – Clement R. Attlee (1883–1967), Vorsitzender der englischen Labour Party; ab 1940 stellvertretender Ministerpräsident, von 1945–1951 Premierminister. Man verbindet seinen Namen insbesondere mit der Wohlfahrtsstaats-Politik (u. a. nationaler Gesundheitsdienst).

S. 17–20 *Langweilige Demokratie?* Rundfunkbeitrag: »Persönliche Betrachtung« vom 1. 7. 1957 innerhalb des »German Soviet Zone Programme« der BBC (vgl. Anmerkungen zu S. 13–16). Der vorliegende Druck folgt einer von Fried handschriftlich korrigierten Fassung (Matrizenabzug) aus dem Nachlaß. Titel vom Herausgeber.

Unruhen von Poznan – Am 28. Juni 1956 wurde im polnischen Poznan (Posen) ein Generalstreik ausgerufen und eine Arbeiterdemonstration von der Armee gewaltsam aufgelöst. Noch im gleichen Jahr kam es in Polen zu Reformen im Parteiapparat und im Staat. Die Abhängigkeit von der UdSSR wurde geringer. Von der polnischen Erhebung gingen entscheidende Impulse für den bekannten Volksaufstand in Ungarn im Oktober/November 1956 aus (Niederschlagung durch die sowjetrussische Armee).

Gomulka – Wladisyław Gomulka (1905–1982), polnischer Politiker der kommunistischen Arbeiterpartei, war ab 1945 stellvertretender Ministerpräsident und wurde 1948 als Generalsekretär seiner Partei abgesetzt, 1956 rehabilitiert (Generalsekretär der Polnischen Vereinigten Arbeiterpartei). Gomulka war zu jener Zeit Anhänger eines nationalen Kommunismus mit einer gewissen Handlungsfreiheit gegenüber Moskau.

Arbeiterräte gab es nur in Jugoslawien – In der Zwischenzeit waren z. B. auch in Ungarn (November 1956) unter Imre Nagy (s. u.) »Arbeiter- und Bauernräte« gebildet worden.

Rakosi – Mátyás Rákosi (1892–1971), führender kommunistischer Politiker in Ungarn, von 1945–1952 stellvertretender Ministerpräsident, 1952–1953 Ministerpräsident. Er gilt als »Diktator Ungarns« – bis Juli 1956, als er,

gezwungen durch die sowjetischen Entstalinisierungstendenzen (s. u.), zurück-
treten mußte.

Hegeduss – András Hegedüs (geb. 1915), ungarischer Kommunist, Ministerpräsident von 1955–56, der sich den Liberalisierungsversuchen seines Vorgängers
und Nachfolgers Imre Nagy (1896–1958, hingerichtet; Ministerpräsident
während des ungarischen Aufstandes 1956) entgegenstellte.

Harich – Wolfgang Harich (geb. 1921), Philosoph (Chefredakteur der »Deutschen
Zeitschrift für Philosophie«), Literaturwissenschaftler und SED-Parteifunktio-
när, wurde 1956 verhaftet und im März 1957 »staatsfeindlicher« Aktivitäten
für schuldig befunden (Urteil: 10 Jahre Zuchthaus, von denen er 8 Jahre absit-
zen mußte).

Lukasz – Georg (György) Lukács (1885–1971), marxistischer ungarischer Philosoph und Literaturwissenschaftler, war eine intellektuelle Schlüsselfigur beim
ungarischen Volksaufstand 1956 (Kultusminister unter Imre Nagy, s.o.);
danach seines Lehramtes enthoben und lange Zeit im Lager des real existierenden Sozialismus offiziell geächtet.

Bloch – Ernst Bloch (1885–1977), deutscher Philosoph (u.a. »Das Prinzip Hoffnung«, 1954–1959). Der unorthodoxe Marxist (Emigration 1933–1945)
wurde als Professor 1957 in Leipzig wegen Differenzen mit der SED-Politik
zwangsemeritiert (Anfang der sechziger Jahre Übersiedlung nach Westdeutschland).

Geheimrede Chruschtschows – Die antistalinistische Anklagerede des Ersten
Sekretärs des ZK der KPdSU, Nikita S. Chruschtschow (1894–1971), auf dem
XX. Parteitag der KPdSU in Moskau am 25. 2. 1956 (Ausgangspunkt der sogenannten Entstalinisierung; erneuert und verschärft von Chruschtschow auf
dem XXII. Kongreß der KPdSU im Oktober 1961). Vgl. S. 104f.

hundert Blumen – Bezieht sich auf die Öffnung gegenüber kritischen Intellektuellen, die im Anschluß an Maos Sentenz »Laßt hundert Blumen blühen, laßt
hundert Gedankenschulen miteinander wetteifern« im Mai 1956 von der Pro-
paganda-Abteilung des Zentralkomitees der KPCh vollzogen wurde.

Senator McCarthy – Vgl. S. 278.

Ghana – Die britische Kolonie (Goldküste und das Mandat Togo) wurde im März
1957 zu einem souveränen Staat.

Ulbricht – Walter Ulbricht (1893–1973), deutscher Kommunist, ab 1935 dominie-
rende Stellung in der Exil-KPD in Paris, ab 1938 in Moskau (Befürworter des
Hitler-Stalin-Pakts 1939), von 1946–1950 stellvertretender Vorsitzender der
SED, 1950–1953 Generalsekretär, anschließend 1. Sekretär der SED, ab 1960
Staatsrat-Vorsitzender der DDR; entscheidend für die Entwicklung der SED und
der DDR, dabei weitgehend moskauabhängig und rücksichtslos bei der Aus-
schaltung inner- und außerparteilicher Gegner. Fried wirft ihm kalkulierte
Unterlassungen schon in bezug auf die mögliche Rettung der gesamten KPD-
Führung in den dreißiger und vierziger Jahren vor, und zwar seinen Einfluß bei
Stalin nicht geltend gemacht zu haben für die Partei-Spitzen Kippenberger,
Eberlein, Remmele und Neumann, die bei Stalins Säuberungsaktionen
(1935–1938) ums Leben kamen (s. u.), und den KPD-Leiter Ernst Thälmann
(geb. 1886, von den Nazis 1933 verhaftet und 1944 im KZ Buchenwald ermordet; ein Gefangenenaustausch zwischen Stalin und Hitler war spätestens ab
1939 Praxis).

S. 21–24 *Das Gras über den Toten*. Rundfunkbeitrag: »Persönliche Betrachtung«
vom 25. 3. 1963 innerhalb des »German Soviet Zone Programme« der BBC
(vgl. Anmerkungen zu S. 13–16). Der vorliegende Druck folgt einer von Fried
handschriftlich korrigierten Fassung (Matrizenabzug) aus dem Nachlaß. Titel
vom Herausgeber.

265

Tuchatschewski – Michail N. Tuchatschewskij (geb. 1893), sowjetischer Militär, kämpfte auf seiten der Bolschewisten im russischen Bürgerkrieg; später führende Rolle in der »Roten Armee«. Er wurde während der stalinistischen »Säuberungen« in einem Geheimprozeß verurteilt und am 11. 6. 1937 hingerichtet.

Walter Ulbricht – Siehe oben.

Kippenberger, Eberlein und Remmele – Drei führende deutsche KPD-Politiker, die bei den stalinistischen Säuberungen in Moskau von Stalins Geheimdienst (NKWD) verhaftet wurden und nach ihrer Verurteilung zu Tode gekommen sind: Hans Karl Kippenberger (1898–1937, hingerichtet), Max Albert Hugo Eberlein (geb. 1887, Tod ungeklärt) und Hermann Remmele (geb. 1880, Tod ungeklärt, entweder exekutiert oder in einem psychiatrischen Lager umgekommen). – Entgegen Frieds Angabe wurden die erwähnten Stalin-Opfer nach 1957 von den Sowjets bzw. der SED rehabilitiert, jedoch offiziell weiterhin »totgeschwiegen«.

Neumann – Der deutsche Kommunist Heinz Neumann wurde in der Nacht vom 26. auf den 27. 4. 1937 vom NKWD aus dem Moskauer Hotel Lux geholt und blieb seitdem verschollen. Neumann, Remmele und Eberlein galten nicht nur politisch als Antipoden Ernst Thälmanns, sondern hatten 1928 auch eine Unterschlagung von Parteigeldern durch Ernst Thälmann aufgedeckt. In dieser Angelegenheit hatte Thälmann volle Unterstützung von Stalin erhalten.

S. 25–30 *Ein Versuch, Farbe zu bekennen.* Erschien zuerst in: H. Kesten (Hg.), Ich lebe nicht in der Bundesrepublik. München 1963, S. 43–48. Der vorliegende Druck danach.

Dr. Adenauer habe in Rom gesagt – Vgl. S. 35.

Zind – Ludwig Zind, Studienrat aus Offenburg (wegen antisemitischer Äußerungen verurteilt und daraufhin ins Ausland geflüchtet).

Oder-Neiße-Grenze – Durch die Oder-Neiße-Linie wurden im Potsdamer Abkommen 1945 jene Teile vom Dt. Reich abgetrennt, die zwischen ihr und der Reichsgrenze (Stand vom 31. 12. 1937) im Osten lagen – hiermit wurde de facto die Westgrenze Polens festgelegt. Die DDR stimmt in der Warschauer Deklaration (1950) und im Görlitzer Abkommen (1950) der Oder-Neiße-Linie zu. Die BRD (in ihren damaligen Grenzen) erkannte erst 1970 unter der von Bundeskanzler Willy Brandt geführten sozialliberalen Koalition mit dem Moskauer Vertrag und dem Warschauer Vertrag die Oder-Neiße-Linie an.

Seebohm und Globke – Hans-Christoph Seebohm (1903–1967) saß in führenden Wirtschaftspositionen während der Nazi-Zeit. Nach dem Krieg war er Mitbegründer der Deutschen Partei, die durch ihre nationalistische Ausrichtung große Teile der rechten Wählerschaft an sich band. Von 1949–1966 Bundesverkehrsminister, 1960 Übertritt zur CDU. Er verteidigte (u. a. als Sprecher der Sudetendeutschen Landsmannschaft, 1959–1967) das Münchner Abkommen von 1938 und plädierte für die Rückgewinnung der »Ostgebiete«. – Der Jurist und Staatsbeamte Hans Globke (1889–1973) wirkte unter dem Hitler-Regime u. a. an der Herausgabe eines Kommentars zu den antijüdischen Nürnberger Rassegesetzen mit (1935) und wurde später als Staatssekretär Leiter des Bundeskanzleramtes (1953–1963) sowie engster Vertrauter des CDU-Bundeskanzlers Konrad Adenauer. Auch nachdem sich der Druck der Öffentlichkeit gegen ihn zunehmend verstärkt hatte (u. a. Beschuldigung der SPD 1959, daß Globke an der Vertreibung von Juden und Tschechen aus dem Sudetenland mitgewirkt haben soll), trat der einflußreiche Staatssekretär erst 1963 zurück (zusammen mit Adenauer, der ihn gegen alle Entlassungsaufforderungen abgeschirmt hatte).

uneheliche Geburt – Die Verleumdungskampagnen gegen Willy Brandt in den fünfziger Jahren, insbesondere jedoch im Vorfeld der Bundestagswahl 1961 werden in Frieds politischen Texten mehrfach erwähnt (vgl. z.B. S. 37 und S. 154).

über Strauß und den »Spiegel« – Die sogenannte »Spiegel-Affäre« im Oktober/ November 1962 (u. a. behördliche Durchsuchung und Besetzung der Hamburger Redaktionsräume, Verhaftung Rudolf Augsteins und des in Spanien weilenden Redakteurs Conrad Ahlers wegen des Tatverdachts »landesverräterischer« Informationsweitergabe) zählt zu den politisch gravierendsten Skandalen und innenpolitischen Krisen in der jungen Bundesrepublik Deutschland, brachte im In- und Ausland große Zweifel an deren Rechtsstaatlichkeit hervor und führte zum Rücktritt des Bundesverteidigungsministers Franz Josef Strauß (CSU), der in die Affäre maßgeblich verwickelt war.

das Verbot der KPD – Die KPD (ca. 60000 Mitglieder; nur knapp über 2% Wählerstimmen bei der Bundestagswahl 1953) wurde im August 1956 vom Bundesverfassungsgericht für verfassungswidrig erklärt und verboten. Die »Frankfurter Rundschau« vom 18. 8. 1956 kommentierte: »Ist unser Staatsgefüge so schwach, daß man sich nicht zutraut, die Kommunisten, ähnlich wie England und die Schweiz, höchst legal und demokratisch zu bewältigen?« Das KPD-Verbot wird in der vorliegenden Textauswahl noch mehrfach angesprochen (vgl. z.B. S. 62 und S. 69).

»Die Teufel« des englischen Protestanten John Whiting – Die Aufführung von John Whitings Stück »Die Teufel« in der Übersetzung Frieds durch das Schiller-Theater hatte im Frühjahr 1962 in Berlin zu heftigen Diskussionen geführt. Der Übersetzer reagierte darauf mit einem Zeitungs-Kommentar, in dem weitere Vorbehalte gegen das politische und geistige Klima im Westen (und Osten) Deutschlands zum Ausdruck kamen:

»Als die guten Dubliner, auf ihre kulturelle Wohlanständigkeit und ihre heiligsten Güter nicht minder versessen als die Premierenbesucher und Kritiker West-Berlins, ein neues Stück des großen John Synge auspfiffen, das sie in ihrer Bigotterie verletzt hatte, trat der Dichter William Butler Yeats vor den Vorhang und rief seinen Landsleuten zu: ›Ihr habt euch wieder einmal blamiert!‹ – Etwas von dieser Art könnte manchmal auch in Berlin nicht schaden.

Wirklich sonderbar, wie verschieden ›Die Teufel‹ von John Whiting (und auch, wenn man von den sturen Bemühungen um einen Brecht-Boykott absieht, keineswegs nur dieses eine Stück oder dieser eine Autor) in London und Berlin aufgenommen wurden, wobei allerdings bei der großen Zahl der Bilder die Londoner Simultanbühne mit jeweiliger Teilbeleuchtung gewisse Vorteile gegenüber einer Drehbühneninszenierung haben möchte. Wer das Stück nicht kennt und nur die deutschen Kritiken liest, könnte meinen, in Berlin sei ein ungleich feineres Empfinden heimisch, um nicht zu sagen endemisch; und das hohe moralische Verantwortungsgefühl der Kritiker sei offenbar noch verstärkt durch ein zwar geheimes, dafür aber untrügliches Wissen, was ästhetisch erlaubt sei und was nicht.

Auf solchem Boden, glaubt man, müsse natürlich auch das Talent des Dramatikers üppig gedeihen. Erst wenn man aus diesen schmeichelhaften Annahmen in die Welt der Tatsachen zurückkehrt, wundert und sorgt man sich als deutscher Autor, warum« denn dann England und Amerika in den letzten Jahren so viele gute Stücke hervorgebracht haben, und Deutschland so erbärmlich wenige! Vielleicht hängt das doch auch ein wenig mit dem Verhalten deutscher Kritiker und Premierengäste zusammen?

Daß die Empfindlichkeit gegenüber der Darstellung menschlicher Grausamkeiten mit dem Quantum des latenten eigenen schlechten Gewissens wächst, ist vielleicht sogar in West-Berlin bekannt. Das Grauenhafte, das ›Die Teufel‹ auf die Bühne bringen, wurde von den Londonern so gut und von den Berlinern – angeblich! – so schlecht ertragen, nicht weil die Engländer indolent sind, sondern weil in ihren Seelen weniger KZ und staatliches Unrecht herumspukt. Müssen sich die Dramatiker der ganzen Welt auf deutschen Bühnen wirklich immer noch im Hause des Gehenkten fühlen, wo man nicht vom Strick reden darf?

Ein anderer Unterschied zwischen deutscher und englischer Kritik geht vielleicht auf die englische Sachlichkeit und strenge Gesetzgebung der Briten gegen Entstellung und Verleumdung zurück. Erich Klauseners, vom ›Tagesspiegel‹ nachgedruckte Ausführungen im ›Petrusblatt‹ wären in England schon deshalb wohl kaum möglich. Sogar, wenn er die Religiosität in der Gestalt eines Vater Ambrose und seiner Mahnung zur Demut ableugnet, weiß doch Monsignore Erich Klausener natürlich selbst ganz genau, daß ›Die Teufel‹ nie und nimmer in ein Programm Ulbrichtscher Religionskritik hineinpassen. Oder glaubt er wirklich, man würde es heute in Ost-Berlin wagen, die Vernichtung eines Menschen durch Schauprozesse und die Machinationen eines absolutistischen Staates auf der Bühne zu zeigen? Mit einziger rühmlicher Ausnahme des toten Brecht sind die Brüder in Ost-Berlin genau so wohlanständig und unduldsam auf die Wahrung ihrer ideologischen Belange bedacht: Nein, Ost-Berlin und die Kommunisten werden offenbar nur erwähnt, um in West-Berlin desto gründlicher Stimmung gegen ›Die Teufel‹ und das Schiller-Theater zu machen.

So unqualifizierbar hat sich wohl kein zünftiger Berliner Kritiker geäußert, obwohl auch andere, weniger hemmungslose Kommentare befremden. So schreibt ein Kritiker wörtlich: ›Obwohl ein authentischer Vorgang vorliegt, bleibt die Skepsis einem Autor gegenüber, sein Stück im Mittelalter anzusiedeln‹. Weiß die Kritikerin nicht, daß nach allgemeiner historischer Übereinkunft das Mittelalter nur bis 1492, höchstens bis 1517 währt? Und ist ihr klar, daß nach ihrer Auffassung viele der größten Dramen, von Goethes ›Faust‹ und ›Goetz‹ bis zu Sartres ›Der Teufel und der liebe Gott‹ verdächtig werden? Oder hat auch Goethe selbst noch im Mittelalter gelebt?

Ja, sogar Walter Karsch im ›Tagesspiegel‹ irrt, abgesehen von der Diskutierbarkeit seiner kritischen Meinungen, auch in einigen sachlichen Punkten; zum Beispiel äußert er sich abfällig über eine Szene, in der Philippe, ›das verlassene, hochschwangere Kind sich einem alten Mann auf der Straße anbietet‹. Daß Philippe mit diesem Mann verheiratet ist, hat er offenbar übersehen. Ferner stellt er Grandiers Liebschaft (bei Karsch ›Unzucht‹) mit einer jungen Witwe und Vermählung mit einem jungen Mädchen als Geschmacklosigkeit des Autors dar. Aber schon knapp zuvor hat er mehrere Beispiele für die angebliche Geschmacklosigkeit des Autors angeführt, dabei aber die historische Tatsächlichkeit der Ereignisse zugegeben. Dadurch, daß er aber nun die Liebschaft mit der Witwe, die Ehe des Priesters mit Philippe und die Verbindung der Schwangeren mit einem anderen Mann erst nachher erwähnt, muß der Leser annehmen, hier handle es sich um unhistorische Zutaten des Autors. Dem ist aber nicht so.« (»Ketzerverbrennung in Berlin?«, veröffentlicht im Berliner »Tagesspiegel« vom 13. 3. 1962). Die Whiting-Übersetzung Frieds erschien im gleichen Jahr in »Theater heute« (Heft 4, S. 57/ I–XX).

S. 31–39 *Englische Randglossen.* Erschien zuerst in: H. W. Richter (Hg.), Plädoyer für eine neue Regierung oder Keine Alternative. Reinbek 1965, S. 140–146. Der vorliegende Druck danach. – Der oben genannte, von Hans Werner Richter zusammengestellte Sammelband erschien im Vorfeld zu den Bundestagswahlen im September 1965 (in Anlehnung an einen ähnlichen, gegen die CDU-Politik gerichteten Band vor der Wahl 1961: »Die Alternative oder Brauchen wir eine neue Regierung?«, hrsg. von Martin Walser). Der Beitrag Frieds beschäftigt sich mit der Einschätzung des politischen Status quo Westdeutschlands aus der Sicht der Engländer und steht deshalb im Kapitel »Bundestagswahl – Gesehen von jenseits der Grenzen« (darin weitere Statements von Reinhard Lettau, Robert Havemann und Peter Weiss).

der Kampf gegen Englands Eintritt in die EWG – Vor allem auf Betreiben des französischen Präsidenten um 1962/1963, wozu Lilge kommentiert: »Die Regierung der Bundesrepublik war zwar prinzipiell für eine institutionelle Integration Europas [...]. Aber das Angebot de Gaulles an Deutschland zur Zusammenarbeit mochte der Bundeskanzler [Adenauer] als ersten politischen Schritt auf dem Wege zur Einheit Europas nicht zurückweisen, zumal er der wirtschaftlichen und politischen Rolle Großbritanniens in einem vereinigten Europa mit Distanz gegenüberstand. Diese Auffassung teilte nicht das gesamte Kabinett. Bundeswirtschaftsminister [Ludwig] Erhard und Außenminister [Gerhard] Schröder vertraten eine die Partnerschaft Englands einschließende Politik« (S. 309). Großbritannien wurde erst 1973 Vollmitglied der EG.

Hallstein-Doktrin – Der ab 1955 artikulierte Alleinvertretungsanspruch Westdeutschlands, d. h. »daß die Bundesrepublik keine politischen Beziehungen mit Staaten unterhält, die ihrerseits diplomatische Beziehungen mit der DDR unterhalten« (Lilge, S. 203).

Pgs – Parteigenossen.

Gerstenmaiers – Eugen Gerstenmaier (1906–1986), evangelischer Theologe und deutscher Politiker (CDU). Er hatte dem Widerstand gegen Hitler um die Bewegung vom 20. Juli 1944 angehört; ab 1954 Präsident des Deutschen Bundestages (Rücktritt 1969 anläßlich der sogenannten »Wiedergutmachungsaffäre«, nachdem der gut verdienende ›zweite Mann im Staate‹ versucht hatte, sich unter Berufung auf das Wiedergutmachungsgesetz eine zusätzliche Pension zu verschaffen).

sogenannten Gaullisten – Die die französische Politik favorisierende Gruppe um Adenauer und Franz Josef Strauß (s. o.), der die sogenannten »Atlantiker« gegenüberstanden, die für einen engeren USA- und NATO-Verbund plädierten.

Dr. Seebohm – Vgl. S. 266.

Konrad Henlein – Sudetendeutscher Politiker (1898–1945), trat für den Anschluß der sudetendeutschen Gebiete an das Deutsche Reich ein, ab 1939 im Dienst der NSDAP Reichsstatthalter im Reichsgau Sudetenland.

Carlo Schmid – C. Schmid (1896–1979), Jurist (u. a. Prof. für Völkerrecht in Tübingen von 1946–1953, Prof. für Politikwissenschaft in Frankfurt/M.) und SPD-Politiker, spielte eine tragende Rolle bei der Ausarbeitung des westdeutschen Grundgesetzes und des Godesberger Programms der SPD (1959). Zahlreiche wissenschaftliche Publikationen; machte sich auch als Literatur-Übersetzer einen Namen (u. a. »Die Blumen des Bösen« von Ch. Baudelaire).

Fritz Erler – Der Politiker F. Erler (1913–1967) war von 1949–1967 Mitglied des Deutschen Bundestags und außen- sowie wehrpolitischer Experte der SPD.

S. 40–43 *Kesseltreiben gegen Robert Havemann und Wolf Biermann.* Rundfunkbeitrag: »Persönliche Betrachtung« vom 17. 1. 1966 innerhalb des »German Soviet Zone Programme« der BBC (vgl. Anmerkungen zu S. 13–16). Der vorliegende Druck folgt einer unkorrigierten Fassung (Matrizenabzug) aus dem Nachlaß. Titel vom Herausgeber. – Der deutsche Chemiker und politische Theoretiker Robert Havemann (1919–1982; ab 1932 KPD-, später in der DDR SED-Mitglied) wurde wegen seiner staatskritischen Äußerungen 1964 aus der SED ausgeschlossen, seines Lehrstuhls an der Humboldt-Universität enthoben und 1966 aus der Deutschen Akademie der Wissenschaften gedrängt. Verstärkten Repressionen war zu dieser Zeit auch ein Freund Havemanns ausge-

setzt: der (von Hanns Eisler geförderte) Liedermacher Wolf Biermann (geb. 1936 in Hamburg, ab 1953 in der DDR lebend, ab 1976 in der BRD), dessen Texte und Lieder zu Beginn der sechziger Jahre schrittweise verboten wurden (Totalverbot 1965; vorher Ausschluß aus der SED, 1963). Für beide ›Regimekritiker‹ hat sich Erich Fried in seinen BBC-Sendungen in der DDR wiederholt und massiv eingesetzt, so etwa in »Persönlichen Betrachtungen« vom 16. 3. 1964 (Kritik an der Lehramtsenthebung Havemanns), vom 20. 12. 1965 (Ausführungen zur Biermann-Solidarität von Peter Weiss und Heinrich Böll) oder der vorliegenden Sendung.
Zu Havemann vgl. z.B. Frieds »Nachruf« (in: »Gedanken«, S. 167–168) und das Gedicht »Ein Mann im Schatten« (in: europäische ideen, Heft 53/1982, S. 51); zu Biermann, der mit Fried nicht immer einig war (ästhetisch und politisch, wie auch umgekehrt Fried mit Biermann), das Gedicht »Vom wehleidigen Wolf Biermann« (in: Thomas Rothschild [Hg.], Wolf Biermann. Liedermacher und Sozialist. Reinbek 1976, S. 16–17).

Artikel in »L'Unita« – In Frieds vorhergehender »Persönlichen Betrachtung« vom 10. 1. 1966 heißt es u. a.:
»Mittlerweile hat ein führender italienischer Kommunist, ZK-Mitglied Professor Lucio Lombardo-Radice, in der italienischen Parteizeitung ›L'Unita‹ vom 5. Januar über Professor Havemann in Zusammenhang mit der italienischen Ausgabe von Professor Havemanns Vorlesungen an der Humboldt-Universität ›Dialektik ohne Dogmen‹, die in der DDR ebenfalls nicht erscheinen können, geschrieben: ›Dieser ehemalige, überaus originelle und überaus tapfere militante Wissenschaftler ist im Augenblick, in dem ich dies schreibe, außerhalb der Sozialistischen Einheitspartei, er ist nach 32 Jahren des Kampfes im März 1964 ausgeschlossen worden.‹ Aber über diesen Ausschluß Professor Havemanns schreibt Professor Lombardo-Radice: ›Wir sind zuversichtlich, das wird nicht mehr sehr lange dauern‹.
Über Professor Havemanns Ansichten, die zu der Hetze gegen Havemann geführt haben, schreibt das italienische Zentralkomitee-Mitglied Lombardo-Radice: ›Havemanns Polemik ist in Wirklichkeit keine Polemik gegen den Kommunismus, sondern für den Kommunismus, nicht gegen den Marxismus, sondern für den Marxismus. Er steht im Gegensatz, im heftigen Gegensatz, zu jenen Philosophen, die in gutem Glauben von sich verkünden, daß sie Kommunisten und Marxisten seien, die aber durch ihren Dogmatismus ein schweres Hindernis für die revolutionäre Entwicklung darstellen, welche die Schöpferin einer sozialistischen Wissenschaft, eines sozialistischen Denkens und einer sozialistischen Gesellschaft ist‹« (zitiert nach einer unkorrigierten Fassung aus dem Nachlaß von Erich Fried).

Kulturzeitschrift »Tagebuch« – Aus dem Wiener »Tagebuch« (Jänner 1966, S. 9) hatte Erich Fried in seiner »Persönlichen Betrachtung« vom 10. 1. 1966 folgender zitiert aus einem Artikel von Ernst Fischers Auszug (»Wolf Biermann: Balladen, Gedichte, Lieder«): »Das Erstaunlichste an diesem Dichter ist, daß er die Forderung nach Volkstümlichkeit und Parteilichkeit phrasenlos erfüllt. Seine Balladen und Gedichte sind auf neue, großstädtische, unromantische Art volkstümlich. (Das heißt, sie entzücken den anspruchsvollen Intellektuellen ebenso wie ein naives Publikum und vereinigen alle zu dem, was Volk genannt werden darf.) Und wenn das Wort Parteilichkeit einen nichtadministrativen Sinn haben soll, nämlich Parteinahme für die kommunistische Idee, gegen den Angriff von außen und die Entstellung von innen, für den Sozialismus, gegen die Routine, für den Menschen, gegen das Klischee, gibt es wenige Dichter, die so parteilich sind wie Wolf Biermann‹« (zitiert nach einer unkorrigierten Fassung aus dem Nachlaß von Erich Fried).

»Der Stürmer« – Antisemitisches Hetzblatt, ab 1923 von dem Nationalsozialisten Julius Streicher herausgegeben. Vgl. auch Frieds Charakterisierung auf S. 164.

Paul Verner – Deutscher Kommunist (1911–1986), ab 1950 Mitglied des ZK der SED (von 1958–1984 dessen Sekretär), von 1963–1984 Mitglied des Polit-büros. Berüchtigter Dogmatiker.

S. 44–54 *Schriftsteller, Erfolg und Wohlstandsgesellschaft.* Erschien zuerst in: kürbiskern, 4/1966, S. 99–107. Der vorliegende Druck folgt: »Gedanken«, S. 9–19. – Frieds Rede anläßlich der 28. Tagung der Gruppe 47 an der Universität Princeton (New Jersey/USA) vom 22.–24. 4. 1966. Fried war Mitglied der Gruppe 47 seit 1963 (vgl. Kaukoreit/Exil, S. 421 ff.).

Savonarola – Der Italiener Giolamo Savonarola, spätmittelalterlicher Bußprediger (geb. 1452) wurde 1497 exkommuniziert, 1498 verbrannt.

»Dr. Seltsam« – Die Atomkriegs-Satire »Dr. Strangelove or How I learned to stop worrying and love the bomb« (1963), ein mittlerweile legendärer Film von Stanley Kubrick.

»The War Game« – Filmische, mit mehreren Preisen ausgezeichnete Fiktion von Peter Watkins über die Folgen eines atomaren Angriffs auf englische Städte (1966); produziert im Auftrag der BBC, aber in den eigenen Programmen nicht gezeigt. In der Rundfunk-Abteilung hat Fried in einer »Persönlichen Betrach-tung« vom 8. 8. 1966 den Sendeverzicht der BBC eindeutig kritisiert.

»Nationale Befreiungsarmee« – FNL, 1960 in Südvietnam gegründet (vgl. GW 1/648), Dachorganisation der südvietnamesischen Guerilla-Kämpfer, die ver-allgemeinert auch als Vietcong bezeichnet werden (ursprünglich: vietnamesi-sche Kommunisten).

Marschall Ky – Der südvietnamesische Militär Cao Ky, der nach dem Militär-putsch vom Juni 1965 Premierminister wurde, erklärte im Juli desselben Jah-res: »Ich habe nur ein Vorbild: Hitler.« Fried hat diesen Ausspruch häufig zitiert, auch in seinen Gedichten (vgl. z. B. GW 1/394 u. 509 f.; vgl. auch weitere Erwähnungen Kys im vorliegenden Band, z. B. S. 55 und S. 67). – Zum Viet-namkrieg bis 1966 vgl. die dem Lyrikband »und Vietnam und« nachgestellte »Chronik« (GW 1/646–659).

Dr. Verwoerds – Hendrik F. Verwoerd (1901–1966, ermordet), südafrikanischer Politiker, Verfechter einer rigorosen Apartheidpolitik.

Mary McCarthy – Amerikanische Journalistin und Romanschriftstellerin (1912–1989), die in amerikanischen Magazinen und Zeitungen Reportagen über die Brutalität der Amerikaner im Vietnamkrieg veröffentlichte und dazu zwei Sachbücher verfaßte (»Vietnam«, New York 1967; »Hanoi«, New York 1968).

das Gemetzel von Sharpeville – Polizei-Massaker am 21. 3. 1960 an schwarzen Demonstranten im südafrikanischen Sharpeville (71 Tote).

42 Schulkinder – Getötet bei einem amerikanischen Bombenangriff. Vgl. Frieds gleichnamiges Gedicht (GW 1/368 f.) und die Verse »Da Nang – Man Quang« (GW 3/563 f.).

Iwan Denissowitsch – Die zentrale Figur aus Alexander Solschenizyns Erzählung »Ein Tag im Leben des Iwan Denissowitsch«. Der Erstling Solschenizyns war 1962 im Zuge der erneuten Entstalinisierungsversuche mit ausdrücklicher Bewilligung Chruschtschows erschienen.

S. 55–57 *Macht und Wissen.* Rundfunkbeitrag: »Persönliche Betrachtung« vom 11. 9. 1967 innerhalb des »German Soviet Zone Programme« der BBC (vgl. Anmerkungen zu S. 13–16). Der vorliegende Druck folgt einer unkorrigierten Fassung (Matrizenabzug) aus dem Nachlaß. Titel vom Herausgeber.

Kys – Siehe oben.

Van Thieus – Nguyen Van Thieu, General und Politiker, ab 1965 als Vorsitzender des nationalen Verteidigungsrates Staatsoberhaupt, ab 1967 Staatspräsident im südlichen (im Kampf gegen den Vietcong und Nordvietnam von den USA unterstützten) Teil Vietnams.

271

Mary McCarthys – Siehe oben.

Kommunist und Sekretär Dimitroffs – Georgi M. Dimitrow (1882–1949), bulgarischer Kommunist, von 1935–1943 Generalsekretär der Kommunistischen Internationale (Komintern) in Moskau; der spätere SPD-Politiker Herbert Wehner (1906–1990) war von 1937–1941 bei der Komintern in Moskau tätig.

McNamara – Zu dem 1916 geborenen Robert Strange McNamara, amerikanischer Verteidigungsminister (1961–68) und Präsident der Weltbank (1968–81), siehe GW 1/649 und Frieds Gedicht »An die Teilnehmer des Gerichts der Öffentlichkeit über Johnson, Rusk, McNamara und Lodge« (in: kürbiskern, 1/1967, S. 3–4).

S. 58–60 *Ein Jahr Große Koalition.* Rundfunkbeitrag: »Persönliche Betrachtung« vom 11. 12. 1967 innerhalb des »German Soviet Zone Programme« der BBC (vgl. Anmerkungen zu S. 13–16). Der vorliegende Druck folgt einer unkorrigierten Fassung (Matrizenabzug) aus dem Nachlaß. Titel vom Herausgeber. – Das von Fried aus zeitgenössischer Sicht geschilderte Erstarken der NPD durch die Bildung und Politik der Großen Koalition wird in der Sekundärliteratur oft bestätigt. Die große Koalition zwischen CDU/CSU und SPD war (nach dem Rücktritt des Kanzlers Erhard) im Dezember 1966 unter dem Bundeskanzler Kurt G. Kiesinger zustande gekommen. Sie ist auch verantwortlich für die verfassungsändernden, die Grundrechte einschränkenden »Notstandsgesetze« von 1968, bei deren Ankündigung sich schon vorher die linke »Außerparlamentarische Opposition« (APO) formiert hatte. Vgl. z.B. auch Frieds spätere Wertung auf S. 204.

Adolf von Thadden – Der 1921 geborene deutsche Politiker (ab 1939 Mitglied der NSDAP, 1946 Flucht aus polnischer Gefangenschaft; danach Vertreter der rechtsradikalen Deutschen Reichspartei) war Mitbegründer und bis 1971 bzw. 1975 führender Kopf der 1964 in Hannover ins Leben gerufenen, antidemokratischen und rassistischen Nationaldemokratischen Partei (NPD).

S. 61–63 *Abschied von der* BBC. Rundfunkbeitrag: »Persönliche Betrachtung« vom 22. 1. 1968 innerhalb des »German Soviet Zone Programme« der BBC (vgl. Anmerkungen zu S. 13–16). Erschien zuerst in einer englischsprachigen Version in der BBC-Zeitschrift »The Listener« (Nr. 2026 v. 25. 1. 1968), dann in: kürbiskern, 2/1968, S. 283–285. Der vorliegende Druck folgt »Gedanken«, S. 31–33. – Zu den Reaktionen auf Frieds BBC-»Abschied« vgl. S. 119f.

Prager Prozesse – Z.B. die Verurteilung und Hinrichtung des tschechoslowakischen Kommunisten Rudolf Slánsky (1901–1952) in Prag; der antisemitisch geprägte »Slánsky-Prozeß«, bei dem 1952 von 14 (meist jüdischen) Beschuldigten 11 zum Tode und 3 zu lebenslanger Haft verurteilt wurden, gilt allgemein als der letzte und größte Schauprozeß gegen hohe KP-Funktionäre im kommunistischen Osten Europas. Vgl. auch S. 160.

Verbot der KPD – Vgl. S. 267.

János Kádárs – Der ungarische Kommunist (1912–1989), als angeblicher Titoist 1951–1954 inhaftiert, stand 1956 zunächst auf der Seite Imre Nagys (vgl. S. 265), war anschließend jedoch maßgeblich an der Niederschlagung des ungarischen Aufstands beteiligt. Über Frieds frühere Einschätzung Kádárs, der zur Zeit der BBC-Sendung vom Februar 1968 Chef der Ungarischen Sozialistischen Arbeiterpartei war und vorsichtige Liberalisierungsversuche unternahm, liegen (noch) keine weiteren Informationen vor.

S. 64–69 *Unsere Opposition in den großen Städten.* Erschien zuerst 1968 unter dem Titel »Vietnam und unsere Opposition in den großen Städten«. Der vorliegende Druck folgt »Gedanken«, S. 34–39. – Als ein Höhepunkt des damaligen Protests gegen den Krieg in Vietnam fand am 17./18. 2. 1968 an der FU in

West-Berlin die inzwischen legendäre, vom SDS einberufene und zunächst vom Senat verbotene »Internationale Vietnamkonferenz« statt, die von zahlreichen Intellektuellen (darunter auch Fried) mit einer »Erklärung« begrüßt wurde (vgl. »Vaterland, Muttersprache«. Berlin: Verlag Klaus Wagenbach, 1979, S. 260f.). Fried selbst hielt die hier abgedruckte Rede am Abend des 17. 2. 1968, die er – wie auch eine Anmerkung in der Druckvorlage besagt – unterbrach, als bekannt wurde, daß die für den nächsten Tag immer noch verbotene Groß-Demonstration von der Polizei doch noch zugelassen wurde. Er teilte dies seinen begeisterten Zuhörern mit. Vgl. weitere Details bei Lampe, S. 132 ff.

Johnsons – Zu dem amerikanischen Präsidenten Johnson (1908–1973) und dessen Vietnam-Politik sowie zum Vietnamkrieg bis 1966 allgemein vgl. erneut die bereits erwähnte »Chronik« des Bandes »und Vietnam und« (GW 1/646–659). Selbstkritisch hat Fried später des öfteren wiederholt, z.B. 1983, daß er »– dem damaligen Informationsstand entsprechend – die Schuld Kennedys etwas zu niedrig und dementsprechend die Schuld Lyndon B. Johnsons an diesem Krieg zu hoch eingeschätzt habe« (GW 1/652). Johnsons wichtige Begrenzung der amerikanischen Luftangriffe, die grundlegend für die späteren amerikanischen-nordvietnamesischen Friedensverhandlungen in Paris ist, erfolgte im März 1968, also erst einen Monat nach der Berliner SDS-Konferenz.

Quislingscharakter Kys – Vidkun Quisling, faschistischer norwegischer Politiker (1887–1945); sein Name wurde gebräuchlich im Sinne von »Kollaborateur«. Zu Ky vgl. S. 271.

Vicky – Der England-Exilant Victor Weisz (1913–1966). Den Selbstmord »des politischen Graphikers Vicky, vielleicht des besten Karikaturisten der letzten zwanzig Jahre«, kommentierte Erich Fried in einer »Persönlichen Betrachtung« der BBC vom 28. 2. 1966: »Ob der Grund Krankheit war, Privatprobleme oder politische Depression, – denn Vicky war seit seiner Jugend in Berlin ein Mensch, dem Politik Lebenselement war – das weiß ich nicht. Seit mehr als einem Jahr waren seine Karikaturen bei all ihrer Komik doch überaus bitter. Wenn Präsident Johnson dargestellt wurde, so stellte ihn Vicky meist nicht nur als Onkel Sam dar, sondern zeigte ihn mit den Händen fest um den Hals eines Asiaten mit der Aufschrift Vietnam, und wenn Johnson den Indern und Pakistanis Frieden beibringen oder sonst jemandem eine beschwichtigende politische Lehre erteilen wollte, dann zeigte ihn Vicky, wie er höchstens eine Hand von der Kehle Vietnams vorübergehend wegnahm, um mit dieser Hand eine begütigende Geste zu machen« (zitiert nach einer unkorrigierten Fassung aus dem Nachlaß).

Robert Kennedy – Der 1925 geborene Bruder und enge Mitarbeiter von John F. Kennedy, R.F. Kennedy, war von 1961–1964 amerikanischer Justizminister, von 1964–1968 Senator für New York und wurde am 16. 6. 1968 während einer Wahlkampfreise in Los Angeles ermordet.

S. 70–112 *Intellektuelle und Sozialismus. Anmerkungen zu Verhaltensmustern.* Erschien zuerst in: Paul A. Baran/Erich Fried/Gaston Salvatore: Intellektuelle und Sozialismus. Berlin: Verlag Klaus Wagenbach, 1968 (= Rotbuch 2), S. 25–87 (mit der Impressums-Angabe, daß der Beitrag von Erich Fried im Juli/August 1968 entstanden sei). Der vorliegende Druck danach. – Der Text war – wie auch der von Gaston Salvatore – von Klaus Wagenbach angeregt worden, im Zusammenhang mit dem (bereits vorliegenden) Text von Paul A. Baran.

seit den Ereignissen in der ČSSR im August 1968 – Die brutale Beendigung des von Alexander Dubček geführten ›Prager Frühlings‹ durch Truppen des Warschauer Paktes (u.a der DDR). Vgl. die Ausführungen in dem späteren Abschnitt »...Prag, August 1968« des Fried-Essays (S. 105).

Lübke – Heinrich Lübke (1894–1972), deutscher Bundespräsident von 1959–1969 (CDU), berief sich 1966, konfrontiert mit dem Vorwurf, KZ-Architekt gewesen zu sein, auf eine Gedächtnislücke. Paul Lücke, damaliger Innenminister, verteidigte ihn und wies die Vorwürfe als DDR-Propaganda ab.

Hugenberg – Alfred Hugenberg (1865–1951), dt. Wirtschaftsführer und Politiker. 1909–1918 Vorsitzender des Direktoriums der Firma Krupp. Mit dem Aufbau des Hugenbergkonzerns (seit 1916) schuf sich Hugenberg eine beherrschende Stellung im dt. Zeitungs-, Nachrichten- und Filmwesen, die er nach 1918 zum Kampf gegen die Weimarer Republik nutzte. Als Vorsitzender der Deutschnationalen Volkspartei (DNVP) (1928–33) führte Hugenberg seine Partei zu einer engen Zusammenarbeit mit der NSDAP, die diese aus der innenpolitischen Isolierung löste.

Benda – Der 1925 geborene CDU-Politiker Ernst Benda war 1968/69 Bundesinnenminister, ab 1971 Richter am Bundesverfassungsgericht und dessen Präsident.

Schütz – Klaus Schütz (geb. 1926), 1967–1977 Regierender Bürgermeister von West-Berlin (SPD).

Martin Luther King – Führer der Bürgerrechtsbewegung der Schwarzen in den USA (1929–1968), Vertreter des gewaltlosen Widerstandes; vgl. das Fried-Gedicht »Martin Luther King« (in: »Frankfurter Rundschau« v. 9. 4. 1968).

Neubauer – Kurt Neubauer (geb. 1922), ab 1946 SPD-Mitglied, von 1962–1976 stellvertretender Vorsitzender des Berliner Landesverbandes der SPD (dort Vertreter des sogennanten »rechten Flügels«). Zog mehrfach den Zorn der Öffentlichkeit auf sich (u. a. soll er 1967 maßgeblich am Rücktritt des Regierenden Bürgermeisters von Berlin, Heinrich Albertz [vgl. S. 278], beteiligt gewesen sein). Ab 1967 Stellvertreter von Klaus Schütz (s. o.) und Berliner Innensenator (vgl. S. 144), später von der FDP zum Rücktritt gezwungen.

Bebel – August Bebel (1840–1913), zunächst Radikaldemokrat, später Marxist, der entscheidend an der Entwicklung der deutschen Sozialdemokratie mitwirkte, lange Zeit als ihr Vorsitzender.

Che Guevara – Der 1928 in Argentinien geborene Ernesto »Che« Guevara kämpfte 1956 zusammen mit Fidel Castro gegen die kubanische Diktatur, wo er nach der Revolution wichtige Staatsämter innehatte. Zur Unterstützung lateinamerikanischer Revolutionsbewegungen verließ er Kuba 1965. Der Guerillaführer und -theoretiker wurde 1967 von bolivianischen Soldaten erschossen. Kultfigur der Studentenbewegung. Auf seine Äußerung über die Aufgabe der Kunst hat sich Fried wiederholt berufen.

Der 20. Parteitag – Vgl. S. 265.

Jürgen Habermas – Vgl. dazu Jürgen Habermas: Protestbewegung und Hochschulreform. Frankfurt/M. 1969, darin insbesondere die Entgegnung von Habermas auf Frieds Kritik an seinem Ausspruch vom »linken Faschismus« 1967 in Hannover (S. 149–150).

S. 113–117 *Gegen Chauvinismus – Für israelisch-arabische Verständigung.* Rundfunkbeitrag: Südwestfunk (Baden-Baden) 1970 innerhalb der Sendereihe »Blick in die Zeit«. Erschien zuerst in: Frankfurter Hefte, 25. Jg., 1970, S. 465–466. Der vorliegende Druck danach. – Erich Fried war ein äußerst engagierter Kritiker der israelischen Palästinenser-Politik und des Zionismus. Besonders hat er sich mit den führenden Zionisten Theodor Herzl (Österreichischer Journalist, 1860–1904) und Max Nordau (Kulturkritiker und Journalist, 1849–1923) auseinandergesetzt, aber auch mit dem jüdischen Religionsphilosophen Martin Buber (1878–1965). Vgl. zu diesem Komplex vor allem Frieds Lyrikband »Höre, Israel!« von 1974 (GW 2/89–190); des weiteren »Nicht verdrängen«, S. 171–175 u. »Gedanken«, S. 161–166; zum histori-

schen Kontext z. B. Kirsten Bauer: Stichwort. Palästinenser und PLO. München: Heyne, 1993.
Frieds Beitrag ist in den Frankfurter Heften nicht unwidersprochen geblieben, vgl. die Replik von Hilde Rubinstein im gleichen Jahrgang der Zeitschrift, S. 539–540 unter dem Titel »Herrn Erich Fried zur Antwort«.

Pinsker – Der Arzt Leon Pinsker (1821–1891), Vertreter einer Gruppe in Odessa, die für die jüdische Ansiedlung in Palästina plädierte und sich mit polnischen und anderen russischen, gleichgerichteten Vereinigungen auf dem Kattowitzer Kongreß 1884 zu einer Organisation zusammenschloß (ab 1887 unter dem Namen »Chowewe Zion«, Freunde Zions).

Chaim Weizmann – Jüdischer Gelehrter und Staatsmann (1874–1952), früher Anhänger Theodor Herzls, von 1920–31 u. 1935–46 Präsident der Zionistischen Weltorganisation, ab 1929 Leiter der »Jewish Agency«. Nach dem Zweiten Weltkrieg trat Weizmann für die Bildung eines arabischen und eines jüdischen Staates in Palästina ein und wurde nach der Unabhängigkeit Israels 1948 provisorischer, 1949 erster Staatspräsident.

Martin Buber vor wenigen Jahren, ganz kurz vor seinem Tod – Später korrigierte sich Fried, der den angeblichen Buber-Ausspruch mehrfach herangezogen hatte: »Ich war leider falsch informiert. Die von mir Martin Buber zugeschriebene Äußerung hatte in Wirklichkeit fast den gegenteiligen Sinn. Buber sagte: Die Juden hätten nicht auf die Mahnungen der Zionisten gehört, sondern hätten erst die Lehren Hitlers beherzigt. Er kritisierte also nicht das Verhalten der Zionisten (was er allerdings oft tat), sondern das der sogenannten Assimilanten« (»Gedanken«, S. 166).

Nahum Goldmann – Zionistischer Politiker und Schriftsteller (1894–1982), von 1935–40 Repräsentant der »Jewish Agency« beim Völkerbund. 1951 wurde er Präsident des Jüdischen Weltkongresses, 1956–1968 Präsident der Zionistischen Weltorganisation. Er war maßgeblich an den Wiedergutmachungsverhandlungen mit der BRD und Österreich beteiligt.

S. 118–150 *Vorbeugemord.* Erschien in: Erich Fried: Und nicht taub und stumpf werden. Unrecht, Widerstand und Protest. Reden, Polemiken, Gedichte. Dorsten 1974, S. 26–56. Der vorliegende Druck folgt »Gedanken«, S. 74–103, jedoch wurde die dort auf S. 103 dem Gesamttext versehentlich nachgestellte Anmerkung per Fußnote wieder ihrem ursprünglichen Bezugspunkt, nämlich dem Prosastück »Die Schneibarkeit« zugeordnet (vgl. GW 4/340–341). – Es handelt sich um Frieds Verteidigungsrede am 21. 1. 1974 vor dem Amtsgericht Hamburg, nachdem er und die Spiegel-Redakteurin Heike von der Osten vom Berliner Polizeipräsidenten Klaus Hübner angeklagt worden waren, die Berliner Polizei beleidigt zu haben. Fried hatte die Erschießung des Studenten Georg von Rauch durch den Berliner Polizisten Schulz (4. 12. 1971) in einem »Spiegel«-Leserbrief vom 7. 2. 1972 als »Vorbeugemord« bezeichnet (in Reaktion auf eine Auseinandersetzung über die Baader-Meinhof-Gruppe zwischen Heinrich Böll und dem NRW-Justizminister Diether Posser). Der Prozeß, an dem Heinrich Böll als Gutachter für Erich Fried teilnahm, endete mit Freispruch. Vgl. weitere Details bei Lampe, S. 149–152 und Volker Kaukoreit: »Politische Tabuverletzungen. Erich Fried im Spiegel öffentlicher Auseinandersetzungen«, in: Text + Kritik, Heft 91/1968, S. 70–82, insbes. S. 75–77).

Niemöller – Martin Niemöller (1892–1984), deutscher evangelischer Pastor, gründete 1933 einen Pfarrer-Notbund gegen regimetreue Christen, war in der BRD vehementer Gegner der atomaren Aufrüstung, seit Anfang der fünfziger Jahre. Zwischen Fried und Niemöller bestand eine Korrespondenz.

Schwarzer September – Palästinensische Terrororganisation (vgl. GW 2/164f.).

Shahak – Zu Dr. Israel Shahak, dem Fried 1973 die Hälfte der mit 50000 Schilling angesetzten Preissumme des »Österreichischen Würdigungspreises für Literatur« vermachte (vgl. »Nicht verdrängen«, S. 13f.), siehe die ausführlichere Beschreibung auf S. 161 und GW 2/161.

Fugger – Handelsgeschlecht aus Augsburg (seit dem 14. Jahrhundert, mit dem Stammvater Jakob Fugger und dem späteren Kupfermonopolisten Jakob II, der sogenannte »Reiche«); vgl. Frieds Gedicht »Fuggers Zinseszinsen« (GW 3/281).

Mahler – Der 1936 geborene Horst Mahler, Rechtsanwalt, wurde 1970 verhaftet und 1974 wegen RAF-Mitgliedschaft und Bankraubes verurteilt, Haftentlassung auf Bewährung 1980 nach Distanzierung von der RAF.

Irma Grese – Vgl. GW 4/209f.

Bauer – Vgl. S. 151f.

Michael Baumann – »Bommi«, Mitglied der Bewegung »2. Juni«, unmittelbarer Zeuge der Erschießung Georg von Rauchs, flüchtete 1971, lebte bis zu seiner Verhaftung im Untergrund, wurde verhaftet und bald darauf begnadigt. Fried verdächtigte ihn seit Mitte der siebziger Jahre (vgl. Der Lange Marsch, 9/1974), spätestens jedoch seit Ende der siebziger Jahre nach Erscheinen des Buches »Wie alles anfing« der Kollaboration mit dem BND.

S. 151–157 *Nichts gelernt seit Hitler*. Erschien zuerst in : Neues Forum, Mai/Juni 1975, S. 9–11. Der vorliegende Druck folgt »Gedanken«, S. 67–73. – Zum Hintergrund der in diesem Beitrag erwähnten terroristischen Vereinigung (RAF und 2. Juni) vgl. die Anmerkungen zu S. 166–167.

Werner Milch – Erich Fried hatte den 1939 nach Großbritannien emigrierten Breslauer Germanisten Werner Milch (1903–1950) im Londoner Exil kennengelernt. Milch verschaffte dem jüngeren Exilanten nicht nur wichtige Kontakte im In- und Ausland, sondern beeinflußte Fried auch in politischer und literaturtheoretischer Hinsicht (vgl. Kaukoreit/Exil, S. 186ff.).

Gollwitzer – Vgl. S. 175–188.

Die Rede erschien – Der Erstdruck konkretisiert in einer Fußnote: »Heinrich Böll: Ich habe die Nase voll! Anarchisten- und Liberalenverfolgung in der BRD. NF Jänner/Februar 1975«.

Fritz Bauer – Vgl. S. 145f.

Steinhoff – Deutscher General (1913–1994), der als Inspekteur der Luftwaffe (1966–70) die Starfighterkrise beendete; von 1971–1974 Vorsitzender des NATO-Militärausschusses.

Gollancz – Victor Gollancz (1893–1967) gründete u.a. den für die englischen Sozialisten bedeutenden »Left Book Club«. In England erschien 1947 sein Buch »In Darkest Germany«, in dem Gollancz über seine Eindrücke auf Reise durch Teile Westdeutschlands berichtet (u.a. über Hamburg, Dortmund, Köln und Düsseldorf) und für die dort notleidenden Menschen Hilfe verlangt. Zu Gollancz vgl. auch GW 4/206.

Flechtheim – Ossip K. Flechtheim (geb. 1909), Professor für politische Wissenschaften an der FU Berlin (emeritiert), verheiratet mit Lili Flechtheim, Tochter des Berliner Schriftstellers Emil Faktor. Erich Fried war mit dem Ehepaar gut befreundet (wobei der Kontakt folgendermaßen zustande gekommen war: Lili Faktor war 1933 nach Prag emigriert, wo sie zusammen mit ihrer besten Freundin Maria Marburg in der Länderbank arbeitete. Während Maria Marburg 1939 nach England floh und dort 1944 Erich Fried heiratete, ging Lili Flechtheim in die USA, wo sie ihren Mann Ossip kennenlernte. Erich Fried traf Lili Flechtheim zum ersten Mal, als sie 1946 ihre Freundin Maria in London besuchte).

Willy Brandt – Vgl. S. 266.

Joe McCarthy – Vgl. S. 278.

Mickey Spillane – Eine ähnliche Kritik an dem 1918 geborenen, publikumswirksamen amerikanischen ›Sex and Crime‹-Autor (hierzulande vor allem bekannt durch die Filmserien um den Detektiv-Helden Mike Hammer), hatte Fried bereits in einer »Persönlichen Betrachtung« der BBC von 13. 2. 1967 geübt: »Vor kurzem sagten mir einige amerikanische Schriftsteller, auf meine Frage, wen sie für den einflußreichsten zeitgenössischen Schriftsteller hielten, Mickey Spillane. Einfach deshalb, weil Spillane's billige Romanbüchlein, eine Mischung von Krimi, Sex und unwahrscheinlich versimpelten politischen Räubergeschichten, ein unvergleichlich größeres Publikum erreichen, als alle ernstzunehmenden Schriftsteller in Amerika« (zitiert nach einer von Fried eigenhändig korrigierten Fassung aus dem Nachlaß).

Roland Freisler – Von 1942–1945 berüchtigter Präsident des Volksgerichtshofes im Dritten Reich.

Rudi Dutschke – Vgl. S. 279.

S. 158–165 *Ist Antizionismus Antisemitismus?* Rundfunkbeitrag: NDR (Hannover) 1976. Erschien zuerst in: Merkur, 30. Jg. (1976), S. 547–552. Der vorliegende Druck folgt »Gedanken«, S. 104–110. – Die als Motto vorangestellten Verse sind der 3. Abschnitt von Frieds Gedicht »Benennungen« aus dem Band »Höre, Israel!« von 1974 (vgl. GW 2/92). Zu Frieds Auseinandersetzung mit dem Zionismus vgl. die allgemeinen Erläuterungen zu S. 113–117.

Slansky-Prozeß – Vgl. S. 61 und Anmerkung dazu.

Israel Shahak – Vgl. S. 275.

Nahum Goldmann – Vgl. S. 116 und Anmerkung dazu.

»Stürmer« – Vgl. S. 41 und Anmerkung dazu.

S. 166–167 *Der Tod von Ulrike Meinhof.* Erschien zuerst in: Die Tat, Nr. 36 v. 3.9. 1976, S. 3. Der vorliegende Druck folgt »Gedanken«, S. 111–112. – Die RAF-Mitbegründerin Ulrike Meinhof (geb. 1934) war am 9. 5. 1976 in der JVA Stuttgart-Stammheim tot aufgefunden worden. Die unmittelbaren staatlichen Ermittlungen waren von zahlreichen Pannen, Unterlassungen und Widersprüchen geprägt, so daß die offizielle These von einem Selbstmord nicht nur bei RAF-›Sympathisanten‹ Anlaß zum Zweifel gab. Die Ergebnisse des von Fried geforderten internationalen Untersuchungsausschusses wurden erst 1979 veröffentlicht und lassen wie spätere Stellungnahmen einen großen Spielraum an Hypothesen zu. Für Fried bestand der Hauptwiderspruch zwischen der fahrlässigen Vorgehensweise der deutschen Aufklärungsbehörden und der sensibilisierten Aufmerksamkeit im Ausland gegenüber dem zunehmend autoritären Selbstverständnis der westdeutschen Demokratie.

Der Werdegang Ulrike Meinhofs kann hier ebensowenig erläutert werden wie die zahlreichen zeitgeschichtlichen Details, Hintergründe und Namen, die Fried in seinen Texten in bezug auf den westdeutschen »Terrorismus« anführt. Register, die ein schnelles Auffinden von gesuchten Namen erlauben, enthalten: Stefan Aust: Der Baader-Meinhof-Komplex. München: Knaur, 1989; Michael Müller/Andreas Kanonenberg: Die RAF-Stasi-Connection. Berlin: Rowohlt, 1992; Gerhard Wisnewski/Wolfgang Landgraeber/Ekkehard Sieker: Das RAF-Phantom. München: Knaur, 1992. Vgl. auch die von Fried geschätzte Studie »Stammheim« von Pieter Bakker Schut (Kiel: Neuer Malik Verlag 1986; broschierte Sonderausgabe 1989). Vgl. in diesem Kontext auch Frieds Gedichtsammlung »So kam ich unter die Deutschen« von 1977 (GW 2/251–318; alternativ dazu die von Klaus Wagenbach erweiterte Taschenbuch-Ausgabe von 1990, WAT 183).

Sau – Vgl. auch Frieds Gedicht »Fünf Säue« (GW 2/481).

schwarz umrandete Todesanzeige – Vgl. GW 2/264–265 mit Frieds Gedicht »An die Oberhessische Presse, Marburg«.

S. 168 »Die Anfrage« – Zitiert nach GW 2/260.

S. 169–174 *Die Anfrage*. Erschien zuerst in: Helmut Kinny/Hans Seichter/Hans Jürgen Vogel (Hg.), Delmenhorster Rundschau. Dokumente No. 1. Erich Fried. Tonbandprotokolle Radio Bremen, Demonstrationsrede, Artikel. Delmenhorst 1978, S. 33–38. Der vorliegende Druck folgt »Gedanken«, S. 128–133. – Nachdem in einer Bremer Schule die Behandlung von Frieds Gedicht »Die Anfrage« Proteste bei einzelnen Eltern hervorgerufen hatte, kam es darüber Anfang November 1977 zu einer Debatte in der Bremer Bürgerschaft, bei der der Vorsitzende der Bremer CDU-Fraktion Bernd Neumann äußerte: »So etwas würde ich lieber verbrannt sehn.« Dagegen kam es zu zahlreichen Protesten in der westdeutschen Presse (und journalistischen und verbalen Gegenschlägen der Bremer, CDU) sowie zu einer Demonstration am 2. Dezember 1977 auf dem Bremer Marktplatz, wo Frieds hier vorliegender Text, von ihm gesprochen, per Tonband wiedergegeben wurde. Zu weiteren Details und Hintergründen der Bremer »Affäre« vgl. Volker Kaukoreit: »Politische Tabuverletzungen. Erich Fried im Spiegel öffentlicher Auseinandersetzungen«, in: Text + Kritik, Heft 91/1968, S. 70–82, insbes. S. 77–79.

Herr Fromme und Herr Reißmüller – In der Frankfurter Allgemeinen Zeitung erschienen z.B. folgende Artikel mit Angriffen auf Erich Frieds Gedicht »Auf den Tod des Generalbundesanwalts Siegfried Buback« (vgl. GW 2/316–318): Johann Georg Reißmüller: »Wie steht es um den Rechtsstaat«, 13. 5. 1977; Karl Fromme: »Sie können dafür«, 2. 8. 1977.

Albertz – Heinrich Albertz, evangelischer Pfarrer (1915–1993), 1963–66 Bürgermeister von Berlin, 1966/67 Regierender Bürgermeister von Berlin, Rücktritt nach dem Tod von Benno Ohnesorg (vgl. S. 274), folgte 1975 der Aufforderung der Entführer von Peter Lorenz, freigepreßte RAF-Häftlinge nach Jemen zu begleiten. Zu den Widersprüchen in seiner Biographie vgl. Erich Fried/Heinrich Albertz: Wo liegt Nicaragua. Wuppertal 1987, S. 63–78.

Peter-Paul Zahl – Geb. 1944; geriet 1972 wegen einer Personenkontrolle in Düsseldorf bei einem Fluchtversuch in einen Schußwechsel mit der Polizei. Er wurde deshalb zunächst zu vier Jahren (1974), dann in einem Revisionsverfahren zu 15 Jahren Haft verurteilt (1976). Fried hat dagegen mehrfach protestiert; vgl. Lampe, S. 152 und Kaukoreit/Einblicke (Register).

McCarthyismus – Die oben angegebene Druckvorlage (»Gedanken«) übernahm folgende, in unserer Textwiedergabe weggelassene »Anm. der Redaktion« des Erstdrucks: »(McCarthy, republikanischer US-Senator, leitete in den fünfziger Jahren Untersuchungen gegen ›kommunistische Umtriebe‹)«. Der später mit McCarthy identifizierte Ausschuß existierte bereits seit 1947. Bekannte Beispiele für die Hysterie dieses Ausschusses und des McCarthyismus (seit 1950) sind die Vernehmungen Bertolt Brechts (1947) und des amerikanischen Physikers J. Robert Oppenheimer (1904–1967; vgl. H. Kipphardts Dokumentarstück »In der Sache J. Robert Oppenheimer« von 1964).

Russel-Tribunal – Vgl. Freimut Duve/Wolf-Dieter Narr: Russell-Tribunal – pro und contra. Reinbek 1978 (darin auf S. 72–75 ein Plädoyer von Erich Fried für ein Russell-Tribunal zu Menschenrechtsverletzungen in der BRD).

Pinochet – Der 1915 geborene, chilenische Offizier und Politiker, der (von den USA unterstützt) im September 1973 den Militärputsch gegen den demokratisch gewählten, sozialistischen Präsidenten Salvador Allende anführte (vgl. z.B. das Gedicht »Das Einfache« [GW 2/207], das unter dem Titel »Das Lehrstück Chile« zuerst in »Konkret«, Nr. 38 v. 20. 9. 1973, S. 16 erschienen ist).

John Donne – Englischer Dichter (1573–1631), vom Katholizismus zum Protestantismus konvertierter Satiriker, aber auch als Lyriker (der ›metaphysischen‹ Dichterschule) bekannt, von dem Fried in den fünfziger Jahren (wahrscheinlich schon früher) Gedichte übersetzte (vgl. z.B. Der Stern der tat sie lenken. Alte englische Lieder und Hymnen. Deutsch von Erich Fried. München: Hanser, 1966, S. 65).

S. 175–188 *Wie sah der antifaschistische Kampf aus und wie sollte er heute aussehen?* Erschien zuerst als Vorabdruck aus den »ESG-Nachrichten Nr. 99/1979« (hrsg. von der Evangelischen Studentengemeinde Osnabrück. Osnabrück 1979). Der vorliegende Druck folgt »Gedanken«, S. 134–146. – Rede, gehalten am 29. 12. 1978 in der FU Berlin anläßlich des 70. Geburtstags von Helmut Gollwitzer.
Zu den hier nicht erläuterten Aspekten in bezug auf den westdeutschen »Terrorismus« vgl. die einleitenden Anmerkungen zu den S. 166–167.

Gustav Heinemann – Deutscher Politiker (1899–1976), nach Austritt aus der CDU und Wechsel zur SPD (1957) Bundespräsident von 1969–1974.

Kurt Groenewold – Zu dem mit Fried befreundeten, zeitweise mit Berufsverbot belegten Hamburger Anwalt vgl. Frieds Rede »Der Fall Kurt Groenewold und die BRD« von 1977 (»Gedanken«, S. 113–120).

Filbinger – Hans Filbinger (CDU), geb. 1903, Ministerpräsident Baden-Württembergs bis 1978. Er trat unter öffentlichem Druck zurück, weil ihm Todesurteile als Richter der NS-Zeit nachgewiesen wurden.

Bahro – Rudolf Bahro (geb. 1935) kritisierte die DDR aus marxistischer Sicht. Nach seiner Verhaftung 1977 und Verurteilung 1978 schoben ihn die DDR-Behörden 1979 in die BRD ab. Vgl. Frieds Brief an Hannes Schwenger (In: Solidarität mit Bahro. Reinbek: Rowohlt, 1978, S. 129) und das Gedicht »Die Alternative – zur Kritik des real existierenden Sozialismus« (GW 2/574 f.).

Rudolf Hess – Deutscher Nationalsozialist (1894–1987), Stellvertreter Hitlers (bis 1941), maßgeblicher Mitautor der Nürnberger Rassengesetze, wurde 1941 bei einer geheimen Aktion in England verhaftet und bei den Nürnberger Prozessen zu lebenslänglicher Haft verurteilt. Er war bis zu seinem Tod zeitweilig der einzige Gefangene in dem von den Alliierten aufwendig bewachten Gefangnis in Berlin-Spandau. Die Form seiner Isolation mißbrauchte die neonazistische Bewegung zur Propaganda.

Galinski – Heinz Galinski (1912–1992), ab 1949 Vorsitzender der Jüdischen Gemeinde Berlin, später Vorsitzender des Zentralrats der Juden in Deutschland.

S. 189–192 *Nachruf auf Rudi Dutschke.* Erschien unter dem Titel »Nachrede auf Rudi« zuerst in: das da magazin, 1/1980, S. 2. Der vorliegende Druck folgt »Gedanken«, S. 147–149. – Rede, gehalten im Januar 1980 an der FU Berlin. Zu Frieds persönlicher Bekanntschaft mit Rudi Dutschke vgl. ergänzend Lampe, S. 135 ff.
Zu den hier nicht erläuterten Aspekten in bezug auf den westdeutschen »Terrorismus« vgl. die einleitenden Anmerkungen zu den S. 166–167.

Albertz – Vgl. S. 278.

S. 193–201 *Die Freiheit, zu sehen, wo man bleibt.* Erschien zuerst in: G. Ruiss/J.A. Vyoral (Hg.), Die Freiheit, zu sehen, wo man bleibt. Erster österreichischer Schriftstellerkongreß 6. bis 8. März 1981 – Wiener Rathaus. Wien 1982, S. 71–79. Der vorliegende Druck folgt »Nicht verdrängen«, S. 15–22. – Frieds Rede bei der Eröffnung des 1. Österreichischen Schriftstellerkongresses am 6. 3. 1981. Vor ihm hatten bereits die österreichischen Schriftsteller Hans Weigel (1908–1991), Milo Dor (geb. 1923), Barbara Frischmuth (geb. 1941) und Michael Scharang (geb. 1941) gesprochen.

Ignaz-Seipel-Zeit – Ignaz Seipel (1878–1932), Prälat und österreichischer Bundeskanzler (1922–24 u. 1926–1929), schuf die Grundlagen für den autoritären Ständestaat christlich-sozialer Prägung. Vgl. auch Frieds Jugendgedicht »Erinnerung an eine grausame Rede« in: Freibeuter, 7/1981, S. 14.

gegen Brecht-Inszenierungen in Österreich – Nachdem sich Bertolt Brecht 1951 als Gatte der Österreicherin Helene Weigel einen österreichischen Reisepaß besorgt hatte, polemisierte die bürgerliche österreichische Presse gegen Brecht. Diese Polemik nahm Hans Weigel 1958 erfolgreich in der (vom cia unterstützten) Zeitschrift »Forum« wieder auf und erwirkte einen Boykott von Brecht-Stücken auf allen österreichischen Bühnen (bis zu Beginn der sechziger Jahre); vgl. Kurt Palm: Vom Boykott zur Anerkennung. Brecht und Österreich. Wien 1983 und Kindler/Österreich, S. 84–88.

Isaac Deutscher – Polnischer Intellektueller (1907–1967), wurde wegen seiner Skepsis gegenüber der kpdsu-Politik 1932 aus der (illegalen) Kommunistischen Partei Polens ausgeschlossen und ging im April 1939 nach London, wo er bis zum Beginn des Kalten Krieges hauptberuflich als Journalist tätig war (u. a. für den »Observer«). Wichtig sind seine danach fertiggestellten Biographien über Stalin und Trotzki und seine zahlreichen öffentlichen Auftritte und Einzelpublikationen, mit denen er vor allem in den sechziger Jahren eine wichtige Funktion bei der Konstituierung der Neuen Linken einnahm.

Ernst Fischer – Österreichischer Kommunist und Literaturwissenschaftler (1899–1972; erster österreichischer Unterrichtsminister nach 1945); Ausschluß aus der kpö 1969. Der unorthodoxe Marxist war ab Anfang der sechziger Jahre mit Erich Fried befreundet (vgl. z. B. Frieds Texte in gw 1/341–359 u. 3/267–269).

Theodor Kramer – Sozialistischer Lyriker (1897–1958), Freund von Erich Fried im Londoner Exil ab Beginn der vierziger Jahre. Kramer hat den ins nationalsozialistische Umfeld gerückten österreichischen Dichter Josef Weinheber (1892–1945) während der sogenannten Weinheber-Debatte in der unmittelbaren Nachkriegszeit gegen rigorose Vorwürfe in Schutz genommen und dabei auch auf seine Diskussionen mit Erich Fried verwiesen (vgl. Walter Zett, »Josef Weinheber auf dem falschen Parnaß«, in: Literatur und Kritik, Nr. 152, März 1981, S. 65–76). Vgl. auch S. 239f.

W. H. Auden – Zur Weinheber-Verehrung des englischen Lyrikers (1907–1973), von dem auch Erich Fried Gedichte übersetzte, vgl. Wysten Hugh Auden: Gedichte – Poems, Wien 1973 und Kindler/Österreich, S. 50.

Rohracher – Dr. Dr. Hubert Rohracher (1903–1972), habilitierte sich 1932 (1938 Lehrstuhlenthebung in Innsbruck, ab 1942 ordentlicher Professor für Psychologie in Wien) und vertrat eine ›naturwissenschaftliche‹ Psychologie (in Abgrenzung gegenüber dem Behaviorismus und jeglicher Tiefenpsychologie). Einige seiner Themen versuchte er erfolglos durch gehirnelektrische Experimente zu beweisen. Vgl. auch S. 237.

den österreichischen pen-Klub – Gegen die konservative Richtung des österreichischen pen-Klubs unter der Leitung von Alexander Lernet-Holenia (Rücktritt aus Protest gegen den Literatur-Nobelpreis 1972 an Heinrich Böll) und seines Nachfolgers Ernst Schönwiese wurde 1973 auf Initiative Ernst Jandls ein »Anti-pen«, die Grazer Autorenversammlung, gegründet.

Dr. Werner Vogt – Geboren 1938, Wiener Unfallchirurg, bekannt als Kritiker der medizinischen Praxis in Österreich, Sympathisant der Grünen.

S. 202–208 *Chaoten an die Macht*. Erschien zuerst in: Wiener, 8/1986, S. 112–113. Der vorliegende Druck folgt »Gedanken«, S. 214–219.

S. 209–225 *Die Wiederkünftigen*. Rundfunkbeitrag: Radio Bremen, 27. 2. 1987. Erschien zuerst in: Basler Magazin, Nr. 14 vom 4. 4. 1987, S. 6–8 (dort zusammen mit den Gedichten »Die Hölle«, GW 3/261; »Postmoderne Frage«; »Brief nach Moskau«, GW 3/247–248). Der vorliegende Druck folgt »Gedanken«, S. 227–242 (ohne das dort auf S. 243 nachgestellte Gedicht »Brief nach Moskau«). Zu den Hintergründen der 1986 begonnenen Debatte vgl. z.B. die Dokumentation »Historikerstreit« (München: Piper, 8. Auflage 1991) und die zusammenfassende Darstellung »Im Schatten Hitlers?« von Richard J. Evans (Frankfurt/M.: Suhrkamp, 1991).

Kosakenhetman – Hetman, poln. »Hauptmann«.

Petljura – Symon Petljura (1879–1926). Unter der Verantworung Petljuras als Hauptmann des ukrainischen Heeres kam es zwischen 1918 und 1920 in der Ukraine zu schweren antijüdischen Pogromen.

Massaker von Sabra und Chatila – Im Libanon 1982. Vgl. Frieds Erklärung »Nach dem Massenmord in den Flüchtlingslagern Sabra und Shatila« (in: Palästina Bulletin, Nr. 36 v. 1. 10. 1982, S. 10–11) und das gleichbetitelte Gedicht in GW 2/185–189.

Paul Parin – Geboren 1916 in Polzela in Slowenien (Jugoslawien), Freund von Erich Fried und Träger des Erich-Fried-Preises 1992.

S. 226–229 *Die Dankesschuld*. Erschien zuerst in: salz. salzburger literaturzeitung, Nr. 48/Juni 1987, S. 6–7. Der vorliegende Druck folgt »Nicht verdrängen« (1987), S. 99–102. – Rede am 30. 4. 1987 in Salzburg anläßlich einer Veranstaltung zum Gedenken an die Bücherverbrennung auf dem Salzburger Residenzplatz am 30. 4. 1938.

Ströbele – Der 1939 geborene Jurist Hans-Christian Ströbele aus Berlin. Wahlverteidiger von Andreas Baader, 1974 aus der SPD ausgeschlossen, weil er einen Aufruf gegen »Isolationsfolter« verfaßt hatte. Später Mitbegründer der linksalternativen »Tageszeitung« und Mitglied bei den Grünen.

S. 230–247 *Klarheit oder Gewöhnung* Erschien zuerst 1987 auszugsweise in verschiedenen österreichischen Tageszeitungen, dann als limitierter Sonderdruck (Linz: Brucknerhaus Linz, Linzer Veranstaltungsgesellschaft mbH, 1987). Der vorliegende Druck folgt »Nicht verdrängen«, S. 103–119. – Frieds Eröffnungsrede am 13. 9. 1987 (in Anwesenheit von Kurt Waldheim) auf dem seit 1975 eingerichteten Internationalen Brucknerfest in Linz, benannt nach dem österreichischen Komponisten Anton Bruckner (1824–1896).

Fadinger – Stephan Fadinger. Während des Dreißigjährigen Kriegs ging in Österreich von seinem Hof der Bauernaufstand gegen die Bayern aus, die Oberösterreich als Pfand besetzt hielten. Sein Hauptziel war die Erhaltung des protestantischen Glaubens. Er wurde im Mai 1626 von seinen Gegnern hingerichtet.

Richard Bernaschek – (1888–1945, ermordet im KZ Mauthausen), österreichischer Arbeiterfunktionär (nach seiner Verhaftung im österreichischen Ständestaat 1934 zwiespältige Verbindung zu illegalen Nationalsozialisten, die ihn aus der Haft befreiten. Danach Flucht aus Österreich, Rückkehr nach Linz 1944, Verhaftung von der Gestapo nach dem erfolglosen Hitler-Attentat vom 20. 7. 1944 unter Verdacht der Mittäterschaft).

Heinrich Gleißner – Christlich-konservativer Politiker (1893–1984), ab 1934 Landeshauptmann von Oberösterreich, von 1938–1939 in den KZs Dachau und Buchenwald, von 1940–1945 Zwangsaufenthalt in Berlin, danach wieder oberösterreichischer Landeshauptmann (dreimalige Wiederwahl).

Dreckschleuder wie jener Politiker – Michael Graff (ÖVP).

Karl Renner – Österreichischer SPÖ-Politiker (1870–1950), von 1919–1920 als Staatskanzler österreichischer Regierungschef, von 1920–1934 im National-rat (dort 1931–1933 erster Präsident), 1934 vorübergehend inhaftiert. Nach-dem er 1938 aus internationalistischer Sicht den Anschluß an Deutschland ins Auge gefaßt hatte, setzte er sich nach dem Krieg für die Wiederherstellung der Republik Österreich ein (von 1945–1950 österreichischer Bundespräsident).

Ottokar Kernstock – Vgl. Frieds gleichnamiges Prosastück (GW 4/609–611).

Franz Jägerstätter – Geboren 1907, Kirchendiener im oberösterreichischen St. Radegud. Er stimmte als einziger seines Ortes gegen die Annexion Österreichs 1938 und verweigerte aus religiösen Motiven den Wehrdienst. 1943 in Berlin hingerichtet.

auf dem Thron von Jordanien – Hussein II. (seit 1952).

Rohracher – Vgl. S. 280.

Brecht – Vgl. S. 280.

Kaltenbrunner – Österreichischer Nationalsozialist in führenden SS-Positionen, 1946 vom Internationalen Militärgerichtshof in Nürnberg zum Tode verur-teilt.

Seyss-Inquart – Der österreichische Nationalsozialist (1892–1946, Todesurteil in Nürnberg) wurde auf Verlangen Hitlers 1938 zunächst Innenminister, dann Bundeskanzler (11. 3.), der den Einmarsch deutscher Truppen ermöglichte und den Anschluß an das Dritte Reich vollzog.

Schönerer – Der österreichische Politiker, deutschnationale Antisemit und Antikle-rikale Georg (Ritter von) Schönerer (1842–1921).

Karl Lueger – Christlich-sozialer, antisemitischer Politiker (1844–1910), ab 1897 Bürgermeister von Wien mit vielen Verdiensten um die infrastrukturelle Modernisierung der Stadt.

Theodor Kramer – Vgl. S. 280.

Jaspers – Der Philosoph Karl Jaspers (1883–1969).

Paul Parin – Vgl. S. 224 und Anmerkung dazu.

Marie Langer – Geboren 1910 in Wien, ging 1942 nach Argentinien (dort Mitbe-gründerin der Argentinischen Psychoanalytischen Gesellschaft), gegen Ende der siebziger Jahre nach Nicaragua, wo sie 1987 starb. Von ihr erschien im Kore-Verlag (Freiburg i.Br.) die Trilogie: 1. »Von Wien nach Managua« (1986), 2. »Das gebratene Kind und andere Mythen« (1987), 3. »Mutterschaft und Sexus« (1988).

Tiroler Redakteur – Ein Feuilleton-Redakteur der christlich-konservativen »Tiro-ler Tageszeitung«.

»Die Vertreibung des Geistigen aus Österreich« – Vgl. Frieds Eröffnungsrede zur Salzburger Ausstellung von 1986 in »Nicht verdrängen«, S. 76–87.

Alfred Hrdlicka – Geboren 1921 in Wien. Fried hat wiederholt auf das Werk Hrdlickas aufmerksam gemacht (vgl. z.B. »Nicht verdrängen«, S. 199–202) und zusammen mit ihm (und Erwin Ringel) Mitte der achtziger Jahre Podi-umsveranstaltungen abgehalten, woraus das gemeinsame Buch »Die da reden gegen Vernichtung. Psychologie, bildende Kunst und Dichtung gegen den Krieg« (Wien 1986) entstand. Vgl. auch GW 3/366.

Qualtinger – Österreichischer Schauspieler, Kabarettist und (satirischer) Schrift-steller (1928–1986); vgl. Kindler/Österreich, S. 190–191.

Okopenko – Geb. 1930 (vgl. die Kindler/Österreich, S. 421 ff.), seine frühen Werke sind von den Nachkriegsarbeiten Frieds beeinflußt (vgl. Kaukoreit/Exil, S. 388 f.).

Thomas Bernhard – Vgl. z.B. Frieds Kritik von 1983 in »Nicht verdrängen«, S. 205–208.

Wolfgang Kraus – Leiter der Österreichischen Gesellschaft für Literatur, dem Fried zu Beginn der sechziger Jahre seine erste offizielle Einladung nach Österreich verdankt.

S. 248–261 *Von der Nachfolge dieses jungen Menschen, der nie mehr alt wird.*
Erschien zuerst (auszugsweise) in zahlreichen Tageszeitungen. Der vorliegende Druck folgt »Gedanken«, S. 271–283. – Frieds Rede anläßlich der Verleihung des Georg-Büchner-Preises in Darmstadt am 17. 10. 1987 gab schon während des Vortrags einem kleinen Teil des Publikums Anlaß zu Unmutsbekundungen. Danach großer Applaus und spontaner Protest (vor allem von Hilde Domin). Zum Eklat kam es, als der Darmstädter Oberbürgermeister Günther Metzger beim anschließenden städtischen Empfang die Fried-Rede anzugreifen begann und der Büchner-Preisträger währenddessen den Saal verließ (Rückkehr nach einlenkender Intervention des Akademie-Präsidenten Herbert Heckmann und fadenscheiniger Entschuldigung Metzgers). Frieds Rede führte zu zahlreichen Kommentaren und Polemiken in den westdeutschen Medien (vgl. dazu und zu einzelnen Aspekten der Rede: V. Kaukoreit, »Erkämpfen oder behüten? Kommentar und Dokumentation zu den öffentlichen Reaktionen auf Erich Frieds Rede anläßlich der Verleihung des Büchner-Preises 1987«, in: Von der Nachfolge dieses jungen Menschen, der nie mehr alt wird, Darmstadt: Verlag der Georg Büchner Buchhandlung, 1988, S. 50–80). – Zu den hier nicht erläuterten Aspekten des westdeutschen »Terrorismus« vgl. die einleitenden Anmerkungen zu den S. 166–167.

Nachwort

Erich Frieds erster großer politischer Essay erschien 1968 unter dem Titel »Anmerkungen zu Verhaltensmustern« und war Teil des Bandes »Intellektuelle und Sozialismus«. Weitere politische Schriften stellte er danach in den Auswahl-Bänden »Und nicht taub und stumpf werden« (Dorsten 1974), sowie in den von Michael Lewin herausgegebenen und von Fried autorisierten Bänden »Nicht verdrängen / nicht gewöhnen« (Wien 1987) und »Gedanken in und an Deutschland« (Wien 1988) zusammen. Diese Schriften sind heute vergriffen. Auch war mit ihnen kaum die Spitze des Eisberges von Frieds verstreuten, zum Teil in abgelegenen »alternativen Medien« erschienenen politischen Texten erschienen, wozu freilich auch seine zahlreichen politischen Kommentare für das »German Soviet Zone Programme« der BBC (1952–1968) und die (zeitweise regelmäßigen) Rundfunkbeiträge für eine Reihe westdeutscher Sendeanstalten, z.B. dem Westdeutschen Rundfunk und dem Südwestfunk, zu zählen sind. Einen vollständigen Einblick in diese Arbeiten wird erst der zu Ende bearbeitete Nachlaß schaffen. Die vorliegende Taschenbuch-Sammlung kann dem nichts entgegenhalten, aber entgegenwirken, daß der politische Essayist und Journalist und die herausragende Schärfe, die Wagnisse (und die damit verbundenen Irrtümer) seines angriffslustigen und tabulosen Engagements in unserer (angeblich) »utopielosen« Zeit in Vergessenheit geraten oder gar mit Absicht zur Seite geschoben werden.

Die getroffene Auswahl begründet sich einerseits thematisch und setzt Schwerpunkte zu Themen, die Fried nachhaltig beschäftigt haben: seine Auseinandersetzung mit dem Fortwirken des Hitlerschen Ungeistes in Deutschland und Österreich ab 1945, der »Neuen Linken« (und überhaupt dem, was links sei, in Ost und West), dem Vietnamkrieg, der israelischen Palästinenserpolitik, der politischen und menschlichen Unzulänglichkeit des westdeutschen Terrorismus, aber auch mit der sich als demokratisch verstehenden Gegenwehr, deren Demokratie-Verständnis Fried oft nicht mehr teilen konnte und wollte – fast all dies taucht noch einmal, förmlich kondensiert, in der polemischen, in Todesnähe formulierten Büchnerpreis-Rede von 1987 auf.

Andererseits mußte die vorliegende Auswahl auch auf übergreifende Themen achten, wie z.B. Frieds Selbstverständnis als (jüdischer) Intellektueller und Schriftsteller in der Konsum- und Wohlstandsgesellschaft der sechziger Jahre. Auf die Aufnahme eines (gedanklich wie auch sprachlich) so übermächtig zeitgebundenen Essays wie »Anmerkungen zu Verhaltensmustern« hätte der Herausgeber gerne verzichtet, konnte es aber nicht, da gerade in diesem Beitrag die Vielschichtigkeit, ja so gut wie alle Konstanten von Frieds politischem Denken in welcher Form auch immer zum Ausdruck kommen, d.h. die Aufforderung, soziale und historische Realität, Kultur und Psychologie zusammenzudenken und sich dabei gleichzeitig von verkrusteten Reflexions- und Verhaltensmustern und nicht hinterfragten Autoritäten zu befreien (wie explizit auch in der späten Bruckner-Festrede »Klarheit oder Gewöhnung« mit dem Untertitel »Kultur, Politik, Psychologie«). Ergänzend wurden auch Beiträge aufgenommen, die gleichzeitig Frieds eigenen biographischen Hintergrund (z.B. »Ein Versuch, Farbe zu bekennen« von 1963) oder sein Verhältnis zum »realexistierenden« Literaturbetrieb (»Schriftsteller, Erfolg und Wohlstandsgesellschaft« von 1966 und »Die Freiheit, zu sehen, wo man bleibt« von 1981) beleuchten.

Bisher ungedruckte politische BBC-Kommentare aus dem Nachlaß zeigen Frieds Stellung als unorthodoxen Sozialisten, als unnachgiebigen Kritiker des Stalinismus und dessen tragischen Überbleibseln im kommunistischen Osten und der Freiheitsgläubigkeit des »entfremdenden« und kriegstreibenden Spätkapitalismus im Westen. Leitfiguren und politische Wahlverwandte u.a. sind für Fried in den fünfziger Jahren u.a. Isaac Deutscher, später Herbert Marcuse und Rudi Dutschke. Auffällig ist die (auch bewußte) Außenperspektive, die Fried als österreichischer, in England lebender Exilant gegenüber den Geschehnissen in Ost- und Westdeutschland gelegentlich einnimmt.

Gewiß, der eine oder andere politisch bedeutende Beitrag fehlt in dieser Sammlung, wie z.B. Frieds Kommentar »Zu Alex Schuberts ›Stadtguerilla‹«. In diesen zersplitterten und nur mühevoll anzueignenden Lektürenotizen von 1971, deren Abdruck nur durch eine ausführliche und aufwendige Heranziehung des Schubertschen Bezugstextes zu rechtfertigen gewesen wäre, distanzierte sich Fried bereits 1971 eindeutig vom bewaffneten Kampf. Dazu Gerhard Lampe: »Als 1971 bei Wagenbach (ein bald darauf verbotenes und beschlagnahmtes) Buch von Alex Schubert mit dem Titel ›Stadtguerilla‹ (Rotbuch 26) veröffentlicht wird, das auch ein (wahrscheinlich von Meinhof geschriebenes) politisches Manifest der RAF, ›Konzept Stadtguerilla‹, enthält, verfaßt er eine ausführliche Kritik. Sie erscheint im Schweizer ›Zeitdienst‹ (Nr. 45–47/1971) – in der Bundesrepublik will keiner seine Auseinandersetzungen drucken. Fried übt hierin gewissermaßen solidarische Kritik. Er verteufelt nicht, er läßt sich auf die Argumente ein, wägt sie ab. Er befürwortet den Befreiungskampf in Ländern der Dritten Welt, aber er warnt vor der Übertragbarkeit des ›Konzepts Stadtguerilla‹ und seiner bewaffneten Aktionen auf Westeuropa« (Lampe, S. 141 f.).

Die Anmerkungen im Anhang des Bandes erheben nicht den Anspruch eines Kommentars, wie man ihn von kritischen Ausgaben gewohnt ist. Sie verweisen gelegentlich nur auf weitere Fried-Texte oder auf Parallel- und Ergänzungsstellen im Band, gelegentlich auch auf weiterführende Literatur. Darüber hinaus sollen sie an zentralen Stellen einen schnellen Zugriff auf faktische Informationen (insbesondere für jüngere Leser) ermöglichen. Vollständig können sie – schon aus Platzgründen – nicht sein, wie auch dann eine Vernetzung mit den vielen restlichen Fried-Texten notwendig gewesen wäre, die zusätzliche oder (zeitpolitisch bedingt) abweichende Aspekte enthalten.

Als Druckvorlagen wurden, wenn nicht anders angegeben, die oben erwähnten, von Fried autorisierten Sammelbände verwendet. Druckfehlerkorrekturen und orthographische Vereinheitlichungen wurden stillschweigend vorgenommen.

Der Herausgeber bedankt sich für die Kommentierungshilfe von Christiane Jessen (Verlag Klaus Wagenbach) und Werner Rotter (Österreichische Nationalbibliothek). Ein Dank auch dem geduldigen Verleger Klaus Wagenbach, der zum Schluß ein redaktionell-kritisches Auge auf die Anmerkungen warf.

Volker Kaukoreit   *Wien, im Februar 1994*

Erich Fried

27 *Stücke von William Shakespeare*
in der Übersetzung von Erich Fried

Eine der größten Übersetzungsleistungen der deutschen Nachkriegsliteratur:
Diese Ausgabe sammelt erstmals alle 27 Shakespeare-Dramen und -Komö-
dien, die Erich Fried übersetzt hat, in einer repräsentativen Gesamtedition.
Frieds Übersetzung bewahrt Shakespeares hohe Kunst des Vulgären, seine
Lust an den obszönen Ornamenten der Alltagssprache seiner Zeit, seine politische Präzision in den großen Historien und Tragödien und die Poesie dieses
völlig unsentimentalen Dichters.
»Ohne Zweifel die wörtlichste Übersetzung in deutsche Sprache; sie macht
den Geist Shakespeares in jeder Zeile kenntlich.« The Times
Das Begleitbuch *Der Autor, die Stücke, der Übersetzer*, zusammengestellt
von Friedmar Apel, enthält neben einer Chronologie der Stücke und der Biographie ihres Autors einen Essay von Peter Demetz zu den besonderen Leistungen dieser Shakespeare-Übertragung. Außerdem einen Aufsatz von Friedmar
Apel über Erich Fried und die Übersetzungsgeschichte des deutschen Shakespeare sowie alle Äußerungen von Fried selbst zum Problem der Übertragung
von Shakespeares Dramen.
Drei Leinenbände im Schuber mit Begleitbuch, 1904 Seiten

Verstandsaufnahme
Einundsechzig Gedichte, gelesen vom Autor
Eines der wenigen Tondokumente Erich Frieds als Kassette

Gründe
Gesammelte Gedichte
Herausgegeben von Klaus Wagenbach

Dieser Band sammelt die politisch argumentierenden und die Liebesgedichte,
die sprachschöpferischen und die sprachspielerischen Gedichte, die Naturge-
dichte und die Protestgedichte, die erzählenden, die zornigen, die ermutigen-
den Gedichte.
SVLTO. Rotes Leinen, 168 Seiten

Als ich mich nach dir verzehrte · Gedichte von der Liebe

Die schönsten Gedichte über die Liebe aus dem Gesamtwerk Erich Frieds. Diese Gedichte suchen die heutigen Orte der Liebenden auf, auch wenn sie vom Beton der inneren und äußeren Landschaften manchmal ganz zugeschüttet zu sein scheinen. Freundlich, oft heiter beschreiben sie die Gefühle und behutsamen Gespräche außerhalb von Konsum und Medienwirrwarr.
SVLTO. Rotes Leinen, 96 Seiten

So kam ich unter die Deutschen

»Ich kann nie aufhören, an die Menschen in Deutschland und in aller Welt zu denken, die anfangen, die Entwicklung dieses Staates, in dem man sagt, ›Wir sind wieder wer‹, mit wachsender Angst zu sehen,« schrieb Erich Fried bei Erscheinen dieses berühmten, lange vergriffenen Gedichtbandes, der hier mit anderen Gedichten über deutsche Angelegenheiten vereinigt wurde.
Wagenbachs Taschenbuch 183. 128 Seiten

Gesammelte Werke
Gedichte und Prosa

Die Werkausgabe mit sämtlichen Gedichten und der erzählenden Prosa.
»Diese Ausgabe ruft einen Dichter in Erinnerung, der Dichtung trefflich nutzte im Kampf für Menschlichkeit.«   C. Bernd Sucher, Süddeutsche Zeitung
Mit Anmerkungen, einem Gesamtregister und bebilderten Lebensdaten.
2.752 Seiten in vier Halbleinenbänden, Fadenheftung

Verlag Klaus Wagenbach   Berlin